U0731950

● 北京师范大学刑事法律科学研究院
● 湖北省人民检察院

京师刑事政策评论

Jingshi Xingshi Zhengce Pinglun

卢建平　徐汉明　主编

第②卷

北京师范大学出版集团
BEIJING NORMAL UNIVERSITY PUBLISHING GROUP
北京师范大学出版社

图书在版编目（CIP）数据

京师刑事政策评论（第 2 卷）/卢建平，徐汉明主编 . —北京：北京师范大学出版社，2008. 12
ISBN 978 - 7 - 303 - 09776 - 0

Ⅰ. 京…　Ⅱ. 卢…　Ⅲ. 刑事政策 - 中国 - 文集　
Ⅳ. D924. 04 - 53

中国版本图书馆 CIP 数据核字（2008）第 198042 号

营 销 中 心 电 话　010 - 58802181　58808006
北师大出版社高等教育分社网　http://gaojiao. bnup. com. cn
电 子 信 箱　beishida168@ 126. com

出版发行：北京师范大学出版社　www. bnup. com. cn
　　　　　北京新街口外大街 19 号
　　　　　邮政编码：100875
印　　刷：北京新丰印刷厂
经　　销：全国新华书店
开　　本：155 mm × 235 mm
印　　张：22
字　　数：383 千字
版　　次：2008 年 12 月第 1 版
印　　次：2008 年 12 月第 1 次印刷
定　　价：39. 00 元

策划编辑：周彩云　　　责任编辑：贾慧姝　周彩云
美术编辑：高　霞　　　装帧设计：文博堂
责任校对：李　菡　　　责任印制：李　丽

编辑委员会

前 言

《京师刑事政策评论》第 2 卷凸显了理论密切联系实际的风格，由北京师范大学刑事法律科学研究院和湖北省人民检察院合作编辑出版，并由卢建平、徐汉明任主编。

本书分设五个栏目，共载 24 篇学术论文。

本书"基本理论"栏目收录了 8 篇论文。其中，卢建平教授撰写的"刑事政策研究的中国特色"一文通过对中国刑事政策研究状况的历时性考察，指出：中国的刑事政策研究基本与改革开放的进程同步，成就斐然，特色明显，问题也非常突出。总结刑事政策研究的中国特色，分析其形成的原因，对于进一步繁荣中国刑事政策研究，科学指导刑事政策实践，有效推进社会主义法治国家建设，意义重大。吴宗宪教授撰写的"中国犯罪心理学的历史发展"一文分四个阶段对我国犯罪心理学发展的历史进行了梳理，并对每个阶段的标志性事件和学术成果进行了系统综述。李卫红副教授的"从伪命题到真命题"一文循由证伪到证实的思路，分析了关于刑事政策概念的各种不同界定和理解，对刑事政策概念进行了新的解读。叶希善博士的"最广义刑事政策概念的合理性论证"一文对欧洲和中国刑事政策概念的历史发展进行了知识社会学的分析，指出最广义刑事政策概念是历史发展的必然选择，并对最广义刑事政策概念的合理性进行了论证。刘仁文研究员的论文立足于经济学分析，研究了刑事司法从"广场化"模式到"剧场化"模式的演进及其意义。袁彬博士的论文阐述了"两极化"刑事政策的发展背景及其指导下的西方立法与司法实践，探讨了其对我国的启示与借鉴意义。蔡桂生的论文从民间社会的角度，对基层轻微犯罪刑事政策进行了研究。彭新林的论文对江泽民同志的刑事政策思想进行了研究。

宽严相济政策仍是目前刑事政策领域的热点问题，本书"热点关注"栏目收录了 5 篇论文。郭理蓉博士、刘科博士、张秀玲副教授、杨雄博士的论文分别从犯罪体系构建、侵犯商业秘密罪的立法完善、理性刑罚观的树立、刑事立案制度的重构等方面，对宽严相济刑事政策展开了多角度探讨。赵慧博士的"不起诉权与被害人权利保护的博弈分析"一文指出，检察机关不起诉权的行使不仅可以导致刑事诉讼活动的终止，而且对案件的实体处理具有直接意义，因此，应通过加强对检察官不起诉权的外部制约和不起诉程序的内部规范，以平衡被害人、犯罪人和国家三者之间的利益，促进整体刑事司法正义的实现。

本书"专题研讨"栏目聚焦于恢复性司法的有关问题，收录了4篇论文。李益明检察官等撰写的"恢复性司法之若干问题研究"一文立足于中国国情，系统地对恢复性司法面临的挑战、理论基础、具体方式、特征等进行了深入探讨。徐汉明副检察长等撰写的"恢复性司法在我国刑事诉讼中的应用研究"一文论证了恢复性司法引入我国的必要性、可行性，并着重对我国恢复性刑事司法程序的构建进行了较为全面、系统的阐述。武小凤博士的"建立刑事和解制度的正当性根据"一文通过对刑事和解自身价值的分析，指出，刑事和解自身所具有的促进及维护社会和谐、以人为本、提高司法效率及弥补现行法制不足等广泛的社会价值与法律价值，为其制度化提供了广泛的必要性和正当性理由。郭鹏飞检察官的"刑事和解制度本土化的设计与践行"一文分析了刑事和解制度的本土化的可行性，并重点探讨了在我国实施该项制度的前提、范围和前景。

"实务论坛"栏目主要关注有关实务领域问题的重要学术论文、有价值的调研报告等，本书收录了2篇论文。徐汉明副检察长所撰的"我国检察职权优化配置的路径选择"一文通过对世界检察职权配置状况的比较考察和对我国检察职权配置现状的客观分析，从宏观上就优化我国检察职权配置的指导思想加以探讨，并从检察职权配置的重点问题入手，对我国检察职权优化配置的主要路径进行了探索。刘津慧博士的"我国社区矫正试点考察及制度构建"一文通过对京、津、沪社区矫正试点地区的考察，总结探讨了试点工作中存在的问题，并从社区矫正对象的界定、矫正机构和人员设置以及相关制度的完善等方面构建了我国社区矫正制度的大体框架。

本书"政策与实践"栏目收录了5篇论文，彭凤莲教授、张磊博士分别就反恐立法的刑事政策、跨国有组织犯罪及其对策问题进行了深入研究，戴飞、杨志国、李卫东等来自实务部门的专家则对宽严相济刑事政策在检察实践中的贯彻进行了有针对性、有深度的探讨。

目录

基本理论

热点关注

专题研讨

实务论坛

政策与实践

基 本 理 论

卢建平 *

刑事政策研究的中国特色

一、问题的提出

2008 年 4 月底，北京师范大学刑事法律科学研究院和河南省焦作市检察院及法院联合召开了一次以"宽严相济刑事政策与和谐社会构建"为主题的研讨会，我所尊敬的储槐植老师在总结发言时提到了一个非常简单但也非常值得深思的问题：世界上有哪一个国家对于刑事政策的重视能与中国相比？中国近几年关于刑事政策的领导讲话、会议、报告、文件之多，专家学者的文章、著作、教材的数量之大，是世所罕见的。

我们对于改革开放以来我国大陆地区刑事政策研究的著作、论文做了初步检索。中国期刊全文数据库所提供的自 1994 年迄今的刑事政策领域的文章共计 894 篇，另有 50 篇刑事政策的文章没有下载到全文。因此从 1980 年至今，在中国期刊全文数据库中记载的关于刑事政策的文章共计 944 篇。这里显然没有包括我国公检法司等各级机关自己印发的各类内部刊物上关于刑事政策的文章。而关于刑事政策研究的专著、译著、教材、研究报告、论文集的数量也极为可观，从 1976 年北京大学法律系刑法教研室自编的《刑事政策讲义》至今，大约有 50 本之多（部分详细清单附后）。

储老师的这个问题反映了他卓越的全球眼光。受他的启发，笔者也萌生出一个问题。如果说储老师的问题着眼于横向的比较，那么笔者的问题则注重纵向的比较：中国历史上有哪一个时期对于刑事政策的关注能与当今相比？为何当今人们对于刑事政策的兴趣空前地高涨？

"刑事政策"一词问世于 19 世纪初的德国，后经李斯特、马克·安塞尔

＊ 北京师范大学刑事法律科学院常务副院长、教授、博士生导师，中国犯罪学会副会长，中国法学会刑法研究会常务理事，国际刑法学协会执行委员、副秘书长，国际犯罪学会理事。

等人的发扬光大，成为一门科学。对于中国而言，"刑事政策"一词是从国外引进的舶来品；而对于当今中国的刑事政策学者而言，"刑事政策"一词仿佛来自隔世。其实早在新中国成立之前，20世纪初就有杜叔秀著《刑事政策讲义》在上海法政学院试行（年代不详），而出版年份确切的有夏勤、贺绍章著《刑事政策学》（北京朝阳大学1920年版）、郭卫著《最新刑事政策学》（上海法学编译社1930年版）、张定夫著《刑事政策学要义》（上海法学书局1934年版）、赵琛著《少年犯罪之刑事政策》（长沙商务印书馆1939年版）、张定夫编《刑事政策学大纲：上海法政学院讲义》（上海法政学院1949年版）。从上述情况可知，"刑事政策"一词在旧中国已经有一定的知名度。即便是在新中国成立之初，也不能说刑事政策就是人们所陌生的。证据之一就是1950年吴大业编著的《苏联刑事政策纲要》（上海春江书局1950年版），再有就是北京大学法律系刑法教研室编印的《刑事政策讲义》（1976年12月）①。尽管用今天的眼光看，这本讲义可能算不上严格的刑事政策讲义，但是它能够在十年动乱刚刚结束的时候面世，至少在一定意义上佐证了"刑事政策"一词的专业认知程度。

　　当然，对于绝大多数如今沉溺于、痴迷于刑事政策的中国学者而言，他们对于刑事政策概念的认知都是得益于改革开放的春风，或者是受惠于从海峡彼岸漂过来的我国台湾地区学者（首推林纪东、张甘妹）的作品，或者是凭借一知半解的外文从极其罕见的外文著作里找到了只言片语。可以说，刑事政策研究在中国的兴起与改革开放的进程是基本同步的。笔者对于刑事政策的兴趣就是在改革开放初始的年代里产生的。要说缘由，首先是因为它的新鲜，当然更主要是因为它的广博。所以，当笔者1984年到法国求学时就毫不犹豫地选择了刑事政策作为主攻的方向，1988年回国以后也一直将刑事政策作为自己研究的主要领域。1989年有幸获得国家社科基金的资助，承担了国家社科基金青年项目《刑事政策研究》课题。而与笔者一同获得国家社科基金支持的刑法学泰斗马克昌1992年出版的《中国刑事政策学》（武汉大学出版社1992年版）则开启了中国刑事政策研究的新纪元。因为在那之前，中国的刑事政策研究呈"散兵游勇、单打独斗"的星星之火；而从那以后，中国的刑事政策研究渐渐呈燎原之势，如今更是达到了巅峰状态。可以毫不夸张地说，中国的刑事政策学已经成了一门显学。

　　如同中国的发展道路是独特的、中国的社会主义具有自己的特色一样，中国的刑事政策研究也是自有特色的。因此在深入学习党的十七大关于中国特色社会主义理论的同时，我们也要认真思考以下几个问题：和世界其他国家相比，中国的刑事政策研究具有什么样的特色？和以往的历史时期相比，

---

　　①　笔者费尽周折，遍寻不得，最后辗转从北京大学陈兴良教授手里复印得到一本该讲义，特此致谢。

当今中国的刑事政策研究又有什么样的时代特色？刑事政策研究的中国特色、时代特色又说明了什么问题？

二、特色的解析

我国刑事政策研究的这种轰轰烈烈，在储老师看来，是因为中国刑事政策的载体（渊源）与外国的不同，中国的刑事政策多体现为领导讲话，然后是最高司法机关的司法解释或者指导意见，真正体现为法律的不多；而外国因为法制化程度较高，所以刑事政策基本体现为立法，通过法制化的形式加以贯彻落实，由此引发的理论关注较少。而笔者以为，刑事政策研究的中国特色、时代特色不仅取决于刑事政策的载体，其根源更在于刑事政策在中国的独特实践。

虽然我们常常将刑事政策与刑事政策学混用，但是，二者的区别还是非常清楚的。刑事政策是组织领导反犯罪斗争的战略、艺术或原则，是刑事政策学的研究对象，属于行动科学的范畴；而刑事政策学则是"观察的学问"，是批判刑法学，属于理论科学的范畴。因此，对于刑事政策与刑事政策学、与刑事政策研究关系的分析，同样要遵循关于实践与认识、行与知的辩证唯物论的一般原理。

毛泽东同志在"实践论"一文中精辟地指出："通过实践而发现真理，又通过实践而证实真理和发展真理。从感性认识而能动地发展到理性认识，又从理性认识而能动地指导革命实践，改造主观世界和客观世界。实践、认识、再实践、再认识，这种形式，循环往复以至无穷，而实践和认识之每一循环的内容，都比较地进到了高一级的程度。这就是辩证唯物论的全部认识论，这就是辩证唯物论的知行统一观。"[①] 实践第一，认识和理论是第二位的；理论来源于实践，又高于实践，反过来指导实践，并在实践中得到检验。斯大林也说："理论若不和革命实践联系起来，就会变成无对象的理论，同样，实践若不以革命理论为指南，就会变成盲目的实践。"[②]

学者们比较一致地认为，虽然刑事政策研究在中国成为显学是最近的事情，但是对于刑事政策的运用和实践是古已有之、早已有之。我们的先人们一直以来孜孜以求的是：在刑法之上那个如何综合运用"法、术、势"以有效治理国家的更高的学问，即笔者称之为"治道"的刑事政策。在中国古代，有关刑、政、刑政、策、政策等字眼早就为人所常用，其大意都和统治、社会治安和犯罪治理有关。而其中最形象者，莫过于《大戴礼·盛德》的比喻："德法者，御民之衔勒也；吏者，辔也；刑者，策也；天子，御者；内史、太史，左右手也。古者，以德法为衔勒，以官为辔，以刑为策，以人

---

① 《毛泽东选集》，273 页，北京，人民出版社，1967。
② 《斯大林选集》，上卷，199—200 页，北京，人民出版社，1979。

为手，故御天下数百年而不懈堕。善御马者，正衔勒，齐辔策，均马力，和马心，故口无声，手不摇，策不用，而马为行也。善御民者，正其德法，饬其官，而均民力，和民心，故听言不出于口，刑不用而治。"① 在国家治理过程中，犯罪问题或者社会稳定问题从来就是摆在第一位的，而刑事政策是人类社会用来解决犯罪问题的智慧结晶。在刑事政策之"名"形成之前，刑事政策之"实"在中国一直就存在着，并且跨越了历史的风风雨雨，呈现出丰富多彩的实践样态，积累了取之不尽、用之不竭的宝贵资源。而改革开放至今刑事政策学的蓬勃兴旺之势，只是说明了刑事政策的实至名归、名实相副！

仅以新中国成立以来的情况看，中国的刑事政策实践历程是独一无二的。新中国成立之初，党领导人民打碎了旧法统，建立了新政权，人民的新法律（包括刑事法律）开始建设。但由于对法律、法治认识的历史局限性，建国初期刚有起色的法制建设因为"反右"扩大化，特别是"文化大革命"的十年浩劫而跌入低谷。法制的长期缺失、不完备，导致了政治、政策的强势。在刑事领域内，除了《镇压反革命条例》（1951 年）、《惩治贪污条例》（1952 年）等特别刑法以外，刑法典的起草虽然几起几落，却始终未能出台。可以说，从 1949 年到 1979 年《中华人民共和国刑法》、《中华人民共和国刑事诉讼法》正式颁布之前的 30 年间，我国基本处于一个"无法而治""政策代替法律"的状态。而在人们的思想观念上，政策高于法律、大于法律是当时的主流。所以在那个特定历史时期，刑事政策与刑事法律之间的关系是非常简单的：无法律而有政策，政策代替了法律；或者，法律之实借政策之名而得以推行。党和国家把在革命战争年代提出的一些斗争政策和策略进一步系统化，并根据新的形势提出了一系列新的刑事政策和策略。"惩办与宽大相结合"的政策在"镇反""肃反""三反""五反"运动中得以充分贯彻，并据此规定了许多具体的政策，如"少捕、少杀""可杀可不杀的不杀，可捕可不捕的不捕""坦白从宽，抗拒从严""惩前毖后，治病救人""打击少数，争取、分化和改造多数"等政策，制定了对于不是罪恶极大、不杀不足以平民愤的人宣告死刑，缓期二年执行，以观后效的政策。针对罪犯的劳动改造，提出了"给出路""改造第一，生产第二"等一系列劳改工作方针和政策。虽然这些刑事政策实践也有积极之功，但终究是弊大于利，政治、政策大行其道，而法治难见天日！

在总结历史经验教训的基础上，重建社会主义法制成为改革时期的重大选择。1979 年《刑法》、《刑事诉讼法》的颁布意味着中国的刑事政策实践进入一个新的阶段，其标志就是刑事政策与刑事法律关系的复杂化。为了迎接《刑法》和《刑事诉讼法》的实施，邓小平同志在五届人大二次会议党内负

---

① 转引自蔡枢衡著：《中国刑法史》，2 页，南宁，广西人民出版社，1983。

责人会议的讲话中强调指出："确实要搞法制，特别是高级干部要遵守法制。以后党委领导作用第一条就是应该保证法律生效、有效。没有立法以前，只能按政策办事；法立了以后，坚决按法律办事。"① 1984 年，彭真同志指出："要从依靠政策办事，逐步过渡到不仅靠政策，还要建立、健全法制，依法办事。"② 在建立健全社会主义法制的同时，政策和法律也迈向了恢复它们之间正常关系的进程，逐渐脱离了过去那种互相替代的关系。既要承认和维护法律的权威，又要承认和坚持政策的指导作用，这是在新形势下处理好政策和法律关系的一个关键。③ 然而，刑事政策与刑法的关系在此后的发展并不是一帆风顺的，或者说，在一个长期缺乏法治传统的国度里推行法治，有着许多意想不到的困难，强大的历史惯性依旧保留了刑事政策的强大优势，或者说也造就了政策依赖的惯性。就在《刑法》、《刑事诉讼法》颁行伊始，法律的许多基本原则、制度就面临着严峻的考验。19 世纪 80 年代初期，针对严重危害社会治安的犯罪和严重经济犯罪猖獗的状况，党和国家提出了"依法从重从快打击严重危害社会治安的犯罪分子"和"依法从严惩处严重破坏经济的罪犯"的方针政策，并根据新时期各种犯罪的新情况，进而提出"社会治安综合治理"的方针。在"两打"和"综合治理"工作中，还针对特定问题提出了一些具体的刑事政策和策略，如对少数民族犯罪分子实行"少捕、少杀，处理上一般从宽"的政策，对违法犯罪的未成年人采取"教育、感化、挽救"的方针，社会治安综合治理坚持"打击和预防相结合"的方针等。在"严打"期间，让刑事政策同刑法一样不但具有国家意志性，而且靠国家强制力实施的现象不但没有绝迹，反而有愈演愈烈之势。1996 年、1997 年《刑事诉讼法》、《刑法》修订，虽然惩办与宽大相结合的政策字眼在法律规范文本里已不再出现，但这并不意味着刑事政策就此退出历史舞台；恰恰相反，随着新的刑事法律的施行，我国刑事政策的理论与实践也进入了一个转型的新时期。特别是 2004 年以后宽严相济刑事政策的逐步确立，刑事政策与刑事法律的地位更加复杂，刑事政策受到了前所未有的关注，刑事政策的研究也因此变得空前地兴旺。

当法制重建时，人们对此寄予了无限的希望，甚至期待着法律能够彻底地替代政策。然而历史的事实是，随着法制的日益完善、法治的不断进步，刑事政策不退反进，其地位和作用也日益显著。这究竟是因为什么？

首先，应该看到，尽管法治是人类目前能够找到的最好的治理方式，但是法治也有自身的局限性，因而只能说是"次优"的选择。法律具有保守的倾向，法律的稳定性（实质上就是倾向于过去、倾向于保守）与社会生活的

---

① 《邓小平年谱（1975—1997）》，上册，527—528 页。
② 《彭真文选》，492 页，北京，人民出版社，1991。
③ 参见肖扬主编：《中国刑事政策和策略问题》，10 页，北京，法律出版社，1996。

日新月异总是产生矛盾与冲突，甚至可以说，法律从产生的那一刻起就已经落后了。法律具有不能适时应变的弊端。法律规范从概括性、一般性、抽象性的特点中派生出僵化的一面，这种僵化又因为立法机器的繁杂程序而加剧。法律无法穷尽一切可能发生或存在的社会现象，因此会存在遗漏，所谓"法有限而情无穷"。因为立法主要是一种经验知识，立法者不可能完全预料社会生活中可能发生的事物。而且，法律毕竟是通过简明扼要的言辞来表述社会现象的，任何语言都不是万能的，法律语言又因为其简约、明确而具有更多的缺陷，为自由裁量留下了很大的余地。法律是通过法定程序经由大量的人力、物力来执行的，会引起社会资源的大量耗费。因此，为了减少和克服法治的局限性，政治、德治就是必不可少的，而政策手段对于法律的适当弥补和匡正也就是顺理成章的。

其次，因为中国正处在伟大的改革时代，其变革的范围之广、程度之深、频率之快，也是举世罕见、前所未有的。社会的飞速发展使得人们对于法治、公平、正义等的需求日益高涨，而因为法律制度本身的缺陷，使法律制度始终处在一种供不应求的短缺状态。法律也好，政策也罢，都是为了满足社会需求的治理手段，而在满足社会需求方面，政策具有法律所不具备的自身优势。刑事法律的发展虽然迅速，但仍然赶不上时代发展变化的步伐，由此在刑事法律不能完全适应社会变革需要的时候，法律的变革、司法的改革就会成为时代的必要。而当法律本身成为改革的对象时，这种改革的正当性依据只能从法律之外或者法律之上去寻找。刑事政策之所以受到前所未有的青睐，就是因为改革时代刑法制度与规范的供给不足，刑事法律与刑事政策处于一种极其复杂的关系之中，二者既相辅相成、互补互动，又是相互矛盾、相互竞争的。而刑事政策因为其宏观、灵活、适应性强等优势，在和刑事法律的竞争中赢得了先机，不仅成为刑事立法、司法的指导，更成为全国各地风起云涌的各类改革的正当性基础，成为改革时期满足社会需求的首选。而法制发达或者法制化程度很高的国家，其社会发展已经进入稳定或者超稳态阶段，制度供给与制度需求之间的矛盾不像当今中国这样尖锐，刑事政策与法律的关系已经基本定型，因此刑事政策的研究也基本上呈现一种常态，而不会像当今中国的刑事政策研究那样如此强势、如此丰富多彩！

再次，由于主客观因素的影响，改革开放之初，我国的刑事立法走了一条"宜粗不宜细"的粗放式发展道路，以及时填补立法的空白，但立法的不够精细又留下了很多立法的盲点。于是形成了"笨媳妇和面"故事里所描述的这样一种局面，因为无法可依，所以就立法；而有了法以后，需要的法越来越多，于是就不断地立法，立法始终处在一种供不应求的状况中。而面对改革开放以后犯罪形势的急剧恶化，重刑主义、刑法依赖等传统思想迅速抬头，一定程度上也制约了刑事法律领域的制度创新。因此，和经济社会领域的制度变革相比，刑事领域内虽然也有不少可喜可贺的发展成就，但整体而言，我国刑事法律领域的制度供给是严重不足的，主要表现为：重刑有余而轻刑不足；刑罚有余而非刑罚不足；灵活多样的程序性制度严重不足；非监禁刑罚制度严重不足。为了弥补刑法制度供给的不足，解决当前面临的严峻社会治安问题，各地进行了轰轰烈烈的改革实践。特别是在宽严相济刑事政策的指引下，改革进入新的阶段。这些创新的领域与举措主要有：在实体法领域，进行严重犯罪与轻微犯罪的区分，试图对不同程度的犯罪实行轻重不同、宽严有别的政策；区别成年人犯罪与未成年人犯罪，试图确立专门的未成年人犯罪处理机制；借鉴了西方国家的量刑指南等做法，进行了量刑制度改革；一些地方甚至进行了新型刑罚措施的尝试（以老汉种树案为例）。在程序法领域，根据繁简分流的科学原理，对于严重刑事犯罪和轻微犯罪分别实行了普通程序与简易程序，以提高诉讼效率，节约司法成本；一些地方尝试了将定罪与量刑分成两阶段的做法，特别是对未成年人犯罪量刑时考虑社会调查的结果；暂缓起诉与暂缓宣判的实践在很多地方推行；被害人的权益得到高度关注，犯罪人赔偿与国家（通过地方财政）补偿等方式使被害人权利得到切实的救济，而刑事和解、调解等制度的出台也使被害人在刑事诉讼中的当事人地位得到体现；为保障被告人获得有效辩护，结合律师法的修订也进行了很多的改革，如律师的提前介入、律师会见等。在刑罚执行阶段，在监狱内外、机构内外，围绕着刑罚方法与非刑罚方法也进行了一系列的改革，特别值得称道的是2003年7月最高人民法院、最高人民检察院、公安部、司法部《关于开展社区矫正试点工作的通知》发布以后，社区矫正工作在试点地区取得了令人瞩目的成就。

对于这些在改革时期为了弥补刑事法律制度不足而进行的制度创新举措和创新实践，必须在理论研究的层次加以总结和提炼，总结其特点，提炼其共性。概括地说，我国刑事法律领域的改革实践具有以下特点：

第一，实践第一，实践先行。司法实践对于法律制度的供给不足感受最直接、最深刻，因而改革的动力也最大，改革呈现自发态势。而理论往往是在改革经验积累到一定阶段才予以关注。

第二，自下而上，地方先行。基层公安司法机关处在和犯罪作斗争的第一线，很多改革创新举措都源自基层，在一点取得成功以后逐步推开。

第三，各自为政，各有特色。如未成年人司法。

第四，政策主导，先行试点。如社区矫正。

正是因为刑事政策实践的以上特点，决定其共同的特性，即在法律依据不足、在法律边缘甚至法律之外进行所谓的制度创新。

也正是因为以上特点或共性，造就了中国刑事政策研究的相对繁荣。具体而言，刑事政策学显学地位的形成除了前文所述的成果数量巨大以外，还有以下几个原因。

①参与的人员队伍庞大，人气旺盛，轰轰烈烈。上至学界前辈，下至年

轻学人（统计近年的博士论文）纷纷加入刑事政策研究的队伍。刑事政策也是理论界与实务界共同关注的一个领域，当然它们的关注各有侧重，研究也自有特色。理论界多从宏观着眼，着力翻译引进国外研究成果，忙于建构刑事政策的理论体系、概念、方法与原则等基本范畴；而实务界的研究多从微观入手，以解决现实问题为宗旨，以改革实践为基础，更具现实针对性。

②研究项目众多。以国家社科基金资助的项目为例，自 2005 年以来，刑事政策领域的研究就一直很受重视，如 2005 年项目指南中的"中国刑事政策研究""犯罪与刑罚新问题研究"；2006 年的"刑事政策与刑法的互动促进""刑事政策与刑法制度改革"；2007 年的"刑事政策的体系、功能和运作机制""宽严相济的刑事政策研究"；2008 年的"西方刑事政策的运作机制""中国特色社会主义刑事政策的基本原理与经验""中国宽严相济刑事政策研究"等。

③研究的层次高，刑事政策研究获得政治层面的高度关注。这也是在情理之中的，首先是因为中国改革的成败与否取决于社会发展与稳定的协调，而犯罪治理是国家治理的关键；其次是因为中国正在探索一条富有特色的法治之路，在社会飞速发展变化的同时逐步完善法制与适当的政策干预是中国的必然选择，而政策干预的成效如何，其对法制/法治的影响如何，自然也是最高决策层一直关心的。

当然，在目前刑事政策研究的空前繁荣现象面前，我们也应该保持清醒的头脑，既要看到刑事政策研究所取得的成绩，更要正视其中所存在的问题与缺陷。目前的缺陷在于：

①理论与实践的脱节。如前所述，刑事政策研究在中国呈现理论型与实务型两大类，这本是一件好事，但问题是两者之间的结合不到位。相当数量的理论研究是闭门造车的，关注实践不够；而实务型的研究大多就事论事，理论层次不高，由此限制了刑事政策理论对于实践的引领作用。

②对于刑事政策本身的二重性认识不足。如同世上任何事物都具有二重性一样，刑事政策的二重性也是非常明显的，由其批判性自然会导致对现行制度的否定，而其宏观性或者政治性也会在实践中呈现超法律的特性，使刑事政策往往以超法律（Super-law）自居，在司法实践中凌驾于法律之上，甚至代替法律。因此，刑事政策对于法治隐含着很大的破坏性。

③精英话语与大众意识的差距。刑事政策的外国源头、精英话语和理论色彩使其与中国本土、民间大众和司法实践产生了一定的隔阂，领导意志、专家话语与大众意识之间存在明显的差异性，刑事政策研究缺乏社会大众甚至是司法专业人士的充分认同。例如，理论界几成共识的宽严相济、以宽为先的立场，就常常被社会大众甚或实务部门指责为脱离实际、误国误事的空谈，而理论界关于限制乃至废止死刑的主张则与社会大众的死刑观念形成尖锐对立。

④科学基础不够。从历史上看，刑事政策学的兴起端赖于科学包括自然科学和社会科学的发达，而犯罪学对于刑事政策学的贡献居功至伟。相形之下，中国刑事政策研究的科学基础是非常欠缺的，中国的犯罪学仍然薄弱，难以为刑事政策研究和决策提供科学而精确的素材；中国的刑事政策研究多局限在刑事法律领域，而不具备政治学、政策学、社会学、经济学、管理学、历史学等多学科交叉综合的特点；研究方法上的单一与传统也制约着中国刑事政策学的进一步发展。

⑤国际交流合作亟待加强。刑事政策学在西方发达国家源远流长，成果丰硕，在不同国家之间、区域之间和国际层面的合作交流也非常活跃，影响巨大。虽然近年来中国翻译引进了一些在国外有影响的刑事政策学研究成果，如法国法兰西院士米海依尔·戴尔玛斯－马蒂的《刑事政策的主要体系》（卢建平译，法律出版社 2000 年版），日本大谷实教授的《刑事政策学》（黎宏译，法律出版社 2000 年版），但是刑事政策研究的开放局面并没有形成，国际交流合作的状况亟待改善。

三、未来的展望

时势造英雄，中国所处的伟大变革时代给刑事政策研究提供了无限的机遇和大展宏图的舞台，当然也提出了一系列严峻的挑战。

党的十七大报告就当前法治领域的主要问题指出：社会主义民主政治不断发展、依法治国基本方略扎实贯彻，同时民主法制建设与扩大人民民主和经济社会发展的要求还不完全适应，政治体制改革需要继续深化。而在 2008 年 3 月的"两会"上，"两高"报告均分别提到当前司法机关面临的最主要的矛盾是人民群众日益增长的司法需求和司法资源、能力相对不足之间的矛盾。反映在刑事领域中，人民群众对于安全、稳定和公平、正义的需求与刑事法律或司法资源、能力不足之间的矛盾显然就是当代中国的刑事政策学应该直面的核心问题！

1. 中国刑事政策学的根本任务在于研究中国的刑事政策实践，扩大制度供给的能力，以满足社会需求，同时为刑事政策实践提供科学指导

质言之，刑事政策的兴起与刑事法律制度的危机联系在一起，而刑事法律制度的危机又与社会的发展变革所带来的犯罪现象的加剧联系在一起。刑事政策在近代西方的兴起是为了应对当时的刑法危机，而刑事政策学在现代中国的繁荣同样是为了化解在剧烈社会变革过程中刑法制度所面临的危机。刑事政策成为化解刑法危机的干预手段。

用制度经济学的原理来解释，刑法危机就是刑法制度的供给能力不足，难以适应社会需求。而用法哲学的术语来表述，就是实证法与自然法（超法律的法）发生了冲突。为了解决这个冲突，德国著名法学家拉德布鲁赫提出了自己的解决公式，即"法律的不法与超法律的法"，此所谓"拉德布鲁赫

定律（Radbruch Formula）"："依据国家权力并正确制定的实证法规则具有优先的地位，即使该规则是不公正的，并且违背大众福利。但当规则违背正义达到不可容忍的程度以至事实上成为'非法的法律'时，它必须向正义作出让步。"① 换言之，当现有的法律规范、制度乃至理论不能满足社会发展进步的需要并成为发展进步的阻碍时，改革就是势在必行的了。受"拉德布鲁赫定律"的启发，我们可以将我国现行的刑事法律制度按与"正义"的冲突程度进行排列，如刑法体系、犯罪定义、刑罚体系（特别是死刑制度）、量刑制度、刑事诉讼程序法意义上的刑事和解、刑罚执行（尤其是社区矫正）、被害救济以及保安处分、未成年犯罪、刑事司法的国际合作等，这些制度是否都符合"正义"的要求，而它们与正义偏离或者冲突的程度就是公共政策的制定者甚至执行者决定改革的必要程度的尺码。我们在这里所做的列举并不是详尽的，其后的冲突程度判断也会因为主体及其所处的时空条件不同而有很大的差异。但有一点可以肯定，司法实践当中正在进行改革尝试的各项举措基本能够说明现行制度与社会需求之间是有差距的，自然法与实证法之间的冲突已然十分严重。刑事政策研究者的任务就是研判实证法与自然法之间的差距，寻求解决问题的出路，并为决策提供科学的依据；而在改革进行的过程中，刑事政策理论也要尽可能地为实践提供科学的指引。

2. 中国的刑事政策研究要以建设法治为自己的历史使命

人类历经几千年的探索，终于实现了从无法可依到有法可依、从人治到法治再到追求良法之治的善治的转变，而其中也经历了人治法治、恶法亦法、恶法非法的多次论争。追求良好法律的普遍统治，实现法治以求取人类社会的至高的善，是现代刑事政策的旨归。也正因为现代刑事政策的这个目标，使得广义刑事政策观成为时代的主流，而刑法也因此处在一个叫做"刑事政策"的更为广泛、更为开放的整体的核心。刑事法律与刑事政策的关系也因此而空前地复杂化。

对刑事政策与刑事法律二者之间的复杂关系，理论上可以概括为三个层面：在价值取向上，刑事政策与刑事法律是指导与被指导的关系；在对策系统上，刑事政策与刑事法律是整合与被整合的关系；在具体措施上，刑事政策与刑事法律是校正与被校正的关系。而在现实的层面又可以归纳为两个相关的命题：刑法的刑事政策化和刑事政策的刑法化。前者从刑法的角度出发关注刑法在刑事政策的指导和调节下所发生的观念和实践层面的变化，后者则基于刑事政策的立场分析刑事政策在刑法的制定和运行中的转化和体现。

从目前中国的现状看，刑法的刑事政策化特征非常明显，诸多的刑法规

① Gustav Radbruch, *Gesetzliches Unrecht und übergesetzliches Recht*, cited from James E. Herget, See James E. Herget, Contemporary German Legal Philosophy, University of Pennsylvania Press（Philadelphia），1996, p. 4. 译文依据通行的英译，该文的德文中译全本见［德］古斯塔夫·拉德布鲁赫著：《法律智慧警句集》，舒国滢译，161—171页，北京，中国法制出版社，2001。

范、制度与宽严相济刑事政策之间呈现一种紧张的矛盾关系，而解决之道似乎除了改革别无他途。改革的现实必要性是无可置疑的，但是，西方国家在19世纪和20世纪之交因为刑法刑事政策化而导致法西斯刑法猖獗的历史教训也应该汲取。拉德布鲁赫正是结合了自己的亲身经历将法的安定性作为法律理念的首要任务，而将正义、法的目的性作为第二任务。由于政策在中国传统治理方略中的优势地位，加之其反映民意、反映社会进步变化更迅捷、更直接的现实优势，特别是政策依据的抽象模糊，因此很容易在和刑法的竞争中取得较强地位。因此，中国的刑事政策要将刑事领域内政策与法律的冲突作为当前的研究重点，审慎地看待刑法的刑事政策化，为其设立合理的限制，并将刑事政策的刑法化作为价值追求。刑法危机的消除不能建立在消灭刑法的基础之上，而应该是在更新刑法、完善刑事法治的基点之上。

3. 中国刑事政策研究的方向和途径

富有中国特色、时代特色的刑事政策研究应该具有如下价值取向：

一是批判性和建构性的统一。在批判的基础上进行建构，在建构的同时进行批判；不仅批判刑事法，而且也要批判刑事政策，如对于"严打"的理性批判；而批判的目的在于建构，如理论界对于宽严相济刑事政策的推动，及确立其基本刑事政策地位的积极努力。

二是实践性和理论性的统一。实践先行，理论跟进，要直面现实问题，以解决现实问题为己任；在解决现实问题的同时，也要注意理论体系、方法的建设，提高理论应对并解决现实问题的能力，以升华以后的理论再回来更加有效地指导实践。

三是刑事法与非刑事法的统一。当今中国的刑事政策是广义的刑事政策，社会治安综合治理方略就是最好的诠释。因此，刑事政策的实践也是全方位的，包括但不限于刑法实践。李斯特"最好的社会政策就是最好的刑事政策"的名言正在中国得到最好的实践。

四是本土性和世界性的统一。要立足中国，放眼世界。既注意为改革提供本土资源，如历史传统、地方实践经验，又注意为改革寻求国际参照，如国际人权公约、国际私法准则、外国的成功实践等。

而改革开放仍然是中国的刑事政策保有自己鲜明特色的唯一途径。党的十七大报告提出了科学发展观的思想。科学发展观，第一要义是发展，核心是以人为本，基本要求是全面协调可持续，根本方法是统筹兼顾。为此，要进一步解放思想，实践永无止境，创新永无止境。要坚持解放思想、实事求是、与时俱进，勇于变革、勇于创新，永不僵化、永不停滞，不为任何风险所惧，不被任何干扰所惑，使中国特色社会主义道路越走越宽广。

科学发展观也是引导和推进我国刑事政策研究的指导思想。要立足发展，进一步深化刑事政策实践与制度变革，推动刑事政策与法律发展、法治完善的良性互动。要坚持改革开放的法治取向，改变中国刑事政策政治化程度高而法治化程度低的现状，不断提高刑事政策的作用与权威，不断完善刑事法治。要克服理论研究和立法完善严重滞后的局面，提高改革的主动性、整体性和系统性，促进法制建设的长期性、可持续性；要加强对于刑事政策实践的协调指导，如果任由各地的改革自发进行，而没有统一的政策指引，则势必会严重损害法制大局，所以刑事政策层面的宏观调控、指导就是必需的。而司法实践中一些由刑事政策提供合法性依据的改革举措，一旦取得预期成效，就应该及时总结经验，进行理论提炼，并尽快体现为立法。刑事政策学对于改革时期的刑事立法提出了更高的要求，不仅要建立体系，垂范久远，而且要反应灵敏，与时俱进；不仅要有立法的数量规模，更要追求立法的质量，并根据时代的需要选择不同的立法方法与技术。

具体而言，弥补制度供给不足有两个主要的途径：

一是扩大现行刑法制度的适应性，如通过司法解释、判例、指导意见等，使现行制度与规范能够更好地得到应用。

二是改革以扩大制度的供给。制度改革并不是由制度需求自动决定的。我国的改革深化固然受制度需求的影响，但在更大程度上受制于权力中心在既定的政治经济秩序下提供新的制度安排的能力和意愿。因此，研究制度供给更具现实意义。改革发展是硬道理，特别是在进一步解放思想的口号指引下，在具体规范和制度层面可以适度突破现行法律的规定，在科学理论指导下进行制度创新：如广义刑事政策观的接纳，综合治理方略的制度化，犯罪圈的扩大与刑罚的轻缓多样化，刑法（刑罚）体系的扩大，整合行政刑法与行政刑罚，宽严相济刑事政策所要求的重罪与轻罪的划分，诉讼机制的灵活多样、繁简分流；轻微案件的简便快速处理机制；特定时期、特定地区与特殊案件的快审快判；未成年人刑法的单立；被告人诉讼权利的保障；被害人权利的救济；死刑的限制与废除，替代刑的设计；监禁刑的科学化，管制、缓刑等非监禁刑及措施的推广，财产刑、资格刑的大力运用，社区矫正或公益劳动刑的创设；社会力量参与犯罪治理，如参与犯罪过程、犯罪人的教育改造、犯罪预防等。在科学发展观指导下制定合理可行的立法政策、司法政策、行刑政策，定罪政策、量刑政策，重罪政策、轻罪政策，刑罚政策、非刑罚政策，惩治政策、预防教育治理政策。

无论通过哪种途径，刑事政策的研究和实践都必须坚持法治的方向，高举法治的大旗。倡行法治、保障人权的原则应该贯穿刑事政策的方方面面。

结论

中国的刑事政策应该在刑事政治的高度进行研究，而在刑事法治的维度加以贯彻！中国的刑事政策研究应该源于刑事政策实践、高于实践，引领实践、指导实践，通过理论与实践的良性互动，推动中国刑事法治的持续进步。

附录（改革开放以来刑事政策研究主要成果）

［1］北京大学法律系刑法教研室. 刑事政策讲义［M］. 1976.

［2］马克昌. 中国刑事政策学［M］. 武汉：武汉大学出版社，1992.

［3］杨春洗. 刑事政策论［M］. 北京：北京大学出版社，1994.

［4］肖扬. 中国刑事政策和策略问题［M］. 北京：法律出版社，1996.

［5］何秉松. 刑事政策学［M］. 北京：群众出版社，2002.

［6］曲新久. 刑事政策的权力分析［M］. 北京：中国政法大学出版社，2002.

［7］张穹. "严打"政策的理论与实务［M］. 北京：中国检察出版社，2002.

［8］中国检察理论研究所. "严打"中的法律与政策适用：第三届全国检察理论研究年会论文集［C］. 北京：中国医药科技出版社，2002.

［9］陈泽沅. "严打"政策法律问题研究［M］. 北京：中国档案出版社，2003.

［10］严励. 刑事政策的模式建构［M］. 北京：中国政法大学出版社，2003.

［11］陈兴良. 中国刑事政策检讨：以"严打"刑事政策为视角［M］. 北京：中国检察出版社，2004.

［12］卢建平. 刑事政策与刑法［M］. 北京：中国人民公安大学出版社，2004 .

［13］刘仁文. 刑事政策初步［M］. 北京：中国人民公安大学出版社，2004.

［14］齐文远、周详. 刑法、刑事责任、刑事政策研究：哲学、社会学、法律文化的视角［M］. 北京：北京大学出版社，2004.

［15］汪明亮. "严打"的理性评价［M］. 北京：北京大学出版社，2004.

［16］陈兴良、梁根林. 润物无声：刑事一体化与刑事政策［M］. 北京：法律出版社，2005.

［17］侯宏林. 刑事政策的价值分析［M］. 北京：中国政法大学出版社，2005.

［18］梁根林. 刑事政策：立场与范畴［M］. 北京：法律出版社，2005.

［19］梁根林. 刑事法网：扩张与限缩［M］. 北京：法律出版社，2005.

［20］刘远. 刑事政策哲学解读［M］. 北京：中国人民公安大学出版社，2005 .

［21］孙秋杰，屈耀伦，沈天炜. 刑事政策论［M］. 兰州：兰州大学出版社，2005.

［22］赵秉志. 刑事政策专题探讨［M］. 北京：中国人民公安大学出版社，2005.

［23］梁根林. 刑事制裁：方式与选择［M］. 北京：法律出版社，2006.

［24］孙文红. 刑事政策视野中的司法理念［M］. 北京：中国检察出版社，2006.

［25］谢望原、卢建平，等. 中国刑事政策研究［M］. 北京：中国人民大学出版社，2006.

［26］许福生. 刑事政策学［M］. 北京：中国民主法制出版社，2006.

［27］张利兆. 未成年人犯罪刑事政策研究［M］. 北京：中国检察出版社，2006.

［28］张智辉，谢鹏程. 中国检察/第四卷/刑事政策与证据规则［M］. 北京：中国检察出版社，2006.

［29］北京市应用法学研究中心. 刑事政策与和谐社会构建论文集［C］. 北京：中国工商出版社，2007.

［30］陈剑虹. 宽严相济刑事政策在检察工作中的运用［M］. 北京：中国检察出版社，2007.

［31］陈兴良. 宽严相济刑事政策研究［M］. 北京：中国人民大学出版社，2007.

［32］董新建. 检察机关适用宽严相济刑事司法政策实务［M］. 北京：中国检察出版社，2007.

［33］卢建平. 刑事政策评论［M］. 北京：中国方正出版社，2007.

［34］卢建平. 刑事政策学［M］. 北京：中国人民大学出版社，2007.

［35］梁根林. 刑事政策学［M］. 北京：中国人民大学出版社，2007.

［36］李少平. 刑事政策与刑法适用［M］. 成都：四川人民出版社，2007.

［37］谢望原，张小虎. 中国刑事政策报告［M］. 北京：中国法制出版社，2007.

［38］余捷. 宽严相济刑事政策与检察实践论坛［M］. 北京：中国检察出版社，2007.

［39］赵军. 惩罚的边界：卖淫刑事政策实证研究［M］. 北京：中国法制出版社，2007.

［40］刘佑生. 宽严相济与检察工作［M］. 北京：中国检察出版社，2008.

［41］李卫红. 刑事政策学的重构及展开［M］. 北京：北京大学出版社，2008.

［42］贾东军，国章成. 严打刑事政策：反犯罪的中国经验［M］. 北京：中国人民公安大学出版社，2008.

［43］汪明亮. 刑事政策研究新视角［M］. 北京：法律出版社，2008.

［44］许秀中. 刑事政策系统论［M］. 北京：中国长安出版社，2008.

［45］莫洪宪. 论我国金融犯罪的刑事政策［J］. 武汉：武汉公安干部学院学报，2001.

［46］［法］米海依尔·戴尔玛斯一马蒂. 刑事政策的主要体系［M］. 卢建平，译. 北京：法律出版社，2000.

［47］［日］大谷实. 刑事政策讲义［M］. 黎宏，译. 北京：法律出版社，2000.

［48］［俄］С. С. Босхолов. 刑事政策的基础［M］. 刘向文，译. 郑州：郑州大学出版社，2002.

［49］［日］森本益之，等. 刑事政策学［M］. 戴波，江溯，丁婕，译. 北京：中国人民公安大学出版社，2004.

吴宗宪[*]

中国犯罪心理学的历史发展

　　学术史的发展有其独特的历史传承关系，在正常情况下，学术事业的发展有赖于不断的积累和前贤的贡献。根据这个思路，可以将中国犯罪心理学（criminal psychology）自产生至今的历史发展分为四个阶段。

一、前期阶段

　　前期阶段是指犯罪心理学在中国兴起和初步传播的阶段。这个阶段主要是 20 世纪初期到中期的历史阶段。如同很多社会科学那样，犯罪心理学也是从国外传入我国的，20 世纪初期的一些学者在译介国外犯罪心理学研究方面，做了一些有价值的工作。根据高汉声教授的研究，在 20 世纪 20 年代发行较多、流传较广因而较有影响犯罪心理学书籍，是日本寺田精一著的《犯罪心理学》，该书有两个译本：一是张廷健翻译的译本，该书作为"百科小丛书"于 1927 年由上海商务印书馆出版发行；另一是吴景鸿译的译本，作为"法学丛书"于 1932 年由上海法学编辑社出版发行。① 这本书可能是我国最早翻译过来的《犯罪心理学》。吴景鸿的译本共 12 章，不仅页码较多，而且内容丰富，包括犯罪的发生，本能、社会适应性与犯罪，恶性的遗传，智能、感情、意志、性欲之异常，模仿与犯罪，群众与犯罪，年龄、气候与犯罪，伴随犯罪行为之经验等。在没有见到更多资料的情况下，可以暂且把这本书的翻译和传播，看成是中国犯罪心理学兴起的标志性事件。

---

　　* 　北京师范大学刑事法律科学研究院教授、法学博士。

　　① 　参见高汉声："本世纪 20－40 年代我国的犯罪心理学简介"，载《心理学动态》，1994（2），1 页。另外，从国家图书馆网站上了解到，张廷健翻译的版本为 17 厘米开本，126 页；吴景鸿译述的版本为 25 厘米开本，468 页。由此推论，张廷健的译本可能是一个节译本，吴景鸿的译本可能是内容较全的译本。

　　除了这本书之外，在其他几本翻译过来的犯罪心理学书籍中，也包括了犯罪心理学的内容。例如，由琴娜女士著、徐天一重译、1929 年由南京国民政府立法院编译处出版的《伦勃罗梭犯罪人论》一书；由刘麟生翻译、1922 年作为《共学社社会丛书》的一种，由上海的商务印书馆出版《朗伯罗梭氏犯罪学》一书；由柏替（H. E. Burtt）著[1]、王书林翻译、1939 年商务印书馆在长沙出版发行的《法律心理学》（Legal Psychology）一书，书前冠有原著者、译者序，正文内容分为证词心理学、犯罪人本身的心理学、犯罪预防三部分，共 21 章，显然，本书中包括了有关犯罪心理学方面的内容。[2]

　　这个时期，我国学者自己还撰写了犯罪心理学文章和书籍。例如，曾作忠和张耀翔曾撰写《青年犯罪之心理》（一、二），发表在 1924 年的《心理》杂志上（第三卷二号）；陈一百曾撰写《青少年犯罪问题的心理学之基础》，发表在 1936 年的《心理季刊》（创刊号）上；肖孝嵘等撰写《罪犯情绪态度和个性倾向的实验研究》，发表在《心理半年刊》1936 年第 3 卷第 2 期上；孙运仁曾撰写《青年犯罪人：问题和方法》一文，发表在《心理半年刊》1937 年第 4 卷第 2 期上。[3]在 20 世纪 20 年代到 40 年代期间，光晟所写的《犯罪心理学》一书，由司法行政部法官训练所编印。[4]

　　20 世纪 40 年代至 70 年代初期，由于战乱、不利的政治气氛等因素的严重影响，特别是 1958 年，心理学被打成资产阶级的唯心主义的伪科学，包括犯罪心理学在内的整个心理学的译介和研究工作处于停滞状态，这个时期没有见到犯罪心理学方面的论著出版和论文发表。

二、复苏阶段

　　犯罪心理学的复苏阶段，是指犯罪心理学的研究开始大量进行和得到初步发展的阶段。这个阶段从 20 世纪 70 年代中期开始到 1982 年左右。

　　时间接近到 20 世纪 70 年代中期的时候，随着社会政治气氛的好转和学术研究的发展，犯罪心理学的研究逐渐引起人们的重视，犯罪心理学的研究开始复苏。在中国大陆地区，犯罪心理学的复苏过程中，一些从事青少年犯罪实务工作的人员和在高等院校中从事教学研究工作的专业人员，发挥了特别重要的作用，在他们的多方努力下，犯罪心理学的研究以青少年犯罪及其

---

　　[1]　高汉声的文章提到是"德国人柏替（Burtte）著"，拼写有误；是否为德国人，也值得怀疑。从网络上查询国家图书馆，得知该书作者的姓氏拼写为 Burtt。因为据英语文献，1931 年曾在美国出版过一本英语的《法律心理学》，即 Harold E. Burtt, Legal Psychology（Englewood Cliffs, NJ：Prentice-Hall），王书林翻译的可能就是这本书。

　　[2]　罗大华、何为民合著的《犯罪心理学》（台湾东华书局 1999 年版，538 页）提到，该书 1937 年由上海市商务印书馆出版，年代和出版地均与国家图书馆的信息不符。

　　[3]　参见高汉声："本世纪 20—40 年代我国的犯罪心理学简介"，载《心理学动态》，1994（2），5—6 页。

　　[4]　同上，2 页。

心理为切入点，开始进入复苏阶段。①在这个阶段，犯罪心理学的研究经过长时间的沉寂、萧条之后，又重新得到人们的关注，焕发出新的生机，逐渐茁壮成长起来。

中国犯罪心理学的复苏首先在我国台湾地区开始。现有文献表明，我国台湾地区学者周震欧 1973 年自印的《犯罪心理学》一书，可能是复苏阶段第一本中国人自己撰写的犯罪心理学书籍。此后，我国台湾地区的犯罪心理学或者相关论著陆续出版。1976 年，张甘妹撰写的《犯罪学原论》一书由台湾汉林出版社出版，其中的一些章节论述了犯罪心理学方面的内容。1979 年，我国台湾地区学者蔡墩铭撰写的大学教科书《犯罪心理学》（上下）② 出版，成为我国台湾地区犯罪心理学方面的标志性书籍。这部篇幅很大、内容丰富、国际化特点明显的著作很快流传到我国大陆，在当时大陆地区国际交流缺乏、难以直接了解国外犯罪心理学研究的情况下，对于大陆犯罪心理学的研究，产生了重要的启发和影响作用。1983 年，马传镇的《犯罪心理学》一书由台湾警察专科学校印行。

在大陆地区，1976 年"文化大革命"结束后，一方面社会政治环境逐渐得到改善，为进行犯罪心理学的研究提供了大的社会环境，为犯罪心理学的研究提供了可能性；另一方面由于"文化大革命"对于整个社会的破坏性影响及其后效应，导致犯罪问题十分突出，特别是青少年犯罪问题相当严重，促使人们寻求更多的途径去认识和解决严重的社会与犯罪问题，这为犯罪心理学的研究提供了发展的动力，因此，大陆地区的犯罪心理学研究以探讨青少年犯罪的心理问题为切入点，开始复苏和发展起来。

中国大陆地区犯罪心理学的复苏，是多方面共同努力的结果。

第一，教学研究人员的介绍和研究，宣传了犯罪心理学的知识，促使社会公众和政府部门认识和重视犯罪心理学的内容与价值。大陆地区最早发表的犯罪心理学文献，可能是王树茂 1979 年 11 月 8 日在《光明日报》第四版发表的文章《建议开展犯罪心理学的研究》。此后，李心天（1980 年 4 月 25 日《北京科技报》）、田培明（1981 年 1 月 28 日《科学画报》）等也发表了犯

---

① 有的论者在论述这段历史时，用了"兴起阶段"这样的字眼，并以 1979 年作为这个阶段的开始年份（参见罗大华："中国法制心理科学研究的回顾与展望"，载罗大华主编：《中国法制心理科学研究文萃》，上，2 页，北京，群众出版社，2006），这个提法有两个方面需要探讨：第一，"兴起"的说法与中国社会的实际情况不符。"兴起"是指"开始出现并兴盛起来"（中国社会科学院语言研究所词典编辑室编：《现代汉语词典》，第 5 版，1520 页，北京，商务印书馆，2005，而中国犯罪心理学在 20 世纪 20 年代—40 年代已经有一定研究，并不是从 20 世纪 70 年代才开始出现的。第二，把 1979 年作为起始时间，仅仅是以大陆地区作为考察范围，而在台湾地区，在此之前已由犯罪心理学论著出版，而且，大陆和我国台湾地区在犯罪心理学以及整个法律心理学领域的研究是相互影响的，特别是在早期台湾地区犯罪心理学书籍对于大陆学者的影响更加明显一些，两地不可分割。因此，抛开我国台湾地区专论大陆情况的做法，也是值得商榷的。

② 参见蔡墩铭著：《犯罪心理学》，上下，台湾，台湾黎明文化事业股份有限公司，1979。

罪心理学方面的普及性文章。1980 年—1981 年，原北京政法学院刑事侦查教研室的罗大华、林正吾和马晶淼在深入实际部门调查研究的基础上，将所收集的资料汇编为《犯罪心理学参考资料》①，内部铅印发行，引起了很大的反响。1981 年由《科学与科学技术管理》杂志社内部印行的林秉贤的《犯罪心理学纲要》一书，是新中国的研究者自己撰写的第一部专著，这本书封面醒目、内容通俗、论述生动，使很多读者产生了深刻印象。1981 年第 6 期的《法学杂志》发表了方强撰写的《关于开展犯罪心理学研究的刍议》一文，引起了有关方面的重视。

第二，党政部门的倡导，也有力地推动了犯罪心理学的发展。面对 20 世纪 70 年代中期以来青少年犯罪不断加剧的严重形势，政府有关部门就已经认识到开展犯罪心理学研究和教育的重要性。1979 年初，司法部规定部属政法院校要开设犯罪心理学课程；不久，公安部所属的几所院校也决定开设这一课程。1979 年 8 月 17 日，中共中央转发了中央宣传部等八个单位《关于提请全党重视解决青少年违法犯罪问题的报告》（即 ［1979］ 58 号文件），要求全党重视研究和解决青少年违法犯罪问题。

党政部门的倡导，从三个方面促进了犯罪心理学的发展：

①举办犯罪心理学讲座和培训班。为了贯彻中央文件的精神，为了使更多的人了解犯罪心理学知识，1980 年 9 月，公安部劳改工作干部学校举办了第一期培训班，邀请原北京政法学院的犯罪心理学教师主讲青少年犯罪及其教育改造问题；同年 9 月、10 月间，北京市心理学会举办了“青少年犯罪和司法心理学短训班”（并以讲稿为基础写成了《违法犯罪青少年心理分析》一书，由知识出版社 1982 年出版）。此后，很多地方也举行了犯罪心理学讲座和培训班，促进了犯罪心理学知识的传播和普及。1981 年 4 月，四川省心理学会、四川医学院精神病学教研室和北京市心理学会在四川省教育学院联合举办四川省法制心理学第一期培训班。1982 年 10 月，北京市心理学会在江苏省南京市举办犯罪心理学讲习班，对新中国第一部大学教材《犯罪心理学》进行试讲。

②进行犯罪心理学调查。从 1979 年开始，一些高等院校和地方的专业人员深入到监狱、劳改队、少管所、劳教所等部门，进行犯罪心理学的调查，收集了大量的案例资料，撰写了一些有价值的调查报告。1981 年，中国社会科学院青少年研究所等单位组织对违法犯罪青少年问题开展调查，其中

---

① 《犯罪心理学参考资料》共四辑五册：第一辑是违法犯罪青少年堕落变坏的个案材料；第二辑是违法犯罪青少年转变好的典型材料和教育改造违法犯罪青少年的经验介绍；第三辑是青少年违法犯罪情况的调查报告和有关研究违法犯罪心理的论文（第三辑分为上下两册）；第四辑是国外犯罪心理学资料选译，其中包括邵道生等译的日本学者森武夫的《犯罪心理学入门》和朗明、毛维新翻译的苏联学者弗·符·戈别奇亚的《未成年人犯罪的心理因素》。

就有犯罪心理学工作者参加。这些调查及其研究结果，不仅促进了犯罪心理学知识的普及和发展，也进一步促进了党政部门的决策，推动了犯罪心理学的应用。

③开设犯罪心理学课程。在进行犯罪心理学宣传和调查等的基础上，为了满足犯罪心理学教学的需要，人们开始考虑编写大学教材。1982 年 7 月，由北京政法学院、华东政法学院、西南政法学院、西北政法学院、公安部民警干校、公安部劳改干校、中央教育行政学院、北京师范大学、复旦大学以及北京市、天津市公安局等单位的人员参加编写的新中国第一部大学教材《犯罪心理学》（两册）①，由北京政法学院内部铅印发行。这部教材的参加者，都是当时从事犯罪心理学和法律心理学其他学科研究的突出者，其中的一些人以后成为新中国犯罪心理学教学和研究的领军人物和骨干力量。这部教材由罗大华、林崇德、何为民、王小转统稿，方强参加了部分统稿工作；北京政法学院的罗大华、林正吾和马晶淼负责编校工作，该院教材科具体承印。这部教材还请著名心理学家潘菽、著名社会学家雷洁琼撰写了《序言》和《序》。这部教材共分为 13 章，其中第一册（上编，第 1 章—第 7 章），是犯罪心理学的内容，第二册（下编，第 8 章—第 13 章）是法律心理学其他分支的内容，包括犯罪的预测和预防、侦查心理、审讯心理、审判心理、证言和供词心理、罪犯改造心理等。作为新中国第一部大学教材，这部教材有力地推动了整个大陆地区犯罪心理学的教学和研究。自此以后，犯罪心理学便在大陆迅速发展起来。

这一时期产生较大影响的书籍还有：《司法心理学概论》（徐世京编译，1981 年内部发行，1986 年由上海人民出版社出版；本书中有犯罪心理学的内容）；《犯罪和司法心理学》（译文集，上海自然辩证法学会编印，1981 年内部发行）；《犯罪及其矫正》（美国的米切尔·T. 尼茨尔著，北京市心理学会 1981 年内部发行）等。

三、繁荣阶段

犯罪心理学的繁荣阶段，是指犯罪心理学的教学和研究迅速发展、研究成果大量出版的阶段。这个阶段从 1983 年开始到 1993 年左右。

1. 标志性事件

这个阶段的开始，有两个标志性的事件：

①中国心理学会法制心理专业委员会的成立。在 1982 年 7 月 6 日—9 日潘菽理事长主持举行的中国心理学会常务理事会全体会议上，决定成立法制

---

① 参见《犯罪心理学》编写组编：《犯罪心理学》，上编、下编，北京政法学院 1982 年 8 月。

心理学专业委员会。①1983年6月28日至7月2日，中国心理学会法制心理专业委员会成立暨科研规划会议在江苏省无锡市举行，与会正式代表57人，列席代表24人，收到论文57篇。会议选举12人为专业委员会委员人选，在征得本人单位组织意见后报中国心理学会审批，这12个人选是：北京的赤光、罗大华、王洛生、邵道生、马晶淼、徐应隆、何为民；东北的方波；西北的方强；华东的毛树林；中南的郑昌济；华北的林秉贤。这个专业委员会虽然没有使用"犯罪心理学"的名称，但是，它的主要内容是犯罪心理学，大多数委员也主要从事犯罪心理学的研究和教学；法律心理学的其他领域的研究发展不足，专门从事研究的人员不多。因此，在"法制心理学"的名义下发展犯罪心理学，是新中国犯罪心理学发展历史的一个重要特点。②学术团体的成立，是一门学科发展成熟的重要标志，也是新中国犯罪心理学走向繁荣的重要标志。

应当提到的是，中国心理学会法制心理专业委员会组成人员的完善有一个过程。中国心理学会法制心理专业委员会第一届委员会没有产生主任，后产生罗大华、赤光两位副主任。以后主任一直空缺，直到1989年10月9日—11日在山东泰安举行的工作会议上产生第三届委员会，由罗大华担任主任，赤光、何为民担任副主任，并且选举产生了第三届专业委员会委员；经1989年12月25日中国心理学会讨论批准，第三届中国心理学会法制心理专业委员会的组成人员如下：主任是罗大华（中国政法大学犯罪心理学教研室副教授）；副主任是赤光（中国社会科学院社会学所青少年研究室副研究员）、何为民（中央劳改劳教管理干部学院③犯罪心理学教研室副教授）、李世棣（中国人民公安大学犯罪心理学副教授）；委员13人，包括于义池（中国刑警学院犯罪心理学副教授）、马皑（中国政法大学犯罪心理学教研室讲师兼秘书）、方强（西北政法学院法制心理学研究室教授）、刘兆祺（中国人民警官大学公安业务教研部讲师）、刘述哲（四川省公安厅政策研究室主任）、沈政（北京大学心理系副教授）、庞兴华（山东公安专科学校副校长、犯罪心理学副教授）、林秉贤（天津商学院心理学教研室副教授）、郑昌济

---

① "法制心理学"名称的确定和使用，带有浓厚的时代特色和政治背景，这个名称的确立深受当时加强社会主义民主与法制的社会氛围与政治环境的影响。不过，这个名称显然不是一个稳妥的学科名称，经不起语义学方面的推敲分析，也经不起研究内容方面的深入分析，一段时间之后就引起人们的不同看法。例如，1991年出版的《中国大百科全书·心理学》中，就收录了"法律心理学"条目，而仅仅在释文中提到这门学科"也称法制心理学"（参见《中国大百科全书·心理学》，78—79页，北京，中国大百科全书出版社，1991）。今天，越来越多的人使用"法律心理学"这个术语，呈现出"法律心理学"取代"法制心理学"的趋势。

② 这个特点持续了很长时间。后来，在新中国法律心理学后来的发展中，法律心理学的其他研究领域或者分支学科逐步得到发展，其中，罪犯心理矫治、犯罪嫌疑人测谎以及犯罪心理特征描述（犯罪心理画像）等得到了较大的发展。

③ 该校现在称为"中央司法警官学院"。

（中南政法学院副院长、犯罪心理学副教授）、俞强（上海市司法学校犯罪心理学讲师）、高汉生（南京大学哲学系心理学教授）、贾关良（浙江省劳改局副局长[①]、鲁正新（西南政法学院法制心理学教研室讲师）。[②]此后，主任委员一直由罗大华担任，正如有的学者所说的，罗大华教授从 1983 年起，"就担任法制心理专业委员会的主要负责人（副主任，第一届主任空缺）、主任，至今已有 7 届，达 23 年之久"[③]。应当说，这一届专业委员会的组成人员以后长期在专业委员会中任职，其中的大部分人长期以来都是犯罪心理学的重要教学和研究人员，对于新中国犯罪心理学的发展作出了重要贡献。

②新中国第一部大学教材《犯罪心理学》的正式出版。1983 年，上述新中国第一部大学教材《犯罪心理学》由群众出版社合为一册正式出版，内部发行。[④]这部教材的正式出版，对于犯罪心理学的教学、传播和应用等，都具有重要的历史意义。因此，是新中国犯罪心理学发展历史上具有重大意义的标志性事件。1986 年，群众出版社出版了这部教材的修订本，此后，不断重印。这部《犯罪心理学》是迄今为止国内影响最大、印数最多的犯罪心理学书籍，为新中国犯罪心理学知识的普及、为犯罪心理学学科的建设和发展，都发挥了巨大的作用。

此后，犯罪心理学的发展进入快车道。

2. 犯罪心理学教育

1984 年 3 月 20 日—23 日，中国心理学会法制心理专业委员会在北京举行第一次全体会议，主要议程有三项：汇报交流无锡会议以来的工作情况；落实科研规划，研究 2000 年法制心理学发展设想问题；讨论专业委员会会务工作。在会议的做出的多项决定中，有一项内容是举办犯罪心理学师资培训班。

在这个时期，犯罪心理学的教育工作有了进一步的发展。根据中国心理学会法制心理专业委员会第一次全体会议做出的决议，1984 年 9 月 4 日至 1985 年 1 月 16 日，由中国心理学会法制心理专业委员会和中国政法大学联合在北京昌平中国政法大学举办了犯罪心理学师资培训班，培训学员 116

---

①　自 1994 年 12 月 29 日《中华人民共和国监狱法》颁布实施之后，所有原来机构名称中使用的"劳改"一词都改为"监狱"。

②　中国心理学会法制心理专业委员会编：《中国法制心理科学研究十年》，975—979 页，北京，中国政法大学出版社，1994。

③　林崇德："序"，载罗大华著：《罗大华 70 华诞文集——犯罪与司法心理学》，1 页，北京，中国政法大学出版社，2006。

④　参见罗大华等编著：《犯罪心理学》，北京，群众出版社，1983。有的论者认为："这本犯罪心理学作为我国改革开放以后的第一本犯罪心理学，也是建国以后的第一本犯罪心理学著作，甚至可以追溯到犯罪心理学产生以来第一本本土犯罪心理学。"（参见张保平："论犯罪心理学体系之建构"，载马皑主编：《犯罪与司法心理学研究》，19 页，北京，中国政法大学出版社，2006），是不准确的。

人，中国政法大学、北京大学、北京师范大学、中国科学院心理研究所等单位的专家担任了讲课任务。这次培训班在促进犯罪心理学教学和研究人才方面，发挥了重要的作用，培训班的学员日后便成了新中国犯罪心理学教学和研究的骨干力量。1985 年 3 月，公安部教育局组织编写供全国人民警察学校使用的统编教材《犯罪心理学》，这项工作促进了警校系统的犯罪心理学教学工作的发展，使警校系统成为继政法院校之后第二个全面开展犯罪心理学教学和研究的庞大系统，这个系统的工作推动了犯罪心理学在公安系统的发展与应用。1986 年 9 月至 1987 年 1 月，司法部委托西南政法学院举办全国法律专业犯罪心理学师资进修班。

3. 学术团体和学术组织的建设

在这一时期，犯罪心理学方面的学术团体和组织不断建立和发展。继中国心理学会法制心理专业委员会之后，地方性学术团体纷纷成立，其中省级心理学会中成立法制心理专业委员会的包括湖北（1983 年 3 月）、辽宁（1983 年 8 月）、江西（1984 年 5 月）、山西（1985 年 6 月）、河南（1985 年 7 月）、四川（1985 年 9 月）、黑龙江（1986 年 10 月）、江苏（1986 年 12 月）、河北（1988 年 5 月）、宁夏（1988 年 10 月）、新疆（1989 年 1 月）、福建（1992 年 2 月）等。还有一些省的法学会中成立了类似的学术团体，例如，1985 年 12 月，江西省法学会接纳法制心理专业委员会为所属的研究会；一些地区也成立了类似的学术团体，例如，1984 年 4 月，安徽省合肥地区犯罪心理学研究会成立。此外，还成立了一些与犯罪心理学的发展关系密切的培训等方面的组织，例如，1985 年 9 月，东北法制心理函授学院在沈阳成立；1988 年 7 月，华夏研究院法制心理研究所在沈阳成立；南开大学法学研究所还成立了法制心理函授学院。与学术团体发展密切相关的还有一件事情，就是中国心理学会法制心理专业委员会委托天津市法制心理学会于 1985 年 7 月在天津创办的刊物《犯罪心理研究》（后改名《法制心理研究》），这个刊物先后发表了很多犯罪心理学方面的文章。

4. 学术研讨活动

这一时期的学术研讨活动频繁举行。其中，全国范围的连续性学术研讨活动有两个系列：

①中国心理学会法制心理专业委员会主办的讨论会。1985 年 8 月 15 日—19 日，中国心理学会法制心理专业委员会第二届学术讨论会在西安举行，此后，分别在青岛（1986 年 8 月）、深圳（1988 年 10 月）、天津（1991 年 8 月）举行第三、第四和第五届学术讨论会。

②全国公安系统的犯罪心理学学术研讨会。1986 年 7 月，全国公安系统第一届犯罪心理学学术研讨会在山东兖州举行，此后，在辽宁大连（1987 年 8 月）、河北保定（1990 年 7 月）、安徽黄山（1992 年 8 月）举行了第二、第三、第四、第五届研讨会。

此外，还有一些地区性的犯罪心理学学术研讨活动。例如，1984 年 3 月，华东地区六省一市法制心理学学术讨论会在南京举行；1985 年 9 月，东北地区首届犯罪心理学讲习班在辽宁抚顺举行；1986 年 7 月，西南地区法制心理学协作研究会成立暨第一届学术研讨会在四川乐山举行。至于在省范围内甚至更小范围内举行的法制心理学或者犯罪心理学研讨会、讲习班、培训班等，数量更多。

5. 国际交流活动

国际性的交流、研讨活动也逐步开展。例如，1988 年 9 月－10 月，西南政法学院邀请日本犯罪心理学会会长麦岛文夫教授以及安香宏教授讲学，此二人后来在北京与中国心理学会法制心理专业委员会的负责人进行了座谈交流。1990 年 8 月 25 日，中国心理学会法制心理专业委员会负责人会见了应中国社会科学院社会学研究所邀请来访的日本犯罪心理学家森武夫教授。1991 年 9 月 2 日－12 日，中国政法大学犯罪心理学教研室邀请日本犯罪心理学家松本恒之教授举办犯罪心理学研讨班。1992 年 8 月 25 日－28 日，中国心理学会法制心理专业委员会何为民、李世棣和方强在北京参加了第二届亚洲心理学大会。刘兆祺（1990 年）、方强（1990 年）和罗大华（1992 年）还分别到苏联、美国、日本参加学术交流活动。

6. 研究成果的发表

这一时期的犯罪心理学研究工作有了很大发展，发表了一批有影响的论文，出版了若干有价值的书籍。例如，邵道生在 1981 年 4 月 17 日的《光明日报》发表了《引起犯罪的生理原因之研究》；方波在《法学研究》1982 年第 5 期发表了《论犯罪心理形成的原因》；邱国梁在《法学研究》1983 年第 6 期发表了《犯罪动机与犯罪目的的心理学意义》；罗大华、何为民在《法学研究》1984 年第 4 期发布了《犯罪心理学刍议》；马晶森在同一期《法学研究》发表了《论刑罚的威慑心理》；吴宜寿在《复旦学报》1985 年第 4 期发表了《关于犯罪原因论中的几个基本理论问题》；吴宗宪在《心理学报》1991 年第 2 期发表了《当代美英法律心理学研究概况》；罗大华在《政法论坛》1992 年第 1、2 期发表了《犯罪心理学方法论》。

这一时期出版的一些有影响的犯罪心理学书籍。其中，特别值得提及的有下列几本：

①方波、于义池、高士艺、崔占军、宛军合著的《犯罪心理学》（辽宁教育出版社 1985 年版）。这是一本较早出版的犯罪心理学教科书，共 11 章 22 万多字，在后半部分对侦查心理、审讯心理、公安刑警人员的心理品质做了较多论述。

②李世棣、乐国安、李玫瑾、武伯欣合著的《犯罪心理学》（中国人民公安大学出版社 1986 年版）。这本书开创了不同于罗大华等人编著的《犯罪心理学》的另一种有代表性的风格，在全国犯罪心理学界产生了广泛的

影响。

　　③方强著的《法制心理学概论》（群众出版社 1986 年版）。本书不仅对犯罪心理学的一些问题进行了有一定特色的论述，而且在构建中国法律心理学学科体系方面，有更大的贡献，其中概括论述了立法心理学、犯罪心理学、侦查心理学、预审心理学、刑罚心理学、刑事审判心理学、罪犯教育改造心理学、被害者心理学、法律宣传教育心理学、民事诉讼心理学、守法心理学 11 个分支学科的主要内容。

　　④沈政主编的《法律心理学》（北京大学出版社 1986 年版）。这是一部编译性质的书籍，其特色主要是，第一，大量介绍了国外法律心理学（包括犯罪心理学）研究的一些情况；第二，在"法制心理学"名称盛行的情况下，使用"法律心理学"作为书名，启发人们思考学科的名称问题。

　　⑤武伯欣等编著的《变态心理与犯罪》（中国人民公安大学出版社 1987 年版）。这是新中国第一部专门论述变态心理与犯罪的专著，对于深化这方面的研究，起到了促进作用。

　　⑥邱国梁的《犯罪动机论》（法律出版社 1988 年版）。这是专门研究犯罪动机问题的专著，也是当时比较少见的针对犯罪心理学的一个方面进行深入探讨的专著。

　　⑦张华葆的《少年犯罪心理学》（台北三民书局 1988 年版）。这本书的重要特色是对国际社会的有关研究做了较多的介绍。

　　⑧罗大华主编的高等学校法学试用教材《犯罪心理学》（群众出版社 1991 年版）。这是国家教育委员会委托司法部组织编写的大学教材，表明这门学科已经进入国家正式承认的课程和教材系列。同时，在内容上也有所改进。

　　这一时期的其他重要书籍还包括：《歪曲形态论——犯罪心理学研究》（高地血著，群众出版社 1984 年版）①；《青少年犯罪心理学》（中国社会科学院社会学研究所主编，上海人民出版社 1985 年版）；《犯罪心理学》（日本山根清道主编，张增杰、罗大华等译，群众出版社 1984 年版）；《违法犯罪的心理》（日本平尾靖著，金鞍译，群众出版社 1984 年版）；《青少年犯罪心理学》（罗大华、石起才主编，中国政法大学出版社 1989 年版）；《犯罪心理研究与警察素质测查》（中国人民公安大学等 1991 年编印）；《犯罪的动机》（苏联 B. H. 库德里亚夫采夫主编，刘兆琪译，群众出版社 1992 年版）；《犯罪心理学》（高汉生主编，南京大学出版社 1993 年版）。

　　这一时期在专业工具书编写方面，也有了重要进展。比较重要的工具书

――――――――――

　　① 《歪曲形态论——犯罪心理学研究》一书对于许多具体问题的阐述有启发性，但是，作者用巴甫洛夫的高级神经活动学说解释犯罪心理产生的理论观点（参见该书第 54－91 页），不易理解，在以后的犯罪心理学书籍中也很少被引用。

包括：（1）朱智贤主编的《心理学大词典》（北京师范大学出版社 1989 年版），其中的"司法心理学分卷"中，有大量犯罪心理学条目。（2）罗大华主编的《法制心理学词典》（群众出版社 1989 年版），这是在朱智贤主编的《心理学大词典》"司法心理学分卷"条目的基础上经扩充编写而成的，有1093 个条目 46 万字，很多内容属于犯罪心理学。（3）《中国大百科全书·心理学》（中国大百科全书出版社 1991 年版），在"社会心理学"框架内收录了"法律心理学""犯罪心理""青少年犯罪心理"等五个相关条目，李世楝、方强、马晶淼、吴宗宪、何为民、罗大华参加了撰稿工作。

四、深化阶段

犯罪心理学的深化阶段，是指犯罪心理学的教学和研究平静发展、研究内容逐步拓宽和深入的阶段。这个阶段大约从 1994 年开始。在这个阶段，犯罪心理学的教学和研究等方面繁荣热闹的局面不复存在，转而进入一个平静甚至收缩的状态，但是，研究和应用的深度有所发展。

1. 标志性事件

将 1994 年作为新中国犯罪心理学历史发展的一个阶段的起点，有几个标志性事件：

①"犯罪心理与对策"重大课题的研究。1994 年 2 月，时任中共中央总书记、国家主席的江泽民在与时任中央政法委员会书记的任建新谈话时指出，要研究犯罪心理学。随后，中央政法委员会委托中国法学会负责开展此项研究。中国法学会便以"犯罪心理与对策"为题组织实施这项重大课题的研究。这项课题被划分为 8 个分课题开展调查研究，这些分课题分别由司法部、公安部、最高检察院、最高法院、中国人民公安大学等单位承担。大约从 1994 年 7 月份开始，这项课题进入实际调查研究阶段。经过一年左右的调查研究，最后于 1995 年底开始酝酿最终报告的写作，经过 1996 年的起草与反复修改，形成最终报告，由中国法学会上报中央政法委员会。中央政法委员会以"政法〔1997〕21 号"文件的形式引发了这项课题的最终课题报告《犯罪心理的调查报告》。这项课题是由国家最高领导人指示开展研究的课题，表明犯罪心理学的内容纳入了国家最高领导人的视野。不仅如此，该课题的调查研究以及课题最终报告的撰写中，均有犯罪心理学研究者直接参与，[①]对于该报告框架的确定和内容的陈述等，均起了重要的积极作用。

②《中国罪犯心理测试量表》研制工作的开始。随着犯罪心理学等法律心理学的内容在监狱、劳教等系统的应用，人们越来越多地使用一些心理量

---

① 该课题最终报告的起草小组由五人组成：孙琬钟、余叔通（时任中国法学会副会长）；罗大华（时任中国政法大学教授）；吴宗宪（时任司法部预防犯罪研究所副研究员）；李涛（时任中国法学会工作人员）组成；中国法学会工作人员李存捧参加了部分工作。其中，罗大华负责犯罪心理的形成原因部分的撰写，吴宗宪负责犯罪对策部分的撰写。

表对监狱中服刑的罪犯和在劳教所中的劳教人员开展心理测验,试图更加快捷、深入地了解他们的心理,为更好地管理、教育、改造他们服务。但是,所使用的心理量表主要是针对一般人群编制的,大部分是经过修订的国外心理量表,例如,艾森克个性问卷(Eysenck Personality Questionnaire, EPQ)、卡特尔16种个性因素问卷(Cattell's 16 Personality Factors Questionnaire, 16PF)和明尼苏达多项个性测量表(Minnesota Multiphasic Personality Inventory, MMPI)。[1]这些心理量表尽管有很多的优点,但是,也有一些问题,例如,不能完全适合罪犯这个特殊人群,不能测查出监狱工作人员所需要的心理特征等。有鉴于此,一些研究人员和实务人员撰写文章或者通过其他形式发表意见,建议研制专门针对中国罪犯的心理量表。还有一些监狱自己动手开展这方面的研究,编制了一些心理量表。与此同时,监狱等实务部门对于利用心理学方法了解罪犯心理和开展罪犯改造工作的需求,却不断增加;利用心理学方法开展罪犯改造工作甚至监狱管理工作的情况,不断被报道出来。在这种背景下,在1989年7月4日—8日于上海召开的全国监管改造工作会议上,司法部党组提出了在监狱系统开展罪犯心理矫治的任务,认为:"罪犯改造教育的内涵十分丰富,包括行为、道德、利欲、人格以及个性等方面。政治教育要讲针对性、有效性、实用性,既要解决罪犯的世界观问题,又要解决心理缺陷和心理障碍问题,要开展心理咨询活动,以巩固和促进改造成果,建立罪犯心理矫治工作制度。"[2]司法部党组的这个要求经媒体报道之后,引起社会各界的广泛关注。1994年初,中国心理学会法制心理专业委员会正式向司法部监狱管理局提出了研制适合中国国情的罪犯心理测试量表的建议。经过多方努力,司法部监狱管理局于1994年4月下发了《关于研制罪犯心理测试量表的通知》(以下简称《通知》),正式决定开展这个课题的研制工作。1994年8月5日—14日,司法部监狱管理局在北京召开了罪犯心理测试量表研究启动会议,会议上传达了司法部监狱管理局的上述《通知》;宣布了课题组组成人员;向有关省市区监狱管理部门布置了具体的工作任务;还请江西师大教育系主任漆书清教授、中国科学院心理研究所冯伯麟研究员、中国社会科学院社会学研究所石秀印研究员、北京师范大学心理系董奇教授等举办了与心理测量和心理量表编制工作有关的讲座。这次会议聚集了中国犯罪心理学研究方面的大多数骨干人员,其中的很多人员属于司法部监狱管理局《通知》中正式确定的课题组成员。因此,可以说是新中国犯罪心理学研究队伍的一次重要"检阅"。

2. 学术团体和学术组织的建设

这个时期,在学术团体和学术组织的建设方面最值得重视的,是中国犯

---

① 上述三个心理量表中的"个性"一词,在不同的版本或者文章、书籍中,又被称作"人格"。

② 周勇:"我国罪犯心理矫治的现状、问题与发展对策",载《犯罪与改造研究》,40页,2001(8)。

罪学研究会犯罪与矫治心理学专业委员会的成立。中国心理学会法制心理专业委员会成立后，在组织政法院校和公安院校的教学研究人员开展犯罪心理学等领域的研究方面，发挥了积极作用。但是，该委员会在违法犯罪人员心理矫治方面的影响作用和辐射能力是有限的，这种情况与中国违法犯罪人员心理矫治，特别是罪犯心理矫治工作的发展状况不相协调。自 20 世纪 70 年代末期开始，罪犯心理矫治工作逐步在一些监狱开始进行。在 1981 年 8 月 18 日到 9 月 9 日举行的第八次全国劳改工作会议上，第一次正式提出了加强罪犯心理研究的要求。①这项要求进一步推动了罪犯心理研究工作，导致从 20 世纪 80 年代中期开始，出版了一系列罪犯心理学著作。②与此同时，监狱系统的罪犯心理矫治实践进一步得到发展，监狱系统中从事罪犯心理矫治实务工作和研究工作的人员逐步增加，政法、监狱、公安等院校以及有关研究机构中开展罪犯心理矫治研究工作的人员也逐步增加。为了协调这些人员的研究与实践活动，促进中国罪犯心理矫治工作的发展，经过长时间协调和努力，决定在中国犯罪学研究会下面成立犯罪与矫治心理学专业委员会。1996 年 10 月 25 日－30 日，中国犯罪学研究会犯罪与矫治心理学专业委员会成立大会暨中国心理学会法制心理专业委员会学术交流会在四川省成都市举行。在这次会议上，正式宣告成立中国犯罪学研究会犯罪与矫治心理学专业委员会。专业委员会主任委员由罗大华教授担任；副主任委员按照姓氏笔画依次为王英杰、王顺安、刘国玉、刘海洲、何为民、李世棣、张丽、范庆祥、薛文璞，其中，薛文璞为常务副主任委员；秘书长由吴宗宪担任；副秘书长包括李雅君、刘建清、周勇、赵桂芬和刘邦惠。中国犯罪学研究会犯罪与矫治心理学专业委员会成立之后，通过组织学术研讨会等途径，在促进中国犯罪心理学研究和罪犯心理矫治的研究与实践方面，发挥了积极的作用。

3. 学术研讨活动

在这一时期，举行了多方面的学术研讨活动，对于犯罪心理学及其应用的发展，产生了积极作用。

1994 年 10 月，由中国心理学会法制心理专业委员会主办、湖北省公安高等专科学校承办的全国首届中青年法制心理学工作者学术研讨会在湖北武汉举行。在参加会议的 31 名代表提交的 28 篇论文中，有一部分涉及犯罪心理学方面的内容。

1996 年 10 月 25 日－30 日，中国犯罪学研究会犯罪与矫治心理学专业委员会成立大会暨中国心理学会法制心理专业委员会学术交流会在四川省成都市举行。在这次会议收到的 84 篇论文中，有很多论文涉及犯罪心理学、特

---

① 参见"第八次全国劳改工作会议纪要"，载司法部劳改局编：《劳改工作手册》（1954 年 8 月—1987 年 2 月），127 页，1987。

② 参见中国心理学会法制心理专业委员会编：《中国法制心理科学研究十年》，94—98 页，北京，中国政法大学出版社，1994。

别是罪犯心理矫治方面的内容，有效地促进了犯罪心理学的应用。

1999 年 5 月 24 日—27 日，由 1996 年 10 月 26 日—29 日，中国犯罪学研究会犯罪与矫治心理学专业委员会和中国心理学会法制心理专业委员会主办、由湖北省监狱管理局承办的全国违法犯罪心理及其矫治学术研讨会在湖北襄樊举行。在 103 名与会代表提交的 67 篇论文中，很多论文都探讨了犯罪心理及其矫治问题；监狱、劳教系统的很多研究和实务人员参加了会议，密切了这方面的理论探讨与实务工作的结合。

2000 年 7 月，由中国心理学会法制心理专业委员会、广东省心理学会法制心理专业委员会和中国政法大学犯罪心理学研究中心共同主办，广东省心理学会法制心理专业委员会承办的"全国毒品违法犯罪心理学术研讨会"在广州举行。在 80 多位与会代表提交的 80 多篇论文中，对于毒品违法犯罪心理以及戒毒心理等，进行了集中而深入的探讨。

2002 年 8 月，在甘肃省兰州市举行了全国法制心理学研讨会，会议的一些内容涉及犯罪心理学、罪犯心理矫治等方面。

2004 年 7 月，在贵州省贵阳市举行了全国法制心理学研讨会，在会上除了交流罪犯心理矫治、警察心理健康等方面的研究信息与研究成果之外，还集中探讨了对犯罪人的认识、在刑事一体化视野中开展犯罪心理学研究的问题。

除了全国性的学术研讨活动之外，很多地方也举行了相关的学术研讨活动。

4. 国际交流活动

这一时期的国际交流活动除了出国参加会议、接待来访等之外，在国外犯罪心理学论著的译介方面，也有了新的发展。吴宗宪与德国学者科瑞（Helmut Kury）合写的《欧洲大陆法律心理学述评》在《心理学报》1996 年第 1 期发表，使大家对于欧洲大陆的发展概况有了较多的认识。2000 年 1 月，由吴宗宪、刘邦惠翻译的英国心理学家罗纳德·布莱克本（Ronald Blackburn）撰写的《犯罪行为心理学：理论、研究和实践》（The Psychology of Criminal Conduct：Theory，Research and Practice）一书，由中国轻工业出版社出版。这本书比较详细地反映了国外 20 世纪 90 年代中期以前犯罪心理学的研究情况，大大开阔了中国犯罪心理学研究者的学术视野。2001 年，海南出版社出版了几本犯罪心理学方面的翻译书籍，即美国约翰·道格拉斯和马克·奥尔沙克的《动机剖析——美国联邦调查局侦破大案秘诀》（史大晓、张向珍翻译）、《变态杀手——恶性犯罪深层心理探究》（岳盼盼、白爱莲翻译）和英国保罗·布里顿的《辨读凶手——一位犯罪心理学大师现场推理实录》（李斯翻译）。2004 年，吴宗宪在该出版社出版了《国外罪犯心理矫治》一书，系统介绍了国外罪犯心理矫治的理论与实践，其中有一部分内容涉及犯罪心理学。

5. 研究成果的发表

自 1994 年以来，犯罪心理学方面的研究成果不断发表，传播了犯罪心理学的信息和研究成果，促进了人们对于犯罪心理学的了解。

在研究成果的发表方面，首先值得关注的是两本综述性质的资料汇编书籍，这两本书籍在记录新中国犯罪心理学发展历史方面，具有独特的价值。一本是中国心理学会法制心理专业委员会主编的《中国法制心理科学研究十年》（中国政法大学出版社 1994 年 3 月版）。这本 1160 余页、100 万字、32 开本的书籍，包括中国法制心理学研究的回顾与展望、中国法制心理学研究十年大事记、论文摘要、著作摘要、法制心理学工作者名录、文献资料、报刊文集资料索引等几个部分，著名社会学家雷洁琼为本书题字。另一本是中国心理学会法制心理专业委员会和中国犯罪学研究会犯罪与矫治心理学专业委员会合编的《20 世纪 90 年代中国法制心理科学研究》（中国政法大学出版社 2002 年 4 月版）。这本 600 余页、98 万字、16 开本的书籍，大体沿用《中国法制心理科学研究十年》一书的体例和风格，内容包括 20 世纪 90 年代中国法制心理科学研究的回顾与展望、大事记和文献资料、著作简介、论文摘要、法制心理学工作者名录、中国法制心理科学研究报刊文集资料索引等几个部分。

与上述两书相似的，还有罗大华主编的《中国法制心理科学研究文萃》（上下，群众出版社 2006 年版）一书。该书收录了 20 世纪 70 年代以来我国法制心理学研究者的代表性论文 154 篇，其中大部分是犯罪心理学方面的论文，大体反映了近 30 年间两代犯罪心理学研究者进行探索的状况。

这一时期较有特色的犯罪心理学书籍主要有：

①大陆学者罗大华、何为民合写的《犯罪心理学》（1999 年 1 月由台湾东华书局出繁体字版、浙江教育出版社出简体字版）。该书是我国台湾地区心理学家张春兴主编的《世纪心理学丛书》中的一本，其内容包括正文 15 章以及参考文献和索引。这本书可能是迄今为止代表大陆地区犯罪心理学研究最高水平的通论性犯罪心理学著作，书中较为全面、详细地反映了大陆地区犯罪心理学研究者在有关领域的研究成果，同时，对其他国家和地区犯罪心理学的研究成果也有一定的反映。

②我国台湾地区学者杨士隆撰写的《犯罪心理学》（1996 年 9 月由台湾五南图书出版公司出版，2000 年第三版）。该书包括导论、犯罪心理学与相关理论、精神疾病与犯罪、各犯罪类型制研究、犯罪心理学与刑事司法共五篇，其显著特色是：全面性（较为全面地论述了犯罪心理学的理论与实践）和广泛性（广泛应用了国际社会以及中国大陆、台湾地区等地的犯罪心理学论著）。

　　③大陆学者刘邦惠主编的《犯罪心理学》（科学出版社 2004 年 1 月版）。该书正文 14 章，对于犯罪心理学的许多具体问题，都尝试进行一些新的探索。

　　还有一些犯罪心理学书籍，例如，栗克元、张华倩合著的《犯罪心理学通论》（河南大学出版社 1993 年版）；吴宗宪的《犯罪心理学概论》（中国科学院心理研究所心理函授大学教材 1998 年印行）；张华倩、吕瑞萍主编的《犯罪心理学》（中国检察出版社 1998 年版）；梅传强、王敏合著的《犯罪心理学》（中国法制出版社 1999 年版）；宋小明主编的《犯罪心理学》（警官教育出版社 1999 年版）；李玫瑾的《犯罪心理学》（中国人民公安大学出版社 1999 年版）；张保平的两本《犯罪心理学》（警官教育出版社 1995 年版、中共中央党校出版社 2001 年版）；高士艺主编的《犯罪心理学通论》（警官教育出版社 1999 年版）；魏健馨、张学林合著的《犯罪心理学》（南开大学出版社 2003 年版）；高锋主编的《犯罪心理学》（中国人民公安大学出版社 2005 年版）等，也有一定特色。

　　这一时期的专业工具书编写也有一定进展。吴宗宪主编的《法律心理学大辞典》（警官教育出版社 1994 年版），收录了 2310 个条目，是迄今为止仍然是中国这个领域中篇幅最大的专业工具书（175 万字），内容涉及犯罪心理学等法律心理学的所有分支学科，大多数条目内容深入，对于国外法律心理学的介绍尤为详细。由公安部、武警总部的有关业务单位及所属院校、研究所组织编写的《中国公安辞典》（群众出版社 1999 年版，约 250 万字）中，收录了一部分犯罪心理学方面的条目。全国科学技术名词审定委员会公布的《心理学名词》（科学出版社 1999 年 2 月出版）一书，包括了"法制心理学"分卷[1]，其中审定公布的一些名词，对于统一包括犯罪心理学在内的法律心理学学科的术语，发挥了一定的积极作用。林崇德、杨治良、黄希庭主编的两卷本《心理学大辞典》（上海教育出版社 2003 年 12 月版）中，包括了《司法心理学》分卷，由罗大华任主编，何为民、吴宗宪任副主编，其中包括了很多犯罪心理学的条目。吴宗宪编著的《英汉犯罪学词典》（中国人民公安大学出版社 2007 年 1 月版），在确定和统一犯罪心理学中大量英语术语以及外国机构、人名等的汉语译名方面，做了一些努力。

　　此外，吴宗宪的《西方犯罪学史》（警官教育出版社 1997 年版）一书，论述了现代犯罪心理学的历史起源、类型论以及犯罪心理学理论等，特别是对现代犯罪心理学的诞生标志问题进行了探讨。作者不同意很多中文书籍根据日本学者森武夫写的《犯罪心理学》[2] 中的说法而将克拉夫特—埃宾

---

[1]　罗大华、何为民、李世棣、吴宗宪参加了"法制心理学"分卷的编写和审定工作。
[2]　参见〔日〕森武夫著：《犯罪心理学》，郡道生等译，5 页，北京，知识出版社，1982。

(Richard Von Krafft-Ebing，1840—1902）作为"犯罪心理学的始祖"的观点①，而是根据自己的研究认为，可以把奥地利犯罪学家汉斯·格罗斯（Hans Gross，1847－1915）的著作《犯罪心理学》（Kriminalpsychologie）当作现代犯罪心理学诞生的标志；把该书出版的年代——1897 年②当作现代犯罪心理学诞生的年代；把汉斯·格罗斯当作现代犯罪心理学的创始人或奠基人。这个观点已被一些作者所接受。③ 也有一些犯罪心理学书籍仍然坚持原来的"犯罪心理学的始祖"的说法。④

---

　　① 参见罗大华等编著：《犯罪心理学》，23 页，北京，群众出版社，1986；沈政主编：《法律心理学》，205 页，北京，北京大学出版社，1986；李世棣等编著：《犯罪心理学》，22 页，北京，中国人民公安大学出版社，1986；罗大华主编：《犯罪心理学》，19—20 页，北京，群众出版社，1991；吴宗宪主编：《法律心理学大辞典》，220 页、415 页，北京，警官教育出版社，1994。

　　② 这个年代是根据《犯罪心理学》一书的英译本的记载确定的。有的文献记载的年代是 1898 年，例如，赫尔曼·曼海姆（Hermann Mannheim）的《比较犯罪学》（1965）一书英文版第 16 页。有的作者在同一篇文章中使用两个年代，例如，罗兰德·格拉斯贝格尔（Roland Grassberger）在"汉斯·格罗斯"一文中，正文里提到的是 1897 年（第 309 页），而在附录中又用的是 1898 年（第 316 页）。笔者认为，英译本所记载的年代应当是更可信的。

　　③ 参见刘邦惠主编：《犯罪心理学》，20 页，北京，科学出版社，2004；宋小明等主编：《犯罪心理学》，29 页，北京，中国人民公安大学出版社，2005。

　　④ 例如，罗大华、何为民著：《犯罪心理学》，38 页，台湾，台湾东华书局，1999。

李卫红*

从伪命题到真命题

——刑事政策新解

自从克兰斯洛德和费尔巴哈在其著作中使用刑事政策①一词以来，人们就对这一专业术语有了盲人摸象的认识。究竟孰是孰非总要探讨个清楚明白。笔者认为如果从正面无法澄清其内涵与外延，是否可以从反面来认识问题，从揭开形成刑事政策伪命题的面纱开始，然后再论证其真命题。因为无论如何否定一个事物总比肯定一个事物要容易得多。在否定的基础上再来肯定，以期深化对问题的研究并迈进真理的门槛。

一、刑事政策概念误区种种

（一）"刑事"加"政策"不是刑事政策，至少不是全部的刑事政策

刑事政策一词是舶来品，与其相对应的外文有着完整同一的含义。从最初的以刑罚手段反犯罪（费尔巴哈的观点）到今天的国家社会对犯罪的整体反应（米海依尔·戴尔玛斯—马蒂的观点），刑事政策是一个不可分开的概念，如果我们用通常对汉语的解释，将其拆开再组合依然是其原意的惯常做法，就会出现歧义。

按照《现代汉语词典》的说法，"刑事"是指"有关刑法的：刑事犯罪、刑事案件、刑事法庭"。②很显然如此的逻辑推理是：刑事政策就可以理解为有关刑法的政策。有学者对"刑事"进行了解释，其含义就是指犯罪，具体是指犯罪现象。"刑事政策中的所谓刑事，除了犯罪的意思外，再也没有其他的含义。但是这里的犯罪绝对不要从刑法的意义上来理解，不是说一个具体的犯罪人犯了罪以后，在刑事法的范围内如何处理，而是要从整个社会的

---

* 中国青年政治学院副教授。

① 参见卢建平著：《刑事政策与刑法》，3 页，北京，中国人民公安大学出版社，2004。

② 《现代汉语词典》，1406 页，北京，商务印书馆，1983。

角度来看，犯罪问题应当如何解决……刑事政策中的刑事理解为犯罪现象比较合适。"① 因此刑事政策就是犯罪对策。

学者们对政策的定义可谓多种多样，冯灼锋教授在其主编的《简明社会主义政策学》一书中认为："政策是阶级或政党为维护自己的利益，以权威形式规定的在一定时期内指导和规范人民行为的准则。"② 王福生教授认为："政策是人们为实现某一目标而确定的行为准则和谋略。"③在汉语中，"政策"是指"国家或政党为实现一定历史时期的路线而制定的行动准则"。④ 政策是"国家、政党为实现一定历史时期的路线和任务而规定的行动准则。"⑤ "政策"的主体是政府或政党，而不包括公司或企业等组织。在汉语语言结构中，民间似乎不配使用"政策"一词，当然，可以与政策、政党共用"对策"一词。⑥ 综上，我们试将"政策"的定义阐述如下：政策，是指在某一特定时空下，针对某一特定事由，为维护国家、社会的稳定发展，国家或政府权力机关做出的行为规范或准则。

理论上的论证不能替代现实生活中"政策"给人们的直观感受。长期以来，我们已经习惯对政策的理解就是中共中央在领导全国人民在进行社会主义革命和社会主义建设的过程中不断出台的策略或行动准则，如延安时期的"自己动手丰衣足食"政策，新中国成立后的"三反五反"运动，其基本方针政策是：过去从宽、今后从严；多数从宽、少数从严；坦白从宽、抗拒从严；工业从宽、商业从严；普通商业从宽、投机商业从严。"我们通常说依据党和国家的政策办事，这里所指的政策也起着法律的作用。"⑦

由于我国特殊的政治经济传统文化语言等，把党或国家的政策冠以"刑事"的定语就成为刑事政策是一个很大的误区。只是在目前的情况下我国特殊的国情才把这样的东西作为刑事政策的一部分，而且它还不是全部的刑事政策。如"严打"政策是我国宏观刑事政策之一，但它并不能囊括所有的刑事政策内容，更能说明刑事政策主旨的是微观刑事政策，即刑罚、非刑罚措施，经济的、行政的、民事上的处理已然犯罪的措施，两者相加才是刑事政策的全部。这也是有些学者认为我国刑事政策没有同国际接轨落后于先进国家刑事政策研究水平的原因。⑧

如果用对政策的理解套在刑事政策上就会误解有关刑事政策的许多问

① 王牧主编：《新犯罪学》，333页，北京，高等教育出版社，2005。
② 转引自刘斌、王春福等编：《政策科学研究（第1卷）》，86页，北京，人民出版社，2000。
③ 转引自周树志著：《公共政策学》，32页，西安，西北大学出版社，2000。
④ 《现代汉语词典》，1477页，北京，商务印书馆，1983。
⑤ 《辞海》（合订本），1465页，上海，上海辞书出版社，1980。
⑥ 参见陈兴良主编：《中国刑事政策检讨》，87页，北京，中国检察出版社，2004。
⑦ 《董必武文集》，450页，北京，人民出版社，1985。
⑧ 参见［法］米海依尔·戴尔玛斯—马蒂著：《刑事政策的主要体系》，卢建平译，译序2页，北京，法律出版社，2000。

题，如有学者认为："刑事政策与法律的关系，也就是缩小了的政策与法律的关系。"①其实刑事政策与法律的关系不是政策与法律的关系，理论层面而言，刑事政策只有法律化才是真正意义上的刑事政策，如果没有法律化的刑事政策，就不具有实践的刑事政策的意义，而只限于理论研讨阶段的刑事政策（关于刑事政策的法律性参见本文第二部分）。再如，对刑事政策概念的理解，也有学者先从"政策"的理解入手②，再论证刑事政策的含义。刑事政策与政策只是在我们的语言学中有文字的重叠，刑事政策被翻译过来也不是我们汉语中刑事加政策的含义，如果我们探究刑事政策的原文，就会发现其本身固有的内涵与外延。

（二）犯罪对策不是刑事政策

刑事政策不同于犯罪对策。王牧教授认为犯罪对策就是刑事政策③，王牧教授的逻辑推论是：刑事政策的概念有狭义和广义之分，狭义刑事政策是指单一的刑事处罚；广义的刑事政策除了刑事惩罚之外，增加了社会预防措施。从原意上看，现在用汉语"刑事政策"所表达的西语，与汉语的犯罪对策是最接近的，刑事政策不能准确地反映原意。西语所谓的"刑事政策"包含有"政策"的意思，但又不仅仅限于"政策"，比"政策"的含义更广，在汉语中，在"对策"的意义上来理解最为合适。"刑事"就是犯罪学意义上的犯罪或是犯罪现象。西语的刑事政策概念，正是在离开单纯地利用刑法的刑事惩罚之外而强调社会预防的意义上提出来的。所以"刑事政策"中的"刑事"理解为"犯罪现象"比较合适；而"政策"理解为"对策"才合适。④

笔者认为，上述观点有待商榷。

首先，刑事政策是一个完整的舶来品，不能用汉语中相对应的词与西语中相对应的词进行联系，它产生背景的特定性决定了概念的内涵与外延。刑事政策不可拆开，它的完整定义是动态的不断变化的，随着人们对问题研究的深入而不断丰富其内容。从最初的最狭义到狭义再到广义对刑事政策的定义就是这一过程的充分反映。至今我们对刑事政策的理解又与已往不同，它是对犯罪的被动反应，是针对已然犯罪而采取的处理措施。

其次，学科的发展历史与脉络也说明先有刑罚，再有犯罪对策，后有刑事政策。笔者曾归纳学科发展的进程是：现代意义上的刑法学的诞生始于意大利刑事古典学派的创始人贝卡利亚所著的《论犯罪与刑罚》（1764）一书

① 曲新久著：《刑事政策的权力分析》，238页，北京，中国政法大学出版社，2002。

② 参见刘仁文著：《刑事政策初步》，13页，北京，中国人民公安大学出版社，2004。

③ 参见王牧主编：《犯罪学》，333页，北京，高等教育出版社，2005。笔者认为王牧教授在该书中论述的第13章"刑事政策概述"中的"刑事政策"实际上就是指的犯罪对策，他在同一意义上使用这两个概念。笔者对此有明确的区分。

④ 同上书，333页。

的发表，作者首次对犯罪与刑罚的一系列问题进行了深入系统的论述，确立了罪刑法定、罪刑相应、刑罚人道等作为刑法学支柱的基本原则，奠定了刑法理论的根基。犯罪学诞生于犯罪增加而传统刑法制度和刑法理论无能为力的历史背景下。"19 世纪后期，随着资本主义的发展，社会各种矛盾日益激化，导致各种犯罪尤其是累犯急剧增加，古典学派的刑法理论在犯罪对策上显得无能为力，按照传统的对应于一定犯罪科处一定刑罚的罪刑均衡原则，已解决不了累犯增加等新问题。"[①] 意大利精神病学家龙勃罗梭的著作《犯罪人论》（1876）的出版标志着犯罪学作为一门独立学科的诞生。当犯罪人类学和犯罪社会学成为新兴的犯罪学的两个主要分支后，"在这些科学的基础上，新的刑事政策学开始构建，它由同样成立于 1889 年的国际刑法联合会（the International Union for Penal Law）提出。国际刑法联合会的倡导者冯·李斯特（Von Liszt）在吸收实证主义学派的成果之后再次系统地形成和发展了刑事政策学"[②]犯罪学诞生后犯罪学家们主要是通过研究犯罪原因、犯罪现象来制定犯罪对策，不仅仅注重惩罚，更多是进行犯罪预防。我们并不否认刑事政策在其初期并没有摆脱犯罪对策的痕迹，从李斯特的保安处分措施中即可窥见一斑，以至于后来刑事政策的发展都还有这样的味道，包括法国的刑事政策大学马克·安塞尔、拉塞杰、米海依尔·戴尔玛斯—马蒂，但从他们对刑事政策的论证观点来看，这些处理犯罪的措施已与犯罪对策有了一些距离，虽然他们还是强调犯罪预防，但似乎更侧重于处置，对犯罪及犯罪人进行人道的运用全方位的方式方法进行处理的过程与结果。

再次，从根本上来看，对刑事政策概念的理解决定了刑事政策与犯罪对策的不同。不能将刑事政策扩大到犯罪对策，从逻辑角度而言这依然是种与属的概念。笔者从自身对刑事政策概念的理解及对刑事政策所下的定义出发从以下几个方面进行比较，也许能说明一些问题。

①刑事政策与犯罪对策所属学科不同。毋庸置疑刑事政策属于刑事政策学研究的对象，刑事政策就是在行为人犯罪后国家、社会及个人对犯罪人及犯罪现象的被动反应或是宏观的战略措施与微观的战术措施，它注重的是对犯罪人的事后处理及通过人道的处理过程使犯罪人重新回归社会不再实施犯罪即特殊预防。犯罪对策应该属于犯罪学中的内容，它是犯罪学学科体系的三分之一，即犯罪现象论、犯罪原因论、犯罪对策论。有学者认为：犯罪对策"是考察、研究、制定、实施对付犯罪的方针、策略、方法和手段，以及由此构成的科学体系"[③]。 犯罪对策是一个犯罪预测、犯罪预防、犯罪揭露、犯罪处罚、犯罪矫治、犯罪控制组成的整体。犯罪预测是犯罪对策正确设

① 马克昌等主编：《刑法学全书》，590 页，上海，上海科学技术文献出版社，1993。
② 卢建平著：《刑事政策与刑法》，179 页，北京，中国人民公安大学出版社，2004。
③ 王牧主编：《中国犯罪对策研究》，127—128 页，长春，吉林人民出版社，2004。

计、制定、实施的基础，犯罪预防是犯罪对策的根本目标；犯罪揭露是犯罪预防的补救措施，又是犯罪处罚的前提，是犯罪对策的有机组成部分；犯罪处罚是犯罪揭露的必然结果，是犯罪对策的重要一环；犯罪矫治是犯罪处理的后续程序，即是一种帮助个体从根本上认识和纠正错误的步骤，对潜在的犯罪来说，同时也是一种预防措施；犯罪控制是犯罪对策不能实现根本目标时，即不能预防全部犯罪发生的情况下而选择的一个次级目标。六个方面互相联系、互相影响、互相制约。忽视了任何一个或几个方面都不是完整而有效的犯罪对策体系。犯罪对策是为了达到预防、治理、控制乃至消灭犯罪的目的而设计、制定、实施的一系列方针、原则、策略、方法、措施、技能以及为此所做的一切个体努力和共同努力总和而成的一个科学体系。①犯罪对策这样的庞大体系一定是犯罪学领域内基于对犯罪现象、犯罪原因的研究而提出的全方位预防控制犯罪的方略、方式、方法。

②所包含的内容不同。刑事政策只包含对犯罪处理，包括对犯罪人和犯罪现象。对犯罪人是采取何种处置方式，对犯罪现象提出何种宏观上的刑事政策，如"宽严相济""严打"等等，从某种意义上也是对所有犯罪人的宏观态度，但却体现在对每一个具体案件的处理过程及结果。从内容上讲，犯罪对策是一个犯罪预测、犯罪预防、犯罪揭露、犯罪处罚、犯罪矫治、犯罪控制组成的整体。刑事对策这样一个庞大的体系所包含的内容是刑事政策所远远不能及的，它涵盖了对犯罪的事前的事后的所有阶段的预防与控制。

③构成的层面不同。刑事政策的构成层面有两部分：一是宏观的刑事政策或称为战略的刑事政策，二是具体的刑事政策或称为战术的刑事政策即处理犯罪的具体措施。"从构成上讲，犯罪对策是为了达到预防、治理、控制乃至消灭犯罪的目的而设计、制定、实施的一系列方针、原则、策略、方法、措施以及为此所做的一切个体努力和共同努力总和而成的一个科学体系。"②这样一个科学体系需要许多层面的东西，犯罪对策既要有长远的总体的规划和设想、又要有阶段性的目标，既要有对付犯罪的整体原则、策略，又要有应付具体犯罪的技能、方法、措施，分层次有侧重的同时，又要符合全局目标和综合效应。由此可见，刑事政策应在犯罪对策的范畴之内。

④具体表现形式不同。刑事政策的表现形式是正式的手段，无论是宏观的刑事政策还是微观的刑事政策都有出处，其制定过程遵循着科学性、人道性、公正性、正当程序性等原则，所出台的刑事政策都是治理犯罪的正式手段，并以法律的形式呈现出来。"犯罪对策不仅包括行政的、刑事的法律规范、各种非法律的社会性规则和针对特定犯罪采取的特定的方法等有形的正式手段，还包括舆论、传统、风俗等无形的非正式手段。"②仅以其中的犯罪

①② 王牧主编：《中国犯罪对策研究》，128页，长春，吉林人民出版社，2004。

② 王牧主编：《中国犯罪对策研究》，129页，长春，吉林人民出版社，2004。

的社会预防为例，就包括社会本体建设、公共政策（社会政策）的制定与运用，道德、法制和政府行政三种社会控制力量的运用在预防犯罪中的作用。还有环境设计、群众及社区参与对犯罪预防的意义及教育与教化，即人的社会化与个性发展对犯罪预防的作用。①犯罪对策中的很多非正式手段对预防犯罪有着极其重要的作用，甚至是"本"的预防。

⑤直接目标不同。尽管两者的终极目标都是预防、控制乃至消灭犯罪，但是两者的直接目标不同。刑事政策的直接目标就是对犯罪人的人道主义处置过程，通过这样的处置使犯罪人重新回归社会，使社会达到一种和谐状态，犯罪人不再实施犯罪。而犯罪对策的直接目标应该是减少犯罪的发生。"刑事政策的目的，在实质上是恢复被犯罪行为所否定的社会价值。这是刑事政策的终极目的。"刑事政策的具体目的，"西方学者认为，刑事政策的目的是减少犯罪的尽可能地缩小犯罪存在的范围。而社会主义国家的学者认为，刑事政策的目的是逐渐减少和消除犯罪，以至从社会上完全根除犯罪"。②犯罪对策的目标远大，基本上很难实现。而刑事政策只有一个切实合理并能实现的目标。

从这些比较中就可以看出，刑事政策与犯罪对策两者是包容的关系，刑事政策包含在犯罪对策中，它是犯罪对策的一部分。但我们不能说犯罪对策就是刑事政策，两者不可互换使用。否则就模糊了两者的界限，同时也混淆了犯罪学与刑事政策学的研究对象及学科边际。

（三）社会政策不是刑事政策

社会政策与公共政策还略有不同，社会政策与福利国家概念相联系，强调社会福利和社会保障。社会政策是指"政府为促进社会福祉而制定的社会保险、社会救助、社会服务、公共住房、公共教育等方面的总和"。而公共政策强调公共权威机构对社会公共事务的权威性处理，社会政策包含在其中，一般用公共社会政策这一称谓来涵盖二者，其定义为："公共社会政策是国家和（或）政党制定的旨在协调社会关系，避免或解决社会问题，保证经济以平稳、均衡发展的方针、原则和计划的总和。包括经济政策、人口政策、社会保障政策、文化教育政策、民族政策等多个方面。公共社会政策是政党和政府用以组织、管理社会的重要手段和工具，公共社会政策的制定和执行过程，就是党和政府对社会的组织管理过程。"③一言以蔽之，公共社会政策涵盖了社会生活的方方面面，无一遗漏，其范围之大、之宽、之广非刑事政策所能比拟。

有学者认为广义的刑事政策就是社会政策。笔者认为，刑事政策不同于

---

① 王牧主编：《犯罪学》，369—391 页，北京，高等教育出版社，2005。
② 同上书，335 页。作者所提的"刑事政策"其实是"犯罪对策"。
③ 同上书，374—375 页。

社会政策。社会政策应该属于政治学或社会学中的内容。虽然刑事法学界众所周知李斯特的名言：最好的社会政策就是最好的刑事政策。但笔者以为，这只是说明了好的社会政策使社会稳定，人们安居乐业，犯罪率下降，一派歌舞升平的美好景象，刑事政策也就没有存在的必要。从逻辑上反过来论证刑事政策是社会政策的一部分是否成立，还有待深入探讨。

刑事政策与社会政策的区别有以下几点可供参考：

①刑事政策是否针对犯罪而制定。无论是宏观的刑事政策还是具体的刑事政策无一例外。如我国若干宏观上的刑事政策"惩办与宽大相结合""重重轻轻""严打"等等，皆是对犯罪所言。具体的刑事政策如"社区矫正"具有"恢复性司法"性质的措施等等，也都是对犯罪所言。而社会政策是针对所有的社会现象制定的，当然包括犯罪现象在其中，但即使是针对犯罪，大多也是从预防的角度出发，针对的是未然的犯罪，或是初犯、偶犯、激情犯等。如果社会政策中出现了针对犯罪的具体措施，那是犯罪对策，也不是刑事政策。

②刑事政策对犯罪的反应是直接的而不是间接的，即两者之间是直接因果关系而不是间接因果关系。具体说就是犯罪行为及其结果发生后，与犯罪直接对应的措施——刑事政策，而不是间接的措施——社会政策。社会政策所要解决的是经济问题、人口问题、社会保障问题、文化教育问题、民族问题等，如果这些问题得到妥善处理，间接带来的益处就是犯罪问题相对的减少；当然如果出现犯罪，还是要用刑事政策来处理，换言之，刑事政策也可以说是犯罪以后行为人不得已接受的被动结果。

③刑事政策是对犯罪出现后的反应措施与再犯预防，反应是客观的，预防只是其功能而已，是其本身所固有的即与生俱来的，不管是否被人们所认识，它都是存在的；而社会政策是事前的预防，"公共社会政策有着重要的预防犯罪价值"。"好的公共社会政策总是有助于社会问题包括犯罪问题的解决，坏的社会政策则可能导致社会问题的丛生或恶化。犯罪问题以及其他社会问题的多发与恶化，总是与相关社会政策的失误或者滞后有关，反过来，这些社会问题又必须通过对相关政策的纠正或者废除来解决。"[①]事后发生犯罪还要靠刑事政策。刑事政策曾一度想要预防，但基于人权的考虑，很难做到，如国外的保安处分。社会政策更侧重于事前预防，即犯罪前的预防，而且这种预防可以是从治本的角度开始的，刑事政策只是不得已的治标预防。

（四）公共政策在刑事领域的体现不是刑事政策

公共政策有其特定含义，刑事政策也有其特定含义。什么是公共政策？我国台湾地区学者伍启元认为："公共政策是政府所采取的对公私行动的指

---

① 参见王牧主编：《犯罪学》，375 页，北京，高等教育出版社，2005。

引。"①罗伯特·艾斯顿认为："公共政策就是政府机构和它周围环境之间的关系。"其强调公共政策就是政府解决其面对的公共环境所产生的问题。②戴维·伊斯顿从对政策的系统分析理论出发，认为："公共政策是政治系统权威性决定的输出，是对整个社会所作的权威性价值分配。"③我国政策学者将公共政策在总体上划分为政治政策、经济政策、社会政策、文化政策等；单就社会政策来讲，又有人口政策、社会保障政策、环境保护政策、反犯罪政策等。④ "基于公共刑事权力的刑事政策是一种公共政策。"⑤

公共政策在刑事领域中的体现仍然叫做公共政策，因为它不是对犯罪所采取的具体措施，而大多都是宏观的战略原则的适用。即使是反犯罪政策，大多也是对犯罪的一般预防，而一般预防不是刑事政策的体现，刑事政策只能对再犯罪进行预防，做不到对一般犯罪的预防。公共政策可以是社会政策，也可以是犯罪对策，但不能是刑事政策。两者的具体不同与上述刑事政策与社会政策的区别相似，在此不再论述。刑事政策专指国家、社会以人道主义为宗旨对已然犯罪人战略的宏观的和战术的微观的被动处置措施。

（五）不用再将刑事政策划分为最狭义刑事政策、狭义刑事政策、广义刑事政策，我们界定的现代意义上的刑事政策范畴清晰、轮廓分明

基于人类对问题的认识由浅到深、由表及里、由现象到本质的过程，刑事政策的发展历史也是遵循这样的规律，有学者归纳对刑事政策概念的理解有广义与狭义之分：

我国台湾地区学者林纪东在《刑事政策学》一书中认为，刑事政策大致可分为广义和狭义两种：广义说认为"刑事政策是探求犯罪的原因，从而树立防止犯罪的对策"；狭义说则认为"刑事政策是探求犯罪的原因，批判现行的刑罚制度及各种有关制度，从而改善或运行现行刑法制度及各种有关制度，以防止犯罪的对策。把两种对照看来，以探求犯罪的原因，为刑事政策的起点，以防止犯罪为刑事政策的终极目标，是两说相同的地方；所不同者，狭义说以改善或运用现行刑法制度等为范围，广义说则不限于这个范围而已"。⑥

王牧教授认为，狭义的刑事政策是指国家为打击和预防犯罪而运用刑事法律武器与犯罪作斗争的各种手段、方法和对策，它涉及的内容主要是刑事立法、司法和司法机关的刑事惩罚措施。广义的刑事政策是指国家为打击和预

① 转引自李成智著：《公共政策》，3页，北京，团结出版社，2000。
② 转引自刘文远："论刑事政策的概念和范围"，载《中国人民公安大学学报》，2005（1）。
③ 同上。
④ 参见孙关宏等主编：《政治学概论》，228页，北京，中国政法大学出版社，2002。
⑤ 刘远著：《刑事政策哲学解读》，181页，北京，中国人民公安大学出版社，2005。
⑥ 林纪东著：《刑事政策学》，第4版，3页，1969。转引自杨春洗主编：《刑事政策论》，5页，北京，北京大学出版社，1994。

防犯罪而与犯罪作斗争的各种手段、方法和对策,它不仅包括以直接防止犯罪为目的的各种刑罚政策,还包括能够间接防止犯罪的有关的各种社会政策。①

甘雨沛教授认为,刑事政策应该区分为广义刑事政策与狭义刑事政策,广义刑事政策是指国家以一般预防犯罪为主要任务,对一般犯罪、犯罪者和显然有犯罪危险的诸多现象直接采取相应的镇压、抑制预防的对策措施;狭义刑事政策是指国家以特殊预防犯罪为中心任务,以改造教育犯罪者为基准,对个别犯罪类型和犯罪者采取针对性的镇压、抑制、预防的对策措施。②

还有学者将刑事政策划分为一分说、二分说和三分说,一分说认为刑事政策具有一个统一的不分层的作用界域,而对刑事政策作用界域的具体界定则殊为不同,可分为最狭义刑事政策、狭义刑事政策和广义刑事政策。二分说分为广义刑事政策和狭义刑事政策。三分说分为广义刑事政策、狭义刑事政策与最狭义刑事政策。③

综上所述,所有观点归纳起来实际上反映了刑事政策的发展脉络,刑事政策从最初的刑罚,到刑罚外但与刑罚具有类似作用的法律制度,再到一切对付犯罪的手段,是刑事政策从最狭义到狭义再到广义的过程阶段。实际上刑事政策发展到今天,当我们可以清晰地界定刑事政策概念时,这种划分确实已成历史,因为无须再作这样的划分就可以说清刑事政策是什么。

刑事政策的诞生就是由于刑罚功能的有限性所致,因此刑事政策早已经超越刑法,不是局限在仅仅以刑罚的手段反犯罪,这为当今的许多学者所共识,笔者不再赘述。

狭义的刑事政策即刑罚及与刑罚具有类似作用的法律制度也不足以说明当今的刑事政策含义。这种观点的代表人物是耶塞克,他认为:"刑事政策探讨的问题是,刑法如何制定以便其能最好地实现其保护社会的任务。刑事政策与犯罪的原因联系在一起,它探讨如何描述犯罪构成要件特征以便与犯罪的实际情况相适应;它尝试确定在刑法中适用制裁措施的作用方式;它斟酌允许立法者将刑法延伸到何种程度以便使公民的自由空间不会超过不必要的限制;它检验实体刑法是否作了使刑事诉讼能够得以进行的规定。"④ "制裁制度的构筑、适用和改革,鉴于变化着的社会关系,被概括性的描述为刑事政策(狭义)。而广义的刑事政策则还包括处罚的先决条件以及犯罪构成适应时代的需要以及符合目的地构筑刑事程序和刑事追诉。"⑤ 他只是将刑事政策扩展到刑事法范畴,不仅仅刑法属于刑事政策,刑事诉讼法、监狱法等

---

① 参见王牧主编:《犯罪学》,334 页,北京,高等教育出版社,2005。
② 参见甘雨沛、何鹏著:《外国刑法学》,上册,74 页,北京,北京大学出版社,1984。
③ 参见梁根林著:《刑事政策:立场与范畴》,4—10 页,北京,法律出版社,2005。
④ [德]汉斯·海因里希·耶塞克等著:《德国刑法教科书》,徐久生译,28 页,北京,中国法制出版社,2001。
⑤ 同上书,901 页。

也包括在其中。但这也不足以说明当今刑事政策的应有含义，范围确定的还是过于狭窄。

广义的刑事政策认为，刑事政策是国家与社会以预防和镇压犯罪为目的的所有的一切手段与方法。代表人物是法国马克·安塞尔、拉塞杰、米海依尔·戴尔玛斯—马蒂教授，早期是马克·安塞尔，认为刑事政策就是一场人道主义的运动，是对现行刑罚的改革。克里斯蒂娜·拉塞杰又认为：刑事政策是对广义的犯罪现象的认识分析，是对与这一现象作斗争的方法、措施的解析，同时也是在一定理论指导下的用来解决打击预防犯罪现象过程中各种问题的社会的法律的战略。①米海依尔·戴尔玛斯—马蒂认为"刑事政策就是社会整体据以组织对犯罪现象的反应的方法的总和，因而是不同社会控制形式的理论与实践"。②"与费尔巴哈的古典刑事政策（国家据以与犯罪作斗争的惩罚措施的总和）相比，我们的刑事政策从以下几点上都扩展了，从原来单纯惩罚性措施扩展到如赔偿或调解等其他方法；从原来的国家扩展到社会整体，当然前提是社会整体要组织反犯罪反应，由此排除了纯粹个别式的不被社会所认可的反应，但也允许包括某些市民社会的做法（如私人民兵组织或调解网络等）；从原来的斗争扩展到反应，以便在原有的反作用式的反应（事后的）之外，再加上预防性的反应（事前的）；最后犯罪也扩展成为犯罪现象，以包罗一切不符合规范的犯罪行为或越轨行为。"③笔者同意广义上的刑事政策是对付犯罪的一切手段和方法，不是将其仅仅局限在刑事法领域，包括行政的、经济的、民事的制度来解决犯罪问题。也同意将犯罪的概念扩大到一切具有社会危害性的行为，包括越轨行为在内。当然刑事政策的主体也已由国家扩大到社会。但是刑事政策主要是事后反应，而不是事前预防性的反应，这是刑事政策与犯罪对策、刑事政策与社会政策及公共政策的区别所在。刑事政策主要具有处置功能与预防再犯功能，其目标还是对犯罪人的人道主义处遇的实现。

因此上述的最狭义刑事政策、狭义刑事政策和广义刑事政策都不足以说明当今刑事政策的内涵与外延，也就没必要再作此划分，刑事政策有其明确的范畴。

二、刑事政策概念解读

（一）刑事政策概念观点述评

究竟什么是刑事政策？古今中外对此见仁见智的观点不胜枚举。纵览世界各国学者对刑事政策的认识或观念，刑事政策无非就是对犯罪的反应处理

---

① 参见［法］米海依尔·戴尔玛斯—马蒂著：《刑事政策的主要体系》，卢建平译，译序 2 页，北京，法律出版社，2000。

② 同上书，1 页。

③ 同上书，25—26 页。

方式，是宏观的战略措施和微观的战术措施。西方近代以来，对刑事政策的理解也可以按对刑法学派的归纳划分为古典学派、人类学派、社会学派和现代学派，我们依次予以解析，说明他们的刑事政策的基本含义与范畴并得出我国刑事政策的本体含义。

18 世纪末 19 世纪初，以费尔巴哈、贝卡利亚、边沁等为代表，形成古典刑事政策及其观念，或称为刑事政策思想。19 世纪初，经验科学的方法论渗透到了所有的科学领域，建立在科学犯罪学研究基础之上的刑事政策观念不再把刑罚视为有效的或唯一的犯罪对策，而是寻求各种行之有效的、科学的预防犯罪、抑止犯罪的方式方法。代表人物是龙勃罗梭、菲利、加罗法洛、李斯特、范·哈迈尔（Hamell）、阿道夫·普林斯（Adolf Prins），他们都是以犯罪学研究为基础，科学地处理和预防犯罪，强调预防重于惩罚，并强调犯罪社会政策在预防犯罪中的作用。刑事人类学派与社会学派对刑事政策的最大贡献就在于对犯罪的处理方式由单一的刑罚扩大到保安处分，这不仅仅是一项具体措施的改进，而是在某种意义上拓宽了人们的思路，为进行一系列的改革提供了思维方式。

刑事政策理论的集大成者当属法国的刑事大家安塞尔，他在其所著《新社会防卫论》一书中阐明了新社会防卫思想。从渊源上讲，社会防卫思想可以追溯至古希腊的柏拉图、中世纪的奥古斯丁，但是现代意义的社会防卫运动则直接源于意大利实证学派。菲利首先使用了"社会防卫"（social defense）一词，普林斯则第一个对社会防卫理论进行了系统阐述。"二战"以后，出于对人道主义的追求并使社会和个人免受极权政治的侵犯，新社会防卫论诞生。新社会防卫论的中心是研究犯罪问题，将犯罪问题与预防犯罪相联系，并利用一系列通常不属于刑法本身的措施以有效地保护社会。①

安塞尔的后继者法国米海依尔·戴尔玛斯—马蒂认为"刑事政策就是社会整体据以组织对犯罪现象的反应的方法的总和，因而是不同社会控制形式的理论与实践"。②"与费尔巴哈的古典刑事政策（国家据以与犯罪作斗争的惩罚措施的总和）相比，我们的刑事政策从以下几点上都扩展了，从原来单纯惩罚性措施扩展到如赔偿或调解等其他方法；从原来的国家扩展到社会整体，当然前提是社会整体要组织反犯罪反应，由此排除了纯粹个别式的不被社会所认可的反应，但也允许包括某些市民社会的做法（如私人民兵组织或调解网络等）；从原来的斗争扩展到反应，以便在原有的反作用式的反应（事后的）之外，再加上预防性的反应（事前的）；最后犯罪也扩展成为犯罪

---

① 参见肖剑鸣、皮艺军主编：《犯罪学引论》，69 页，北京，警官教育出版社，1992。

② ［法］米海依尔·戴尔玛斯—马蒂著：《刑事政策的主要体系》，卢建平译，1 页，北京，法律出版社，2000。

现象，以包罗一切不符合规范的犯罪行为或越轨行为。"① 由此可以看出刑事政策就是对犯罪的反应，而且是对付犯罪的具体的实践，是一项一项的具体措施。这是从刑法到刑事政策的必然结果。马蒂所著《刑事政策的主要体系》是刑事政策学内容，书中所论证的具体措施并已在实践中运用的是刑事政策。但笔者认为，她所理解的事前预防略嫌扩大，对初犯的事前预防只能由犯罪学中的刑事对策来解决，刑事政策解决的大多应当是再犯罪的预防。

　　日本以大谷实为代表，他认为"所谓刑事政策是国家机关（国家和地方公共团体）通过预防犯罪、缓和犯罪被害人及社会一般人对于犯罪的愤慨，从而实现维持社会秩序的目的的一切措施政策，包括立法、司法及行政方面的对策"。② "刑事政策的核心是防止犯罪的国家活动，防止犯罪包括犯罪预防和犯罪抑止。犯罪预防是国家为防患于未然，在犯罪尚未发生前所采取的行动；与此相对，犯罪抑止则是国家在犯罪发生之后，通过对犯罪人科处死刑等刑罚来防止犯罪发生的活动。"③ 大谷教授将刑事政策界定在防止犯罪上，包括事前的预防和事后的惩罚，即使是事后的惩罚，也不仅仅是刑罚的方法，而是表现为对各种犯罪人实体及程序上的不同处置，如社会内处置④，其中包括保护观察⑤、改造紧急保护⑥等等。实际上大谷实的理论已是犯罪学意义上的刑事对策，它包括对犯罪所有的事前与事后的预防和控制。这样未免有些扩大刑事政策的含义。他也意识到刑事政策学与犯罪学的区别，但是在刑事政策问题上还是和刑事对策发生了混淆。⑦

　　美国是一个严格的法治国家，所有的刑事政策体现都是以法律的形式展开的。以某一种犯罪的程序为例，2001 年 "9·11 事件" 发生后一个半月，

---

　　① ［法］米海依尔·戴尔玛斯－马蒂著：《刑事政策的主要体系》，卢建平译，25－26 页，北京，法律出版社，2000。

　　② ［日］大谷实著：《刑事政策学》，黎宏译，3 页，北京，法律出版社，2000。

　　③ 同上书，4 页。

　　④ "社会内处遇是和设施内处遇相对的概念，它是指不将犯罪人收容于设施之内，而让其在社会上一边过一般生活，一边用指导、援助等使其改造自新的措施。" 参见［日］大谷实著：《刑事政策学》，黎宏译，258 页，北京，法律出版社，2000。"现在，在犯罪人处遇方面，其重点是应当实现从设施内处遇向社会内处遇的转变的观念正成为一般思潮。" 同上书，259 页。

　　⑤ "所谓保护观察，是为了改造犯罪人及不良少年，使其重返社会，在让其过上一般的社会生活、指导、监督其遵守注意事项的同时，进行必要的辅导、帮助的处遇方法。" 同上书，277 页。它不同于我国的假释就在于主体不同，他们有专业的保护观察官。

　　⑥ "所谓改造应急保护，是指根据刑事上的程序解除对身体自由的限制以后，受刑人本人在不能从亲属或有关的人那里得到援助，或从公共卫生福利设施及其他设施中得到医疗、住宿、职业及其他保护时，对其紧急提供安排住处、赠与或借与金钱的一时性保护，或将其安排在一定的设施之中，提供住宿，通过实施必要的教育、训练、医疗保护或调整等继续性保护，帮助其成为遵纪守法的善良的社会人。这种保障受刑人迅速改造的国家措施就是改造应急保护。" 参见［日］大谷实著：《刑事政策学》，黎宏译，286 页，北京，法律出版社，2000。

　　⑦ 参见作者下面对刑事政策与刑事对策区别的论证。

美国总统布什就签署了《为团结和强化美国而提供有效措施抗击恐怖主义法案》（简称《爱国者法案》），该法案允许执法机构调阅公民的资料记录，查看公民上网记录、信用卡消费记录、私人信件和电子邮件，甚至允许联邦调查局监视公民阅读书籍的情况，从图书馆收集读者的读书记录，允许执法机构窃听和监视涉嫌从事恐怖活动者的通讯与行踪，在没有法官批准的条件下进行秘密调查，降低了发放搜查许可证的要求，允许执法机构对所谓恐怖嫌疑犯采取防范性拘留、强制审问和秘密驱逐等措施，甚至禁止为被美国执法机构认定为恐怖组织的团体提供专家帮助。①

　　刑事政策是舶来品，我们是在其原意上使用并丰富其内容。综上，我们可以归纳出国外学者刑事政策的基本含义，现代意义上的刑事政策就是对犯罪的反应，或是对犯罪的对策，无论是法国、日本还是美国，刑事政策已经是超越刑法、改革刑罚并以各种非刑罚方法对待犯罪及犯罪人，它是建立在犯罪学以及其他人文科学基础之上，强调以人文、科学、法治的观念来预防和处理犯罪。它突破了规范式的封闭的体系，而演变成了一种经验式的开放的体系。归纳起来其特点如下：

　　①刑事政策是各国对付犯罪的有效措施，无论采取何种手段也无论手段的轻重都是犯罪后责任体系不可缺少的一部分；

　　②刑事政策的走向还是更倾向于人道化，只是对极其严重的危及人类安全和人身安全的犯罪才有相对严重的责任，但死刑的废除已为多数刑事政策学者所倡导；

　　③刑事政策不仅仅是犯罪后的责任，同时还起到预防犯罪、控制犯罪的作用，即防患于未然，减少犯罪的发生；

　　④刑事政策的载体是以法律的形式体现的，尤其是美国，典型的法治国家，所有的刑事政策只有上升为法律才具有效力，以其他形式出现的刑事政策都不产生法律后果；

　　⑤刑事政策的出现使学者们对刑罚有两种不同的态度，一是改革刑罚，二是废除犯罪、责任、刑罚等刑法基本概念，而以"反社会性""反社会性的指标及其程度""社会防卫处分"等概念来代替。②

　　我国学者对刑事政策的理解基本上没有超出上述的范畴。在学者的著作中都做了精辟的论述，如曲新久所著《刑事政策的权力分析》（中国政法大学出版社 2002 年版，34—37 页），该书在当时较全面地列举了刑事政策概念的各种观点；侯宏林所著《刑事政策的价值分析》（中国政法大学出版社 2005 年版，62—67 页），作者非常全面地列举了 25 种中外关于刑事政策的定

---

　　①　Uniting and Strengthening America by Providing Appropriate Tools Required to Intercept and Obstruct Terrorism HUSA PATRIOT ACT, Act of 2001.

　　②　参见马克昌著：《比较刑法原理》，51 页，武汉，武汉大学出版社，2002。

义，再加上作者个人的观点共有 26 种刑事政策的定义。

归纳起来，刑事政策是对犯罪的全方位反应。除了原有的刑法外，还包括刑事诉讼法、监狱法或其他的行政经济的法规在内，是在用不同的方式、方法、手段，包括刑事的经济的民事的行政的等等全方位的预防控制犯罪的所有策略、方针、措施。

多年来，我国上下一直是将刑事政策视为惩罚犯罪、保护人民的刑法政策或策略，或者等同于党和国家在处理犯罪问题、对待罪犯时的一些具体的政策措施。这些具体的措施中很多是以刑罚运用为其主要内容的，如"严打""坦白从宽，抗拒从严""少捕、少杀"等，刑罚政策作为刑事政策的核心组成部分表现得特别明显。这些具有中国特色的刑事政策与我国的政治体制密切相关，它们只是刑事政策体系中的一部分，而不是全部，更不能在此意义上诠释刑事政策的本体含义。

（二）刑事政策的两个层面

对于国外及我国学者所列举的关于政策概念的有些观点，笔者不敢苟同，对有些根本性的问题所做出的结论，还有待商榷。刑事政策就是刑事政策，刑事政策是对已然犯罪的宏观与微观或是战略与战术反应，它只包括宏观的刑事政策和微观的刑事政策，宏观的刑事政策是指对犯罪反应的战略方式，如"宽严相济""少杀、慎杀""严打"等刑事政策；微观的刑事政策是指对犯罪反应的战术方式，"刑事和解制度""刑事转处"对不同犯罪人的处遇等等，它包括这两个层面的内容。刑事政策背后的观念、对刑事政策提出的根据及其各种利弊评判观点、观念、思想、理论等等是刑事政策学所要完成的任务，它是关于刑事政策的学问，就像刑法与刑法学的关系一样，两者是不能混淆的。

笔者与上述所有学者对刑事政策概念不同的地方有如下体现。

1. 关于刑事政策所针对的对象

学界基本达成共识几乎是无可争议的问题是刑事政策所要解决的是犯罪问题，针对的是所有犯罪，这一犯罪是犯罪学意义上的犯罪概念。它包括：（1）绝大多数法定犯罪；（2）准犯罪；（3）待犯罪化的犯罪，是指具有严重的社会危害性，应当法定为犯罪但未被法定为犯罪的行为。

从刑事一体化①角度而言，犯罪概念不再局限于刑法范畴之内，因为法定犯罪只是法律规定的一部分，社会上还存在着大量的非法定但具有严重危害社会的行为，将犯罪学意义上的犯罪概念引入到刑事政策学中来，才开始刑事政策学研究的起点。但是仅仅将犯罪学意义上的犯罪作为刑事政策的研

---

① "刑事一体化的基本点是，刑法和刑法运行处于内外协调状态才能实现最佳社会效益。实现刑法最佳效益是刑事一体化的目的，刑事一体化的内涵是刑法和刑法运行内外协调，即刑法内部结构合理（横向协调）与刑法运行前后制约（纵向协调）。"参见储槐植著：《刑事一体化与关系刑法论》，294 页，北京，北京大学出版社，1997。

究起点还远远不够，还要对这样的犯罪进行划分，将它们划分为未然犯罪和已然犯罪，前者是指尚未实施的犯罪；后者是指已经实施的犯罪。对于未经实施的犯罪，刑事政策解决不了，它是犯罪学所研究的范畴，刑事政策只能是针对已然的犯罪，即行为人实施危害社会的行为以后，该对其进行怎样的处置，这是刑事政策所要解决的问题。为什么要把刑事政策所针对的对象确定在已然犯罪的界面呢？主要是因为：

第一，从刑事政策的发展历史我们可以看出，刺激刑事政策出现的根本原因是刑罚解决不了犯罪问题了，重刑的威慑没有任何效果反而使犯罪率大幅度上升，社会治安状况每况愈下，人们再设计新的制度对付犯罪，刑事政策应运而生。从它产生的时候起它面对的就是已然的犯罪，即当时社会现状中出现的犯罪现象及犯罪人，对于预防未然的犯罪还不是当务之急。

第二，未然犯罪是建立在犯罪预测基础之上的。"犯罪预测是指运用各种科学理论和技术手段对未来一定时空范围内的犯罪情态和可能出现的犯罪结果等进行推断和预见的过程"，"犯罪预测应研究两个方面的内容：一是犯罪现象的历史和现状，找出其自身发展演变的规律；二是犯罪现象与其他社会现象之间的关系，发现犯罪现象与周围环境间互相作用和影响的内在关系。"[①]犯罪预测主要预测一定时空范围内的犯罪率、犯罪类型、犯罪主体、犯罪手段、犯罪形态、犯罪时间、犯罪空间、犯罪客体、犯罪趋势。我们并不怀疑犯罪预测的科学性，但是犯罪预测本身是有局限性的，这种局限源于人的认识的有限性，科学理论及技术手段的有限性，社会发展的不可控性。这些都有可能导致犯罪预测出现偏差，结果是犯罪现状与犯罪预测不相符合南辕而北辙。

第三，犯罪预测是犯罪预防的前提和条件，而犯罪预防是犯罪学研究的出发点和归宿。"犯罪预防是指最大限度地调动一切积极因素，以限制和消除犯罪行为发生的可能性为主要目的的行为工程体系。""犯罪预防的主要目的就在于阻止犯罪行为与结果的发生。"[②]由此我们可以看出，就人的主观目的而言未然犯罪是基于犯罪预测由犯罪预防来解决，即基于对未来犯罪的认识采取一切可以采取的手段避免犯罪的发生。如扩大半公共生活区，加强门锁的牢固程度，增强夜间路灯的照明等等这些条件预防，都可在一定程度上防止犯罪的发生，还有被害预防，避免自己成为被害人，如女性在夏天尤其是8月份晚上10点到凌晨4点不要单独外出等等，都是犯罪预防。这些是犯罪学所要研究的内容，属于犯罪对策。

刑事政策面对的是已然犯罪，是指行为人在犯罪以后应该得到什么样的处置，它与对未然犯罪的犯罪预防正好相反，如果能够预防不出现犯罪，刑

---

① 王牧主编：《中国犯罪对策研究》，149—150页，长春，吉林人民出版社，2004。
② 同上书，154页。

事政策也就无的放矢了。从刑事政策的功能上看它可对再犯进行预防，刑事政策所有的人道化的处置有可能避免初犯者再次实施危害社会的行为。刑事政策应含在犯罪对策当中，犯罪对策既针对未然犯罪也针对已然犯罪，既预防控制初犯，也预防控制再犯，是整个的全局的对犯罪全方位的治理手段，其学科属性是犯罪学，是犯罪学内容的三分之一，即犯罪现象论、犯罪原因论、犯罪对策论；而刑事政策的学科属性在刑事政策学，它是刑事政策学的研究对象。

2. 刑事政策本身承载的内容

它包括两个方面，第一是对已然犯罪的反应战略手段，第二是对已然犯罪的反应战术手段。在我国的刑事政策发展过程中，这两种表现形式体现得尤为明显。由于我国特殊的历史政治体制文化上的原因，我国宏观上的刑事政策有其尤为特殊的地方。第一是刑事政策的制定主体；第二是刑事政策的载体；第三是刑事政策的贯彻执行方式及力度都有空前的效果。以下我们举例说明。

对已然犯罪反应的战略手段是指具有重大的带有全局性或决定全局的宏观措施。如"宽严相济""少杀、慎杀""严打"等。而我国由于特殊的国情、历史、政治体制等原因，宏观刑事政策的出台没有统一的规范的方式，但在实践中却都在践行着。如"宽严相济"的刑事政策，罗干同志在 2005 年 12 月 5 日至 6 日召开的全国政法工作会议上提出要注重贯彻"宽严相济"的刑事政策。2006 年 3 月，最高人民法院院长肖扬向十届全国人大四次会议作最高人民法院工作报告时再次强调了"宽严相济"的刑事政策：他介绍一年来审判和执行工作情况时，要求"贯彻宽严相济的刑事政策，对罪当判处死刑但具有法定从轻、减轻处罚情节或者不是必须立即执行的，依法判处死缓或无期徒刑"。在介绍 2006 年工作安排时，强调"坚持宽严相济的刑事政策，对犯罪情节轻微或具有从轻、减轻、免除处罚情节的，依法从宽处罚。"最高人民检察院检察长贾春旺在工作报告中也强调，认真贯彻"宽严相济"的刑事政策。坚持区别对待，对严重的刑事犯罪坚决严厉打击，对主观恶性小、犯罪情节轻微的未成年人，初犯、偶犯和过失犯，应慎重逮捕和起诉，可捕可不捕的不捕，可诉可不诉的不诉。最高人民法院常务副院长曹建明表示，"宽严相济"是一项重要的刑事政策，宽不是要法外施恩，严也不是无限加重，而是要严格依照刑法、刑事诉讼法以及相关的刑事法律，根据具体的案件情况来惩罚犯罪，该严当严，该宽则宽，宽严相济，罚当其罪，只有这样才能符合"稳、准、狠"的原则要求，真正做到"判决经得起历史的检验"。①有学者把"宽严相济"的刑事政策概括为："该严则严，当宽则宽，严

---

① 参见《新京报》，2006-03-12。

中有宽，宽中有严，宽严有度，宽严审时。"①

　　再如，"严打"刑事政策的出台及其多年的适用，可以说明我国的宏观刑事政策涵盖的内容。1979 年 11 月在全国城市治安会议上提出要依法从重从快惩处严重犯罪的方针，在 1981 年 5 月京、津、沪、穗、汉五大城市座谈会上再次提出："对于极少数杀人犯、放火犯、抢劫犯、强奸犯、爆炸犯以及其他严重危害社会的现行犯罪分子，要继续坚决依法从重、从快惩处。"② 1983 年 8 月，党中央做出了《关于严厉打击刑事犯罪活动的决定》，明确了七个方面的打击对象，再次强调了依法"从重从快"惩处严重刑事犯罪分子的方针。同年 9 月 2 日，第六届全国人大常委会第二次会议通过了《关于严惩严重危害社会治安的犯罪分子的决定》和《关于迅速审判严重危害社会治安的犯罪分子的程序的决定》，两个"决定"为严打提供了法律根据。全国政法工作会议统一部署，从 1983 年 8 月到 1987 年 1 月，在全国范围内开展大规模的严打战役共三次。公安机关从 1989 年开始陆续开展了各种形式的专项斗争活动。1989 年 4 月，各地公安机关开展了打击流窜犯罪的专项斗争。同年 10 月下旬至 1990 年春节前后，各地公安机关集中力量统一打击"六害"③。1990 年 3 月公安部与铁道部联合部署，在全国 19 个省、市组织开展打击"车匪路霸"的专项斗争。1990 年 5 月至 9 月底，根据中央政法委的决定，在全国开展了一场严厉打击严重刑事犯罪的行动。1994 年 7 月至年底，根据当时犯罪的新动向，在全国城乡大张旗鼓地开展了一场严厉打击严重刑事犯罪。1995 年 3 月至 5 月，各地公安机关开展了不同形式的严打"春季攻势"。1996 年 4 月 20 日至 7 月底，全国公安机关集中行动严打，同年年底开展严打"冬季攻势"，1997 年开展"春季整治行动"。2000 年 4 月至 5 月公安部联合相关单位"打击拐卖妇女儿童的犯罪"简称"打拐"，同年 8 月，公安部部署了对广东、北京等 14 省市统一开展打击制贩假增值税发票犯罪的"台风"战役，同年 12 月，全国各级公安机关同检察院、法院等单位密切配合，在全国范围内开展"打黑除恶"专项斗争。2001 年 4 月，党中央、国务院召开全国社会治安工作会议，决定再开展一次全国范围的严打整治斗争，从 2001 年 4 月开始，为期两年，重点打击三类犯罪：有组织犯罪、带黑社会性质的团伙犯罪和流氓恶势力犯罪；爆炸、杀人、抢劫、绑架等严重暴力犯罪；盗窃等严重影响群众安全的多发性犯罪。直到 2006 年 3 月最高人民法院院长肖扬在全国人大十届四次会议上作最高人民法院工作报告时还认为，要"坚持严打方针不动摇，依法严惩颠覆国家政权、分裂国家的犯罪；

_____

① 参见马克昌："宽严相济刑事政策刍议"，载《人民检察》，2006（19）。
② 最高人民法院研究室编：《人民法院参与社会治安综合治理工作实务》，3 页，北京，人民出版社，1993。
③ "六害"是指卖淫嫖娼、制作贩卖传播淫秽物品、拐卖妇女儿童、私种吸食贩运毒品、聚众赌博、利用封建迷信骗钱害人。

依法严惩故意杀人、抢劫、强奸、爆炸、拐卖妇女儿童、制售毒品等严重危害人民群众生命健康和财产安全的犯罪；依法严惩黑社会性质组织犯罪，对犯有其他罪行的实行数罪并罚"。①

从以上两个宏观刑事政策的出台情况看，刑事政策的主体主要是党和国家领导人，全国政法委，两高及公安部司法部或是联合其他部委；其载体主要是党和国家领导人的讲话，全国政法委的决定，两高及公安部司法部或是联合其他部委的书面性文件；贯彻执行的方式主要是国家机关，在实践中取得了一个又一个阶段性成果。这种宏观上的刑事政策就是刑事政策本身的内容，它是宏观上处理犯罪问题的方式方法，如对待所有的已然犯罪该重则重，该轻则轻，任何一个具体的已然犯罪都要纳入这一视野中考虑，直接涉及对已然犯罪分子的定罪、量刑及行刑。无论是"宽严相济"还是"严打"，在立法、司法实践中都是作为直接对已然犯罪的反应，换言之，每一起具体的刑事案件其行为人都要受到这两个刑事政策的直接影响，它们不是理论层面的论证，也不是刑事政策理念思想，而是刑事政策的具体措施，只不过是宏观上的措施，针对每一犯罪人都可适用。有学者认为我国的刑事政策的出台不规范，那是另外需要改革的问题，但就其是实践中具体运用的措施来看，它们是具有特别的效力的，这种效力渗透到每一刑事案件中，对每一犯罪人的处理结果无不是它们的具体体现。

对已然犯罪反应的战术手段是指以人道为宗旨具体采用的微观措施。除了刑法规定的刑罚及非刑罚制裁措施以外，我国在处理犯罪的实践中已有众多具体的刑事政策，无论是在程序上还是在实体上，都有所体现。如 2003 年 7 月最高人民法院、最高人民检察院、公安部、司法部联合下发了《关于开展社区矫正试点工作的通知》②（以下简称《通知》），《通知》指出，社区矫正是当今世界各国刑罚制度发展的趋势。为了适应我国政治、经济、社会、文化的发展要求，有必要开展社区矫正试点工作，积极探索刑罚制度改革。同时指出：社区矫正有利于合理配置行刑资源，使监禁矫正与社区矫正两种行刑方式相辅相成，增强刑罚效能，降低刑罚成本。目前这种试点已发展到京、津、沪、江、浙、鲁等 19 个省、市、自治区，目的是将更多的犯罪相对轻微、社会危害性较小的罪犯置于社区对其执行刑罚，创造有利于他们改造和回归的积极的社会环境。这是我国刑罚执行制度的一项重大改革，是刑罚轻缓化的重要体现。2003 年 7 月北京市政法委下发的《关于北京市政法机关办理轻伤害案件工作研讨会纪要》，对公、检、法三家办理轻伤害案件进行规范，其中明确规定：对确因民间纠纷引起的轻伤害案件，犯罪嫌

---

① 参见《最高人民法院工作报告》（2006 年 3 月 11 日），载《法制日报》，2006-03-20。

② 参见最高人民法院、最高人民检察院、公安部、司法部《关于开展社区矫正试点工作的通知》，司法〔2003〕12 号。

人、被告人的犯罪情节轻微，有悔罪表现，已全部或部分承担被害人医疗、误工等合理赔偿费用，被害人不要求追究其刑事责任，双方自愿协商解决的，可由双方自行协商并达成书面赔偿协议。此类案件，在被害人向司法机关出具书面请求之后，可以按照规定作出撤销案件、不起诉、免予刑事处罚或判处非监禁刑等从宽处理。2004 年 5 月浙江省高级人民法院、省检察院、省公安厅共同制定《关于当前办理轻伤犯罪案件适用法律若干问题的意见》，据此轻伤犯罪案件在侦查、审查过程中，只要符合下列条件，经审查属实，公安机关可以撤案，检察机关可以作相对不起诉：当事人双方自愿就民事赔偿问题达成一致，形成书面协议，当事人双方和解，被害人书面要求或者同意不追究犯罪嫌疑人刑事责任；犯罪嫌疑人本人确有悔罪表现，社会危害性已经消除，不需要判处刑罚。2005 年安徽省公安厅会同省高级人民法院、省检察院共同出台《办理伤害案（轻伤）若干问题的意见》，据此，故意伤害案（轻伤）在侦查、审查起诉过程中，同时具备下列条件的，公安机关可以撤销案件，检察机关可以将案卷退回公安机关处理或作出不起诉决定：案件系因民间纠纷直接引起的，双方当事人和解，自愿就民事赔偿形成书面协议并已执行，被害人书面要求或者同意不追究犯罪嫌疑人刑事责任的；犯罪嫌疑人确有悔罪表现，社会危险性已经消除的。2005 年 11 月，上海杨浦区公检法司四家单位联合制定《关于轻伤害案件在诉讼阶段委托人民调解的规定（试行）》，就轻伤害案件在受理、立案、审查起诉和审判阶段等各个阶段调处成功后公诉权的退出机制等问题作出明确规定，通过委托人民调解，在对民事部分达成一致赔偿结果后，对刑事部分的加害人分别作出不予立案、撤案、不起诉、免予刑事处罚等处理。2006 年 4 月，山东省烟台市人民检察院也制定了《烟台市检察机关平和司法程序实施纲要》，规定对包括轻伤害案件在内的轻微刑事案件、未成年人犯罪案件和过失犯罪案件适用刑事和解。[①]所有这些规范性文件都表明，对于轻伤害案件，当事人双方和解的，司法机关可以按照规定作出撤销案件或者不起诉或者免予刑事处罚等处理，案件相对不再进入下一诉讼程序，而是进行非司法程序的处理。这些从一侧面反映出我们对犯罪的处理不再是唯一的刑事处罚，而是介入民事和解，其效果会更好。

同时，我们还在探讨司法机关在对待犯罪的问题上应采取何种具体的刑事政策，如检察机关在实际工作中应采取或改善的措施是否可以从以下几个方面考虑：一是对轻微犯罪慎用逮捕措施。逮捕是各种强制措施中最为严厉的一种，其不当行使会侵犯公民的人身权利。实践中就严格按照《刑事诉讼法》第 60 条的规定，必须具备证据要件、刑罚要件和必要性要件才可实施

---

① 参见中共北京市委政法委员会编：《进一步开拓创新首都政法工作，全面推进和谐社会建设》，43 页，2006。

此强制措施，而不能只注重证据要件忽视刑罚要件和必要性要件。二是扩大不起诉的适用范围。对于主观恶性小、犯罪情节轻微的未成年人、初犯、偶犯和过失犯，可诉可不诉的坚持不诉。对于未成年人犯罪情节轻微的，在与学校达成共识、征询被害人意见以及与公安机关协调配合的基础上，对其中不符合不起诉条件，但情节轻微的案件，采取退回公安机关作撤案处理。三是对未成年人引入暂缓起诉制度。如南京市人民检察院于2002年10月22日通过《检察机关暂缓不起诉试行办法》，据此南京市玄武区检察院对12名涉嫌聚众斗殴的嫌疑人作出暂缓起诉决定。2003年1月，浦口区检察院决定对一名涉嫌盗窃的大学生实施暂缓起诉。北京市海淀区检察院也积极探索暂缓起诉制度，经过理论探讨、专家论证，于2004年制定《实施暂缓起诉制度细则》，启动对未成年犯罪嫌疑人实施暂缓起诉仪式。

上述所有这些关于对付犯罪的实体及程序方式、方法的改革措施，皆属于具体刑事政策范畴。宏观上的指导渗透到每一案件中，但真正的兑现还要靠具体的刑事政策措施，这是我们研究的重中之重。具体刑事政策的主体一定是国家权力机关或是社会权力机关，这是由刑事政策的权力性所决定的；具体刑事政策的载体一定是以法律的形式出现，这是刑事政策法定化的要求；具体刑事政策的执行可以是国家、社会团体甚至是个人。具体刑事政策最能展现刑事政策的主旨所在。面对纷繁复杂的犯罪，更直接的犯罪—刑罚的因果关系被犯罪—刑事政策所取代（当然没有否认刑罚的存在，刑罚是刑事政策的一部分），对重罪有重罪的反应，如即使废除死刑，还有无期徒刑及有期徒刑的规定，刑法学者们现正在研究、呼吁增长无期徒刑犯真正在狱中的时间年限，增加有期徒刑的时间最低延长至25年等等；轻罪有轻罪的刑事政策，如上面论证的不起诉或暂缓起诉等等，刑事政策对犯罪的反应不仅仅是实体法上的反应，还包括程序法及监狱法或其他行政法、经济法上相关的反应，是对已然犯罪的全方位多角度的反应，而不仅仅是单纯的刑罚，只要是能使犯罪人尽快地回归社会过正常人的生活，找到与其相对应的刑事政策即可。

3. 刑事政策的被动防御

笔者不同于中外学者对刑事政策概念定义的理解之一就是，刑事政策是对已然犯罪的被动反应，是当犯罪出现以后对它的被动防御，它不具备事前的对未然犯罪预防性，就其功能而言，它可能对再犯有预防的功能，但这不是它的初衷。犯罪预防及犯罪控制是主动的，它们是犯罪对策的内容而不是刑事政策之所在。之所以这样定位就在于：

第一，这是由刑事政策的性质决定的。刑事政策就像是医生所开的处方，它可以医病，医生首先考虑如何治愈疾病，而不是考虑预防，也许客观上有预防的效果，但不是医生着重关注的问题。刑事政策也是一样，面对犯罪及犯罪人，首先要考虑如何使犯罪人更快更好地回归社会中来，过正常人的生活，如果改造好完全适应了社会正常生活，其客观效果就是行为人不会出现再犯的情况。

第二，目的与功能不同，目的是主观的，是主体对客体所期望达到的结果，而功能是客观的，是事物本身的存在所具有的效用。我们期望刑事政策能够达到预防控制犯罪的结果，但刑事政策本身不可能包含这样多的内容，否则，刑事对策的含义是什么呢？刑事政策的目的是使犯罪人回归，刑事政策的功能可以起到再犯的预防效果，如果我们将其混淆，就会导致错位，从而都无法实现各自的目的与功能。如果无限地扩大刑事政策的目的与功能，也就无法制定出人道的科学的刑事政策，也许会成为不伦不类、界限不清、层次不明的"大杂烩"。

综上所述，刑事政策就是国家社会以人道主义为宗旨对已然犯罪人战略的宏观的和战术的微观的被动处置措施。

三、刑事政策的功能

功能是指功效、作用或者能力，它是一事物客观的表现，不以人的主观意志为转移，无论是否意识到功能都是客观存在的，并且起着作用。刑事政策的功能就是刑事政策本身的效用或作用。宏观刑事政策与微观刑事政策都有其重要的作用。从刑事政策本身可引申出刑事政策从宏观上只有两大功能，一是对已然犯罪及犯罪人的处置功能；二是对已然犯罪人的预防再犯功能。

对刑事政策的理解不同，对其功能的认识也会存在许多差异。有学者认为，刑事政策的功能有二：一是政策导向功能，通过三个途径具体实现：第一，统一反犯罪斗争的思想认识；第二，明确反犯罪斗争的行动目标；第三，指导反犯罪斗争的具体行动。二是政策调控功能，主要表现在以下两个方面：第一，刑事政策对刑事立法、刑事司法与行刑处遇的调节，此为内部调节；第二，刑事政策对刑事法律与社会状况之间的调节，即外部调节。[①]还有学者认为刑事政策主要具有指引功能、调节功能和符号功能。[②]前两种功能基本与上述相同，刑事政策的符号功能，主要体现在刑事政策对市民社会的影响上，即刑事政策所具有的影响公众看法、观念或者思想意识的功能。刑事政策的符号功能不在于刑事政策的实际作用或者物质性效果，而主要体现在对公众的安抚、威胁、一般性教育以及道德教化。[③]还有学者从社会转型的角度认为刑事政策具有守旧与创新功能、限制与扩张功能、明示与含糊功能和符号功能等。[④]

[①]　参见储槐植著：《刑事一体化与关系刑法论》，378—379 页，北京，北京大学出版社，1997。
[②]　参见侯宏林著：《刑事政策的价值分析》，113—115 页，北京，中国政法大学出版社，2005。
[③]　同上书，114 页。
[④]　参见刘仁文著：《刑事政策初步》，北京，中国人民公安大学出版社，2004。

刑事政策功能的确认首先取决于人们对刑事政策概念的定义。我们很多人包括很多学者对刑事政策望文生义，认为刑事政策就是政策的一部分，中国传统文化一直就是如此认识：政策高于一切，这一影响直至今天。其实刑事政策不是我们通常意义上理解的"刑事"加"政策"，也不是政策在刑事领域中的体现就是刑事政策。它是舶来品，是一个完整的有特定含义的概念，如果我们将其分解就会对这一概念的理解出现误区，从而出现一错再错的局面。由于刑事政策不仅仅是对刑事立法、刑事司法及刑事执行用反省及修正，刑事政策还是这些制度本身，其目的在于如何将犯罪人改造成为社会上的正常人，在社会中重新过正常人的生活，而不是调和事实与规范之间的差距。但刑事政策本土化后，确实具有中国特色。因为国外的刑事政策就是指对犯罪的具体的反应，而我国还包括对犯罪的宏观上的反应。即使是宏观上的反应相当于我们同犯罪斗争的战略，但其意义也有根本的改变，因为现代意义上的刑事政策不是建立在专制与集权的基础上，而是建立在民主与分权的框架内，以人道主义为核心内涵的对犯罪反应的措施。

上述学者对刑事政策的理解颇有刑事政策凌驾于刑事立法、刑事司法或刑事行刑之上的意蕴，刑事政策就是解决问题的方案、方式、方法，具体言之刑事政策就是对已然犯罪有个交代，对已然的犯罪人如何处置，通过怎样的方法才能使其尽快回到主流社会所认可的行为方式，这有历史发展的过程。如对通奸或是同性恋的公众认可，有一个历史的文化的传统的观念的变化，而对犯罪人所适用的所有的措施就在于他可以在社会中正常的生活而不是被当作另类对社会有危害的人。即使是宏观的刑事政策，如我国的"宽严相济""严打"等，也是解决具体犯罪的政策，每一起刑事案件都有宏观刑事政策的渗透，我们在此暂且不论这些宏观刑事政策的人道性、科学性、正当性、合法性。笔者并不否认刑事政策具有一定的导向功能，但是这种导向功能从逻辑的角度来论是属于处置功能下一个层次的功能，或者说是该功能的引申，而且也不完全是上述学者所论证的导向功能的含义，这种导向不是完全作为策略的导向，而是具体措施的导向，换句话说是落到实处的导向，是可以看得见、摸得着的、实实在在的措施，并在个案中充分体现出来。

刑事政策本身就是就是解决已然犯罪的具体措施，它无须调控，无论是对内还是对外，因为对内刑事政策不同于犯罪对策，对外刑事政策不同于社会政策。这两个不同就决定了刑事政策只解决运用刑事政策本身所要解决的问题，无须对内协调，也无须对外协调，只要找到与犯罪及犯罪人相对应的措施，就可以解决问题了。

刑事政策的符号功能不是我们所论证的刑事政策的功能。因为按其要义符号功能不在于刑事政策的实际作用或者物质性效果，而主要体现在对公众的安抚、威胁、一般性教育以及道德教化。是否可以理解为刑事政策在还没有适用之前，或是说刑事政策的存在本身具有的功能，但是如果一个事物只有其存在却并不适用，它的真正的作用或实际的功能永远也不会体现出来。即使是它本身的存在，现代意义上的刑事政策也不是通过对犯罪人的惩罚来安抚被害人，刑事政策对被害人就有具体的措施，如风靡欧美的恢复性司法，将解决问题的主动权交给被害人，由被害人和被告人双方协商如果达成协议就不再追究被告人的刑事责任；再如对被害人的经济补偿，可通过被告人赔偿、国家补偿等方法安抚被害人，使其所受到的损害达到最小的程度。我国最高法院正在研究国家对刑事被害人的补偿问题，有望尽快出台相关规定。刑事政策本身已最大限度地考虑了被害人的利益，并通过具体的方案得到实现。刑事政策也不具有威胁的功能，因为刑事政策是最具人道化的措施与方式方法，给犯罪人以最人道的待遇，对于社会大众也就不存在威胁的情况。对公众的一般性教育及道德教化是普遍存在的，这不是刑事政策所独有，犯罪对策、社会政策也有这样的功能。更为关键的一点是，只有通过对刑事政策的适用，刑事政策的功能才可淋漓尽致地体现出来。

笔者认为，刑事政策的功能就是通过主体对刑事政策的适用表现出来，主要体现为对已然犯罪人的处置功能和对再犯的预防功能即特殊预防。特殊预防不可以作为刑事政策的目的，不可以通过对人的处置这一手段来达到另外一些人的目的，哪怕这个目的是为了所谓大多数人的利益考虑，人道性在于对每一个个体的人道，而不是对多数人人道，对不符合社会主流价值观念行为方式的少数人不人道。特殊预防可以是它本身固有的功效或是作用，也就是功能。

处置功能是对已然犯罪人的处理，通俗地说，就是行为人实施犯罪行为后应该得到怎样的对待。最初人们的理念是"杀人偿命，欠债还钱""以血还血，以牙还牙"，以刑罚的方式处置犯罪人，在刑法领域内自古至今世界各国对犯罪的反应经历了报复刑、威慑刑、等价刑（报应刑）、矫正刑（教育刑）、折中刑几种方式，但依然没有解决犯罪问题，刑事政策应运而生。刑事政策就是通过包括刑罚措施在内的宏观上的措施及微观上的措施处理犯罪问题及犯罪人，尤其是现代意义上的刑事政策，建立在人道主义基础上的刑事政策就是面对已然犯罪人的措施。我们把犯罪分子作为我们人类的共同体，是人类的一份子，而不是把他们当成异类而对其惩罚并给予非人道的待遇，就像我们对待艾滋病患者一样，他们和我们一样享有人应该享有的所有权利，但是不放弃对他们的治疗，可否这样类比，这种治疗措施就是刑事政策，一种是对身体疾病的治疗，一种是对社会疾病与个人心理疾病的治疗，而治疗的结果就是使犯罪人重新回到社会中来。

处置功能是这样体现的：一是刑事政策对已然犯罪人适用。我们可将犯罪划分为未然犯罪和已然犯罪，前者是指尚未实施的犯罪；后者是指已经实施的犯罪。对于未经实施的犯罪，刑事政策解决不了，它是犯罪学所研究的范畴，刑事政策只能是针对已然的犯罪，即行为人实施危害社会的行为以后，该对其进行怎样的处置，人身体上有病不能不治疗，同样人心理或是行为上有病也不能不治疗，任其自生自灭害人又害己，后者是刑事政策的所要解决的问题。二是刑事政策的适用过程。这一过程就是刑事政策在犯罪人身上得以落实的各个阶段及步骤。如需要适用刑罚，就走刑事程序，立案、侦查、起诉、审判、执行。如果需要非刑罚方法处理也要走刑事诉讼程序；如果是经济的民事的行政的处理方式那就用这些方式处理；如果是司法转处，则按其规则进行。但有一点是必需的，无论是哪一种形式都要对犯罪分子以人道主义的待遇。三是刑事政策的适用结果。通过对已然犯罪人适用刑事政策，使犯罪人得到了及时处理，它与以往不同的是尽量对犯罪人予以人道主义的待遇，刑事政策同是对被害人也有相应的措施规定，如犯罪人赔偿、国家赔偿或是其他如恢复性司法解决问题，使被害人、社区乃至整个社会所受到的重创尽量恢复如初。

预防功能也有如下的体现：一是刑事政策对已然犯罪人适用。刑事政策面对的是已然犯罪，是指行为人在犯罪以后应该得到什么样的处置，它与对未然犯罪的犯罪预防正好相反，如果能够预防不出现犯罪，刑事政策也就无的放矢了，从另外一个角度言，刑事政策根本就做不到对未然犯罪的预防，就像医学无法预防新生病菌一样。二是刑事政策的适用过程。这与刑事政策的处置功能第二点的体现相同，在此不赘述。三是刑事政策的适用结果。预防功能是指预防已然的犯罪分子再犯罪，是特殊预防，即再犯预防，它不包括一般预防，因为刑事政策做不到一般预防。一般预防是通过适用刑事政策措施而对社会上的潜在犯罪人产生威吓从而使他们惧怕而不敢犯罪，刑事政策的人道性决定了不能得出传统的一般预防结果，因为刑罚的一般预防是建立在威慑基础上的，从理论上推理刑事政策的人道性几乎失去了严厉性及威慑性，一般预防何在？只有特殊预防，通过对犯罪人的刑事政策处置使其重新回归社会中来，不再犯罪。

刑事政策所有的人道化的处置有可能避免初犯者再次实施危害社会的行为。刑事政策应含在犯罪对策当中，犯罪对策既针对未然犯罪也针对已然犯罪，既预防控制初犯，也预防控制再犯，是整个的全局的对犯罪全方位的治理手段。传统的刑罚的功能不能适用于刑事政策，因为两者建立的根基不同、价值理念不同、具体措施不同。

四、刑事政策的目的

所谓目的，"是指那种通过意识、观念的中介被自觉地意识到了的活动或行为所指向的对象和结果"。[①] 黑格尔认为：目的是由于否定了直接的客观性而达到自由实存的自为存在着的概念。目的是被规定为主观的。因为它对

---

①　夏甄陶著：《关于目的的哲学》，227 页，上海，上海人民出版社，1982。

于客观性的否定最初也只是抽象的，因此它与客观性最初仍只是处于对立的地位。那假定在先的客体对于目的也只是一种观念性的自在的不实的东西。目的虽说有它的自身同一性与它所包含的否定性和与客体相对立之间的矛盾，但它自身即是一种扬弃的力量，它能够否定这种对立而赢得它与自己的统一，这就是目的的实现。① 目的的形成过程和实现过程也是人们理性活动的过程。人们提出目的就是为了实现目的，这是主观见之于客观的过程。从目的的设定到目的的实现，既反映了人对客观世界的理性认识，也反映了人对自身需要的执著追求。对犯罪人实现人道主义的处遇就是刑事政策的目的。

目的是主观的范畴，达到什么样的目的是基于对事物的本体认识。目的既是出发点也是归宿。有学者认为："刑事政策的目的具有双重性，即惩罚犯罪和预防犯罪。"②

刑事政策之所以能够超越刑法（当然不是完全摒弃，而是将一部分刑罚吸收到刑事政策中来），就在于刑事政策的根基在于人道主义的倡导，马克·安塞尔说刑事政策是一场人道主义的运动，就是在此意义上来理解。是人道主义决定了刑事政策的目标或者说是目的不可能做到特殊预防与一般预防并重，人道主义反对任何以人为手段的方式来达到主体的目的，人就是以人的形式存在，只要是人无论是生物的还是社会的都要以人的态度对待他，不能通过刑事政策的实施来实现预防犯罪的目的。

（一）犯罪预防的含义

犯罪学范畴的犯罪预防是指"最大限度地调动一切积极因素，以限制和消除犯罪行为发生的可能性为主要目的的行为的工程体系"。犯罪预防可分为"行为预防与情景预防、社区预防""初级预防、二级预防、三级预防""针对犯罪人的预防和被害人的预防"。"犯罪预防是人们对犯罪的理性反应"，"预防犯罪是治理犯罪的最根本途径"。③刑法学意义上的犯罪预防是指"刑罚的目的所预防的犯罪，包括已然之罪和未然之罪，由于预防的对象有所不同，故将刑罚的目的划分为特殊预防和一般预防"，"特殊预防是指通过对犯罪分子适用刑罚，惩罚改造犯罪分子，预防他们重新犯罪"，"一般预防是指通过对犯罪分子适用刑罚，威慑、警戒潜在的犯罪者，防止他们走上犯罪道路"。④ 两门学科各自从其学科属性出发，对犯罪预防作出了注解，犯罪学意义上的犯罪预防实际上是指犯罪对策对于犯罪的预防，犯罪对策确实可

---

① 参见［德］黑格尔著：《小逻辑》，贺麟译，387 页，北京，商务印书馆，1980。

② 储槐植："刑事政策：犯罪学的重点研究对象和司法实践的基本指导思想"，载《福建公安高等专科学校学报（社会公共安全研究）》，1999（5）。

③ 王牧主编：《中国犯罪对策研究》，155—158 页，长春，吉林人民出版社，2004。

④ 高铭暄、马克昌主编：《刑法学》，232—234 页，北京，北京大学出版社、高等教育出版社，2002。

以起到如此的预防作用；刑法学意义上的犯罪预防是传统的通过适用刑罚来预防犯罪，也可以起到特殊预防和一般预防的作用，因为传统的刑罚是对生命、自由、财产、资格的剥夺，因此其威慑力量足以使社会上潜在的犯罪人望而却步，理论上可以如此推理，实践中是否尽如人意是另一回事，如果真达此目的，刑事政策也就不会破刑罚而出了。

刑事政策的目的也是基于刑事政策的定义，对刑事政策的不同理解一定会得出不同的刑事政策目的。上面探讨了刑事政策的功能，将其界定在特殊预防上。特殊预防是指再犯预防，它是刑事政策的功能，而不是刑事政策的目的。刑事政策的目的只能是通过适用刑事政策对犯罪人有一个人道主义的处置，真正实现犯罪人也是人的理念。犯罪学中的犯罪预防及刑法学中的犯罪预防都不能成为刑事政策学中的刑事政策的目的所在，因为根基不同、理念不同、学科不同。

（二）刑事政策所体现的根基、理念及所属学科

马克·安塞尔强调，真正的现代社会防卫运动的基石在于：相信人类的命运，保护人类，反对盲目镇压，希望使刑法制度人道化，并使误入犯罪歧途的人重新回归社会。社会防卫运动这一现代刑事政策运动的产生以人权、人格尊严及其在社会中的有效保护为基础。①这一人道主义的根基与以往对犯罪处理的根基都不同，以前是以专制主义、自由主义、平等主义为哲学基础。

人们对犯罪的理念也与以往不同，主要体现在譬如对犯罪相对性的看法，伟大导师马克思指出："罪犯生产罪行。如果我们仔细考察一下最后这个生产部门（犯罪）同整个社会的关系，就可以摆脱许多偏见。罪犯不仅生产罪行，而且生产刑法，因而还生产讲授刑法的教授。……罪犯打破了资产阶级生活的单调和日常的太平情况，这样他就防止了资产阶级生活的停滞，造成了令人不安的紧张和动荡，而没有这些东西，连竞争的刺激都会减弱。因此，他就推动了生产力。"② 而大众一般只看到它的负面影响。在此意义上我们不能轻易得出犯罪是善还是恶的结论。人们对犯罪的认识不同即犯罪观的不同，直接影响对犯罪的反应方式。社会发展到今天，人们的理性不断地被挖掘，从而对犯罪的认识及对犯罪的反应方式与以往相比有了质的飞跃。"当犯罪率下降到明显低于一般水平时，那不但不是一件值得庆贺的事，而且可以肯定，与这种表面的进步同时出现密切相关的是某种社会的紊乱。"③对于犯罪概念及犯罪观的认识等，都属于这一层面的刑事政策内容。当代中

---

① 参见［法］马克·安塞尔著：《新刑法理论》，卢建平译，21页、51页，香港，香港天地图书有限公司，1990。

② 《马克思恩格斯全集》，第26卷，415—416页。

③ ［法］迪尔凯姆著：《社会学方法的准则》，狄玉明译，80—90页，北京，商务印书馆，1985。

国犯罪观的转变的结果是多元的犯罪观并存，这种并存不仅是指在宏观上多种犯罪观并存于当代社会，不同的社会主体可能持有不同的犯罪观，而且在微观上，多种犯罪观也可能并存于同一个社会主体，每个社会主体可能持有不同的犯罪观，从而对犯罪这一复杂的社会现象形成多角度的认识。当代中国犯罪观的转变的结果是多元的犯罪观并存，这种并存不仅是指在宏观上多种犯罪观并存于当代社会，不同的社会主体可能持有不同的犯罪观，而且在微观上，多种犯罪观也可能并存于同一个社会主体，每个社会主体可能持有不同的犯罪观，从而对犯罪这一复杂的社会现象形成多角度的认识。其实对犯罪相对性、犯罪概念、犯罪观的认识、评价只不过是刑事政策学基础观念问题中的一部分，我们只是以此来说明，基础性的观念是决定刑事政策导向、内容及具体措施的根本性的东西，如果认为犯罪是相对的而不是绝对的，人们就可以对犯罪有一定的容忍度，社会相对变得比较宽容；确立犯罪概念，不仅能从本质上回答刑法为什么把某些行为法定为犯罪或不法定为犯罪，而且能为刑法应当对哪些行为犯罪化或应当对哪些行为非犯罪化提供理论根据，而各种行为的犯罪化或非犯罪化正是动态的刑事立法和刑事政策立、改、废的过程；犯罪观的转变使人们认识到消灭犯罪无异于痴人说梦，犯罪只在一定的范围内加以控制，而犯罪控制又分为国家控制和社会控制，但现在基本上是国家控制为主，但良好的社会控制能够对犯罪起到釜底抽薪的作用，减少国家控制犯罪的巨大开支，是对犯罪控制最具有基础性的模式。社会控制并不排斥国家控制的作用，广义上的社会控制包括国家控制。社会学将社会控制方式分为两类：硬控制与软控制。硬控制，又称强制控制，主要由法律、制度及其设施组成。软控制不依赖强制而是依靠社会心理、社会舆论进行施控，包括舆论、风俗、道德、信仰和信念等。这些基础的观念都是刑事政策的指针。

学科的发展拓展了人们对犯罪的认识及其治理方案。刑事政策学的研究对象存在如此多的争议，对它有一个准确的定位不太容易。正如构建刑事政策学的研究体系是一项艰难的工作，而且还会有许多地方不尽如人意，这也符合认识论规律。对问题的认识总是由表及里、由浅入深不断修正与完善。笔者认为刑事政策学的研究对象应包括三个方面：

一是刑事政策的基本观念，属于认识论范畴，如刑事政策概念、刑事政策的功能、刑事政策的目标、刑事政策的制定原则等等，甚至人们对犯罪的认识也可包括其中，因为刑事政策的起点就是源于犯罪，关于犯罪概念、犯罪观、犯罪现象、犯罪的相对性等不同的认识就会导致不同的刑事政策，这些基础性的观念都是刑事政策学所要研究的内容。

二是实然的刑事政策，包括宏观的刑事政策和微观的刑事政策，或者称为战略的刑事政策和战术的刑事政策。它们在刑事政策学体系中举足轻重，如果类比的话相当于注释刑法学对法条规范含义的阐明。我们可否称为注释刑事政策学，就是对在一定时空条件下正在适用的刑事政策的阐明。如自新中国成立以来我国实行的刑事政策"坦白从宽，抗拒从严""少杀、慎杀""严打""宽严相济"等，具体刑事政策如刑罚（各种刑罚方式死刑、无期徒刑、有期徒刑、拘役、管制），非刑罚制裁措施（《刑法》第37条的规定），非刑事的手段，刑事诉讼过程中的措施，社区矫正等等。

三是应然的刑事政策。就是在一定的时空条件下，刑事政策思想、理论上升为实然的刑事政策，就宏观刑事政策而言，"废除死刑的政策"应取代"少杀、慎杀政策"；就微观刑事政策而言，应以人道的具体的刑事责任方式取代不人道的刑罚方法，如刑事和解制度、司法转处制度、暂缓起诉制度等等，以实现刑事政策的价值目标。

确立了刑事政策学的研究对象也就可以将它和刑法学、犯罪学、刑事诉讼法学及监狱法学区别开来。刑事一体化有其特定的含义，不是某一学科将所有的学科包容进来而失去每一学科的独立属性，而是其间有相互的交叉和关联，而这种交叉与关联是各学科所共有的，但并不能取代每一学科的全部内容。

（三）人存在本身就是目的，人不能作为手段来运用并以此来达到某种目的。犯罪预防可以是刑事政策的功能，但是不可作为刑事政策的目的

耶塞克在刑法领域的论证值得我们在此借鉴：

①刑法哲学上应当禁止以人的生命或自由作为达成某种功利目的的工具，因为每个人在法律上均属于具有独立人格的法秩序主体，即使受到刑法之追诉或处罚，他也不是单纯的被追诉、受惩罚的客体。

②刑事立法政策上应当禁止设置残酷而不人道以及蔑视人性尊严和基本人权之刑罚手段及执行刑罚的方法。

③刑事追诉过程必须以尊重人性和人的尊严的方式进行。严禁以牺牲犯罪嫌疑人的尊严为代价，以诱供和逼供等方式强迫或变相强迫犯罪嫌疑人自证其罪。刑事诉讼的全过程应当是体现国家的人文关怀的过程，即使是对犯罪嫌疑人、被告人甚至是被定罪的人，也必须维护其人格尊严，给予他们进行充分辩解的机会。

④刑罚的科处和执行方式必须考虑被判刑人的个性，以负责任的态度人道地对待被判刑人，以便使其能够顺利地重返社会。以受刑人的再社会化为执行自由刑的最高标准，尊重受刑人的人性尊严，并应排除执行自由刑可能产生的不良弊端。①

上述论证在刑事法领域已基本达成共识，对于现代意义上的刑事政策更加凸显其人道主义的内涵，无论是国家、社会还是个人都不能凌驾在某个人

---

① 参见［德］汉斯·海因里希·耶塞克等著：《德国刑法教科书》，徐久生译，35—36页，北京，中国法制出版社，2001。

之上，而且也不能通过对人适用的手段达到一定的目的，这是反人道而行的。

（四）对犯罪人实现人道主义的处遇就是刑事政策的目标

什么是人道主义？美国《哲学百科全书》解释为：人道主义是"指任何承认人的价值或尊严，以人作为万物的尺度；或以某种方式把人性及其范围、利益作为课题的哲学"。英国《新大英百科全书》将人道主义解释为："一种把人和人的价值置于首位的概念。"德国《百科全书》解释为："人道主义一般指追求人道和合乎人的尊严的生存方式的一种努力。"人本身乃是最高价值，是因为一方面"在所有的东西中间，人最需要的东西乃是人"；另一方面，"人本身就是目的"，"人，实则一切有理性者，所以存在，是由于自身是个目的，并不是只供这个或那个意志任意利用的工具；因此无论人的行为是对自己的或是对其他有理性者的，在他的一切行为之上，总要把人认为是目的"（康德语）。"一个有价值的东西能被其他东西所代替，这是等价；与此相反，超越于一切价值之上，没有等价物可代替，才是尊严。"（康德语）"如果人的本质就是人所以认为的至高本质，那么，在实践上，最高的和首要的原则，也必须是人对人的爱。"（费尔巴哈语）"人道主义一词，有两种不大相同的意义。一是用以指一种把人视为目的或最高价值的学说……人道主义还有另一种意义。它的基本意思是如此：人经常超越自己。"（萨特语）由此可以看出：人道主义有两层含义：由于"人本身是最高价值"不过是外在的、浅层的、初级的真理，而内在的、深层的、高级的真理是"人本身的自我实现是最高价值"，我们可以相对应地称为广义上的人道主义和狭义上的人道主义。①

也许犯罪分子认为通过实施犯罪行为实现其最高价值，或是我们这样认为，但实现自我的最高价值不能通过侵犯他人的合法权益来实现，这不是我们通过刑事政策的适用来达到的目的，即鼓励犯罪人再次实施犯罪以实现其最高价值。理论上是通过刑事政策的适用来预防再犯的发生以实现刑事政策的功能。对犯罪人实现人道主义的处遇是刑事政策的目的，其中的人道主义的含义就是指的"人本身是最高价值"，就是要善待犯罪人，犯罪人也是人，只要是人不管他做了什么，他存在的本身就是任何其他东西所无法替代的，这与他侵犯他人权益给被害人所造成的痛苦需要公平与公正的处理不是一个层次的概念，人类最初的理念是"杀人偿命，欠债还钱""以血还血，以牙还牙"，我们现在依然没有抛弃公平与公正的理念，但是我们是在综合考虑了人类不断更新的众多价值理念基础上而有所选择，同时也是人类发展的必然走向。

---

① 参见王海明著：《新伦理学》，407 页，北京，商务印书馆，2001。

　　"所有进步社会的运动,到此处为止,是一个从身份到契约的运动"①,此后社会的进步又是"从契约到人权"②。"由于人们不再生活在像罗马帝国那样的世界帝国中,而是生活在那些相互平等地交往并且处在差不多相同的资产阶级发展阶段的独立国家所组成的体系中,所以这种要求就很自然地获得了普遍的、超出个别国家范围的性质,而自由和平等也很自然地被宣布为人权。"③ 人权的确立为人道主义的实现提供了宪政制度基础。在刑事政策领域,刑事政策的发展也经历了由专制主义、自由主义、平等主义到最终的人道主义宗旨的制约,法国的马克·安塞尔尤其将它提升到一个高峰。

　　从表面看,通过适用刑事政策包括刑罚、非刑罚手段及其他经济的、行政的、民事的等等手段使犯罪人得到惩处,抚平由犯罪人带给被害人及社会的伤痛,重新恢复被犯罪破坏的社会秩序,重建由主流社会所确立的价值规范,或是一般预防及特殊预防,减少甚至消灭犯罪,使社会更加纯净,人们安居乐业,一派歌舞升平。这不过是人类的美好理想,并试图通过适用刑事政策以期实现。但这仅仅是美好理想而已,因为无论采取什么样的措施,犯罪不会消亡,犯罪现象永恒存在,就像人身体的疾病一样,人吃五谷杂粮不会不生病,医学的研究可以治疗并预防再生病菌,但对新生病菌无论怎样都不可防控,如"艾滋病"、2003年的"非典"、2004年的"口蹄疫"、2005年的"禽流感",医学工作者可以研制出已出现的病毒如脑炎、肺炎、甲肝、乙肝等的疫苗,但对有可能出现的病毒,是不可预测的更是不可控的。犯罪现象就如人体的疾病一样,只不过是社会疾病,一个健全的社会没有疾病是多么恐怖。实际上刑事政策既然是对已然犯罪的被动处置措施,其目的就是对犯罪人以人道主义的待遇,在实施刑事政策的过程中,不以惩罚、预防为目的,惩罚已被我们所摒弃,预防又是不可能,况且人不是手段,人应该具有人的最高价值。因此,在不得已的情况下,对犯罪人通过刑事政策的适用达到对其人道主义待遇的目的,让他真正感受到人的价值所在,重塑犯罪人个人内在的价值系统,同时对于提升整个社会的人道价值具有重要作用。

　　当然,要实现这一目标必须要有相配套的措施,就目前而言,我国现行的刑事政策还不足以完全实现这一目的,如死刑等具有报应内容及色彩刑罚的适用,都不具有人道主义的内涵。我们还需要一段较长的时间来更新、改变、接纳新的观念,从制度上着手,完成理念的实现。但现行的制度并不妨碍我们对问题的研讨,而这恰恰是实现美好理想的必经步骤。

---

①　[英]梅因著:《古代法》,沈景一译,97页,北京,商务印书馆,1995。

②　参见邱本:"从契约到人权",载《法学研究》,1998(6)。

③　《马克思恩格斯全集》,第3卷,145页,北京,人民出版社,1972。

叶希善 *

最广义刑事政策概念
的合理性论证

一、歧见丛生的刑事政策概念

每个学者在讨论刑事政策概念的时候，都引借储槐植教授的话——"可以这样认为，至今几乎所有关于刑事政策的著述，找不到两个完全相同的刑事政策定义"①——来宣示刑事政策概念的复杂与歧见。事实上，几乎没有一个学科不存在概念（特别是核心概念）的争议。问题是，我们能否在争议中逐渐趋同于某个大致的范围，从而作为我们对话的基础。

刑事政策概念从提出到现在，根据学者的总结，基本上可以进行"三分法"的划分，即根据刑事政策的作用领域、手段、主体等元素的广狭将其分为最广义、广义、狭义，或者广义、狭义、最狭义等。也有学者根据上述元素将其采用"二分法"划分，即广义和狭义的刑事政策概念。另外，有学者根据刑事政策概念使用者的不同解读提出刑事政策一分说、二分说、三分说三个不同范畴的理论。②但是，由于刑事政策概念包含主体、对象、范围等等元素，可以不同元素为出发点对刑事政策进行更为细碎的分类。诚如曲新久教授所言，我们"可以根据刑事政策的范围、意义、对象等标准进一步将刑事政策四分、五裂，以至更多的类别划分，从而使刑事政策概念板块更加细小，当然也就更加零碎。"③为厘清争议所在，笔者总结各个学者在刑事政策概念上的分歧，把分歧点根据领域大小作如下归结：

*　中国人民公安大学犯罪学系教师，法学博士。
①　参见储槐植："刑事政策：犯罪学的重点研究对象和司法实践的基本指导思想"，载《福建公安高等专科学校学报（社会公共安全研究）》，1999（5）。
②　参见梁根林著：《刑事政策：立场与范畴》，4 页—最后，北京，法律出版社，2005。
③　曲新久著：《刑事政策的权力分析》，45—46 页，北京，中国政法大学出版社，2002。

第一，在刑事政策主体上，从小到大依次为：

国家（及政党，即完全的公权力）；

国家、与国家结合的民间力量（自治团体、社会团体等）；

国家、民间力量（包含非结合国家力量的民间自发力量）；

国家、民间力量、个人。

第二，在刑事政策手段上，从小到大依次为：

刑罚（限于刑法规定完全公权力、国家暴力）；

刑罚、其他国家强制措施（也是完全公权力，但包括刑罚外措施）；

刑罚、其他国家强制措施、民间措施（如社区矫正等）；

刑罚、强制措施、民间措施、个人措施（正当防卫等）。

第三，在刑事政策对象上，从小到大依次为：

形式犯罪（仅限于刑法上规定的行为）；

实质犯罪（形式犯罪和治安违法行为、无行为能力人犯罪等）；

形式犯罪、实质犯罪、越轨行为。

第四，刑事政策范围（存在领域），从小到大依次为：

①动态过程范围：

立法领域；

立法领域、司法领域；

立法领域、司法领域、执法领域。

②静态领域：

法领域（即围绕犯罪与刑罚的实体规定，不包括程序等）；

刑事领域（包含以国家刑事暴力为前提的政策，包括实体、程序等）；

刑事领域、刑事社会政策领域（目的或直接目的是犯罪控制政策）；

刑事领域、社会政策领域（与犯罪有关系的所有政策）。

由以上这些主体、对象、手段、范围等不同元素可以组合出多少种概念!? 这些概念又如何把它们归结为广义、狭义!? 当然，不可否认，这些元素之间存在着各种联系，甚或紧密联系。如在手段上限定为刑罚的学者，在对象上一般就限于形式犯罪，在范围上也只限于刑事领域，甚至更小到实体刑法领域。但对于一个学理概念，这样的歧见显然需要进一步的澄清，必须限定分类是从哪个角度、哪个标准出发的。

下面我们先来分析一下上述四个元素及其各个层次。

关于刑事政策的对象，采用形式犯罪的概念已经完全不符合历史的发展，应该是退出历史舞台的时候了。至于越轨行为，是否应该作为刑事政策的对象呢？这个关系到越轨行为的实质。有学者认为，越轨是"某一社会群体的成员判定是违反其准则或价值观念的任何思想、感受或行动"[①]，它在严

———————

① 皮艺军著：《越轨社会学概论》，37 页，北京，中国政法大学出版社，2004。

重程度上还不是违反正统道德准则的行为，仅仅是违反某一社会群体的准则或价值观念。而在现代社会，包括西方社会和转型中的中国社会，价值趋向越来越多元，道德领域也存在一定的相对化倾向。因此，笔者认为，不宜把越轨行为列入刑事政策的范围。在这个问题上，学者之间有些微争议，但基本上能取得一致意见。

关于刑事政策的主体与刑事政策的手段，则存在对应关系。主体的范围决定着手段的范围，或者说，手段的范围反映着主体的范围。如果在主体上认为民间力量不应该成为刑事政策主体，则刑事政策的手段无法包括民间力量采用的措施或活动。因此，基本上可以从主体范围推测出手段范围。

关于刑事政策范围或存在领域，笔者认为，尽管学者间曾经就动态过程的范围存在争议，但现在则少有分歧。如果某个学者在静态范围上认为刑事政策只存在于刑法领域或刑事法领域，一般也会认为刑事政策包括立法、司法、执法政策。因此，关于刑事政策的范围或存在领域，主要分歧在于静态范围之争。

综合上述刑事政策四个主要元素的分析，刑事政策概念的主要争议可以归结为两个：一是刑事政策的主体（连带着的刑事政策的手段）；二是刑事政策的静态范围，主要争议在于是否包括社会政策，或多大程度上包括社会政策。

是否可以把所有标准归结为一个标准？笔者认为，这里可以借用曲新久教授的"权力"分析方法进行基本的归类。

所谓"权力"，在社会学上被定义为"个人和群体控制和影响他人行为的能力，而不管别人是否愿意合作"①，政治学上权力一般被定义为"权力是人与人之间的一种关系，是一个人让另一个人按其吩咐做事的能力"，"关于政治权力的一个常见错误是把它看做是有限的、可测量的量"。② 马克斯·韦伯认为：权力是行动者贯彻自己意志的力量，"它意味着在一种社会关系里哪怕是遇到反对也能贯彻自己意志的任何机会，不管这种机会是建立在什么基础之上"。③ 从这些定义看，基本上可以把权力看做是一个主体对另一个主体的影响力，主体可以是组织或个体。根据曲新久教授的研究，"权力"可以分为三个部门：第一部门，政府所拥有的政治权力，第二部门，经济组织所拥有的经济权力，第三部门，社会组织所拥有的社会权力。④ 既然刑事政

① ［美］戴维·波普诺著：《社会学》，李强等译，241 页，北京，中国人民大学出版社，1999。
② ［美］迈克尔·罗斯金等著：《政治学》，林震等译，11 页，北京，华夏出版社，2002。
③ ［德］马克斯·韦伯著：《经济与社会》，上册，81 页，北京，商务印书馆，1997。
④ 参见曲新久著：《刑事政策的权力分析》，26 页，北京，中国政法大学出版社，2002。

策的目的是预防犯罪或控制犯罪①，其基本的作用机制无非是通过某种力量的影响，使得还没产生的犯罪不得产生，使已经产生的犯罪得到治理。从这个意义上，笔者认为曲新久教授这里的社会权力还应该包括作为社会组成单位的"个人"的"权力"。从刑事政策角度看，比如某些权威人士在某个问题上的讲话，即使不是正式讲话，但具有一定的公共影响，也能对犯罪控制的策略等产生一定的影响力，这也是一种"权力"。哪怕即使是纯粹的"个人"，比如正当防卫中的防卫人，也不是不可以被看做一种权力的主体。

在刑事政策中，我们可以根据各种"权力"与犯罪的关系的直接程度，对刑事政策进行广狭义的分类。

首先，国家主体对犯罪的"权力"，是以惩罚权即暴力权力为形态的，是物质有形的、硬性的、可测量的。因此，可以据此将刑事政策分成广狭义：凡是承认社会包括个人能成为刑事政策主体的，是为广义；凡是承认国家为刑事政策为唯一主体的，是为狭义。

这个分类与刑事政策的手段直接相关：国家主体的手段以强制力为标志，即使不直接以刑事惩罚权表现出来，也可以通过其他带有"国家"性质的形式表现出来。比如在住房政策上要求某些犯罪控制的因素，不一定通过"刑事"部门，而可以通过房管部门、土地部门的措施来贯彻国家的意图。社会主体的手段以非强制性为标志。

其次，在国家为主体的刑事政策中，可以根据权力是否具有"刑事"性质，再进行分类：凡是只承认刑事权力为标志的政策才是刑事政策的，为狭义理解；凡是承认刑事权力以外还可以包括其他国家强制力作为政策标志的，为广义理解。因此，直接与刑事权力有关的刑事立法政策、刑事司法政策、刑事执行政策等，都属于狭义刑事政策范畴。除此之外，不是刑事法领域的政策，如土地政策、住房政策、社会保障政策等等，包含预防、控制犯罪内容的，为广义刑事政策所包括。

最后，结合上面两种分类方法，可以把刑事政策根据"权力"因素分成最广义的刑事政策、广义的刑事政策和狭义的刑事政策：

最广义的刑事政策：主体——国家和社会（个人可以作为执行主体）；手段——一切合法合理的手段，包括强制力的和非强制力的；范围——所有

---

①　在刑事政策目的上，学者之间基本不存在争议，但在采用的词汇上有些不同。一般用"预防""防止""抗制""打击""镇压""惩治""控制"，有的甚至用"消灭"一词，等等，我国台湾地区学者还采用"防制"等词语，基本的意思无非是通过一定的努力，从而"减少"犯罪。"消灭"一词在20世纪80年代用得比较多，但由于"犯罪不可消灭"的观点已经得到压倒性的承认，所以现在一般不用。其他各词，笔者认为皆无不可。但作为一种科学研究，我们应该"价值无涉"地讨论"令人生厌"的犯罪问题，尽量少些感情色彩。而上述各词有的带有比较强的感情色彩或政治色彩，如"镇压""打击""惩治"等词。因此，笔者认为，采用"预防"和"控制"二词较好。两词中，"预防"更多地带有"犯罪前情景"的控制的味道，也不失为一种犯罪"控制"，又因此，笔者认为从表述简洁角度采用"控制"一词为最佳。

以预防犯罪为目的的、以国家和社会为代表出现的刑事类政策和社会政策。基本上可表述为：国家和社会为控制犯罪而采取的合理的反犯罪方法（包括措施、方针、原则等）的总和。

广义的刑事政策：主体——国家；手段——国家强制力为基础的一切合法合理手段；范围——以国家为代表出现的刑事类政策和社会政策。基本上可表述为：国家为控制犯罪而采取的合理的反犯罪方法的总和。

狭义的刑事政策：主体——国家；手段——国家强制力为基础的刑事类手段（监狱、逮捕、拘留等）；范围——以国家为代表出现的刑事类政策。基本上可表述为：国家为控制犯罪而采取的合理的刑事方法的总和。

二、以欧洲大陆为标本的知识社会学分析

对于上述概念歧异，从社会发展程度、社会实际需要出发，应该采用何种概念才为合理？在此，笔者欲对刑事政策概念进行知识社会学分析，并希望能从中得到某种启发，这也是至今为学者们所忽略的一个"窥管"。学者的观念、思想是受其所在社会生活环境影响的，因此，根据学者所在社会环境不同分开讨论是必要的。后文之所以选取欧洲大陆和中国内地作为分析对象，则是因为两个社会环境"板块"的典型性：欧洲大陆是刑事政策概念的发源地，而且至今是刑事政策研究的中心；中国内地则是同质性比较高的社会环境"板块"，学者们所受的思想刺激、成长的思想"母乳"基本一致。香港、澳门和台湾地区则由于政治上的因素，造成的相对地理分割，学者们比较缺乏直接、相同频次的学术交锋，对社会环境分析的反馈力不同，因此这里暂时舍弃。

从出现时间排列，欧洲大陆具有重要影响的刑事政策概念主要有：

①1800 年左右，费尔巴哈认为："刑事政策是国家据以与犯罪作斗争的惩罚措施的总和"，是"立法国家的智慧"[①]。

②1800 年前后，克兰斯洛德认为：刑事政策是"立法者为了预防、阻止犯罪、保护公民自然权利并根据各个国家的具体情况而采取的措施"。[②]

③20 世纪初，李斯特认为：刑事政策就是"国家与社会据以组织反犯罪斗争的原则的总和"[③]。

④20 世纪 50 年代，马克·安塞尔认为："刑事政策是由社会，实际上也就是由立法者和法官在认定法律所要惩罚的犯罪，保护'高尚公民'时所作

---

① 转引自卢建平著：《刑事政策与刑法》，3 页，北京，中国人民公安大学出版社，2004。

② 转引自卢建平："社会防卫思想"，载高铭暄、赵秉志主编：《刑法论丛》，第 1 卷，134 页，北京，法律出版社，1998。

③ 转引自杨春洗主编：《刑事政策论》，4 页，北京，北京大学出版社，1994。

的选择"。①

⑤20 世纪 90 年代，米海依尔·戴尔玛斯－马蒂认为："刑事政策就是社会整体据以组织对犯罪现象的反应的方法的总和，因而是不同社会控制形式的理论和实践"。②

从上述欧洲大陆学者的刑事政策概念表述可见，不管从前述"权力"标准看，还是刑事政策的主体标准、手段标准、范围标准看，都是一个从狭义到广义再到最广义的发展过程。从刑事政策主体看，从费尔巴哈的"立法国家"，到李斯特的"国家与社会"，再到戴尔玛斯－马蒂教授的"社会整体"，存在一条范围不断扩大的发展线索；在犯罪反应手段上，由克兰斯洛德、费尔巴哈的"措施"，到李斯特的"原则"，再到马克·安塞尔的"选择"和戴尔玛斯－马蒂的"对犯罪现象的反应的方法的总和""不同社会控制形式的理论和实践"，也是不断由狭义走向广义的路线。笔者认为，这不是学者为追求观点新颖，为"吸引眼球"而有意提出与他人不同的看法。每种思想的出现并产生影响，必然有其存在的合理基础，总是与思想者的时代背景息息相关的。正如马蒂教授所说，"这一新的研究对象（指刑法以外的其他社会控制形式——引者注）的出现既不是偶然的结果，也不是因为某某学者的主观意愿，而是多种因素的必然作用才使之问世的"。③ 从知识社会学角度看，欧洲大陆的刑事政策概念，不管在主体上，还是在手段、范围上，不断从狭义走向广义的历程，是与以下几个因素分不开的：

1. 学者提出刑事政策概念所在的时代社会背景

思想，是思想者所处时代的最直接反映。从上述学者所处的时代来看，费尔巴哈和克兰斯洛德提出刑事政策概念的时代，欧洲受启蒙思想的影响，社会相对稳定，社会同质性比较高，失范行为少，犯罪对社会的威胁不严重。因此，对付犯罪，主要运用古典刑法思潮影响下的刑法的力量。在这种情况下，费尔巴哈提出刑事政策概念，并将其界定为"刑法的辅助知识"，已经是一种很大的历史进步。"它预示、启示人们刑法适用的一个新时代，即超越以绝对规则主义为司法准则的严格机械司法时代的、以刑事政策辅佐刑法适用的新时代即将到来。"④ 在如此时代背景下，如果我们对费尔巴哈们提出更多的要求，是不切合实际的。

李斯特提出广义的刑事政策概念，则是他所在时代的及时反映。欧洲大陆在 19 世纪中期甚至在整个 19 世纪中后期，都可以说是处于从近代社会向现代社会转型的时代，原有的社会结构被打破，新的社会结构在建构过程

---

① ［法］马克·安塞尔著：《新刑法理论》，卢建平译，12 页，香港，香港天地图书有限公司，1990。

②③ ［法］米海依尔·戴尔玛斯－马蒂著：《刑事政策的主要体系》，卢建平译，译序 2 页，北京，法律出版社，2000。

④ 梁根林著：《刑事政策：立场与范畴》，10 页，北京，法律出版社，2005。

中。再加上欧洲这个时期不停的战争、兼并，社会心理躁动，社会分化严重，由是造成杜尔凯姆所说的"失范"状态。作为失范状态的极端表现的犯罪，也由此增多，仅仅依靠法条形式的刑法和监狱已经不足以对付日益严重的犯罪。"国家陷入政治、经济和社会危机中，法律尤其是刑法也处于危机之中"①，从而造成人们对犯罪控制的需要和重新思考。在这种时代背景下，李斯特吸收刑事新派的研究成果，认识到犯罪的控制并不能依靠刑法一家说了算，而是个复杂的社会问题。犯罪问题也不是仅仅依靠国家的努力就能完全解决，而是需要社会的参与。

戴尔玛斯－马蒂在最广义上使用刑事政策概念，同样也是一种时代使然。经过美国的"嬉皮士"时代、法国的"红色五月"等等社会运动，原本长期受自由、宽容等价值影响的西方世界，更加趋向价值观多元化，对他人行为的容忍度提高，行为的道德评价相对化。也就是说，一些原来被看做"犯罪"的行为，不再被想当然地看做是严重的道德事件，它只是与其他越轨行为一样，很大程度上是被社会标定的。这样，犯罪之间的清楚界限渐渐模糊，犯罪问题转化为"反社会活动"的问题，刑法问题转化为刑事问题，继而转化为社会问题。因此这种转化必然在对犯罪的反应上走向社会化，而不是刑法化或刑事化。

2. 学者自身的知识结构与知识背景

思想逃不出思想者自己构筑的藩篱。刑事政策在很大程度上是犯罪学催生的。虽然费尔巴哈在19世纪初就提出了刑事政策概念，但一直沉寂到20世纪初，才由李斯特加以发扬光大，最后在20世纪中期逐渐成长为一门独立的学科——刑事政策学。费尔巴哈的时代，古典刑法刚刚产生，这从费尔巴哈的"刑法之父"之称谓可以看出。而犯罪学是19世纪末由意大利学者建立的。因此，费尔巴哈在狭义上使用刑事政策概念，与其作为纯粹的刑法学者是相对应的。

李斯特既是刑法学家，也是犯罪学家。其思想深受意大利学派的影响，包括龙勃罗梭、菲利、加罗法洛等人的犯罪学思想，特别是菲利的三因素论，影响尤巨。李斯特本人的犯罪学思想十分丰富，影响也十分广泛。他特别强调社会因素对犯罪的影响。这些犯罪学的知识背景，对其刑事政策概念产生了决定性的影响。②安塞尔作为社会防卫运动的集大成者，和犯罪社会学的创始人菲利则有着紧密的渊源关系：社会防卫最早就是由菲利在19世纪末首次提出来的。③ 安塞尔本人也是法国著名的犯罪学家。戴尔玛斯－马蒂教授的知识背景则更是复杂，不仅超越了刑法学，也超越了犯罪学，以至于

---

① 参见卢建平："作为'治道'的刑事政策"，载《华东政法学院学报》，2005（4）。
② 参见马克昌主编：《西方刑法学说史略》，182—190页，北京，中国检察出版社，1996。
③ 同上书，321页。

有学者认为"在她头上放一项刑法学教授的帽子显然是不合适的","她的研究范围包括政治学、宪法学……刑法学、诉讼法学、刑事政策学、人权法……"① 因此，用刑事法学者的头衔很难概括其知识贡献，其对犯罪问题的观察是全方位的。

由上可见，学者自身的知识背景，对刑事政策概念的取舍产生巨大影响，其中尤其是犯罪学知识背景。因为，犯罪学提供了对犯罪现象一个完全不同于传统刑法的观察视角。"犯罪学的知识背景和犯罪学的学术使命，决定了犯罪学家必然会从超越纯粹刑事法规范意义的更为广泛的范畴去关注刑事政策，决定了他们对犯罪的事先预防的关注必然优于对犯罪的事后惩罚。对犯罪原因、犯罪规律以及刑罚效果的实证研究，甚至还可能驱使犯罪学家否定刑法和刑罚，转而寻找法律以外的社会性预防和矫正措施"，"如果说刑法学家更倾向于把犯罪问题当做一个法律规范问题加以研究的话，犯罪学家则往往是把犯罪当做一个社会问题而非法律问题加以考察"。② 毫无疑问，其他学科知识特别是犯罪学知识背景，在某种程度上决定了学者对刑事政策概念的取舍。

综上所述，刑事政策概念从狭义到广义的演化，其实是时代演化的表征，是一种历史的必然，而不单纯是学者间的观点差异。

反观中国，又是怎样一种情景呢？

三、以中国内地为标本的知识社会学分析

中国内地的刑事政策概念，以共和国时期为限，按出现时间排列，主要有：

①1950 年，吴大业（1907—1994），狭义③；

②1976 年，北京大学法律系刑法教研室（作者出生年份不详），狭义④；

③1984 年，甘雨沛（1907—2000），最广义⑤；

---

①　卢建平著：《刑事政策与刑法》，前言 5 页，北京，中国人民公安大学出版社，2004。

②　梁根林著：《刑事政策：立场与范畴》，12—13 页，北京，法律出版社，2005。

③　表述为："刑事政策，乃是一国以防压犯罪为目的的方针。"参见吴大业编著：《苏联刑事政策纲要》，1 页，上海，上海春江书局，1950。本文转引自刘仁文著：《刑事政策初步》，27 页，北京，中国人民公安大学出版社，2004。

④　表述为："刑事政策基本上理解为，在（刑事）政策代替（刑事）法律的特定时代里对有关（刑事）政策的阐释。"参见北京大学法律系刑法教研室编的《刑事政策讲义》，本文转引自刘仁文著：《刑事政策初步》，27 页，北京，中国人民公安大学出版社，2004。

⑤　表述为："刑事政策是国家或社会团体对犯罪、犯罪者以及犯罪诸现象，根据以镇压、压制或抑制和预防犯罪为目的的原则，采取有效的指导意义的活动或措施。"参见甘雨沛、何鹏著：《外国刑法学》，上册，74 页，北京，北京大学出版社，1984。

④1988 年，高铭暄（1928—　），（最）狭义①；

⑤1989 年，何秉松（1930—　），（最）狭义②；

⑥1990 年，周振想（1958—2004），狭义③；

⑦1992 年，马克昌（1926—　），广义（包括刑事社会政策)④；

⑧1993 年，储槐植（1935—　），广义⑤；

⑨1994 年，张文（1940—　），狭义—广义⑥；

⑩1996 年，肖扬（1937—　），狭义⑦；

⑪1998 年，陈兴良（1957—　），狭义⑧；

---

①　表述为："刑事政策是运用刑法武器同犯罪作斗争的策略、方针、原则，是我国刑事立法和刑事司法工作的灵魂。"参见高铭暄、王作富主编：《新中国刑法的理论与实践》，67 页，石家庄，河北人民出版社，1988。

②　表述为：我国的刑事政策是"指我国惩办与宽大相结合的基本刑事政策"。参见何秉松："我国的犯罪趋势、原因与刑事政策"，载《政法论坛》，1989（6）。

③　表述为：我国的刑事政策"是党为了指导国家创制与实施刑事法律的活动而制定的政策，是国家机关为进行刑事法律的活动而制定的政策，是国家机关进行刑事立法与司法等项活动所遵循的准则"，"从内容上看是以指导犯罪的认定与刑罚的适用为出发点，以预防犯罪为归属的。实质上它指的即是党为了指导国家同犯罪作斗争而制定的一系列政策"。参见周振想："论刑事政策"，载《中国人民大学学报》，1990（1）。

④　表述为：我国的刑事政策"是指中国共产党和人民民主政权，为了预防犯罪，减少犯罪，以至消灭犯罪，以马列主义、毛泽东思想为指导，根据我国的国情和一定时期的形势，而制定的与犯罪进行有效斗争的指导方针和对策"。参见马克昌主编：《中国刑事政策学》，5 页，武汉，武汉大学出版社，1992。

⑤　表述为："刑事政策可以定义为：国家和社会依据犯罪态势对犯罪行为和犯罪人运用刑罚和诸多处遇手段以期有效地实现惩罚和预防犯罪目的的方略。"参见储槐植："刑事政策的概念、结构和功能"，载《法学研究》，1993（3）；1999 年，储槐植教授又将刑事政策表述为："刑事政策是国家或执政党依据犯罪态势对犯罪行为和犯罪人运用刑罚和有关措施以期有效地实现惩罚和预防犯罪目的之方略。"参见储槐植："刑事政策：犯罪学的重点研究对象和司法实践的基本指导思想"，载《福建公安高等专科学校学报——社会公共安全研究》，1999（5）。

⑥　表述为："我国的刑事政策是我们党和国家为有效地惩罚和预防犯罪，依据我国的犯罪状况和犯罪产生的原因而确定的，对犯罪行为和犯罪人，区别不同情况，运用刑罚或其他处遇手段的行动准则和方略。"参见杨春洗主编：《刑事政策论》，155 页，北京，北京大学出版社，1994。

⑦　表述为："目前在我国，刑事政策和策略是党和国家制定的，或者政法机关制定并经党和国家肯定、推行的运用刑事法律武器同犯罪作斗争的一系列方针、措施、政策、办法的总和。"参见肖扬主编：《中国刑事政策和策略问题》，3 页，北京，法律出版社，1996。

⑧　表述为："倾向于对刑事政策作狭义上的理解"，即认为"刑事政策是指国家以预防及镇压犯罪为目的，运用刑罚以及具有与刑罚类似作用之诸制度，对于犯罪人及有犯罪危险人发生作用之刑事上之诸对策。"但他同时认为"刑事政策的广义说仍有启发意义"。（区别在于：广义的刑事政策并不限于直接的以防止犯罪为目的之刑罚诸制度，而间接的与防止犯罪有关的各种社会政策及其他的保护政策等亦包括在内）。参见陈兴良："刑事政策视野中的刑罚结构调整"，载《法学研究》，1998（6）。

⑫2002 年，曲新久（1964— ），最广义①；

⑬2004 年，刘仁文（1967— ），广义②；

⑭2004 年，卢建平（1963— ），最广义③；

⑮2005 年，但伟（1964— ），最广义④；

⑯2005 年，侯宏林（1971— ），最广义⑤；

⑰2005 年，梁根林（1964— ），典型最广义⑥。

从上述概念的出现顺序以及作者年龄分布看，明显趋势是：越晚近，越趋向广义化；越年轻的学者，越趋向广义化。而且主张最广义刑事政策概念

① 表述为："所谓刑事政策，是指国家基于预防犯罪、控制犯罪以保障自由、维持秩序、实现正义的目的而制定、实施的准则、策略、方针、计划以及具体措施的总称"。同时，他认为，"经济组织、社会组织等往往实际上具有一定的预防、控制犯罪的权力，构成了对政府等国家机构执行刑事政策的补充，在一定范围内和某种程度上甚至于可以说是替代""在执行刑事政策过程中，公民个人总是会或多或少地取得和拥有对犯罪作出适当反应的权力""在控制、预防犯罪的刑事政策体系中，公民个人的权力及其意义与作用也同样是不容忽视的"。参见曲新久著：《刑事政策的权力分析》，68—70 页，北京，中国政法大学出版社，2002。在另外场合，曲新久教授明确提出："国家、社会以至个人基于预防犯罪、保护社会、维持秩序的目的而对其他组织和个人形成的优势地位以及支配性影响的准则、策略、方针、计划以及具体措施等等内容，均属于刑事政策的范围。"参见曲新久："刑事政策之概念界定与学科建构"，载《法学》，2004（2）。

② 表述为："刑事政策是指代表国家权力的公共机构为维护社会稳定、实现社会正义，围绕预防、控制和惩治 犯罪所采取的策略和措施，以及对因此而牵涉到的犯罪嫌疑人、犯罪人和被害人所采取的态度"。作者认为"刑事政策的决策主体是代表国家权力的公共机构"，但"有的刑事政策执行并不排斥甚至需要社会组织和经济组织乃至个人来予以协助执行"。在刑事政策的范围上，作者持广义说，认为"刑事政策不仅包括对犯罪的预防、控制和惩治，还包括对犯罪人、犯罪嫌疑人和犯罪被害人的态度""不仅包括刑事立法政策，还包括刑事司法政策、刑事执行政策和刑事社会政策"，对象上不仅包括形式犯罪，也包括犯罪学上的犯罪。不仅包括对真正犯罪嫌疑人、犯罪人的态度，也包括受到国家某种限制或剥夺人身自由或财产处罚的人等等。上述观点参见刘仁文著：《刑事政策初步》，29 页、34 页、39 页、41 页、44 页，北京，中国人民公安大学出版社，2004。

③ 表述为：通过其他学者的表述表达了自己的观点，他认为"我们需要借鉴国外关于刑事政策的科学定义"，并认为，"西方最流行的刑事政策定义表述为：'从认识论的角度看，刑事政策是对犯罪现象的综合分析，对犯罪现象以及与违法犯罪行为作斗争的方法措施的解析；它同时也是建立在一定理论基础之上的旨在解决广义的犯罪现象的打击与预防所提出的问题的社会和法律的战略'"。参见卢建平著：《刑事政策与刑法》，5 页，北京，中国人民公安大学出版社，2004。

④ 表述为："刑事政策是国家以预防及惩治犯罪为目的的所为一切手段或者方法。"参见但伟："论刑事政策学的研究对象"，载《山东警察学院学报》，2005（4）。在该表述中，虽然只列出"国家"，但从全文看，作者明显采用的是最广义概念。

⑤ 表述为："所谓刑事政策，就是指社会公共权威综合运用刑罚、非刑罚方法与各种社会手段预防、控制犯罪的策略。""社会公共权威可能以组织的形式出现，如执政党、国家机关等，也可能以个体的形式出现，如党和国家领导人"，对象是广义的犯罪，即犯罪学意义上的犯罪（但作者认为包括越轨行为），手段则包括刑罚、非刑罚方法和其他各种为防控犯罪而采取的社会手段。参见侯宏林著：《刑事政策的价值分析》，77—83 页，北京，中国政法大学出版社，2005。

⑥ 表述为：刑事政策应该界定为"国家和社会整体以合理而有效地组织对犯罪的反应为目标而提出的有组织地反犯罪斗争的战略、方针、策略、方法以及行动的艺术、谋略和智慧的系统整体。"参见梁根林著：《刑事政策：立场与范畴》，23 页，北京，法律出版社，2005。

的，都是出生在 20 世纪 60 年代及以后的学者，无一例外。可以用频率图来表示这种概念变化趋势（见下图）。

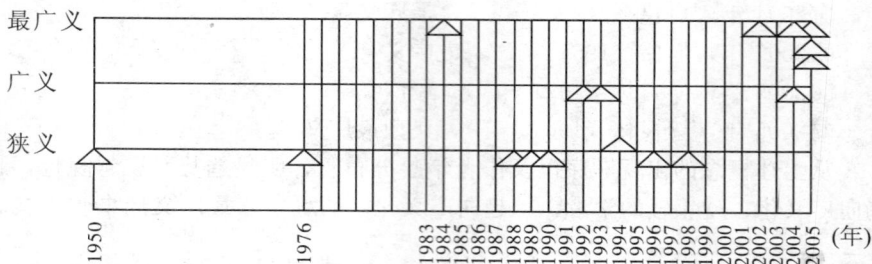

从上图清晰可见，中国内地半个多世纪以来出现的比较有影响的刑事政策概念的发展，出现与欧洲大陆近二百年同样的趋势。这绝对不是一种巧合！笔者认为，这种趋势，如对欧洲学者的分析一样，也可以从社会背景、学者知识结构等背后的因素中寻找某种规律。中国内地刑事政策概念的这种广义化趋势，主要是以下几方面因素的作用：

①时代背景——从国家到社会。新中国成立以后至 20 世纪 80 年代，"国家"作为一个政治机构，无处不在地介入民众生活。从公民私生活的吃穿住行，到参加选举等政治活动，都由国家公权力全面支配，公民的"自理能力"被限制或剥夺。国家概念在社会生活中是万能而唯一的。既然如此，作为"单独个人反抗统治关系"的犯罪，责无旁贷地由国家来组织反应，社会或社会团体在其中的作用微弱到可以忽视，遑论个人。由是观之，20 世纪80 年代的学者在刑事政策上，只提国家主体，是自然的、合理的。

但是随着时代的发展，20 世纪 90 年代初，社会主义市场经济被确定为中国内地的基本经济体制。在市场经济体制下，要求国家逐渐淡出经济领域的活动（宏观调控除外），社会逐渐成为经济活动的主体。在这种情况下，国家之外的"社会"形象逐渐明朗，作用逐渐扩大，在民众生活中占有的地位越来越重要。随着国家干涉领域的不断缩小，社会的形象也不再是完全抽象、不可捉摸的。各种被有的学者称为第三种力量的社会团体不断涌现，并在日常生活中不断扩大影响，代替履行了一些"国家时代"由国家管理的公共事务。对于控制犯罪这种"公共事务"，虽然国家依然是主要承担者，但社会团体不可避免地扮演着不可忽视的角色。敏锐的学者们无疑已经注意到这种变化，并及时地在学术研究中予以反映。因此，刑事政策概念从 20 世纪 80 年代的狭义甚至最狭义，发展到 20 世纪 90 年代的广义，进而到 21 世纪初最广义成为一种趋势，是时代发展在学术研究中的外现，是一种历史必然。

②学者知识背景与知识结构。前面已经提到，犯罪学作为有关犯罪事实的学问，对刑事政策研究具有奠基性作用，从而基础性地影响着刑事政策学的研究。在新中国成立初期，犯罪学作为资产阶级的理论受到严厉批判。因

为其时占统治地位的观点认为，犯罪是私有制的产物，是封建社会遗毒的产物，只要我们建立社会主义公有制，肃清封建遗毒，那么犯罪就很自然地可以消灭。因此，犯罪学研究被认为是为资产阶级学说理论张目，应该像消灭犯罪一样消灭犯罪学研究。"刑事人类学派是以'天生的犯罪人'来代替犯罪行为，刑事社会学派则是以人的'危险状态'来代替犯罪行为。……不难看出，这样的理论是为帝国主义资产阶级破坏法制、加强镇压劳动人民服务的。这些理论为资产阶级法院的专横和任意制裁大开方便之门，为资产阶级施行恐怖政策提供理论根据"。① 作为犯罪学研究发轫的人类学派和社会学派被如此妖魔化，犯罪学研究怎么可能（这种批判无疑带有对犯罪学研究的误解，我们在这里只是说明当时学界对犯罪学研究的一种事实状态，无意对批判者进行批判）？因此，20 世纪 80 年代的学者对犯罪问题，更多的是从刑法规范角度来看待，从作为被打击对象来看待，而缺乏从科学角度来看待。在这种情况下，对刑事政策采用狭义甚至最狭义观点，也是必然的。毕竟作为学者是不可能跳出自己的可能视野之外去描述对象。

改革开放以后，随着青少年犯罪的不断飙升，青少年犯罪研究蓬勃发展，进而带动了整个犯罪学研究的发展。至 1992 年中国犯罪学会成立，犯罪学研究也进入一个新的阶段，整个学科的发展相对比较繁荣，各个法学院校都开设犯罪学课程，犯罪学的研究成果逐渐进入新生代刑事法学研究者的视野，犯罪学研究逐渐渗透到刑事政策学研究中。在这种知识互动背景下，学者们对刑事政策的理解不断走向广义。特别是 20 世纪 60 年代以后出生的学者，其学术成长期几乎与犯罪学研究发展同步，如果不是自闭耳目的学者，对刑事政策的思考必然不会忽略犯罪学研究成果。此外，20 世纪 90 年代后期、21 世纪初开始，国外最新的刑事政策理论特别是主张最广义刑事政策概念的学说，通过学者译介，也对我国的刑事政策研究产生很大的影响。外来理论影响与本土犯罪学理论影响形成合流，使得刑事政策概念走向广义化成为不可避免的事实。

最后，市民社会思潮在中国内地学界的兴起也是不可忽视的因素。20 世纪 90 年代，中国学界包括法学界，"市民社会"概念广为流布，至今仍呈趋强之势。② "市民社会"观念作为一种思潮，无疑也是社会现实的一种反映，是中国 20 世纪 90 年代以后"社会"形象不断强大的理论写照。作为一种观察社会—国家关系的理论工具，它对中国的法学界也在产生着不可低估的影响，这其中包括刑事法学界对犯罪的看法。也就是说，在控制犯罪过程中，学者们除了关注传统的国家力量外，"市民社会"逐渐成为不可忽视的一种

① 高铭暄主编：《刑法学》，94 页，北京，法律出版社，1984。
② 具体表现参见马长山著：《国家、市民社会与法治》，6 页—最后，北京，商务印书馆，2002。

力量。这说明了刑事政策概念从狭义到广义再到最广义发展过程中另一种知识因素的影响，也说明了这种发展在知识论上的必然性。

③晚近刑法思想影响。刑事政策概念的不断广义化，和中国内地刑法思想的发展也有不可分割的联系。这表现在两个方面：

一是对刑法作用领域有限性的认识。刑法调整的关系涉及社会各个方面，甚至是所有人类生活的领域。在20世纪80年代的刑法理论中，受国家主义的影响，过分夸大了刑法在社会生活中的作用。刑法随时处于一种干涉社会生活的启动状态，类推制度就是一个明显的例证。这是刑法长期被作为打击犯罪的"刀把子"的工具性定位决定的。

进入20世纪90年代以后，随着研究的深入，刑法理论界逐渐认识到，刑法的作用领域是有限的，而且刑法的功能除了打击犯罪以外，还有保障人权，甚至保障人权的功能应该优先。张明楷教授认为，刑法对于其他部门法律具有补充性，"只有当一般部门法不能充分保护某种法益时，才由刑法保护；只有当一般部门法还不足以抑制某种危害行为时，才由刑法禁止"[1]。陈兴良教授在赞同"刑罚如两刃之剑，用之不得其当，则国家与个人两受其害"[2] 的基础上认为："基于这种对刑法机能二重性的科学认识，谦抑性就成为现代刑法追求的价值目标。"[3] 而刑法的谦抑性包括刑法的紧缩性——刑法在整个法律体系中所占比重逐渐降低；和刑法的补充性——只有在其他法律措施不能奏效时才动用刑法；以及刑法的经济性——以最少量的刑法资源投入，获取最大的刑法效益。[4] 这种观点不是新颖的观点，而是刑法理论发展到一定程度以后必然出现的成熟观点。比如，刑法理论比大陆成熟得多的我国台湾地区，著名刑法学家林山田教授就认为，"刑罚之界限应该是内缩的，而不是外张的，而刑罚应该是国家为达其保护法益与维持法秩序的任务时的'最后手段'。能够不使用刑罚，而以其他手段亦能达到维护社会共同生活秩序及保护社会与个人法益的目的时，则务必放弃刑罚的手段"[5]其实这也是理论渊源更为深长的德国刑法理论的翻版。这些说明，随着中国内地刑法理论研究的深入，必然越来越清晰地认识到刑法的有限性。这种认识的直接结果就是有意识地减少刑法对社会生活的干预，包括对犯罪的干预。刑法并不是对付犯罪的万能药，更不是调整社会生活的万能药。因此，刑法只能是控制犯罪的刑事政策中很重要但比例很小的一部分，剩下的应归于其他法律和法律以外的社会控制形式。这种对刑法作用有限性认识的深入，必然对刑事政策概念的广义化产生深刻影响。

---

① 张明楷著：《刑法学》，30页，北京，法律出版社，2003。
② 耶林语。转引自林山田著：《刑罚学》，128页，台湾，台湾商务印书馆，1985。
③ 陈兴良著：《本体刑法学》，76页，北京，商务印书馆，2001。
④ 同上书，76—79页。
⑤ 林山田著：《刑罚学》，128页，台湾，台湾商务印书馆，1985。

　　另外，对刑法打击犯罪与保障人权的双重功能，逐渐有了新的认识。晚近的刑法学者对刑法功能的理解，逐渐从 20 世纪 80 年代学者注重打击犯罪功能，转向注重人权保障功能。这表现在重新理解作为个人和国家关系的刑法。学者李海东认为："一个国家对付犯罪并不需要刑事法律，没有刑法也并不妨碍国家对犯罪的有效镇压与打击，而且，没有立法的犯罪打击可能是更加及时、有效、灵活与便利的。如果从这个角度讲，刑法本身是多余和伪善的，它除了在宣传与标榜上有美化国家权力的作用外，起的主要是束缚国家机器面对犯罪的反应速度与灵敏度"，因此，打击犯罪不是刑法的主要作用或功能、目的，"刑事法律要遏制的不是犯罪人，而是国家"，"尽管刑法规范的是犯罪及其刑罚，但它针对的对象却是国家"。[①]从这个思路出发，李海东博士提出了民权主义刑法概念，指以保护国民的利益为出发点，而限制国家行为的刑法。[②] 陈兴良教授也认为："刑法的正当根据应当从保障人权的角度去加以论证。刑法的存在主要是为了限制与规范国家惩治犯罪的活动，这才是法治社会的刑法之目的。"[③] 这种对刑法功能的认识，在刑法学界获得越来越多的人特别是年轻学者的赞同。对刑法功能或目的的新认识，使国家在与个人关系中，处于被动地位，国家的刑罚权运用时刻被监督着。打击犯罪依旧是刑法的重要功能，但是国家必须为打击行为提供充分的理由。这种情况下，在应对整体犯罪现象时，国家利用刑法的机会是有限的，成本也是越来越高昂的。因此，在所有犯罪中，必然有一部分犯罪需要社会自身去消化。这是为了人权保障而必须作出的平衡。也因此，对刑事政策的概念，也就不能仅仅在国家运用刑法手段应对犯罪的意义上理解，而必须采用广义、最广义的理解。

　　二是对刑罚效用有限性的认识。现代犯罪学研究表明，犯罪人不是天生的，而是可以矫治的；犯罪人选择犯罪行为也不是完全意志自由的，而是多种因素综合作用的结果。因此，预防犯罪和矫正犯罪人单凭刑罚的力量是不够的，即刑罚的作用是非常有限的。必须在刑罚之外，寻找预防犯罪的根本之策。这说明，犯罪原因的综合性，要求控制犯罪的对策也必须具有综合性、多样性，不仅要求国家抗制犯罪，也要求社会参与抗制犯罪；不仅要求国家运用刑罚力量，也要求国家运用非刑罚力量。在这个意义上，采用最广义刑事政策的概念是必然的。

四、对两种见解的反驳

　　上述可见，当前对刑事政策概念只有采用最广义的理解，才是适当的。

---

　　① 李海东著：《刑法原理入门》，序言 3—4 页，北京，法律出版社，1998。
　　② 同上书，5 页。
　　③ 陈兴良："刑法学者的使命"，载许道敏著：《民权刑法论》，序言 5 页，北京，中国法制出版社，2003。

但是，笔者认为，必须对两种可能的反对意见进行驳证，才能使最广义说的理由更充分。

一是有学者认为，最广义的刑事政策概念"包含了各种不同社会控制形式的理论与实践，而这些理论和实践既有刑事的，也有非刑事的，有非惩罚性的，甚至也有非国家的，等等"①，"于是，我们看到的是一张庞大而复杂的社会关系网，但它已发生了质的变化，面目全非，不再是刑事政策了。"②

笔者认为，这种批评实际上混淆了刑事政策一般理论研究和具体刑事政策研究两者之间的区别。作为一般理论的刑事政策学对刑事政策的研究，不是必须穷尽所有具体刑事政策，而是总结、概括刑事政策的一些基本理论、分析框架，就像公共政策学也只是对一般的公共政策理论进行阐述而不研究具体公共政策一样。具体的、细微的政策研究只能交给专题研究去完成。犯罪学的一般理论也不对某一具体的犯罪现象或犯罪类型进行详细研究。"刑事政策一般理论体系不是用来直接解决所有的刑事政策问题的，目的只是为刑事政策决策者、执行者、政策分析人员的训练提供一个一般性的理论框架，一个可以进行对话和沟通的知识平台，并不是所有的具体的刑事政策问题都可以从一般理论体系中直接找到答案。"③最广义的刑事政策概念使我们对犯罪问题的视野超越国家范围，也超越刑罚范围，更多地具有方法论的意义。这种最广义界定，并不要求也不允许我们讨论所有具体刑事政策问题。

二是学者刘远从词源学角度出发，认为刑事政策一词中，"'刑事'的意思是'有关刑法的'，而刑法的标志性概念是刑罚""刑罚意味着刑事权力"④"刑事权力就是一种暴力或武力。基于武力的权力是'赤裸裸的权力'。在国家产生之后，只有国家才是刑事权力的主体。"⑤据此，作者进一步认为，"刑事权力主体的国家化要求刑事政策主体的国家化。社会不掌握刑事权力，所以不能制定刑事政策。退一步说，设若社会本身也可以制定刑事政策，就等于承认市民社会组织也掌握刑事权力，那么暴力泛滥将不可避免；不仅如此，一国之内的刑事政策必然是混乱的和不和谐的"⑥。这里，论者的逻辑可以转化为一系列等式：刑事＝刑法＝刑罚＝暴力＝国家专利。既然是国家专利，那么市民社会理所当然不能享有！因此，刑事政策主体只能是国家。针对有的学者提出刑事政策的制定主体是国家，执行主体是国家和社会的观

---

①　侯宏林著：《刑事政策的价值分析》，72 页，北京，中国政法大学出版社，2005。

②　何秉松主编：《刑事政策学》，序言 5 页，北京，群众出版社，2002。

③　参见曲新久："刑事政策之概念界定与学科建构"，载《法学》，2004（2）。

④　刘远著：《刑事政策哲学解读》，38 页，北京，中国人民公安大学出版社，2005。

⑤　同上书，35 页。

⑥　同上书，60 页。

点①，刘远博士认为，"识别刑事政策，必须从识别刑事政策主体入手，对刑事政策执行主体的考虑是无济于事的。就此而言，真正的刑事政策主体，仅指刑事政策的制定者，即刑事权力的掌权者"。②

笔者认为，刘远博士的论述存在一个逻辑错误：偷换概念。任何有基本刑法知识的人都知道，刑法规范的基本结构是：犯罪—刑罚（或刑事责任），但刘远博士这里认为刑法的"标志性概念"是刑罚。笔者要问，为什么不能是犯罪？或者是犯罪与刑罚？难道仅仅说"没有刑罚就没有犯罪"的罪刑法定表述就可以推出刑罚是刑法的唯一标志性概念？其实，即使不考证其他语言的渊源，就汉语而言，"刑法的"也不能等同于"刑罚的"。在这个问题上，曲新久教授已经做了简洁的回答："刑法以犯罪和刑罚为最基本范畴，所以，'刑事'的基本含义也应当是'犯罪（人）的'和'刑罚（惩罚）的'，'刑事政策'也就应该是'犯罪政策'和'刑罚政策'，相应的，刑事政策学也就应当是关于犯罪和刑罚的政策学。因此，'刑事政策'的核心含义，应当是指控制犯罪的政策，适用刑罚的政策，以及以刑罚控制犯罪的政策。"③

如果从法语和英语用法看，刑事政策不以刑罚为唯一特征就更明显了。在法语里，刑事政策表述为"politique criminelle"，而 criminelle 一词的解释是"Relatif aux crimes（与犯罪有关的）"，"Contraire aux lois naturelles ou sociales（违反自然法或社会法的）"④，也就是说，"politique criminelle"讲的是"关于犯罪的政策"，也就是控制犯罪的政策——不可能有助长犯罪的政策。在英语里，刑事政策表述为"Criminal Policy"，Criminal 的解释是"of crime（犯罪的）"⑤，因此，直接翻译的话，也就是"犯罪的政策"。

从上可见，不管从汉语、法语、英语角度来看，把刑事政策解释为关于刑罚的政策，并进而以刑罚作为刑事权力的核心，然后以刑事权力来定义刑事政策，其实在"刑事"一词上存在偷换概念的逻辑错误，在总体论证上有同义反复嫌疑，实不可取。

从上面关于"刑事"一词即关于"犯罪的"的语义角度看，不难理解刑事政策的主体不仅包括国家，也应该包括社会，不管是制定主体还是执行主体。在刑事政策学中，犯罪一词是从实质角度定义的（对应于规范意义上的形式犯罪），否则将无从保证刑事政策对形式刑法的批判性认识。因此，进入刑法典的形式犯罪，必然与刑罚有关；没有进入刑法典的实质性犯罪，则

---

①　参见储槐植："刑事政策：犯罪学的重点研究对象和司法实践的基本指导思想"，载《福建公安高等专科学校学报》，1999（5）。

②　刘远著：《刑事政策哲学解读》，63 页，北京，中国人民公安大学出版社，2005。

③　曲新久著：《刑事政策的权力分析》，40 页，北京，中国政法大学出版社，2002。

④　《拉鲁斯法汉双解词典》，481 页，北京，外语教学与研究出版社，2001。

⑤　《牛津现代高级英汉双解词典》，276 页，北京，商务印书馆，1995。

不一定与刑罚有关，二者都是刑事政策的研究内容。对后者，除了国家作为处罚主体以外，还存在社会团体等处罚主体；除了国家有应对策略外，社会团体或个人即市民社会也存在一定的公共性应对策略。①由此可见，控制犯罪不是国家的专利，也不应该成为国家的专利；刑事政策，应该用来指称所有控制犯罪的策略、方针、措施、方法等等，而不应该人为地限制其区域；刑事政策核心的标志是"控制犯罪的"或"犯罪的"，而不是"刑罚的"。也因此，刑事政策的主体，包括制定主体和执行主体，不应该限于国家，而是国家与社会或称之为包括国家的社会整体。

五、结语

综上所述，从知识社会学角度分析可见，刑事政策概念在国外的发展趋势、在中国的发展趋势、趋势中所反映出来的学者知识背景与知识结构、刑事政策的语义分析、刑事政策的实际运行等方面都说明，采用最广义的刑事政策概念是适宜的，是合乎时代发展与刑事实践的。

---

①　例见何海波："依据村规民约的处罚——以明堂村近 25 年情况为例"，载沈岿主编：《谁还在行使权力》，179 页—最后，北京，清华大学出版社，2003。正如作者在文中所说："作为国家法，它毕竟是一元的、刚性的，但它只是一条最后的底线、一个备而不用的武器。村规民约的有效性，以及据之作出的处罚的有效性，来自于它在实践中能够被各方认同。即使国家法律不承认村规民约设定处罚的有效性，被处罚的村民仍然可能接受处罚，依据村规民约的处罚仍然可能在各地实践。"同上书，199 页。

刘仁文[*]

从"广场化"到"剧场化"
的刑事司法
——一个立足经济学的分析

一、作为一种公共景观的消失

在福柯的名著《规训与惩罚》（1975 年）的开篇中，他讲述了一个公开处决的案例：

达米安，一个谋刺国王的罪犯，在 1757 年 3 月 2 日被判处"在巴黎教堂大门前公开认罪"，他应"乘坐囚车，身穿囚衣，手持两磅重的蜡烛"，"被送到格列夫广场。那里将搭起行刑台，用烧红的铁钳撕开他的胸膛和四肢上的肉，用硫黄烧焦他持着弑君凶器的右手，再将熔化的铅汁、滚沸的松香、蜡和硫黄浇入撕裂的伤口，然后四马分肢，最后焚尸扬灰。"

于是，就有了现场监视官员布东留下了的如下记载：

"硫黄点燃了，但火焰微弱，只是轻微地烧伤了手的表皮。刽子手便卷起袖子，拿起专为这次酷刑特制的约一英尺半长的铁钳，先后在右边的小腿和大腿上撕开两处，然后在右臂上撕开两块肉，接着在胸部撕拉。刽子手是一个彪形大汉，但要撕扯下肉块也不容易，因此他在每一处都要撕扯两三次，而且要拧动铁钳。他在每一处撕开大约 6 磅肉的伤口。

"被铁钳撕扯时，达米安虽然没有咒骂，但却声嘶力竭地号叫。他不断地抬起头来，然后看看自己的身体。那个刽子手用一个钢勺从一个锅里舀出滚沸的液体，胡乱地浇铸每一个伤口。然后，人们把挽马用的绳索系在犯人身上，再给马套上挽绳，把马分别安排在四肢的方向。

"法庭书记员勒·布列东先生几次走近犯人，问他有什么话要说。犯人

---

　　* 中国社会科学院法学研究所研究员。

每次都表示无话可说。每受一次刑，他都号叫：'宽恕我吧，上帝！宽恕我吧，老天爷！'声音仿佛出自地狱。尽管疼痛无比，他仍不时地昂起头，勇敢地看着自己的身体。几个人紧紧地拉住捆他的绳子，使他痛苦万分。勒·布列东再次走近他，问他有什么话要讲。他回答说：'没有。'几名忏悔神父分别走近他，对他说了一阵子。他主动吻了伸向他的十字架，张开嘴反复说：'宽恕我吧，上帝。'4 匹马分别由 4 名刑吏牵着，向 4 个方向拖拽四肢。一刻钟后，又重新开始拖拽。最后，经过几次尝试，不得不对马拉的方向做些改变，拉手臂的马向头的方向拉，拉腿的马向手臂的方向拉，这才扯断了臂关节。这样拉了几次，仍未成功。犯人抬起头来，看着自己的身体。刑吏又增加了两匹马，与拉腿的马套在一起，但还是没有成功。

"最后，刽子手桑松对勒·布列东说，毫无成功的希望，因此请他问问尊贵的老爷们是否愿意让他把犯人砍成几段。勒·布列东从市中心回来，下令再试一次。结果是，役马顶不住了。其中一匹拉腿的马倒在地上。神父们又走过来，与犯人说话。我亲耳听见他对他们说：'吻我一下，先生们。'圣保罗教区牧师畏葸不前，于是德·马西里先生匆匆地从拉着右臂的绳子下钻过去，吻了他的前额。刽子手围了过来。达米安对他们说，不要咒骂，快执行他们的任务，他不恨他们，他请他们为他向上帝祈祷，请圣保罗教区牧师在做第一次弥撒时为他祈祷。

"接连试了两三次后，刽子手桑松和先前使用铁钳的刽子手各自从衣兜里掏出一把匕首，不是去切断大腿关节，而是直接在大腿根部切割身体。4 匹马一用劲，拖断了两条大腿，即先拖走了右腿，后拖走了左腿。然后对手臂、肩膀等如法炮制。刽子手切肉时几乎剔到骨头。马先拖断右臂，然后拖断左臂。

"四肢被拖断后，神父们走过来要对他说话。刽子手告诉他们，他已经死了。但我看到这个人还在动，他的下颚左右移动，似乎在说话。有一个刽子手甚至说，稍后当他们把躯体扔到火刑台时他还活着。四肢上的绳子也解了下来，四肢被扔到火刑台上。用长长短短的木柴覆盖住躯体和残肢，然后点燃了混杂在木头中的柴草。

"……遵照敕令，一切都被化为灰烬。到晚上 10 点半，在余火中发现了最后一片需要烧毁的东西。焚烧肉片和躯干大约用了 4 个小时。官员们（包括我和我的儿子）和一对弓箭手在广场上一直待到将近 11 点钟。"[1]

在不厌其烦地对公开处决的种种细节进行描述之后，福柯的笔一下子跳跃到 80 年后（1837 年），他接着介绍了巴黎的一个监管所的"犯人作息时间表"，其中详细规定了犯人起床、晨祷、早餐、劳动、午餐、学习、休息、

---

[1] 〔法〕米歇尔·福柯著：《规训与惩罚》，刘北成、杨远婴译，3—5 页，北京，生活·读书·新知三联书店，1999。

返回工作车间、晚餐、晚祷、上床就寝等内容。然后，他评价道："我们已经看到了一次公开处决和一份作息时间表。它们惩罚的不是同一种罪行或同一种犯人。但是它们各自代表了一种惩罚方式。其间相隔不到一个世纪。但是这是一个时代。正是在这段时间里，无论在欧洲还是在美国，整个惩罚体制在重新配置。这是传统司法'丑闻'迭出、名声扫地的时代，也是改革方案纷至沓来、层出不穷的时代。当时出现了一种新的有关法律和犯罪的理论，一种新的关于惩罚权利的道德和政治论证；旧的法律被废弃，旧的惯例逐渐消亡。各国各地纷纷酝酿或制定'现代'法典……这是刑事司法的一个新时代。"①

这个刑事司法的"新时代"带来了众多的变化，其中一种变化即是"作为一种公共景观的酷刑消失了……在几十年间，对肉体的酷刑和肢解、在面部和臂部打上象征性烙印、示众和暴尸等现象消失了，将肉体作为刑罚主要对象的现象消失了"。于是，惩罚盛会逐渐退场，惩罚仪式逐渐式微，惩罚不再是一种公开的表演，而日益成为刑事程序中最隐蔽的部分。②

为何会发生这样的变化呢？"为什么不以'残暴'为耻的惩罚会被力求'人道'声誉的惩罚所取代？"在当时，"这被人兴奋地大肆渲染为'人性胜利'的进程，从而无须更深入地分析。"③　一个多世纪以来，人们对此种变化的主流解释是"文明法律制度的产物"。本文无意颠覆这一结论，只是想从经济学的角度深化一下这方面的研究，从而给读者展示出此种文明演变背后的合经济性。

二、"广场化"的非经济性

公共景观式的刑事司法，具有"广场化"的特点，它既包括前面所指的法庭已决案件的惩罚之执行，也包括刑事诉讼过程中的某些环节，如公捕大会、公判大会等，还包括其他一些旨在展示罪犯和犯人的仪式和场合。④它有时与酷刑联系在一起，有时却并不，而仅仅是一种大众化的渲染。虽然酷刑及其展示在今天绝大多数国家已经不再常见，但广场化的刑事司法却仍然在某些国家不同程度地存在，这大抵与一个国家的司法传统、文化以及民主法治的进程有关。当然，有时也与一个国家特定时期的形势有关，如在统治阶

①　[法]米歇尔·福柯著：《规训与惩罚》，刘北成、杨远婴译，6—7页，北京，生活·读书·新知三联书店，1999。

②　同上书，8页。

③　同上。

④　司法广场化的起源可以追溯至先民对司法仪式之神圣性的崇拜和对法的形象的感性认识。人类历史上最早的司法活动（如神明裁判、仪式宣誓裁判、决斗裁判等）大体上都是在露天广场上进行的。这种原始的司法过程混杂着"宗教的、民事的以及仅仅是道德的各种命令"。参见[英]亨利·梅因著：《古代法》，沈景一译，9页，北京，商务印书馆，1984。

级的政权面临威胁时（请想象一下电影中的国民党杀害共产党员后将其头颅挂在路边的电线杆子上等情景，以及共产党同胞发誓报仇等反应），或在激进的革命、社会改革或政治运动时（想象一下镇压反革命的场景和"文革"时期的"批斗会"等）。①

广场化模式的非经济性表现如下：

第一，需要耗费大量的人力、物力和财力。一场大规模的公捕大会、公判大会和前述公开执行死刑的仪式，至少包含了以下几项成本：一是组织观众的费用。观众是广场化司法的必要组成部分，没有观众就无法成就公共景观。一般而言，观众由两部分组成：一部分是组织者专门组织的，有时为了达到"普法"的目的，可能会分单位、分街道地布置任务，这些去参加者当天当然不用去上班，有的可能还会得到一定的补助；另一部分是自发参加的，他们以"凑热闹"的心态去围观，有时会骑着摩托车追赶到刑场看执行死刑，有时会造成公共交通的堵塞，而他们自己也浪费不少时间。② 二是前期准备工作。要联系和落实场所，或者是固定的广场、会场，或者要到郊外去寻找这样的场所；要横向通知和协调有关兄弟单位，纵向请示和邀请有关领导参加；还有必要的宣传准备，如通知相关媒体，以及对即将执法的人员的招待。③三是现场保安工作以及善后事宜。现场需要动用大量的警察和其他辅助力量，以维持秩序，确保仪式的顺利进行和有关领导以及群众的安全；还需要实行交通管制。在类似公捕大会、公判大会这样的仪式中，需要将犯罪嫌疑人从不同的场所集中到一起，事后又要分别运回不同的场所；而在公开宣判并押赴刑场执行死刑的场合，不仅需要从宣判大会到刑场的沿途高度戒备，而且在刑场执行死刑时仍然需要做好警卫工作。至于善后事宜，指大会后对会场的清理、死刑执行后对尸体的处理等。

第二，它增加了风险。风险之一是容易造成民众的骚动、骚乱甚至是一种持久的动乱，基于此，为了保证刑场的秩序，常常需要采取"令民众痛苦""令当局难堪"的措施。民众虽然是被召唤来做忠诚的观众和听众的，但并不能保证他们任何时候都能理智行事，群情激奋或者以暴力来强行介入

---

① 舒国滢教授不无道理地指出：法律从本质上来讲，是一个内在地包含一个时间维度的"默默地起作用的力量"，因此它的保守性质是与那些不需要程序和规则的"暴烈的行动"（激进的改革、革命和运动）相抵触的［参见舒国滢："从'司法的广场化'到'司法的剧场化'——一个符号学的视角"一文，以及舒国滢："反腐败与中国法治品格的塑造——刚性法治能力的形成所面临的问题"，载《社会科学战线》，1998（6）］。也正是从这个意义上，姚建宗教授担心：过于大众化的司法会对法治造成"致命的打击"［参见姚建宗："法治：符号、仪式及其意义"，载《河南省政法管理干部学院学报》，2000（2）］。

② 我们上高中时确曾因去围观枪毙犯人而耽误过上课因而受到老师的批评。

③ 十几年前，那时法院还没有法警，执行死刑是用武警，而且常常从另一个县调来武警执行这一个县的死刑，笔者曾在某基层法院挂职锻炼，亲自与来自中级法院的领导参与招待第二天将要执法的武警，当地法院领导告诉笔者，因为要用他们，所以一定得让他们尽兴。

惩罚机制以重新安排其效应的事例在历史上并不少见。① 当然，这种风险还表现在其他公共景观式的环节，如在 18 世纪末之前，奥地利、瑞士以及美国的一些州如宾夕法尼亚，在使用囚犯从事劳动时，这些身穿囚衣、剃了光头的犯人常常被带到公众面前，"对这些懒汉和恶棍的嘲弄，常常激怒他们。他们很自然地会对挑衅者进行疯狂的报复。为了防止他们以牙还牙，给他们戴上铁颈圈和脚镣，上面还绑着炸弹。他们拖着铁链，从事丢人现眼的杂役。警卫身挎刀剑、短枪和其他武器进行监督。"在法国，直到 1831 年，公开展示犯人的"令人作呕的场面"还在继续，如用铁链拴成的囚犯队伍跋涉整个法国，但后来被不显眼的黑色囚车所取代。② 风险之二是"公开处决造成许多非法活动的中心"，在处决日，工作停顿，酒馆爆满，当局受到谩骂，刽子手、警卫和士兵受到侮辱和石块的袭击；出现各种抢劫犯人的企图，有的是要救他，有的则是为了虐待他甚至杀死他；③ 斗殴时有发生，刑场的好奇围观者是小偷最好的目标。

第三，不利于实现惩罚的目的。公开惩罚的本来目的是要向公众展示罪犯的恶，但历史证明，"这种'结束罪恶'的仪式被人们视为某种不受欢迎的方式，被人们怀疑是与罪恶相连的方式。在人们看来，这种惩罚方式，其野蛮程度不亚于，甚至超过犯罪本身，它使观众习惯于本来想让他们厌恶的暴行。它经常地向他们展示犯罪，使刽子手变得像罪犯，使法官变得像谋杀犯，从而在最后一刻调换了各种角色，使受刑的罪犯变成怜悯或赞颂的对象……公开处决此时已被视为一个再次煽起暴力火焰的壁炉。"④ 此种情形尤其在民众认为判决不公时容易发生，如犯人情有可原却被处以死刑，在出身高贵或富有的人犯同样的罪行时所处的刑罚要轻甚至根本不被处罚。

第四，还应当看到，"广场化"的式微与酷刑的减少是紧密相连的。召集公众来见证惩罚为的是以儆效尤，发挥警戒和恐怖的作用，为达此目的，刑罚自然是越残忍越被设想成有威慑力，因此，它与暴尸、增加死刑的痛苦、挂牌游街示众等有着内在的联系。相反，在"广场化"向"剧场化"演变的过程中，我们也同时看到另一种几乎是同步的景观，那就是形形色色的酷刑手段相继退出舞台。以死刑的执行为例，从历史上看，"死刑（执行）的方法划分成普通方法和高度专业的方法两类。前者的任务是剥夺人的生

---

① 参见［法］米歇尔·福柯著：《规训与惩罚》，69 页一最后。在介绍了有关案例之后，福柯指出："在废弃公开处决的仪式这一问题上，无论人们对犯人的恻隐之心起了何种作用，国家权力对这些多义性仪式效果的政治担忧，无疑也是一个因素。"

② 同上书，8—9 页。

③ 例如，福柯举过这样一个例子：有一名高级邮政官因犯罪而被示众，示众后被从围观的人群中带走，"他被押上一辆出租马车。民众对他百般侮辱。如果无人护卫的话，很难使他免受民众的虐待。"同上书，63 页。

④ 同上书，9 页。

命，而后者的主要目的是，在剥夺人命的同时使被处决者备受痛苦和煎熬。"①在当今世界，除极个别国家还保留有后一种死刑执行方法外，绝大多数还保留死刑的国家都采用了尽可能不给死刑犯带来过分痛苦的死刑执行方法。② 我国古代的死刑执行也是五花八门，到清末还有凌迟、枭首、戮尸等多种野蛮方式，但清末法律改革时，当时负责修律的大臣沈家本、伍廷芳就向清廷上《删除律例内重法折》，并得允准，此后，"凡死罪至斩决而止，凌迟及枭首、戮尸三项，着即永远删除。"③ 这种执行方法的渐趋统一，仅从执行人员的培训、执行设备的配置等角度来看，也是有利于降低执行成本的。若将眼光放至其他残暴手段和仪式的退场，则此点更为明确。

第五，我们亦不可否认，越是"广场化"的执法，越会造成各种国家权力的"一锅端"，而此种局面不利于发挥司法机关定纷止争、维护社会稳定的独特作用。现代刑事司法的一个趋向是，司法与执行判决保持距离，公众将注意力转向严肃的审讯和判决，而执行则被委托给政府的某个专门部门去相对秘密地完成，这样司法就在自身和它所施加的惩罚之间建立了一个保护体系：不要以为法官是有意惩罚才作出某个判决，法官判决的目的是要使人改邪归正、"治病救人"。由于司法"逃脱"了执行的责任，因而更有利于突出其中立的角色特点，不致将过多的矛盾引到自己的身上。这对增强人们对司法的信任，进而巩固它在维系社会稳定中的作用，是有好处的。不仅如此，否定"广场化"的执法还意味着提供了一种理性表达的可能：应该尽量扩展惩罚的表象，而不是体罚的现实。因为根据"充分想象原则"，处于刑罚核心的"痛苦"不是痛苦的实际感觉，而是痛苦、不愉快、不便利的观念，即"痛苦"观念的痛苦，因此，"惩罚应该利用的不是肉体，而是表象。"可见，完全可以不通过大张旗鼓地广场式执法，而通过"教训、话语、可理解的符号、公共道德的表象"等"宣传经济学"的渠道，使民众建立起犯罪与惩罚观念之间的联系，而这才是"很经济的理想惩罚"。④

三、"剧场化"的经济性

与广场化刑事司法相对应的司法模式或类型，我们可以称之为"剧场化的刑事司法"，它是一种在以"剧场"为符号意象的人造建筑空间内所进行

---

① 参见［俄］米赫林："执行死刑的方法：历史与现实"，载《国家与法》，1997（1）。

② 死刑执行从野蛮方式走向文明方式，至少可以给我们以如下信心：既然人类执行死刑的方式可以从野蛮走向文明，那么最终废除死刑这种不文明的刑罚就是可能的。

③ 李贵连著：《沈家本传》，213—214 页，北京，法律出版社，2000。

④ 参见［法］米歇尔·福柯著：《规训与惩罚》，104—105 页，123—124 页。当然，即便如此，我们仍然难以否认直接的展示有时比间接的表象要带给人更强烈的印象，因此，至少在这一点上，用"刑事政策的基础最终是人道主义原则"（耶塞克语）来解释，恐怕比单纯的经济学解释，要更具有说服力。

的司法活动。[①] 由于剧场是一个间隔的、不透明的空间——一个规限的空间，因而在此种空间内开展的司法活动与广场上开展的司法活动具有多方面的差异。[②] 总的来看，它更具经济性：

首先，安全工作变得相对容易而低成本。如将审判及宣判工作安排在"法庭"这样一个"剧场"，只需在门口设立安检仪器及少量安检人员即可，而不用像公审大会和公判大会那样组织大规模的保安工作。在法庭内，由于有一种庄严的气氛，加上严格的法庭规则，以及法庭容纳人数的限制，使得里面的秩序相对要容易维持，而发生骚乱的危险则大大降低。"法庭既阻隔了庭审活动与庭外活动，也限定了'诉讼参与人'与一般的'旁听人'之间的角色及活动的界限，以防止法庭之外和之内的各种'嘈杂的声音'对庭审活动可能造成的干扰。"[③]

其次，与广场的临时性、功能多变性不同，法庭等建筑具有一种自身功用的特定性。法庭只能是用来进行审判的场所，它不会被随便挪作他用；法庭乃至法院建筑内会有一些与法律精神相协调的符号化设计，这能唤起人们对法律的信仰和尊敬；而法庭开庭对公众的开放，又能使普法教育收到较好的效果。在这里，人们所看到和感受到的不是弱者被强者的任人宰割，而是严格的法律适用和推理。从这个意义上说，花一定的费用来修建法院大楼、看守所、监狱等固定的建筑，以便搭建起相应的"剧场"，不仅是必要的，而且也是有效益的。

再次，剧场化的执法和司法可以避免公捕、公审大会以及公开处决等激发出来的人性"恶"，如幸灾乐祸、对残忍熟视无睹，或唯恐天下不乱。人性中既有恶的一面，又有善的一面，外界环境的刺激和制约可以使其中的某一方面得到强化或弱化。不少学者都同意这样一种说法："减少暴力犯罪应通过创造一种尊重人的生命的'人权文化'来实现"。[④]由此推及广场化的执法（特别是如前所述，它又常常与不人道的执法相联系），显然不利于创造一种尊重人权的文化，因而从根本上来说，也不利于预防犯罪。

最后，在广场化的执法中，当局试图以"批斗会"、游街、打烙印等方式来教训罪犯，但这种肉体上的征服并不能使他的灵魂得到征服，而剧场化的执法却能在更大程度上实现后者。在剧场化的执法中，法庭审判不再是一种简单的报复，而要运用人格调查等手段，对犯罪人行为前后的表现进行综

---

① 当然，这里的"广场"与"剧场"不仅仅是一个法律地理概念，还具有一种隐喻的意义。有关"广场"与"剧场"之符号意义的对位比较，可参见朱学勤：《道德理想国的覆灭》，132—135页，上海，上海三联书店，1994。

② 参见舒国滢："从'司法的广场化'到'司法的剧场化'——一个符号学的视角"。

③ 同上。

④ 参见 [英] Roger Hood, The Death Penalty: *A worldwide Perspective*, Third Edition, Oxford University Press, 2002, pp. 39—40。

合考虑，进而判处适当的刑罚，这是"权力经济学"在惩罚机制中的一种更精细的运用，它既有利于犯罪人认罪伏法，也有利于随后对他的改造和教育。正是在这一理念指导下，以监狱为代表的刑罚执行机构得以发展起来，监狱学成为一门科学。劳动由于其既具有经济效益又有益于去掉罪犯身上的懒惰，因而成为改造犯人的一种重要手段；减刑、假释等制度也被广泛应用于刑罚执行的过程中。尽管监狱今天也成为人们批评和探讨改革的对象，但它最初却是作为一种人道的产物诞生的。福柯曾将 1840 年 1 月 22 日作为现代监狱体制形成的最终日期，那一天梅特莱监狱农场开始使用，来自其他惩罚场所的犯人在咏唱关于这个农场的新惩戒方针时说："我们过去宁愿挨打，但是现在囚室更合我们心意。"①值得指出的是，目前世界上广泛掀起的推行社区矫正等"非监禁化"运动，其目的是要解决监狱拥挤、实现监狱应尽可能地少关人，它在取得比监狱更好的经济效益和社会效益的同时，也实现了更大程度的剧场化，而绝不是广场化（想象一下社区矫正中的犯罪人，他们是被展示的对象吗？不是，而是被教育和改造的对象）。

四、对"剧场化"司法的几点补充

我们已经看到，较之广场化司法，剧场化司法无论在人道方面还是在经济方面都具有优势地位，正因此，剧场化司法成为现代法治发展的一个基本趋向也就不足为奇。但正如舒国滢教授所指出的："广场化"和"剧场化"的使用有可能过分简单化，实际的司法活动要远比理论描述的生动复杂。②因此，笔者愿意在结束本文之前，再表达以下几个意思，以免造成不必要的误会和误导：

①总的来说，在现代法治国家，那种旨在公开折磨犯人、侮辱犯人的广场式执法应当绝对禁止，但如果一个国家有"人民司法"的传统，又有较完善的"乡土文化"土壤，则对那种体现乡间温情的"司法调解""送法下乡"之类的活动应予以理解，因为此时不仅与人道不相悖，而且深入分析下去，也必然符合效益的经济学观点。③

②剧场化不能搞成神秘化。有的学者从"距离产生美、陌生产生好奇与神圣"来论证法律仪式的"剧场化"，并将"剧场化"等同于"神秘化"（至少在措辞上如此）。④笔者认为这是值得警惕的。"剧场化"以其角色分工明确

---

① ［法］米歇尔·福柯著：《规训与惩罚》，337 页。

② 参见舒国滢："从'司法的广场化'到'司法的剧场化'——一个符号学的视角"。

③ 对于乡间这样的"熟人社会"，较之城里这样的"陌生人社会"，法治的运作方式及其内在机理是有所不同的，在前者，由于受血缘、地缘的影响，大家低头不见抬头见，加上人们读报少、交往多的特点，因而温情化的调解和普法比简单的一纸判决更能促进社区和谐，而后者，却因当事人之间的背景文化差异太大，调解的难度及成本相对较高，调解后的收益和巩固机会又少（彼此并不像乡间那样交往频繁、住所固定）。认识到这一点，也许会有助于我们理解在城乡二元化格局下，乡间司法仍有必要借助适当的广场化形式来达到更好的法律适用效果，当然，不言而喻的是，这里的"广场"形象已经与充满血腥气味的刑杀或有辱人格的"批斗会"等大相径庭。

④ 参见姚建宗："法治：符号、仪式及其意义"。

（观众就是观众，而不是与法官互动的参与者）、"演出"专业规范（有一整套的开庭、质证、辩论规则）、场所布置得体（严肃不花哨，对观众开放而将空间限定在容纳一定人数的范围）等特征而区别于"广场化"，但绝不是要把司法引向神秘化。相反，现代司法强调公开性、透明性，也关心司法中的民主和对司法权的制约，因而才有国外的陪审团和我国的人民陪审员制度，才有对公开审理和公开宣判的要求（对涉及国家秘密或个人隐私以及未成年人的案件，基于保护国家利益或当事人利益的考虑，例外规定不公开审理），也才有开庭过程中对各种证据的展示和控辩双方的交叉提问，以及对证人、专家和办案警察出庭作证、当面对质的强调，这些都是为了更好地发现真相、实现正义，防止法院和法官的暗箱操作。还有，对监狱这类封闭化的"剧场"，也要求实行阳光政策，将权力的行使由幕后移至台前，同时还要采取适当措施，将这类"剧场"向有组织的公众开放，从而既缩短犯人与社会的距离，又起到法制教育的作用。①

③剧场化可以对广场化的某些因素加以扬弃。例如，关于法庭规模的设立，一个法院可以设立两类法庭，一类是常规性的，这类比较小，能容纳二三十人就可以了，因为一般案子来旁听的公众并不会多，除非是自家的亲人或其他有利害关系者，但对于某些有重大影响的案子，可能前来旁听的人包括媒体就会很多，这时就不妨安排到另一类较大的法庭，以尽可能多地满足想旁听者的要求。当然，法庭再大也不可能搞成容纳几百人甚至上千人的法庭，这不仅是出于成本的考虑，也是基于保安、审判效果的考虑。②再如，死刑执行一般而言都是不向观众公开的，但在某些有重大影响的死刑案件中，我们可以考虑从被害者家属、普通公众和媒体中挑选一定的代表小规模地见证死刑的执行，这既可以给受害者和社会一个交代，也可以防止对死刑犯的虐待。

④目前我们通常意义上所指的司法剧场及其表演，如法庭审判，也并不意味着已经达到了完美的境地，或者不需进行别的探讨。事实上，许多人已经开始意识到过于严肃的法庭气氛和控辩双方针锋相对的法庭规则，使调解、和解和犯罪人与被害人之间的交流变得困难甚至不可能，正因此，现在西方社会开始流行旨在促进被害人和被告人面对面和解的"恢复性司法"，而我国的"刑事和解"也正在实践中得到较快的发展，这是否可以理解为人类对传统的"剧场化"司法的一种反思和弥补呢？③

---

① 考虑到犯人的心态，我觉得这里所说的"适当措施"，可以分两种：一是对于参观监狱的团队，应设置不被犯人察觉的设施，如瞭望塔；二是对于与犯人面对面的交流，应征求犯人本人的意见，只有在犯人本人愿意甚至乐意交流时，才予以安排。

② 实践中如果遇上太多的人想进法庭旁听、而法庭又容纳不下，怎么办？可以采取抽签或者按排队先后顺序来处理，否则，机会不平等，就可能导致进不去的人心生怨气。

③ 一个关于恢复性司法和刑事和解的初步经济分析，可参见刘仁文、周振杰："恢复性司法的经济分析"，载王平主编：《恢复性司法论坛》，第3卷，北京，群众出版社，2007。

袁　彬 *

"两极化" 刑事政策
及其借鉴

　　宽严相济刑事政策是当前我国刑事司法中的一项基本刑事政策。在法治和人权保障成为当今世界各国刑事政策普适性指导原则以及构建和谐社会的时代背景下，宽严相济政策作为对现阶段犯罪形势的回应，既是惩办与宽大相结合政策在新时期的发展，也是对"严打"政策的理性矫正或扬弃。而从刑事政策发展的世界趋势看，宽严相济政策的提出，很大程度上契合了西方"两极化"刑事政策的时代精神。因而，全面阐述"两极化"刑事政策的发展背景，对于科学把握宽严相济刑事政策的基本精神，并在此基础上提出完善中国刑法的构想无疑具有积极的借鉴意义。

一、"两极化" 刑事政策及其产生的背景

　　"两极化"刑事政策（polarized criminal policy），简单地说，就是刑事政策在轻重两极上呈现出两极化趋势，即对严重的犯罪，采取更为严格的刑事政策；对轻微的犯罪，采取更为宽松的刑事政策。我国有学者将"两极化"刑事政策概括为：对于重大犯罪及危险犯罪，采取严格的刑事政策；对于不需要矫治或者有矫治可能的犯罪，采取宽松的刑事政策。[1]也有学者将这种刑事政策描述为"轻轻重重"的刑事政策，即对轻微犯罪施加较为轻微的处罚，对严重犯罪施加较为严厉的处罚。[2]实际上，也正是"轻轻重重"的两极趋势，构成了西方的"两极化"刑事政策。日本学者森下忠指出：第二次世界大战后，世界各国的刑事政策朝着所谓"宽松的刑事政策"和"严厉的刑

---

　　* 　北京师范大学刑事法律科学研究院讲师，法学博士。
　　① 　参见刘东根："两极化——我国刑事政策的选择"，载《中国刑事法杂志》，2002（6）。
　　② 　参见储槐植著：《刑事一体化与关系刑法论》，169 页，北京，北京大学出版社，1997。

事政策"两个不同的方向发展，这种现象称为刑事政策的两极化。[①]

当然，"两极化"刑事政策在世界各国的产生也是一个长期渐进的过程，这其中既有理论的反思，也有实践的需要。可以说，各种因素的综合作用催生了刑事政策的这种两极化趋势。因此对"两极化"刑事政策背景的探讨，自然离不开社会这个大背景，但同时更需要考虑刑事司法实践和刑事司法理论的现实发展。

(一)"两极化"刑事政策产生的实践背景：以刑事干预的不对称性满足日益复杂的犯罪斗争的实际需要

犯罪是社会矛盾的集中体现。刑事政策则是因应犯罪斗争的实际需要而产生的。自第二次世界大战至今，犯罪的发展呈现出日益复杂的局面。"两极化"刑事政策正是为了更好地运用刑罚应对日益复杂的犯罪斗争需要而采取的一种不对称性刑事干预。

近现代以来，西方犯罪形势的发展与以前相比，一个重大的变化就是犯罪形势日益复杂化。一方面，严重犯罪呈现高压的形势。在 20 世纪 70 年代以后，西方国家开始呈现出犯罪高压的态势，犯罪的数量呈大幅度的增长，特别是有组织犯罪、恐怖犯罪、毒品犯罪、严重暴力犯罪等危害社会秩序、安定及民生安宁的犯罪呈高发趋向；同时，罪犯出狱后的累犯、再犯率增加。以美国为例，据统计，1993 年至 2004 年，向警方报告的犯罪案件比例大幅上升，其中暴力犯罪案件的报案率从 42％上升到 50％，侵财犯罪案件的报案率从 34％上升到 39％。2004 年，暴力犯罪案件的报案率约为 50％，其中抢劫犯罪案件（61％）、严重暴力攻击犯罪案件（64％）的报案率最高，强奸、轻微暴力攻击犯罪案件的报案率分别为 36％和 45％。侵财犯罪案件的报案率为 39％，其中盗车案件的报案率（85％）最高，入室盗窃和家庭盗窃案件的报案率分别为 53％和 32％。同年，女性暴力犯罪受害者比男性暴力犯罪受害者的报案率高，而两类群体侵财犯罪案件的报案率相当。[②]犯罪态势的变化直接影响着刑事政策的变化，基于因应、预防犯罪及维护社会安宁的需要，西方各国开始对这些严重的刑事犯罪采用严厉的刑事政策。

另一方面，轻微犯罪呈现出相对趋缓的形势。轻微犯罪主要是指行为社会危害性较小、行为人（如属于初犯、偶犯、未成年人以及智力身体有缺陷的人等）主观恶性不大的犯罪，或者可能判处三年以下有期徒刑刑罚的犯罪。[③]从世界各国的犯罪情况看，各国的犯罪整体形势变化不大，有些国家的犯罪形势还呈现出下降的趋势。根据美国 2000 年的"正式犯罪报告"（UCR），近几年各类刑事犯罪虽然有升有降，但在总体上呈下降趋势，尤其

---

① 参见［日］森下忠著：《犯罪者处遇》，白绿铉等译，4 页，北京，中国纺织出版社，1994。
② 参见陈枫："美国 2004 年犯罪情况"，载《公安研究》，2006（3）。
③ 参见魏平雄、陈勇："轻微犯罪刑事政策研究"，载《公安研究》，2007（7）。

是 1995 年以后，能够比较准确地反映社会犯罪状况的犯罪人数的百分比在明显下降。1998 年各类犯罪（不包括纵火罪）人数是 12 485 714 人，每 10 万居民中有 4 619.3 人。1999 年各类犯罪（不包括纵火罪）人数有 11 635 149人，比 1998 年下降 6.8％，每 10 万居民中有 4 266.8人，比 1998 年下降 7.6％。①总体犯罪形势下降，严重犯罪的比例又有所上升，因此，我们基本上可以作出这样的判断，从总体上看，轻微犯罪的形势呈现出一种下降的趋势。在这种犯罪形势下，西方国家针对一些轻微犯罪采取了一种宽松的刑事政策。

可以说，正是这种轻重交错的犯罪形势，催生了西方的"两极化"刑事政策。在严厉的刑事政策指导下，刑罚被赋予重任，承担起了控制严重犯罪的主要任务。而在宽松的刑事政策指导下，出现了刑事立法上的"非犯罪化"、刑事司法上的"非刑罚化、程序简易化"、刑事执行上的"非机构化、非监禁化"趋势，刑罚在防控轻微犯罪中被置于一种相对次要的地位。这种重罪、轻罪中的刑事干预的不对称性，正是西方国家因应犯罪形势日益复杂的犯罪形势的需要。

（二）"两极化"刑事政策产生的理论背景：反思性"多元理论"的大力推动

"两极化"刑事政策的产生，不仅有其实践背景，是犯罪斗争实际需要的体现，而且有其理论背景，受到了反思性"多元理论"的大力推动，表现为古典学派的"自由意志论"和刑罚价值的回归；实证主义的"危险人格"和社会防卫理论的相应确认；对 20 世纪 60 年代以来当代犯罪学社会反应理论和犯罪被害人理论以及世界范围内日益普及的人权保障观念的吸收。

第一，"两极化"刑事政策是古典学派的"自由意志论"和刑罚价值的回归。18 世纪的犯罪古典学派是西方启蒙运动的产物。古典学派认为，任何人都有同样的意志自由，都能根据自己的意愿作出选择，由于个人意愿和外部条件的不同，人们既有可能选择犯罪行为，也有可能选择守法行为。犯罪行为是个人自由选择的结果，正因为犯罪行为表现了犯罪人的自由意志，犯罪人应当对其自由选择的犯罪行为承担责任。与此同时，古典学派认为，刑罚具有抵消因犯罪而获得的利益或快乐，从而起到预防犯罪的作用。因此刑罚所造成的痛苦或损失不能小于犯罪所带来的快乐或利益。②由于 19 世纪中叶以后，社会上的犯罪不仅没有因古典学派所倡导的刑法改革而减少，相反，犯罪现象是日趋严重，引起了政府和公众的普遍担忧，为此古典学派的理论逐渐被削弱。随着实证主义学派的兴起，古典学派的意志自由理论和刑罚价值论逐渐为实证主义学派所取代。不过，第二次世界大战以后，对于刚

---

① 参见赵克："美国刑事犯罪状况"，载《公安研究》，2001（9）。

② 参见吴宗宪著：《西方犯罪学》，40 页，北京，法律出版社，1999。

刚遭受纳粹暴行的人们来说，个人自由似乎更加宝贵，并且保护人的尊严以及把对人的尊重作为一个新的关注点而被提到了首要地位。刑事古典学派的自由意志论和刑罚价值又重新为人们所认识。刑罚在预防严重犯罪中的作用重新为政府和公众所重视。古典学派这种理论的回归，为"两极化"刑事政策中刑罚作用的回归起到了重要理论推动作用。

第二，"两极化"刑事政策源于实证主义的"危险人格"和社会防卫理论的相应确认。实证主义犯罪学派是在19世纪中期以前的生物科学、实证主义哲学、进化论学说和精神病学迅速发展的基础上于1876年诞生的。实证主义犯罪学派排斥犯罪和刑事诉讼程序的法律概念，用他们以治疗模式为基础的个别化司法来代替；排斥刑罚，用矫正治疗来代替；排斥自由意志，用科学的决定论来代替；排斥对刑罚的研究，用对个别犯罪人和他的医学、心理学和社会特征的研究来代替。①实证主义学派认为，犯罪人的性格如何，是科刑的最重要的标准。龙勃罗梭认为，犯罪是由犯罪人各自不同的生理的、心理的特征所造成，因而犯罪人的主观的危险性是各不相同的，所以对犯罪人判处刑罚的轻重，不能根据犯罪行为即犯罪事实的大小来确定，而应根据罪犯人身危险性的大小来决定。李斯特将刑罚处罚的中心归结为犯罪人，特别是他的性格或心理状况，认为应以犯人的性格、恶性、反社会性为标准，个别地量定刑罚。②基于犯罪人的危险人格，实证主义学派提出了社会防卫论。加罗法洛是社会防卫概念的最先倡导者之一。他认为，刑罚的主要目的是阻止犯罪人重新犯罪，从而保卫社会，而不是改造或矫正犯罪人，使其变成一个更好的人。主张应当根据对犯罪人的恐怖性判断来适用刑罚，所处的刑罚应当与犯罪人将来对社会所具有的危险性相适应。③尽管后来认为实证学派的一些观点也过于偏激，不甚符合犯罪斗争的现实需要，但是总的来说，实证主义学派的"危险人格"和社会防卫理论还是得到了相应的确认，并得到了进一步的发展。实证主义学派的社会防卫论后来被安塞尔发展成为新社会防卫论。新社会防卫论认为，刑法的目的不再是报应，也不是威慑，而是防卫社会。新社会防卫论的目的是：研究犯罪问题，并将犯罪问题与预防犯罪体制相联系，包括改造罪犯，改革现有刑罚制度和防止重新犯罪；认为新刑法的"人道化"应成为一种发展趋势；刑事政策的着眼点是对犯罪的个人预防，而不是对犯罪的一般预防。由于新社会防卫论与传统的社会防卫论区别开来，因而形成了自己的特点。新社会防卫论作为刑事政策体系的特点，主要有三：(1)"灵活运用责任观念"；(2)改良刑罚；(3)要求刑罚与保安处分一元化。④在这种理论的推动下，"两极化"刑事政策中宽松的刑事

① 参见吴宗宪著：《西方犯罪学》，127页，北京，法律出版社，1999。
② 参见马克昌主编：《近代西方刑法学说史略》，143页，北京，中国检察出版社，1996。
③ 参见吴宗宪著：《西方犯罪学》，185页，北京，法律出版社，1999。
④ 参见康树华："新社会防卫论评析"，载《贵州社会科学》，1992(2)。

政策和严厉的刑事政策都得到了一定的发展。

第三，"两极化"刑事政策是对 20 世纪 60 年代以来当代犯罪学社会反应理论和犯罪被害人理论以及世界范围内日益普及的人权保障观念的吸收。

除了古典学派的"自由意志论"和刑罚价值得到新的回归、实证主义的"危险人格"和社会防卫理论的相应确认，"两极化"刑事政策的产生还是对20 世纪 60 年代以来当代犯罪学社会反应理论和犯罪被害人理论以及世界范围内日益普及的人权保障观念的吸收。

首先，社会反应理论认为，不是偏离行为引发了社会控制，相反，正是社会控制本身导致了偏离行为。偏离行为并不是行为人实施的行为真正具有偏离性，而是行为人之外的第三者适用规则及制裁于"违法者"的结果。社会反应理论是相互作用理论（标签论）、冲突理论和批判犯罪学的集合体。综合而言，社会反应理论，注重从政治、经济、文化、自然等宏观角度研究作为社会现象的犯罪的规律、结构、表现形式、发展趋势及成因；注重分析作为个体现象的犯罪行为的生成过程；并提出了改良犯罪对策的建议及有效预防犯罪的措施和手段。社会反应理论将犯罪学的注意力引向对越轨行为和犯罪行为的社会反应、裁决过程及其刑事立法和司法上面，从"刺激者"和反应者的互动关系中探讨犯罪生成的原因。① 社会反应理论对社会现实的关注和对刑事司法的注重，为"两极化"刑事政策的提出和运用提供了一定的理论支持。

其次，犯罪被害人理论的发展促使了"两极化"刑事政策，尤其是宽松刑事政策的产生。1941 年，德国犯罪学家亨蒂希发表了《论作案者与受害者之间的相互影响》一文，率先提出被害人在犯罪学研究中的地位，他认为"在犯罪进行过程中，受害者不再是被动的客体，而是主动的主体。"② 随后，被害人学在西方国家日益受到了重视。从研究内容上看，最初，被害人学研究的重点是被害人与犯罪人之间的互动关系，旨在从被害人角度提出犯罪预防的措施。20 世纪 60 年代之后，被害人的刑事保护逐渐成为被害人学的主要内容。③ 日本学者大谷实认为，保护被害人的刑事政策上的意义在于，维持、确保国民对刑事司法在内的法秩序的信赖，由此而对预防犯罪和维持社会秩序作出贡献；相对于被害人保护的本体目标，推进犯罪人重返没有敌意的社会只是它的附属效果。④ 不过，从当时的社会实践看，保护被害人的目的并没有得到完全的实现。英国的法改革者 Margery Fry 感到在刑事司法过

---

① 参见张远煌著：《现代犯罪学的基本问题》，10 页、57 页，北京，中国检察出版社，1998。

② ［德］汉斯·约阿希姆·施奈德著：《犯罪学》，吴鑫涛等译，815 页，北京，中国人民公安大学出版社，1990。

③ 参见马静华、罗宁："西方刑事和解制度考略"，载《福建公安高等专科学校学报》，2006(1)。

④ 参见［日］大谷实著：《刑事政策学》，黎宏译，309 页，北京，法律出版社，2000。

程中不能无视被害人，提出应赔偿被害人，并着力于罪犯与被害人的和解。①
正是在这种理论的推动下，着力于轻微犯罪人与被害人之间的和解、谅解，
宽松刑事政策的理念日益受到了重视。

再次，"两极化"刑事政策的提出和发展也受到了西方人权保障观念的
影响。人权是人依其自然属性和社会本质所享有和应当享有的权利。从文艺
复兴时期反对"神权"争取"人权"的思想解放运动，到宗教改革运动的消
灭信仰的奴役制，确立个人宗教信仰自由；从洛克的"天赋人权"到卢梭的
"公民权利"；从 1776 年美国的《独立宣言》到 1789 年法国的《人权和公民
权宣言》，西方人权理论与实践经历了一个从萌芽、启蒙到形成理论体系再
到成为明确的政治法律概念的形成发展过程。②犯罪嫌疑人、被告人罪犯是社
会上的一个特殊群体，其人权是社会人权的重要组成部分。这部分人的人权
理论与实践也是伴随着资产阶级的人权理论与实践的产生与发展而建立和完
善起来的。在刑事诉讼法和刑事执行法领域，犯罪嫌疑人、被告人、罪犯的
权利保障都得到了不同程度的增强。犯罪嫌疑人、被告人和罪犯作为人的权
利，无论是刑事实体法、刑事程序法，还是刑事执行法领域都有所体现。未
成年人、偶犯、初犯以及有各种从宽情节的犯罪分子，都能在法律上得到宽
待。宽松的刑事政策在西方各国都得到了不断的发展。

总体而论，"两极化"刑事政策体现了当代刑事政策的如下主旨：刑事
政策是建立在多元理论基础之上的旨在解决对广义犯罪现象的打击与预防所
提出问题的社会和法律战略。立足本国实际，借鉴"两极化"政策构想，应
将"宽严相济"定位于整个犯罪控制体系中刑事控制之基本政策。

二、"两极化"刑事政策指导下的西方立法与司法实践

在"两极化"刑事政策的指导下，西方国家在刑事立法和刑事司法方
面，都进行了一些变革。大体而言，严格刑事政策从保护社会秩序出发，采
取报应刑思想，适用对象是重大犯罪、有组织犯罪、恐怖主义犯罪、累犯
等，基本策略是刑事立法上的"入罪化"、刑事司法上的"从重量刑、特别
程序和证据规则"和刑事执行上的"隔离与长期监禁"。宽松刑事政策从特
别预防和刑罚谦抑主义出发，采取教育刑思想，适用对象是轻微犯罪、无被
害人犯罪、偶犯、初犯、过失犯等，基本策略是刑事立法上的"非犯罪化"、
刑事司法上的"非刑罚化、程序简易化"、刑事执行上的"非机构化、非监
禁化"。③具体而言，"两极化"刑事政策对西方立法与司法实践的指导主要体
现在以下两个方面：

---

① 参见刘凌梅："西方国家刑事和解理论与实践介评"，载《现代法学》，2001（1）。
② 参见柳忠卫："试论罪犯的人权保障"，载《中国人民大学学报》，2002（5）。
③ 参见许福生著：《刑事法讲义》，29 页，2001；郑善印："两极化的刑事政策"，载《罪与
刑——林山田教授六十岁生日祝贺论文集》，734 页，台湾，台湾五南图书出版有限公司，1998。

（一）严格刑事政策下的西方立法与司法实践

在严格刑事政策的指导下，西方国家针对一些严重的刑事犯罪，无论是在刑事立法上还是在刑事司法中都采取了一些严厉的措施。这一方面是为了防止这些严重的犯罪分子在短期内出狱危害社会，另一方面也是了更好惩治罪犯，同时实现刑罚对社会的一般预防目的。

1. 严格刑事政策指导下的西方刑事立法

在刑事立法方面，西方国家受严格刑事政策的影响，出现了对严重刑事犯实施严厉刑事处罚的倾向，具体而言，主要体现在以下两个方面：

第一，死刑的部分恢复与反复。

死刑被西方国家视为人权状况的一个标杆。在欧洲，加入欧盟的一个重要条件就是必须废除死刑。从当前世界的总体情况看，废除死刑的国家占据了多数。依据国际特赦组织的统计，截至 2005 年 8 月，全球目前有 84 个国家及百慕大、中国香港、中国澳门、纽威岛、土克斯及开科斯群岛没有死刑；有 10 个国家和库克群岛只对于例外的犯罪有死刑，对普通的犯罪没有死刑；有 24 个国家对一般的犯罪有死刑而 10 年内没有处决，或有做出不处决的国际承诺（如俄罗斯）；有 76 个国家和地区（包含我国台湾地区和巴勒斯坦）对于一般的犯罪有死刑。在法律上规定有死刑的国家，死刑的执行方式有枪决、绞刑、斩首、电刑、毒气、石刑、注射等，其中采用枪决的国家有 86 个，采用绞刑的国家有 77 个，仅有中国和美国正式采用注射死刑。[1]但是，受一些严重犯罪的影响，为了严厉打击严重的刑事犯罪，一些国家和地区在死刑问题上出现了一定的反复，如在一些废除了死刑的国家，就有三个国家：菲律宾、冈比亚和巴布亚新几内亚，又重新引入了死刑。菲律宾 1999 年和 2000 年 7 次执行死刑。[2] 美国 1977 年对一名死刑犯执行了死刑，结束了美国刑事司法史上连续 10 年不执行死刑的时期。自 1977 年以来，虽然只发生了少量的处决，但是，恢复死刑的州的数量有所增加。现在美国有 1000 名以上的已决犯处于死刑判决之下，并且，该数量每周都在上升。[3] 其中，美国纽约州在废除死刑 30 年后又恢复了死刑；堪萨斯州，自从 1967 年格雷格案的判决后，就没有再制定过法律来"提供"死刑，但在执行最后一例死刑的 29 年之后，又于 1994 年恢复了死刑。[4] 西方国家在死刑问题上的这种反复，实际上表明了在严格刑事政策指导下对严重犯罪进行严厉惩罚的态度。

---

[1] http://www.zh.wikipedia.org，2005/8/24。

[2] 2006 年 6 月，菲律宾再次由参议院和众议院以压倒性多数通过议案废除死刑。

[3] 参见［美］德恩·阿切尔、罗西曼里·嘎特内尔、马克·贝特尔文："杀人与死刑——对一个遏制假设的一种跨国比较"，载邱兴隆主编：《比较刑法（第 1 卷·死刑专号）》，34 页。北京，中国检察出版社，2001。

[4] 参见［英］罗吉尔·胡德、刘仁文："限制与废除死刑的全球考察"，载《人民检察》，2005(5)。

第二，对黑社会、恐怖主义等严重犯罪的严格立法。

受当前黑社会、恐怖主义等严重犯罪对社会危害严重的影响，西方各国都在一定程度上采取相关的应对措施。从刑事立法的角度看，它们主要是通过立法的方式将一些没有规定为犯罪的行为规定为犯罪，并对有关犯罪的法定刑作了更高、更严厉的规定。这个方面的两个典型代表是美国1970年制定的《反犯罪组织侵蚀合法组织法》和德国1992年颁布的《打击非法毒品交易和其他形式的有组织犯罪法》。

美国国会于1970年制定了《反犯罪组织侵蚀合法组织法》（The Racketeer Influenced and Corrupt Organization Act，RICO），俗称反黑法。根据该法规定，对于有组织敲诈勒索行为应当同时适用监禁、罚金和没收财产三种刑罚：其中监禁刑最高达20年，特殊情况可处终身监禁；可以选处或者并处25 000美元以下罚金（如果犯罪人是组织，则可以判处高达50万美元的罚金），除了上述限额罚金外，还可加处两倍于犯罪所得的不法利益的罚金；并且还应没收犯罪所得的不法利益以及犯罪组织本身的全部财产或利益。此外，该法还规定了法院发布救济令、解散犯罪组织以及三倍的民事损害赔偿等民事制裁方式，旨在彻底摧毁犯罪组织的犯罪能力。① 德国1992年颁布了《打击非法毒品交易和其他形式的有组织犯罪法》（即《有组织犯罪法》），增设财产刑作为新刑种并扩展追缴的适用范围，对诸如毒品交易、伪造货币、买卖人口、结伙盗窃、洗钱等犯罪，法院在审判有组织犯罪的成员时，可以没收其全部财产，包括追缴其非本罪的犯罪所得；司法人员在刑事诉讼中依法可以采用派遣秘密调查人员、使用技术监视器、大规模通缉以及动用警方人员进行跟踪观察等特殊执法手段。针对暴力犯罪，联邦德国政府于20世纪80年代中期成立了联邦政府反暴力独立委员会（简称反暴力委员会），专门负责预防和控制德国境内的暴力犯罪的工作，建立专门的监狱或在监狱中设立专门的高度安全监区关押恐怖分子和暴力犯罪分子。②

这种对严重的有组织犯罪、黑社会犯罪、恐怖主义等犯罪的严格立法、严厉惩处，充分体现了对严重犯罪所适用的严格刑事政策。

2. 严格刑事政策指导下的刑事司法实践

从刑事司法实践的角度看，西方国家的严格刑事政策也有较多的体现，在此我们择两个比较有代表性的做法予以简单介绍。

第一，美国的三振出局法实践。

"三振出局"是棒球比赛中的一个专业术语。投手投球，投出来的球分好球和坏球。好球没打、空投都算一击，空球坏球也算一击，在两击之前打

---

① 参见储槐植著：《美国德国惩治经济犯罪和职务犯罪法律选编》，37页，北京，北京大学出版社，1994。

② 参见王世洲著：《德国经济犯罪与经济刑法研究》，28页，北京，北京大学出版社，1999。

出界外球也算一击，三击则出局，也就是三振出局。美国自 20 世纪 90 年代初开始，美国有 20 多个州制定了三振出局法（Three Strikes Legislation），这些法律都规定了对严重犯罪特别是严重暴力犯罪的累犯加重处罚，甚至不考虑再犯重罪罪行本身的危害程度及其法定刑一律判处终身监禁，同时又对行刑处遇如善行折减、减刑、假释等进行严格限制。其中加利福尼亚州的三振出局法则是其中最为严厉和最为典型的立法。基于"对有重罪前科的罪犯科处更长刑期和更重刑罚"的立法初衷，加州三振出局法规定，只要被告人当前的罪行为重罪，并且被证明先前被处过一次或两次法定重罪的有罪判决，连续执行的重罪有罪判决，对总和刑期没有任何限制；如果能证明被告人曾因重罪被判刑，则应对其新犯重罪予以加倍处罚，连续执行的前后重罪的总和刑期没有限制。此外，该法更严格限制对适用三振出局法被判刑的罪犯进行减刑和假释，适用三振出局法者可得予以善行折减的刑期不得超过法官量刑的 20％。这就意味着适用该法被定罪量刑的被告人实际执行的刑期不得少于 20 年。①这是对刑事司法中法官自由裁量权的严格限制，与美国传统的刑事司法实践相比，有了较大的改变。而这种改变也是为了对付那些严重犯罪的累犯，体现了严格刑事政策的精神。

第二，美国"9·11"之后的反恐实践。

在"9·11"事件发生之后，为了因应恐怖主义的严重威胁，美国制定了一部反恐法，全称为《2001 年团结和强化美国通过提供适当方法以截断和阻止恐怖主义法》。为了打击恐怖主义的需要，该部法律准许无限制拘捕移民（在许多情况下，不许律师介入），准许检查所有秘密档案，准许在公共和私人场所进行监视活动，以及偷听电话和进行秘密调查等。此外还增加了边境安全措施，例如跟踪可疑的恐怖分子，进入住宅和企业进行检查，对某些国家的外国人实行强制登记，以及逮捕和驱逐进行非法活动的外国人等。这些规定，已经与美国传统的人权保障有相当的距离了。为了反控的需要，个人权利的保障已经退居相对次要的地位。在"9·11"事件发生之后的初期，《华盛顿邮报》的民意调查显示，三分之二的美国人愿意放弃自由权利来中止恐怖主义。②可见，为了打击严重的、危害国家和社会案件的犯罪，美国人民和政府可以以自由来换取安宁。而这也体现了美国的严格刑事政策，即对严重的刑事犯罪采取严格的刑事。

上述两部法律，是美国在严厉打击严重刑事犯罪方面的两部有代表性的法律，也是西方"两极化"刑事政策之严格刑事政策的体现。实际上，不仅美国，其他发达国家如日本、英国、法国等也都有反恐方面的立法，并且也都规定了严厉的措施。"两极化"刑事政策中的严格刑事政策，在这里，得

---

① 详细介绍参见梁根林著：《刑事制裁：方式与选择》，49—50 页，北京，法律出版社，2006。
② Brigid Mc Menam in, Land of the Free, Forbes, Oct. 15, 2001, p. 56.

到了较为充分、集中的体现。

（二）宽松刑事政策下的西方立法与司法实践

在宽松刑事政策指导下，西方国家出现了刑罚轻缓化的做法，即在刑事立法、刑事司法和刑事执法方面，注重人权保障。犯罪嫌疑人、被告人、罪犯在刑事司法和刑事执行能够得到更好的处遇。

1. 宽松刑事政策指导下的西方刑事立法

在刑事立法上，因应宽松刑事政策，西方出现了一种非犯罪化的倾向，刑事和解、恢复性司法等制度有了较大的发展和较广泛的运用，具体主要表现在：

第一，对轻微犯罪，尤其是无被害人犯罪的非犯罪化。

非犯罪化，即将原本是犯罪、应受刑罚处罚的行为通过修改立法，不将其作为犯罪对待。在宽松刑事政策指导下，西方的非犯罪化有了较大的发展，尤其是一些无被害人犯罪的非犯罪化更为明显。如英国 1967 年通过了《性犯罪法》，确认了 21 岁以上的男子之间私下自愿发生的同性恋行为并不触犯刑法。同年，英国还通过了《堕胎罪法》，根据该法，如果妊娠是由一个已经注册的开业医生予以终止，并由这样的开业医生提出意见，则不构成堕胎罪，这实际上是使堕胎自由化。与此同时，联邦德国曾颁布新刑法典，取消了决斗、堕胎、通奸、男子间单纯的猥亵等罪名。瑞典等北欧国家通过修改《性犯罪法》缩小了卖淫和亲属相奸等罪的范围。美国通过颁布成文的刑法典，取消了醉酒、色情书画、卖淫、通奸、自杀等一些传统的罪名。[①] 德国 1975 年则对刑法典进行了一项重要的改革，排除了违警罪的刑事犯罪的性质，把违警罪只作为对法律的一般违反，只处行政罚款，而不处刑事罚金。这样，原先大量存在的违警罪被非犯罪化了。

第二，刑事和解、恢复性司法等制度得到了较大的发展。

刑事和解，又称加害人与被害者的和解（即 Victim-of-fender-reconciliation, 简称 VOR）是指在犯罪后，经由调停人，使加害者和被害者直接相谈、协商，解决纠纷冲突。其目的是恢复加害人和被害者的和睦关系，并使罪犯改过自新，复归社会。刑事和解的思想渊源最早可追溯至原始社会的私人分割赔偿，但作为一种刑事思潮和理论，它发端于 20 世纪中叶，是西方国家新的刑事思潮和法律价值观变化的产物。[②] 刑事和解制度自 1974 年在加拿大开始实施以来，已经越来越受到各个国家和地区的重视。美国于 1978 年开始引入刑事和解制度，1994 年正式得到美国全国律师协会的支持。少年犯罪是最早适用刑事和解、也是最重要的适用对象之一。在成人犯罪中，各国适用的具体范围不尽一致。英国主要适用于财产犯罪和初犯；加拿大适用于轻

---

① 参见蒋建峰："西方非犯罪化对我国刑事立法的影响"，载《江苏警官学院学报》，2004(3)。

② 参见刘凌梅："西方国家刑事和解理论与实践介评"，载《现代法学》，2001 (1)。

犯罪、经济犯罪和环境犯罪；德国刑法虽然对和解的适用没有限制，但在实践中则有具体要求：（1）愿意参加者；（2）被害人是个人的；（3）坦白的加害人；（4）案件的事实和状况能明确地证实；（5）限于轻微犯罪和一般的犯罪，对于性犯罪和暴力犯罪只在若干例外中适用。①目前从全球角度上看，刑事和解制度普及率最高的是新西兰，已经做到了每一个司法管辖区都在推行刑事和解制度。而在德国、美国和英国等国家，刑事和解制度也得到较为广泛的应用。②

恢复性司法非常关注社区健康的恢复，修复已造成的伤害，满足被害人的要求并强调犯罪人能够而且必须对这种恢复与修复作出贡献③，是通过恢复性程序实现恢复性后果的非正式犯罪处理方法。恢复性程序是指在第三方的调解下，通过犯罪人与被害人之间面对面的协商，促进当事人的沟通与交流，并确定犯罪发生后的解决方案。而恢复性结果，指的是通过道歉、赔偿、社区服务、生活帮助等使被害人因犯罪造成的物质精神损害得到补偿，使被害人的受犯罪影响的生活恢复常态；使犯罪人通过积极的负责任的行为重新取得被害人及其家庭和社区成员的谅解，并使罪犯重新融入社区。④ 现代意义上的恢复性司法，产生于最近以揭示现存司法制度的失败并开发一种新司法方式的运动。在宽松刑事政策指导下，各国的恢复性司法得到了较大发展。到20世纪90年代，恢复性司法已在西欧、北美、拉美、亚洲、大洋洲等数十个国家得到不同程度的发展与运用。在美国，至少有14个州的少年法典规定了恢复性司法，并且有大量的恢复性司法组织与机构，如恢复性司法研究所、调解与冲突研究中心、司法之友等。在加拿大，恢复性司法实践已有很大的发展。英国也有恢复性司法的研究与实践组织，如恢复性司法联合体、伦敦门诺中心、全国犯罪人关怀和重新安置协会等。在澳大利亚，恢复性司法也呈良好发展趋势，首都地区已在法律上确定了犯罪人与被害人的协商会形式。从1995年开始，澳大利亚国立大学已实施一项名为"重建耻辱试验"的研究计划，对堪培拉的协商会议进行研究。⑤

2. 宽松刑事政策指导下的西方刑事司法实践

从相关的资料看，宽松刑事政策在刑事司法活动中的体现更为突出和明显。其中一个最为明显的表现，就是建立了犹豫制度。这种犹豫制度在警察阶段、检察阶段、裁判阶段和执行阶段都有相应的体现。

---

① 参见［日］安部哲夫："德国被害人学的产生和发展"，载《被害者学研究》，1998（3），转引自刘凌梅："西方国家刑事和解理论与实践介评"，载《现代法学》，2001（1）。

② 参见和静钧："海外刑事和解制度的启示"，载《检察风云》，2007（10）。

③ Thomas Quinn: *An Interview with Former Visiting Fellow of NIJ*, Published in March 1998 in The National Institute of Justice Journal, Office of Justice Programs, U. S. Department of Justice.

④ 参见袁彬："恢复性司法与青少年心理恢复"，载《青少年犯罪问题》，2004（4）。

⑤ 参见彭海青："论恢复性司法"，载《中国刑事法杂志》，2004（3）。

在警察阶段，犹豫制度体现为警察对一些微罪不予处分制度。对一些轻微的刑事案件避免适用传统的刑事程序，而采取一些带有教育性辅助措施的方式处理。通过这种方式，一方面可以大大节约司法成本，使得司法机关可以更好地集中力量办理大案要案；另一方面也可以收到较好的社会效果。一些轻微的刑事案件，犯罪嫌疑人并不是不清楚自己行为的违法性质，只是由于过失或者其他因素导致了不法行为的出现。通过警察的不予处分制度，可以给他们一次机会，让这些人更好地改过自新。

在检察阶段，犹豫制度体现为公诉机关对一些刑事犯罪的缓起诉制度。缓起诉，即暂缓起诉。在宽松刑事政策的指导下，这种缓起诉主要是指检察机关对一些主观恶行不大的偶犯、初犯、未成年人犯罪暂时不予起诉，如果这些人表现良好，则不予起诉；如果这些人表现不好，还可予以起诉。在比利时，如果检察官认为根据犯罪行为人的性格、年龄、境遇、犯罪的性质、情节和轻重程度以及犯罪后的情况，认为可以暂缓起诉的，可以决定暂不起诉，而予以考察监督。经过一定时期的考察监督后，如果认为犯罪行为人表现良好，则可以决定不予起诉。20 世纪 60 年代美国建立审前考察监督制度（Pretrial Probation），被适用审前考察监督的被告人必须是被检察官认定确实犯了罪的人，如果其行为本身不构成犯罪，不能对其进行审前考察监督。因此，审前考察监督是对事实上犯了罪的人的非刑罚处理方式。这种犹豫制度实际上是检察阶段给予犯罪嫌疑人一次悔过自新的机会，体现了对轻微犯罪予以宽松处理的宽松刑事政策。

在裁判阶段，犹豫制度有两种体现：一是缓宣告，即对犯罪事实清楚、证据比较充分的轻微刑事犯罪，在审理后，不立即进行有罪的宣告，暂时缓期，如果犯罪人在这个阶段有较好的表现，则作无罪或者罪轻的宣告；如果犯罪人在这个阶段不思悔改，则作有罪宣告。二是缓执行，也叫缓刑制度，即对于一些轻微的犯罪分子，法院对其宣告有罪或对其所判处的刑罚，但是不是立即予以执行，而是同时宣告缓期执行。在缓期执行期间，如果犯罪人的表现良好，则不执行原判决所决定的刑罚；如果在缓期执行期间犯罪人又有故意犯罪或者又有重大违法行为，则撤销对犯罪人的缓期执行，直接执行原判刑罚。在美国，缓刑有两种：一是缓刑监督，是指法官对被告人的犯罪行为作有罪宣告而不判处其刑罚，但规定一个监督考验期，在此期限内受有罪宣告的人应当在缓刑监督官的监督下遵守特别的义务。如果认为受有罪宣告的人接受监督表现良好，则期限届满后不再对其适用刑罚。二是缓刑监禁（Suspended Sentence）是指法院对被告人作有罪宣告并判处一定期限的剥夺自由的刑罚，同时根据一定的条件暂缓刑罚的执行，规定一定的监督考验期限和应当遵守的特别义务，如果认为犯罪人接受监督表现良好则不再执行原判刑罚。据 1982 年 8 月美国司法报告：1981 年全国被处缓刑的人数达 120

万人（而当时各类监所的在押犯共 54 万人）。①而据 1977 年《日本犯罪白皮书》公布的数字，日本第一审法院判处有期徒刑、监禁刑中的缓刑比率，1955 年为 46.1%，1960 年为 50.15%，1976 年为 60.89%。②这两种犹豫制度，所针对的都是罪行较为轻微的犯罪分子，充分体现了宽松刑事政策对刑事司法的指导作用。

在执行阶段，西方的犹豫制度也有两种体现：一是假释，即在对犯罪人执行一定刑期以后，发现犯罪人认罪伏法，有悔改表现，而将犯罪人提前释放，并规定一个期限对其进行考验，如果犯罪人表现良好，则不执行剩余刑期，如果犯罪人表现不好，还可收监执行。据统计，美国 1993 年的假释率为 72%，加拿大 1992—1993 年间的假释率为 36.2%，瑞典 1993—1994 年间的假释率为 33%。二是恩赦，即由国家最高元首宣告对一些犯罪分子予以赦免的制度。恩赦制度在一些国家有大赦和特赦之分，前者针对的是某一类犯罪，后者针对的是具体的犯罪人。

从目前的情况看，缓刑、假释是犹豫制度中较集中体现宽松刑事政策的两种制度，也是西方国家运用最广泛的两种制度。据统计，2000 年，在加拿大缓刑、假释人数为 121 358 人，占服刑总人数的 79.76%；在法国，缓刑、假释人数为 135 020 人，占服刑总人数的 72.63%；在澳大利亚缓刑、假释人数为 718 979 人，占服刑总人数的 77.84%；在美国，缓刑、假释人数为 4 565 056 人，占服刑总人数的 70.25%。即使在缓刑、假释比率相对较低的韩国和俄罗斯，其缓刑、假释人数占服刑总人数的比例分别亦高达 45.9% 和 44.8%。另根据美国联邦司法部 2001 年底的统计，2001 年全美被处以缓刑、假释和在监狱、看守所等监狱设施内执行刑罚的总数为 662 万人，其中被处以各种形式的缓刑人数为 393 万人，占 59.4%。被假释的受刑人数 73 万人，假释率（指通过假释有条件释放的人数与当年从监狱、看守所等监禁设施获释的人数之比）为 85% 左右。③

除了犹豫制度，西方国家在贯彻宽松刑事政策方面，还注重采取一些替代措施，力求降低自由刑的使用率。这些替代措施包括有取消驾驶执照，停止职业活动等权利剥夺；公益劳动刑；损害赔偿或回复原状命令；刑之免除；在宅拘留；易科制度等。例如，《德国刑法典》第 47 条第 2 项则规定了短期自由刑的易科："法定刑纵无罚金刑之规定，法院如认为无科处 6 个月或超过 6 个月自由刑的必要，且无前项所定必须科处自由刑的情形者，得科处罚金刑。法定刑如设有最低自由刑之规定者，则在前段情形，最低罚金刑

---

① 参见储槐植著：《刑事一体化》，130 页，北京，法律出版社，2004。
② 参见赵秉志主编：《刑罚总论问题探索》，517 页，北京，法律出版社，2003。
③ 参见刘强编：《美国社区矫正的理论与实务》，33 页，北京，中国人民公安大学出版社，2003。

即以最低自由刑为准，1 个月自由刑相当于 30 日额罚金。"①

与此同时，西方国家的刑事案件执行方法也朝向非机构化发展：（1）开放式处遇；（2）社区内处遇（完全的非机构化）。对于被判处短期自由刑的受刑人，尽量避免实际投入封闭性的监狱设施予以行刑处遇，取而代之以易科罚金、缓刑或者社区矫正，从而避免短期自由刑监狱化的副作用对主观恶性和人身危险性不大的受刑人的腐蚀，鼓励轻微罪犯改过自新，减轻监狱负荷。②英国的社区服务令等。英国 1972 年制定的新《刑事司法法》（Criminal Justice Act 1972）第 15—19 条创设了社区服务命令（Community Service Order）制度，用以代替短期自由刑。该法规定，对应受短期拘禁刑的犯罪人，法院可以宣告 40 小时以上 240 小时以下的社区服务命令，使其无偿从事有益于社区的劳动服务工作，由保护管束执行机构负责执行。为了使受此处分的犯罪人的社会生活不受影响，其可于星期六、星期日或假日或夜间等利用其空闲时间从事工作，每次 5—6 小时，必须于判决后 1 年内执行完毕。其所从事的工作种类很多，如为一般医院或精神病院的病患者、老人、儿童、残疾人社会福利机构服务、道路清扫、公有房屋的修缮、帮助修建公共工程等。在命令期间如果其再犯罪或者违反命令，如不工作或无故迁居等，法院可以撤销社区服务命令而改判为监禁刑。对于情节较轻的违反者，通常首先由管护人予以口头警告，再次告知其履行命令，如屡次违反，法院可科以 50 英镑以下的罚金，甚至撤销社区服务命令。③

三、"两极化"刑事政策的启示与借鉴

综上所述，我们可以发现，西方的"两极化"刑事政策是西方国家同日益复杂的犯罪形势作斗争的需要，也是西方犯罪学、刑事政策学理论发展的产物。在这种"两极化"刑事政策指引下，西方国家的刑事立法和刑事司法实践都有了较大的变化和发展。

从西方"两极化"刑事政策的产生、发展和在刑事立法、司法实践中的体现来看，它至少在以下几个方面给予我们启迪和借鉴：

第一，刑事政策的制定必须深入研究犯罪形势，必须因应社会的需要，同与犯罪作斗争的实践密切结合。任何一个社会，犯罪形势总是很复杂的。这是由犯罪的复杂的原因所决定的。从犯罪形势内部看，有严重的犯罪，也有相对轻微的犯罪；有农村犯罪，也有城市犯罪；有传统犯罪，也有新型犯罪……对于这些不同类型的犯罪，它们在犯罪的数量、危害、改造难易程度上都会有较大的区别。如何针对这些犯罪的不同情况，制定一个合理的刑事

① ［德］汉斯·海因里希·耶塞克等著：《德国刑法教科书》，徐久生译，923 页，北京，中国法制出版社，2001。

② 参见梁根林著：《刑事制裁：方式与选择》，44—45 页，北京，法律出版社，2006。

③ 参见张甘妹著：《刑事政策》，277—278 页，台湾，台湾三民书局，1997。

政策，这就需要我们深入地研究犯罪的具体情况。长期以来，我们都将我国的犯罪形势定性为形势严峻，并在这种认识下长期依赖于"严打"的刑事政策对犯罪进行严厉打击。但是，实践表明，这种策略不仅没有遏制住犯罪形势的整体发展，而且还给刑事法治和社会发展带来了很大的阻碍。这与我们对犯罪形势的粗浅认识是密不可分的。"两极化"刑事政策因应西方复杂的犯罪形势，有针对性针对严重犯罪和轻微犯罪制定了不同的刑事政策。这种做法值得我们借鉴。

第二，刑事政策的制定和发展需要相应的理论支持。"两极化"刑事政策的产生与西方犯罪学理论的发展息息相关。这些理论，为"两极化"刑事政策的制定和运用提供了十分重要的理论支撑。也正是在这种有力的理论支持下，西方"两极化"刑事政策在刑事立法和刑事司法实践得到了较为充分的体现。实际上，理论的支持对于政策的制定是十分重要的，一方面，理论本身来源于实践、来源于社会观念，因此它可以在很大程度上反映社会实践和民众的需求，从而为政策的制定提供实践支持，使得政策的制定有一个科学的基础；另一方面，理论可以为政策的宣传提供了支持，从使得政策能够产生更大的影响，获得更大的社会认同。从我们国家的情况，我国刑事政策作为一门学科还很不成熟，而与刑事政策密切联系的犯罪学还处于初级阶段。这就使得我国刑事政策的出台和施行，在理论上所能获得的科学支持十分有限。因此加强与刑事政策相关的理论研究是我国今后刑事政策制定、发展的一个方向。

第三，刑事政策必须具有相对的灵活性。一般来说，法律具有相对的稳定性。一部法律制定之后必须在相当长的时间内保持相对的稳定。与此同时，法律的内容也相对固定，不能随意更改，它给法官的自由裁量权也应当是有限的。但是，法律也有灵活性，也要因应刑事司法实践的需要，给法官一定的自由裁量空间。刑事政策更是如此。

刑事政策的灵活性体现在，它必须能够指引刑事立法和刑事司法根据社会形势的变化进行相应的变更和调整。"两极化"刑事政策是一个灵活的刑事政策，因为它充分考虑了西方社会的犯罪形势和同犯罪作斗争的需要。我国的"严打"刑事政策是一个不灵活的刑事政策，它只强调严的一面，但实际上法网不可能一直保持严的状况，它的张力是有限的，社会的张力也是有限的，法网必须要有一定的弹性。如果长期以"严打"为指导，我国的刑事立法和刑事司法只会越来越严厉，最终可能出现的后果是导致刑事司法的崩盘。

不过，我们欣喜地看到，2005 年以来，党和国家在很多正式的场合都提出了"宽严相济的刑事政策"。从这个刑事政策中，我们看到了刑事政策对犯罪形势的因应、对与犯罪作斗争的考虑、对刑事政策灵活性的掌握。可以说，宽严相济刑事政策所提出的"宽中有严""严中有宽""宽严相济"，是对西方"两极化"刑事政策的一个呼声，更是西方"两极化"刑事政策在中国的发展。因此它不仅强调对轻微刑事犯罪的宽、对严重刑事犯罪的严，还强调了对该严的轻微刑事犯罪也要适当地严、对该宽的严重刑事犯罪也要适度地宽。比较而言，这显然是一个进步和发展。

蔡桂生 *

基层轻微犯罪刑事政策研究

——尤其从民间社会的角度

轻微犯罪事实上构成一个国家总体犯罪数量之绝大部分，对于重大犯罪之源头的轻微犯罪，需要刑法来控制，但是由于刑法处理的正式性，使得刑法基于谦抑理念而不过多涉足轻微犯罪领域，但这不代表可以放纵轻微犯罪，除了严密刑法法网外，有效的刑事政策亦是控制轻微犯罪的良好方式，刑事政策和刑法是紧密联系的，没有刑法的刑事政策，必将沦为常识的刑事政策，而不切实际。没有刑事政策的刑事法学，必将只看到刑事法学的形式规定，而无法找寻其真正的灵魂。[①]通常而言，刑事政策是国家机关（国家和地方公共团体）通过预防犯罪、缓和犯罪被害人及社会一般人对于犯罪的愤慨，从而实现维持社会秩序的目的的一切措施政策。[②]刑事政策包括高层和基层刑事政策，笔者基于刑法规定，着重从具有普遍性的轻微犯罪的基层刑事政策的角度进行研究，并充分尊重民间社会的特性，在正式规则和民间规则的周旋中，希望将基层控制轻微犯罪的刑事政策做一个解读。

一、研究轻微犯罪的必要性

（一）轻微犯罪的界定

在我国刑法上，通说认为，3 年有期徒刑是轻罪和重罪的分界线，这也有明确的刑事立法加以支持：从刑事实体法上，有管辖权制度和缓刑制度作为佐证。依照《刑法》第 7 条、第 8 条之规定，我国刑法总则在确定其管辖范围时，规定外国人在我国域外实施了侵犯我国国家和人民利益的犯罪，如果根据本法该罪法定最低刑为 3 年以上有期徒刑，而且犯罪地国也被认为是

---

   * 北京大学法学院刑法学专业研究生。

① 参见许福生著：《刑事政策学》，17 页，北京，中国民主法制出版社，2006。

② 参见［日］大谷实著：《刑事政策学》，黎宏译，3 页，北京，法律出版社，2000。

犯罪，才应当对其进行管辖；中国人在域外实施了"本法规定之罪"的，原则上应该管辖，但是，如果根据本法该罪法定最高刑为 3 年以下的，可以不予追究。根据《刑法》第 72 条，对于判处拘役、3 年以下有期徒刑的犯罪分子，根据犯罪分子的犯罪情节和悔罪表现，适用缓刑确实不致再危害社会的，可以宣告缓刑。从刑事程序法上，《刑事诉讼法》第 174 条规定，对依法可能判处 3 年以下有期徒刑、拘役、管制、单处罚金的公诉案件，事实清楚、证据充分，人民检察院建议或者同意适用简易程序的，可以适用简易程序。

"轻微"乃轻而微小之意。轻微犯罪和轻罪有何不同？从刑事法律上讲，根据《最高人民法院关于执行〈中华人民共和国刑事诉讼法〉若干问题的解释》（法释［1998］23 号）第 1 条的规定，人民检察院没有提起公诉，被害人有证据证明的轻微刑事案件包括：①故意伤害案（《刑法》第 234 条第 1 款规定的）；②非法侵入住宅案（《刑法》第 245 条规定的）；③侵犯通信自由案（《刑法》第 252 条规定的）；④重婚案（《刑法》第 258 条规定的）；⑤遗弃案（《刑法》第 261 条规定的）；⑥生产、销售伪劣商品案（《刑法》分则第 3 章第 1 节规定的，但是严重危害社会秩序和国家利益的除外）；⑦侵犯知识产权案（《刑法》分则第 3 章第 7 节规定的，但是严重危害社会秩序和国家利益的除外）；⑧属于《刑法》分则第 4 章、第 5 章规定的，对被告人可能判处 3 年有期徒刑以下刑罚的案件。应该说，轻微犯罪的范围要小于轻罪，而且在严重程度上要低于轻罪。所以，即便我们只从刑事法律规定上说，把轻微犯罪混同于轻罪的说法①也并非可取，不过我国并未从法律上明文规定轻重罪、轻微犯罪之分，而仅仅是提供了一些立法例可以用作轻重罪划分的依据，故而轻重罪、轻微犯罪的定义主要是在学理上进行探讨。②

首先，按照我国刑法罚则中关于"格"的规定，既然轻罪是可判处 3 年以下有期徒刑的罪行，那么轻微犯罪则至少应当再降一格③，到 2 年有期徒刑，降格处理即为减轻处罚，因此得到：式子一：轻罪＋减轻处罚（情节）→轻微犯罪。

其次，依照我国刑法理论，缓刑也是轻微犯罪的重要特征，故而有：

---

①　如李志平："对轻微犯罪实行'轻重控制'的对策思考"，载《法治论坛》，2007（1）；王军、张寒玉："公诉工作中对轻微犯罪实行轻缓刑事政策问题研究"，载《人民检察》，2007（4）；刘中发等："轻罪刑事政策"，载陈兴良主编：《宽严相济刑事政策研究》，293 页，北京，中国人民大学出版社，2007。

②　在我国，依照《人体重伤鉴定标准》、《人体轻伤鉴定标准》和《人体轻微伤鉴定标准》，我国法律还是区分轻伤和轻微伤的，如果依此逻辑，区分轻罪和轻微犯罪是有必要的。

③　根据我国刑法分则规定的法定最低刑来看，共有 12 种规定，即死刑、无期徒刑、15 年徒刑、10 年徒刑、7 年徒刑、5 年徒刑、3 年徒刑、2 年徒刑、1 年徒刑、拘役、管制和附加刑。这 12 种法定最低刑就形成了 12 个刑罚等级，每个刑罚等级之间所形成的落差就是刑格。刑格包括刑种格和刑期格。"一格"，就相当于一个等级或一个阶梯。

式子二：轻罪＋缓刑（情节）→轻微犯罪。

最后，还应当注意到刑法本身直接规定的 2 年以下有期徒刑的轻微犯罪，得到：式子三：刑法直接规定 2 年以下有期徒刑的犯罪→轻微犯罪①。

这三个式子就是本文从刑法上所界定的轻微犯罪的罪名。由于我国实际刑事司法运作的原因，这些轻微犯罪是最容易被忽视或者非罪化的刑事犯罪，当然，从犯罪学的角度来讲，轻微犯罪的范围应该更大些，应该来说，笔者探讨的侧重点在总体上的轻微犯罪的刑事政策，而并非某罪微观上的刑事政策，故而这里对轻微犯罪的界定之意义重点在于廓清我们的疑惑。在后面的具体论述上，本文所采取的哲理进路是：被忽视的事情，往往是非常重要的。

（二）研究轻微犯罪的必要性

我国宋代哲学大师王阳明有言："不离日用常行内，直造先天未画前"。②日常生活中的小事往往蕴涵着重大的意义。预防犯罪是刑事政策的主要方针。③ 千里之堤，溃于蚁穴，如果轻微的违法越轨行为没有被"防微杜渐"，其就容易演化为轻微犯罪，如果轻微犯罪不能够得到有效的控制，其就容易演化为重大犯罪。

在大洋彼岸的美国，1982 年美国政治学家詹姆斯·威尔逊（James Q. Wilson）和犯罪学家乔治·凯琳（George Keling）在其发表的《警察与社区安全：破窗》（Police and Neighborhood Safety：Broken Windows）一文中首先提出了"破窗理论"。该理论指出，如果社区中有一栋建筑的一扇窗户遭到破坏而未得到及时修补，那么，肇事者就会误认为整体建筑都无人管理，从而得到了自己可以任意进行破坏的心理暗示，久而久之，这些破窗户就会给人一种社会无序的感觉，各种违反秩序的行为和犯罪行为就会在公众麻木不仁的氛围中潜滋暗长，整个社会治安状况随之逐步恶化。"破窗理论"的重要贡献在于，它非常有力地使人们相信，在轻微的违法行为与严重的犯罪之

---

① 经过笔者的整理，有如下罪名：第 141 条生产销售伪劣产品罪；第 209 条非法制造、出售非法制造的发票罪；非法出售发票罪；第 221 条损害商业信誉、商品声誉罪；第 222 条虚假广告罪；第 227 条伪造、倒卖伪造的有价票证罪；第 251 条非法剥夺公民宗教信仰自由罪、侵犯少数民族风俗习惯罪、第 252 条侵犯通信自由罪；第 253 条私自开拆、隐匿、毁弃邮件、电报罪；第 254 条报复陷害罪；第 257 条暴力干涉婚姻自由罪；第 258 条重婚罪；第 260 条虐待罪；第 270 条侵占罪；第 284 条非法使用窃听、窃照专用器材罪；第 304 条故意延误投递邮件罪；第 318 条组织他人偷越国（边）境罪；第 322 条偷越国（边）境罪；第 364 条传播淫秽物品罪；第 376 条公民战时拒绝、逃避服役罪；第 383 条贪污罪（不满 5000 元）；第 395 条隐瞒境外存款罪；第 416 条阻碍解救被拐卖、绑架妇女、儿童罪（情节较轻）。

② 王阳明《别诸生》全诗如下："绵绵圣学已千年，两字良知是口传。欲识混沦无斧凿，须从规矩出方圆。不离日用常行内，直造先天未画前。"载王守仁著：《王阳明全集》，上，791 页，上海，上海古籍出版社，1992。

③ 参见［俄］С. С. Босхолов 著：《刑事政策的基础》，刘向文译，95 页，郑州，郑州大学出版社，2002。

间有着重要的联系。①

　　一个国家的法治文明程度，并不在于其是否在控制重大犯罪上取得效果，所谓"要案""命案"都是每个国家的公权力系统严肃对待的犯罪事件，这尚不足以作为法治国家和人治国家的区分标准。真正体现一个国家的规则之治的，应当是国家对于轻微犯罪和细小的违法行为的控制状况，如果一个国家充斥大量破坏规则的行为而得不到良好的社会治理，那么这个国家的法治状况一定不容乐观，而且最终将使人们对法治国家的憧憬化为乌有。正如在一个小偷小摸泛滥的社区里，人们就不会相信可以夜不闭户，不会相信良好社会秩序一样。

　　面对轻微犯罪，刑法的意义就在于在既有的框架内严密法网，遏制小型微型犯罪。这和储槐植教授提出的"严而不厉"的刑法模式是相契合的。社会良好道德、法治秩序的基石是人们对于他人的普遍信任，这使得小型犯罪小型失范行为的控制越发重要，由于这些微小的行为和普通人的接触最为紧密，所以是造就普通人对于社会现象社会治理状况之判断的基本材料。②在市场经济领域，市场经济行为的目的是利己的，商业贿赂在此目的下的蔓延是极为明显的，不使用贿赂者往往商业利益受损，而且还会受到"有经验者"的嘲笑和鄙视，大量的商业贿赂行为的发生甚至使其成为商场通规或商业陋习，破坏了市场经济秩序，导致了市场交易的不确定性，以《中共中央办公厅、国务院办公厅〈关于开展治理商业贿赂专项工作的意见〉》（2006 年 2 月 8 日）为源头，近年我国出台一系列法律法规甚至通过修订刑法的方式来治理商业贿赂，充分反映了一点，即微型犯罪和失范行为的灾难性频发直接导致社会正式规则的名存实亡。故而，轻微犯罪的治理应当是当代中国从中央到基层之刑事政策的重中之重。从我国犯罪控制的宏观上把握，在国家的主导与推动下，打击和预防犯罪显然具有全局性、专业性和高效性。但与此同时，我们也不应忽视这一事实，即在多年来一味强调打击犯罪是国家责任或官方责任的情形下，我国民间社会在犯罪抗制中的积极作用一度被严重忽视，其抗制犯罪的独有机能也不断萎缩，这已经成为当前我国犯罪形势相当

---

　　①　参见王国琦："美国警察的'零容忍'制度"，载《人民公安》，2007（7）。

　　②　比如，某工厂的商标总被侵权，但每次侵权造成的损失都不过几百元，厂长去公安局告，公安局说数额太小，构不成犯罪，但行政处罚呢？还是数额太小，不值得一管。于是厂长只好忍了，他越想越生气：为何自己那么倒霉被侵权呢？这样他就开始怀疑一些人，觉得他们都是有可能侵权的人，但又无确凿证据，可是即便有证据，公安也以案值太小推诿不理，这时厂长就想，这个社会上人的心咋这么坏？这个社会的规则水平真差。下次，这个厂长就注意学聪明了，既然别人都不守法，自己为何要守法，守法就要吃亏，于是不再相信遵守规则之重要，这样这个工厂的经营行为就越来越偏离正式规则地控制，即便做了许多侵犯他人商标权或生产伪劣商品的行为，他也不在乎，而且还可自我辩护说，别人不也这样做吗？可见，通过加强对于小型犯罪小型失范的违反秩序的行为的控制是非常有必要的。

严峻，社会治安总体状况仍不容乐观的一个重要原因。①鉴于基层民间社会在轻微犯罪以及相关的失范行为的处理上有着"第一线"的地位，具有影响我国总体治安形势和人民社会意识的重大意义，本文就主要从基层政权（及组织）切入，对轻微犯罪刑事政策加以研究。

二、基层政权（及组织）和正式规则（及政策）

基层政权是国家政权的一部分，它是相对于中央政权、中层政权而言的，是指这一级政权在国家政权结构中处于基层亦即最低一层的位置。按照这样的解释，基层政权，顾名思义就是指设在最低一级行政区域内的国家政权。我国的基层政权包括农村基层政权和城市基层政权两部分。按照我国现行宪法和地方组织法的规定，在农村，是指乡、民族乡、镇一级；在城市，是指不设区的市、市辖区一级。为了便于行政管理，我国城市基层政权一般设有自己的派出机关——街道办事处。从组织机构上说，我国的基层政权是指乡、镇、民族乡人民代表大会和人民政府以及市（不设区的市）、市辖区人民代表大会和人民政府。从轻微犯罪刑事政策的学术眼光看，真正比较有研究价值的基层政权应当是处于犯罪案件第一线的公权力，他们接触的是犯罪的最初形态，包括城乡基层政府，尤其是基层公安机关（农村的乡镇派出所、城市的公安分局），城乡基层党组织，甚至包括农村村民委员会和城市居民委员会这类群众性自治组织（基层组织），这也可视为是大谷实之刑事政策定义中的地方公共团体。

（一）基层组织与正式规则

在农村，由于对公检法这类官府的不了解和陌生感，实际上许多案件是先到村民委员会或村支部，经过一定处理后，解决不了才会到派出所。在村民委员会的处理中，较大的刑事犯罪一般都是移送公安机关（含派出所）处理。只有轻微犯罪和违反治安管理的行为才比较有可能在村民委员会或村支部内部消化。村民委员会或村支部的处理是典型的基层政权处理方式，本文也将从农村基层组织这一角度做重点的诠释。

在村民委员会或村支部治理下，实际上乡规民约起着一定的作用。此情况在国外也有，美国学者施耐德所言，人民感到民间立法在多数情况下运转相对较好，也许制定默示规则的最好方法就是把它们编纂成人们偏爱之物或干脆就是特殊群体积存的实践做法。如此而言，这些群体能够为他们自己立法，以此来代替公共机构制定的默示规则，这个过程是颇具吸引力的。②但是中国关系社会使问题更加复杂，村民委员会或村支部的成员一般都是村民自

① 参见莫晓宇："演进与启示：中国民间社会在刑事政策体系中的角色变迁"，载《中外法学》，2006（6）。

② 参见［美］大卫·V. 施耐德著：《论民间立法》，姜世波等译，载谢晖、陈金钊主编：《民间法》，第 6 卷，593 页，济南，山东人民出版社，2007。

已选出来的熟人，从习惯法的立场来看，村委会或村支部应代表本村村民的利益，乡规民约对人不对事，在不同共同体（自己人与外人）之间缺少共享（公认）原则等特点，清楚地显示了它处理秩序的范围只限于特殊主义的社会结构。在这个意义上，相对于乡规民约，任何其他的法律规范都有竞争管辖权的含义，国家法律当然不受欢迎，也得不到经常的介入邀请。那么，"送官法办"在什么情况下出现呢？一般而言，习惯法不允许"直诉官府"，而遵循"先由村落处理"的原则，同时，村落组织的优先调解执法权亦被国家所承认，他们要求"禁止径行诉到官府"。现代的乡规民约将"送官法办"视作处罚之一，在村民的眼中，"送官法办"往往意味着，所犯错误已经无法在村内通过检查、处罚或调解解决。"官办"与"村办"的分野，通常不仅是指法令依据和原则的不同意见和解释，而且是指错误性质和严重程度的变化，以及当事人准备付出的诉讼成本期待。更深一层的，送官法办还意味着公事公办——更少有求情疏通轻办的机会，人们理所当然尽可能避免之。人们需要并依赖在熟知的人事范围中解决问题，以增加自己和关系网络的影响力，但内部办理客观上增强了乡村组织的控制地位。① 在这种模式下，突出了基层组织在违法行为（以及轻微犯罪）第一线的控制地位，基层组织的重要性不仅在于它的官方授权地位，而且在于它是一种相对独立的、在某种情况下甚至是垄断性的管辖机构。"相对独立性"意味着，除了选择性地执行国家法令之外，在乡村的局部范围里，它们往往有在长期实践中被承认（默认）的"立法"及"司法"权力。这些权力未必代表国家，但与后者的权威性相比毫不逊色。在选择执行国家规则方面，基层组织有相当程度的选择空间，具有"邀请"及选择——决定哪些事交给外面（上面），哪些事内部解决的权力。而"垄断性"意味着基层组织的立法和管辖权，并不能轻易被国家替代或废除，或者，即使在理论上存在这样的可能，实际上也会因为缺少执行机制而搁浅。②费孝通先生也认为，中国正处于乡土社会蜕变的过程中，原有对诉讼的观念（无讼——引者注）还是很坚固地存留在广大的民间，也因之使现代的司法很难彻底推行。③ 在这种以乡土社会为主的略带点"天高皇帝远"意味的环境下，国家的刑事政策等各项正式措施在农村基层的推行是会遇到农村共同体内部的制度性阻力的，而且事实上，国家在一定程度上也承认这种政治格局，此即所谓"乡政村治"，乡政以国家强制力为后盾，具有行政性和一定的集权性；村治则以村规民约、村民舆论为后盾，具有自治性和民主性。就村治对乡政的作用而言，村治是乡政的基石。"乡政村治"是中国特色的农村政治。④

---

① 参见张静著：《基层政权：乡村制度诸问题》，120 页，上海，上海人民出版社，2007。

② 同上书，84 页。

③ 参见费孝通著：《乡土中国 生育制度》，57 页，北京，北京大学出版社，1998。

④ 参见张厚安著：《中国农村基层政权》，473 页，成都，四川人民出版社，1992。

（二）基层政权与正式规则

农村基层政权是和民间联系最密切的一级政权，所以不可避免地受到民间规则的强烈影响。由于许多基层政权人员本身就来自民间乡里，加上必须有效地和各个基层自治组织联系、配合，最重要的是进行关系上的疏通，所以必须了解基层自治组织处理原初案件的惯常做法，由于基层自治组织内部消化了大量的轻微犯罪案件，故基层政权也会必然熟谙他的前手（基层自治组织）的做法，这就导致他们也会采用甚至经常采用这类做法来消化掉一部分轻微犯罪案件，在目前的情况下，加上强调农村稳定和不出乱子，基层政权也倾向于庇护一部分轻微犯罪的犯罪嫌疑人。于是，经过这样的过滤程序之后，能够正式提起刑事诉讼的案件实际上是比例不高的。

在城市，由于距离公权力统治中心地理上相对较近，基层政权比较容易对基层组织进行渗透，所以在贯彻国家法规和政策命令上相对较为容易。在社会集体生活上[①]，中国目前仍然没有改变关系社会的性质。虽然在城市里，熟人社会在宏观上实现了初步的解体，但是这马上又由一个个相对独立的私人关系圈（虽然称不上熟人，但仍然是关系社会[②]）所取代，但这个私人关系圈由于无法紧密地凝聚在一起，所以在颁布国家的刑事政策等正式的规则实施的过程中，制度性的阻力相对而言更不容易形成了。故而城市基层政权及自治组织在处理轻微犯罪的过程中，面临的只是在案件数量上要远远高于他们的上级政权，另外，会面临普通公众（除了年长的中年妇女以外）对城市基层政权及自治组织的公共生活/活动（当然包括控制犯罪）的集体性冷漠，这种情况下，容易形成强迫的秩序，即公众被动地接受新秩序。从这里我们仍然可以看出，无论在农村还是城市，由于关系社会的原因，整个社会组织依然是一盘散沙的状态。[③]

由于面对的是不同的民众群体，加上其本身人员组成的原因，基层政权在农村和城市的犯罪观可能会有较大的不同，而且由于环境的影响，其所采取的轻微犯罪刑事政策尤其能反映出这种区别，即在农村相对更为注重内部消化，甚至可以说是"厌讼""息讼"，而在城市则可以相对地保持一定的主动性，不过由于考核指标和要求稳定的原因，也会强行压制一部分案件，而

---

①　如果从私人生活看，则为金钱社会。

②　城市中的人们习惯性地运用既有的熟人规则，想方设法把"人生地不熟"的陌生人社会改造成为在一定范围内的熟人社会，其中典型表现就是城市社会中所存在的各式各样的"圈子"，如老乡圈、同学圈、战友圈、同事圈等。（参见谢晖："当代中国的乡民社会、乡规民约及其遭遇"，载谢晖、陈金钊主编：《民间法》，第3卷，283—284页，济南，山东人民出版社，2004。）这实际上都是在运用关系资源，但是和原来乡民间的"村头不见村尾见"相比，已经完全变味了，城市人只有在遇到难事时才去求助于关系资源，而平时也只是为了保持关系而有意识地进行联系，其实并不能称为真正的熟人。

③　只有当关系社会转型成为独立个人社会，这样才容易形成共同精神，从而渐渐摆脱一盘散沙的状态。

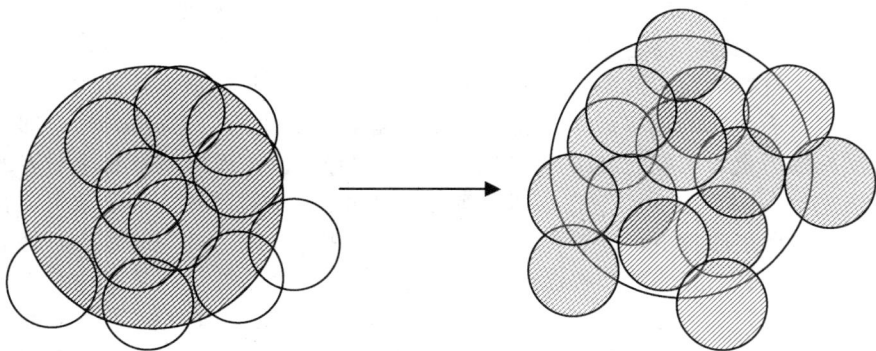

农村熟人社会　　　　　　　　　　城市关系社会

且当事人并不容易组织群体性的反抗。当然，由于城乡二元结构慢慢解体，大量农村人口涌入城市，在农村习俗输入城市的同时，占据既有的主导地位的城市更强烈地对进城的农村人口进行改造，事实上消弭了农村习俗，所以可以预见强迫的秩序会进一步扩展开来。

三、轻微犯罪刑事政策的民间进路

轻微犯罪刑事政策在目前的中国社会应该说是重中之重。依戴尔玛斯—马蒂引罗卡的话，当代中国"社会治安综合治理的政策变成了人人自卫的逻辑"。[①]这迫切需要良好的社会综合治理以提高共同体的安全感。在当代中国社会转型进程中，大量失范越轨行为的发生已经使民众意识到了社会秩序的混乱，感到社会安全质量的下降。这和轻微犯罪大量发生，从而导致整体犯罪数量攀升，严重恶性犯罪案件持续增长都有紧密的关系。有学者在研究了民间社会在刑事政策中的地位变迁史后得出结论：只要民间社会在刑事政策体系中能扮演起治理犯罪的活跃角色，能释放出抗制犯罪的积极能量，就能由此收到较为显著的反犯罪绩效。[②]身处民间社会的基层政权面临着所有级别政权中最多的轻微犯罪，所以基层政权的轻微犯罪刑事政策就相当重要，除了普通的社区村落的犯罪控制手段，诸如对无家可归者、贫困失业者的救助、家庭教育等手段外，下面笔者就相对重要且有一定基层特性的轻微犯罪刑事政策的若干民间进路作一探讨。

（一）"轻轻重重"和轻罪和解政策

在西方发达国家，有着所谓"轻轻重重"（轻者更轻、重者更重）的两极化刑事政策。"二战"以后，刑罚轻缓化的"轻轻重重，以轻为主"政策

---

① ［法］米海依尔·戴尔玛斯—马蒂著：《刑事政策的主要体系》，卢建平译，168页，北京，法律出版社，2000。

② 参见莫晓宇："演进与启示：中国民间社会在刑事政策体系中的角色变迁"，载《中外法学》，2006（6）。

成为西方国家普遍的理想，"轻轻"的刑事政策不再是只包含"轻罪轻刑"这样简单的内容，而是包括非犯罪化、非刑罚化、非司法化，以减轻刑事司法成本，推行刑罚人道主义。而在恐怖主义浪潮下，西方国家转向"轻轻重重，以重为主"的刑事政策，比较典型的是美国加州的"三振出局"，即三次实施暴力重罪犯应处以终身监禁且也没有假释，以体现对重新犯重罪者的严厉惩治。① "轻轻重重"在我国则演化为内涵丰富的宽严相济刑事政策，在宽严相济刑事政策下，轻罪和解制度是"宽严相济"之"济"的要求，轻罪和解（当然轻微犯罪的和解也被包含在内）需要四个条件：一是必须有直接被害人；二是必须已经构成轻罪；三是致害方与被害方要达成了和解的协议，并在事实上由致害方对被害方进行了补偿或者提供了相应补偿的有效保证；四是必须是由致害方与被害方共同向司法机关提出申请。② 这也是刑事和解的基本内容。"和解"亦称为"私了"，"私了"在民间基层政权（及组织）中的轻微犯罪刑事政策是相当重要的，尤其在农村，"私了率"更高，据山东创纪律师事务所提供的一项调查，目前我国农村发生刑事案件后进行"私了"的占农村犯罪案件的 25％ 以上；而在城镇，这个比例不足 4％。③ 应该说，轻罪和解在我国基层政权（及组织）是有较久远历史的，大量轻微犯罪也发生在基层。在刑事补偿制度基本不存在的我国，轻罪和解确实有其存在于民间的必要，但如果放任其自由发展的话，这在一定程度上会不利于轻微犯罪的控制，应该说，基层政权（及组织）要对之加以规范，关键是对农村基层政权（及组织）下的轻罪和解实践进行引导和斡旋，去影响乡规民约，移除陋俗，扶持良俗④；对城市基层政权（及组织）下的轻罪和解则尽量纳入正式规范性轨道上来。这两者的关键都在于对轻罪和解的有效监督，有效监督的重要目的是为了纠正每一个犯罪者，实现特殊预防，甚至一般预防，阻止轻微犯罪的进一步发生。

（二）"零容忍"刑事政策

"零容忍"（Zero tolerance）刑事政策和破窗理论乃同根生于美国。20 世纪 80 年代，美国海关为控制毒品犯罪首先提出来了"零容忍"惩罚政策，对毒品犯罪行为予以严厉惩罚，绝不容忍。随后这一政策也被使用于惩罚诸如环境污染、种族歧视、性暴力等不同领域的违法行为，成为各国警务工作的一项重要策略。纽约市警察局是践行零容忍理论的典型。1990 年 Mr. Bratton 开始担任纽约市捷运警察局局长，他发现当地地铁长期被流浪汉霸占，

---

① 参见陈兴良主编：《宽严相济刑事政策研究》，11 页，北京，中国人民大学出版社，2007。

② 参见黄渝景："社会效果视野下的轻罪和解制度研究"，载《求索》，2006（10）。

③ 参见宋振远："公了 想说爱你不容易——乡村社会犯罪私了现象调查"，载东方网 http：//news. eastday. com/epublish/gb/paper148/20030905/class014800003/hwz1006913. htm，2007-9-28。

④ 关于民俗和犯罪的关系，可参见陈鹏忠："犯罪的民俗控制"，载谢晖、陈金钊主编：《民间法》，第 3 卷，258 页，济南，山东人民出版社，2004。

不少市民被迫改用其他工具代步，营运大受影响。经深入研究发现地铁乘客所关切之问题，是由乞讨、吸毒、卖唱、骚扰、酒醉、噪声、脏乱、随地坐卧与便溺、阻碍走道、公然猥亵、破坏收票器、坐霸王车等违规或犯罪所组成，这些违反公共秩序现象虽属轻微，但长期未妥善处理，不但使违规或犯罪的质提高，也导致乘客产生对地铁不安全感。因此整合与这些问题有关的单位，终使一系列问题获得解决。从1994年以来，纽约的治安状况明显改善，三年来犯罪率下降了37%，凶杀案减少了50%以上，降到30年来纽约犯罪率的最低点。其背后原因就是纽约警察局大力推行"零容忍"政策，这一政策的核心就是对各种反社会行为和犯罪活动采取严厉打击措施。①在英国，"零容忍"政策也取得了明显的成效。2005年以来，我国杭州、广州、昆明等城市推行过运动式的"零容忍"政策，取得了明显成效。"零容忍"政策对于控制细小轻微的违法犯罪，纠正社会失范行为，能够起到明显的功效，这在既有的城市实践中是非常出色的，它明显地使社会治安转好，民众生活安全感提高。不过，关键是把"零容忍"扩展到全部违法犯罪领域特别是反腐败领域有可能遭遇阻力。"零容忍"和"刑乱世用重典"是不同的，前者主要是对轻微犯罪一个都不放过，当然不一定全部判罪，但都要求纠正；后者则是强调用严厉重刑的威慑力来吓阻犯罪，主要是针对重罪的。

在我国民间基层政权，特别是在小城市和农村，"零容忍"政策是否能够顺利推行？或者是否能够收到这么好的成效？应该说，在大城市效果最好，小城市次之，农村最差。这和我们前面分析的制度性阻力以及社会组织结构有比较大的关系。如果在我国农村基层推行"零容忍"，由于轻微违法犯罪行为以及腐败的大量存在，社会失范严重，容易形成罚不胜罚从而导致集体组织性阻力，再加上农村基层政权（及组织）对挑战他们权威的正式政策的不欢迎，"零容忍"政策在这种情况下，很可能难以落到实处。国家对促进民间社会在刑事政策体系中发挥积极效能具有重要的推动作用。②真正要推进小城市及农村基层的"零容忍"政策，则需要"从城市包围农村"，相信在中国城市地位和人口比重的今天，如果肯彻底推行，该刑事政策能够成功。

（三）轻微犯罪的民俗控制刑事政策

犯罪只是所有越轨行为中的一小部分。犯罪控制不仅包括国家有关刑事司法机关在犯罪的防治方面的努力，而且也包括社会各方面的有关努力，其目的是要使人们的行为符合法律规范和社会规范的要求，减少违法犯罪行为

---

①　参见黄豹、廖明会："社会治安综合治理中的零容忍理论研究"，载《中南民族大学学报（人文社会科学版）》，2007（S1）。

②　参见莫晓宇："演进与启示：中国民间社会在刑事政策体系中的角色变迁"，载《中外法学》，2006（6）。

的发生。①民间基层（及组织）就是和社会力量紧密联系的犯罪控制主体；激活民间社会的自身犯罪抗制意识是促进民间社会在刑事政策体系中发挥积极作用的重要内在动力。②民间基层政权较之于上级政权在犯罪控制刑事政策上有着明显的一个区别就是，前者可以充分运用民俗来控制轻微犯罪，这点在农村尤为明显。按照我国学者的研究，主要有③：①民俗的隐喻控制。其是指一种通过口头传承的象征体系（神话、传说、故事、寓言、笑话等）对俗民进行行为管理的习惯性手段。②民俗的规约控制。除了前已详述的乡规民约外，还有家训家规。③民俗的裁定可控制。其是指民间通过表彰奖励或斥责惩罚这两种态度和方式引导人们循规蹈矩的控制手段。④民俗的礼乐控制。其是指在俗民群体中，通过化解冲突、构建秩序而协调人际关系，达成心态平衡的一种控制手段。⑤民俗的社区控制。其是指通过社区建设、良俗张扬以达至密切邻里关系、净化社区风气、宣泄消极情绪之目的的控制手段。当然，这些手段中，①和④已经大量地丧失了其原有的意义（当然如果能够复兴其原有的意义，也确是很有益处的），其他三种作为轻微犯罪的刑事政策的辅助性内容也是值得基层政权（及组织）参考的。

　　总之，轻微犯罪问题是一个国家规则之治的重要表征，轻微犯罪滥发的社会环境必不令人感觉安全，处于第一线的基层在控制轻微犯罪以及遏制轻微犯罪的源头（即越轨失范行为）的工作中，不仅应当从正式规则的角度进行操作，而且要充分利用既有的民间规则，从而将轻微犯罪刑事政策着实有效地贯彻到基层辖区，如果轻微犯罪得到良好的治理，那么社会生活就会更加井然有序。

---

① 参见徐久生著：《德语国家的犯罪学研究》，363 页，北京，中国法制出版社，1999。

② 参见莫晓宇："演进与启示：中国民间社会在刑事政策体系中的角色变迁"，载《中外法学》，2006（6）。

③ 参见陈鹏忠："犯罪的民俗控制"，载谢晖、陈金钊主编：《民间法》，第 3 卷，259－269 页，济南，山东人民出版社，2004。

彭新林 *

江泽民同志
刑事政策思想研究

　　江泽民同志是我党第三代中央领导集体的核心。在改革开放与社会主义现代化建设的伟大实践中，他继往开来，与时俱进，继承和发展了毛泽东同志尤其是邓小平同志的民主法制思想，在深刻总结我国法制建设实践经验的基础上，就建立和健全中国特色社会主义法制，建设社会主义法治国家发表了一系列内涵丰富、思想深刻的真知灼见。江泽民同志关于我国法制建设的这些论述与思想，具有深刻性、针对性和战略性的特征，是"三个代表"重要思想的有机组成部分，亦是实现依法治国、建设社会主义法治国家的根本思想指针。他的刑事法律思想作为其法制建设思想的重要内容之一，对于我国新时期的刑事立法工作、刑事司法实践、刑法理论的发展以及刑事法治建设均具有宏观的指导作用和重大意义。在江泽民同志关于刑事法律问题的论述和思想中，包含了许多刑事政策的重要内容，尤其是其提出的在新形势下继续严厉打击严重刑事犯罪，死刑不能废除、但要依法判处，搞好社会治安综合治理的思想，在相当长的时期内直接指导着我国的刑事立法和刑事司法工作。他的刑事政策思想内容较为丰富，涉及面广，我们着重从以下几个方面进行探讨。

一、关于"严打"政策

　　改革开放以来，我国社会主义经济建设和政治安定团结的局面总的形势是越来越好，但由于种种主客观原因，社会治安尚未根本好转，刑事犯罪还比较突出，这严重危害了我国社会主义现代化建设。针对这种情况，我国开展了几次声势浩大的"严打"斗争，国家立法机关也先后出台了《关于严惩

　　* 北京师范大学刑事法律科学研究院学术秘书，博士研究生。本文吸收了赵秉志教授提出的诸多建设性建议与意见，在此谨致谢忱！

严重破坏经济的罪犯的决定》（1982 年 3 月 8 日）、《关于严惩严重危害社会治安的犯罪分子的决定》（1983 年 9 月 2 日），使一批严重危害社会治安的刑事犯罪分子受到了应有的惩罚，犯罪率持续上升的势头得到有力遏制，各地的社会治安状况也呈现出明显好转的迹象，受到了全国人民的热烈拥护。但随着社会的飞速发展，利益主体的多元化，以及利益冲突的加剧，在经过一段时间的沉寂之后，许多社会矛盾浮出水面，犯罪率又重新攀升，严重刑事犯罪包括特大恶性犯罪时有发生，危害增大，社会治安形势异常严峻，人民群众要求严厉打击刑事犯罪的呼声相当强烈。在这种情况下，如何有效地对付刑事犯罪？如何才能实现社会治安的根本好转？江泽民同志在一系列重要指示和讲话中，表明了其远见卓识，并为党和国家确立正确的战略方针提供了理论上的指导和根据。

（一）"严打"是打击严重刑事犯罪活动的长期方针，要有气势和群众广泛参与

在 2001 年 4 月全国社会治安工作会议上，江泽民同志发表了"切实加强社会治安工作"的重要讲话，指出："社会治安，不仅是一个重大的社会问题，而且也是一个重大的政治问题。社会治安不好，群众不能安居乐业，不仅会影响党和政府在人民群众心目中的形象，而且也会影响改革发展稳定的大局。"①在深刻认识到搞好社会治安工作的重要性的基础上，他强调："当前，要在全国范围内开展一场严打整治斗争，坚决打掉犯罪分子的嚣张气焰，尽快改变治安面貌，这是广大人民群众的强烈愿望。严打是打击严重刑事犯罪活动的长期方针，要坚持贯彻执行。"②可见，江泽民同志从战略的高度充分认识到了"严打"的重要性以及对维护国家长治久安的意义。事实证明，他的这一决策是符合当时中国社会实际情况的，也是科学可行的。在他上述"严打"思想的指导下，我国旋即开展了第三次严厉打击严重刑事犯罪活动的斗争，惩处了一大批罪行恶劣、民愤极大的刑事犯罪分子，取得了很大的成绩，受到了广大人民群众的热烈拥护，非常得人心。

严厉打击严重刑事犯罪活动，固然不能搞运动，但没有气势和群众广泛参与，也很难奏效。为了确保"严打"斗争取得实效，江泽民同志又谆谆告诫政法部门的各级领导同志："打击严重刑事犯罪，没有气势，没有群众支持，很难奏效。这次，要拿出大的威势来，要对犯罪分子产生强烈震慑。政权在我们手中，几百万军队、武警部队和公安干警在我们手中，我们怕什么？这些刑事犯罪分子我们还打不下去吗？"③"各级党委和政府要立即行动起来，按照中央的要求，精心组织，全力推动，一抓到底，务求实效。"④的

---

① 《江泽民文选》，第 3 卷，208 页，北京，人民出版社，2006。

② 同上。

③ 同上。

④ 同上书，209 页。

确，开展"严打"惩治斗争，有气势和群众广泛参与是十分重要的，只有这样，"严打"才能取得比较理想的效果，产生更大的影响，并获得广泛的社会认同。不充分发动和依靠群众，不形成"老鼠过街，人人喊打"的强大声势，不长群众之志气，灭罪犯之气焰，就很难改变"好人受气，坏人神气"的局面，就很难收到明显成效。一言以蔽之，"严打"有气势和群众的广泛参与，这不仅是调动广大人民群众广泛参与的主动性和积极性的需要，同时也是贯彻我党走群众路线优良传统的客观要求。

（二）"严打"要依法

以前我们也开展过多次专项"严打"斗争，但在司法实践中，由于过分注重对犯罪分子的严厉惩治，过分强调社会治安状况的好转，司法实务部门在刑事司法实践中有意无意地忽视了对犯罪嫌疑人或犯罪分子合法权利保障的一面，甚至在某些地方出现了为了单纯追求所谓的"政绩"与高破案率而违背法定程序将不该捕的捕了、不该杀的杀了等破坏法制的现象。正是针对司法实践中出现的这种曲解"严打"政策的情形，江泽民同志始终强调开展严打斗争要依法。他指出："对严重刑事犯罪分子，要在法律规定的量刑幅度内从重、在法定期限内从快进行打击。"[1]在这里，"依法"被放在了首要和前提的位置。这就表明了"严打"是以依法为前提的，是在法律范围内与法律幅度内的从重从快。也就是说，不管是从重惩处还是从快打击，不管是严捕还是严判，均需依法，不能破坏法制。"严打"必须在法治的轨道上运行，这是刑事法治的必然要求。同时，"严打"也只有依法，才能使严打的刑事案件经得起历史的检验，人民群众才会真正支持和拥护，受惩处者也才会心服口服，认罪伏法，从而最大限度地发挥刑罚预防犯罪的功能。可见，江泽民同志关于"严打"要依法的这一重要论述，为我国司法实务部门正确开展"严打"斗争指明了方向和道路。

（三）"严打"要坚持依法从重从快与稳、准、狠的原则

"严打"要在一定的原则指导下进行，不能盲目严打，否则难免会犯错误，罪及无辜。正是基于此种考虑，江泽民同志在2001年4月所作的关于"切实加强社会治安工作"的重要讲话中，明确提出了"严打"应坚持的两条原则：一是要坚持依法从重从快原则。他要求"政法各部门要统一思想，加强配合，形成依法从重从快打击犯罪的合力。只要基本事实清楚，基本证据确凿，就要快捕、快诉、快判，不要在细枝末节上纠缠，延误时机。"[2]依法从重从快是严打政策的实质与基本内涵，依法只是一方面，落脚点和归宿在于从重从快，只有从重从快，才能体现出严打的价值和意义。二是要坚持稳、准、狠。只有打得稳、打得准、打得狠，才能分清主次，划清界限，突

---

① 《江泽民文选》，第3卷，209页，北京，人民出版社，2006。

② 同上。

出重点。在谈到稳、准、狠时，江泽民同志指出："要区分两类不同性质的矛盾。对人民内部矛盾，要始终按照党的方针政策，积极稳妥地加以处理。"①"要重点打击三类犯罪：有组织犯罪、带黑社会性质的团伙犯罪，盗窃、抢夺等严重影响群众安全感的多发性犯罪。各地要从实际出发，突出重点，什么问题突出，就坚决解决什么问题，哪里问题严重就抓紧整治哪里。"②把握住了稳、准、狠，也就解决了严打的着力点这一关键问题，有利于严打斗争真正取得实效。这也是"严打"惩治斗争取得较好社会效果的保障。我国深入开展严厉打击严重刑事犯罪活动的实践有力地证明了江泽民同志这一论述的正确。

（四）严打严重刑事犯罪的同时，要搞好社会治安与犯罪问题的综合治理

在开展严打惩治斗争的同时，务必要全面落实社会治安与犯罪问题综合治理的各项措施。否则，如果没有社会治安与犯罪问题综合治理各项措施的落实以及相关制度的配合，"严打"难以取得理想的效果。江泽民同志清醒地认识到了"严打"与"社会治安与犯罪问题综合治理"的辩证关系，指出："进行严打，坚决打击严重犯罪，可以保证教育、管理和综合治理更好地发挥作用；同时，只有真正搞好教育、管理和综合治理，才能巩固严打成果。"③在以后的一些讲话中，他又重申和强调了这种看法。由此可见，江泽民同志所强调的"严打"是一种辩证的"严打"，是有制度保障的"严打"，是同社会治安与犯罪问题综合治理方针密切配合、相辅相成的"严打"。事实上，由于"严打"是社会治安与犯罪问题综合治理中的首要环节，故而将"严打"方针融入社会治安与犯罪问题综合治理的总体思路中，变过去的一味打击为打击和预防相结合，确立以"严打"惩治斗争为先导和龙头，这才能更好地防止出现"打不胜打，防不胜防"的尴尬局面。事实证明，这是一个正确而卓有成效的方针。

应该说，江泽民同志在新的历史时期作出继续开展"严打"斗争的决策部署，不是偶然的，一方面继承和延续了邓小平同志的"严打"刑事政策思想；另一方面又结合新的时代条件与社会实际对"严打"方针进行了发展与完善。众所周知，正式确立"严打"作为我国社会转型期解决犯罪问题的一种非常刑事举措，可以追溯到1983年。当时我国社会正处在改革开放的初期，经济、政治、文化各个领域逐渐发生重大变化，伴随而来的是各种严重危害社会治安与破坏社会秩序的犯罪日益猖獗，犯罪态势趋于恶化，在这种情势下，社会治安成为一个全社会共同关注的问题，我国刑事政策也随之作了重大调整。及至1983年9月全国人大常委会作出《关于严惩严重危害社会

① 《江泽民文选》，第3卷，209页，北京，人民出版社，2006。
② 同上。
③ 同上书，210页。

治安的犯罪分子的决定》，"严打"的方针在我国得以正式确立。邓小平同志当时站在全局的高度，从维护稳定的大局，巩固改革开放开创的良好局面出发，明确指出："解决刑事犯罪问题，是长期的斗争，需要从各方面做好工作。现在是非常状态，必须依法从重从快集中打击，严才能治得住，搞得不痛不痒，不得人心。"①此后，"严打"成为我国刑事司法的主题，一直持续至今，分为若干战役，主导着我国的刑事司法活动。在江泽民同志担任党和国家主要领导人期间，分别于 1996 年和 2002 年发动了第二次和第三次"严打"战役，对于弹压犯罪率上升，遏制犯罪增长，以及维护社会稳定等发挥了相当的作用。可以说，"严打"之所以从 1983 年发动至今，在长达 20 年的时间内长期得以坚持，并以战役形式不断掀起高潮，打击重点也随着犯罪变动而及时调整，当然不是偶然的，它已经成为我国在刑法运作中的一项常规性的刑事政策。②

当然，关于"严打"方针，不容否认的是，其仍是一个历久弥新且颇受争议的话题。自 1983 年我国拉开"严打"斗争的序幕以来，无论是刑法理论界还是司法实务部门，对于严打的价值、严打的必要性及意义、严打的利弊等问题都一直争议不断。对其大加挞伐者有之，为其辩护者有之，对其进行反思者亦不乏其人。如何对"严打"进行正确的评价和理性的思考？这是一个值得深入思考的问题。笔者认为，"严打"作为一种在社会转型期犯罪剧增的特定历史条件和时代背景下实施的非常刑事举措，是有其存在价值和现实合理性的。其对打击我国严重刑事犯罪，以及维护社会的良好秩序，保障人民群众的生命、健康、财产安全，发挥了重要作用，取得了一定效果，这点是不言而喻的。但"严打"本身所具有的局限性及其在实践中"运动式"的运作方式，以及可能给刑事法治带来的消极影响，也不容忽视。对于"严打"斗争中出现的问题，我们同样应当有清醒的认识。总而言之，关于"严打"方针，我们必须用辩证唯物主义和历史唯物主义的基本原理和观点，结合当时的社会实际与时代背景等因素去分析，去思考，去评判。而不是用现时的理念及眼光指责当时的"严打"，用今天的尺度去评判昨天的问题，否则就难免会出现认识上的偏差。惟其如此，对"严打"的思考才是理性的思考，对"严打"的评价才会是正确的评价。

二、关于死刑政策

死刑作为剥夺生命的刑种，是最严厉的刑罚措施。随着社会的发展，人类文明程度的提高，世界上许多国家和地区纷纷在法律中废除了死刑或在司法实践中不执行死刑。那么我国现阶段要不要废除死刑呢？从江泽民同志的

① 《邓小平文选》，第 3 卷，33 页，北京，人民出版社，1993。
② 参见陈兴良："严打利弊之议"，载《河南政法管理干部学院学报》，2004（5）。

有关论述中，我们可以得到深刻而全面的答案。

针对现阶段我国经济犯罪和腐败现象还比较严重的现状，江泽民同志在 1998 年 7 月召开的中央军委常务会议上，明确指出："对于经济犯罪和腐败现象，我们斗争了多年，为什么这些歪风老刹不住，有的还变本加厉，这是什么原因？从工作上来检查，一个重要原因就是我们有些同志心太慈、手太软。对于这样的坏人坏事，心慈手软不得。我们心慈手软，犯罪分子就会更加猖獗起来。不采取严厉措施，不用重典是绝对不行的。"①在 1998 年 7 月 13 日会见全国打击走私工作会议代表讲话时，他进一步明确指出："现在，我们打击走私和其他犯罪活动，也要抓住典型的重大案件，狠狠打击。对于犯罪分子，该关的要关，该判的要判，该杀的要杀，绝不能手软。那些大案要案的首要分子，不坚决杀掉，群众能答应吗？杀一才能儆百！"②针对军队中存在的参与走私护私以及经济犯罪活动的情况，江泽民同志告诫全军官兵："对参与走私护私的军队人员，不管是谁，不管涉及哪个机关，都必须依照党纪军纪和国法从快从严查处。对大案要案的首要分子，依照法律，该杀的必须杀掉，绝不能手软。"③ 在 2001 年 4 月 2 日召开的全国社会治安工作会议上，他再次强调："依法该严判的要严判一批，依法该杀的要杀一批。否则，就难以扭转一些地方的社会治安状况。"④特别应当指出的是，虽然江泽民同志坚决主张对走私犯罪、腐败犯罪等严重刑事犯罪保留死刑，但是他始终强调要依法判处。他说："打击犯罪活动，打击歪风邪气，要讲法制，要讲原则"，"不是以言代法，而是要依法从重惩处（当然包括判处死刑——引者注）。坚决按照党纪国法办事，这是党和国家的最高原则。"⑤

从以上论述可以看出，江泽民同志是主张保留死刑的，从走私护私等严重经济犯罪到贪污腐败犯罪，再到其他所有严重的刑事犯罪，如果罪行极其严重的，都可以依法判处死刑，只有严才能治得住。应该说，江泽民同志主张保留死刑的思想是符合我国现阶段政治、经济等方面的实际情况的。因为在目前我国某些地方的经济犯罪还比较猖獗，呈愈演愈烈之势，腐败犯罪也相当严重，腐窝、窜窝、家族腐败、连环腐败等大案要案频见报端，严重损害了党和政府的形象，其他严重恶性刑事案件也时有发生，社会公众要求严惩犯罪、多判一些死刑的呼声很高。江泽民同志作为当时党和国家的主要领导人，站在维护党和国家长治久安的全局，从人民群众的根本利益出发，主张对某些严重刑事犯罪分子判死刑，当属合情合理，无可厚非。其实，早在解放初期，"天津地区出了刘青山、张子善腐化堕落案件。毛主席'挥泪斩

---

① 《江泽民文选》，第 2 卷，180—181 页，北京，人民出版社，2006。

② 同上书，168 页。

③ 同上书，180 页。

④ 《江泽民文选》，第 3 卷，209 页，北京，人民出版社，2006。

⑤ 《江泽民文选》，第 2 卷，168 页，北京，人民出版社，2006。

马谡'，杀了这两个人，教育了全党干部，并在人民群众中树立了共产党人铁面无私、执法如山的崇高形象。"①这不仅有效打击和震慑了腐败犯罪分子，而且振奋了人心，受到了全国人民的热烈拥护。党的第十三届四中全会以来，以江泽民同志为核心的党的第三代中央领导集体，同样高举反腐败大旗，深入开展反腐败斗争，先后依法处决了胡长清、成克杰、王怀忠等贪腐高官，赢得了民心，在海内外引发了重大反响。这不仅充分表明了我党强力反腐的坚强决心，同时也有力佐证了在我国现阶段保留适用死刑的必要性和重要意义。

当然，从刑法理论的角度看，一个国家究竟应当保留死刑，还是应废除死刑，仍是一个争论不休、见仁见智的问题。笔者认为，应根据不同国家的政治、经济、文化等方面的实际情况以及结合不同的社会背景来探讨。不能因为某些西方国家在刑事立法中废除了死刑或在刑事司法实践中不再执行死刑，就抽象武断地得出我国现阶段应当废除死刑的结论。诚如日本著名学者正田满三郎所言："我认为死刑作为理念是应当废除的。然而抽象地论述死刑是保留还是废除，没有多大意义。关键在于重视历史的社会的现实，根据该社会的现状、文化水平的高下决定之。"②我国著名刑法学家马克昌教授也精辟地指出："在一个国家中死刑应否废除的议论，绝对不能脱离该国的国情，特别是不能脱离该国的严重犯罪的发案率状况和国民对于死刑的感情和观念；否则，就不免陷入脱离实际的空论，从而无助于废除死刑的努力。"③斯言诚哉！如果不从我国的经济社会发展状况出发，不考虑普通大众的普遍社会心理、正义观念和价值取向，以及我国的刑事立法、司法制度及其实际运行现状，而形而上学地抽象谈论死刑的存废问题，这是没有多少意义的。那么，从现实上而言，在我国现阶段应否保留适用死刑呢？答案无疑是肯定的。正如有学者所言，死刑废止需要具备的物质文明程度与精神文明程度这两个方面的条件，目前中国还是不具备的。④尤其是对于故意杀人、抢劫、强奸等通常民愤极大，危害也极大的严重刑事犯罪，如果不判处死刑，势必难以服众，难以在社会上树立正气。因为"不这样，不足以平民愤，不足以刹住歪风，不足以树立正气。"⑤　因而，作为一个明智的决策者和领导者，江泽民同志坚决主张对某些严重刑事犯罪保留适用死刑，是不难理解的。当然，时至今日，我国社会主义现代化建设事业蒸蒸日上，国家政治安定团结的局面逐渐形成，社会主义法制体系也已经比较完备，我国正在步入建设社会主义法治国家以及全面建设小康社会的历史进程，因而也应根据现时的社会实

---

① 《江泽民文选》，第 2 卷，168 页，北京，人民出版社，2006。
② ［日］正田满三郎著：《刑法体系要论》，371 页，日本，日本良书普及会，1979。
③ 马克昌著：《比较刑法原理》，844 页，武汉，武汉大学出版社，2002。
④ 参见陈兴良："死刑存废之议"，载《法学》，2003（4）。
⑤ 《江泽民文选》，第 2 卷，168 页，北京，人民出版社，2006。

际以及法治现状特别是应当考虑当前废止死刑的世界性刑事立法潮流的影响①，对死刑的生命空间作出合理的考量。在我们看来，从我国目前现阶段的实际情况来看，不存在全面废止死刑的迫切需要，对某些严重刑事犯罪保留死刑还是有现实合理性的，但是应当严格限制并慎重适用死刑。事实上，随着当前我国人道主义思想的广泛传播，以人为本价值理念的日益高扬，尽量减少并严格限制适用死刑已成为理论和实务上的共识。从 2007 年 1 月 1 日起，我国死刑立即执行案件的核准权统一收归最高人民法院，可以说，就是对此作出的积极努力。

三、关于社会治安综合治理政策

如前所述，江泽民同志在坚决主张严厉打击严重刑事犯罪甚至包括要求判处罪行极其严重的犯罪分子死刑的同时，也注重从马克思主义的基本原理以及同犯罪作斗争的实际需要出发，远见卓识地提出了社会治安综合治理的正确主张。

早在 1997 年 9 月 20 日，江泽民同志在党的十五大报告中就正式提出了社会治安综合治理的思想。他指出："搞好社会治安，是关系人民群众生命财产安全和改革、发展、稳定的大事。要加强政法工作，依法严厉打击各种犯罪活动，坚决扫除黄赌毒等社会丑恶现象。加强社会治安综合治理，打防结合，预防为主，加强教育和管理，落实责任制，创造良好的社会治安环境。"② 这里不单是提出对违法犯罪活动的严厉打击，而且还强调打防结合，惩防并举，要求在各方面采取措施，综合运用法律的、教育的、管理的各种手段，从根本上预防和减少犯罪，实现社会治安环境的根本好转。

在 2001 年 4 月 2 日全国社会治安工作会议上，江泽民同志发表了"切实加强社会治安工作"的重要讲话，全面阐述了其关于社会治安综合治理的思想。他首先阐明了做好社会治安工作的重要性，指出："社会治安，不仅是一个重大的社会问题，而且也是一个重大的政治问题。社会治安不好，群众不能安居乐业，不仅会影响党和政府在人民群众心目中的形象，而且也会影响改革发展稳定的大局。"③ 在充分认识到社会治安问题的重要性的基础上，江泽民同志进一步提出了做好社会治安工作需要引起高度重视并切实研究解决的几个重大问题：一是各级党委和政府必须坚持两手抓，两手都要硬；二

---

① 据悉，2007 年 12 月 18 日，联合国大会也通过了全球暂缓死刑的议案，该议案要求各国在联合国框架下，普遍暂缓死刑，并希望最终可以废除死刑。在议案投票的各国代表中，有 104 个国家支持暂缓死刑，54 国反对，29 国弃权。美国、中国、伊朗、缅甸、苏丹、津巴布韦等国家投了反对票。（参见"联合国大会通过议案暂缓全球死刑 最终或废除"，http://news.163.com/07/1219/15/403APSPO0001121M.html。）

② 《江泽民文选》，第 2 卷，32 页，北京，人民出版社，2006。

③ 《江泽民文选》，第 3 卷，208 页，北京，人民出版社，2006。

是搞好社会治安必须有一套法律法规、制度机制作保障；三是对发生的各类案件特别是典型案件，对治安工作面临的突出问题，必须注重分析，善于举一反三，以取得规律性认识，这样才能真正实现标本兼治；四是政法队伍是人民民主专政的专门力量，是我们社会主义国家机器的重要组成部分，必须全面建设好；五是维护社会治安必须走群众路线；六是必须大力加强基层组织建设，增强对社会的管理和控制能力。①上述几个重大问题解决了，社会治安环境的根本好转就有了坚实的保障。一些地方社会治安状况之所以较差，刑事犯罪之所以猖獗，黑恶势力之所以坐大，"一个重要原因就是没有及时发现并予以严厉打击。"②因此，"对于不重视社会治安工作，导致重大案件或事故发生，本地区重大刑事犯罪和黑恶势力长期得不到严厉打击，重大治安问题长期得不到解决，治安混乱的地区和部位长期改变不了面貌的，要严肃追究有关领导的责任。"③ 他的这些论述，使其综合治理社会治安的基本主张得到了进一步的完善和明确。

2002 年 11 月 8 日在党的"十六大"报告中，江泽民同志再次提到了要继续贯彻"打防结合、预防为主，落实社会治安综合治理的各项措施，改进社会管理，保持良好的社会秩序"④ 的战略方针。从理论上分析，这是因为造成犯罪与社会治安不稳定的因素是多方面的，治理犯罪和社会治安问题，"严打"固然是首要的措施，但如果其他方面的治理措施跟不上，只重打击不重预防，打击犯罪的效果就难以巩固。更何况有些犯罪如经济犯罪的发生本身就是社会"综合征"，其与相关法律法规不完善，制度不健全，管理方面存在漏洞，监管缺位等因素有着千丝万缕的联系，难以靠单纯的严厉打击手段来解决。故而应当坚持"打防结合"，综合运用多方面的力量和多种措施来解决社会治安与治理犯罪问题。从实践中看，自改革开放尤其是党的十三届四中全会以来，凡是坚持严厉打击严重刑事犯罪的同时对社会治安综合治理措施贯彻落实得较好的地方，社会治安状况往往就趋向好转，这也有力地佐证了江泽民同志这一政策思想是符合实际情况和科学可行的。

正是在江泽民同志关于社会治安综合治理思想的指导和推动下，党和政府把马克思主义原理同我国现阶段的社会治安实际与犯罪状况有机结合起来，逐步确立了社会治安综合治理的方针政策。

四、结 语

江泽民同志关于刑事政策问题的论述与思想丰富而又深刻，本文只是对其主要内容和基本轮廓作了初步的探索与勾勒，还有失全面和深入。江泽民

---

① 参见《江泽民文选》，第 3 卷，210—212 页，北京，人民出版社，2006。
② 同上书，213 页。
③ 同上。
④ 同上书，558 页。

同志的刑事政策思想具有宏观的战略性和指导性，为我们完善和健全刑事法制提供了重要的思想源泉，亦是我国社会主义法制建设思想中的瑰宝。全面、系统而深入地研究江泽民同志关于刑事政策问题的重要论述与思想，对于发展和完善我国社会主义现代化建设新时期的刑事政策、刑事立法、刑事司法和刑法理论，均具有重要的作用和意义。在新世纪新阶段，建设我国现代刑事法治，需要深刻领会和准确把握江泽民同志刑事政策思想的丰富内涵与精神实质，如此，方能更好地促进我国刑事法治的科学化与现代化。

热 点 关 注

郭理蓉 *

宽严相济的犯罪体系构建

　　宽严相济是我国当前的刑事司法政策，指导着刑事司法的整个过程。这是目前对宽严相济政策的官方定位。然而，宽严相济政策是否仅是一种司法政策？它对于立法有没有指导意义？在理论界是存在分歧的。在法治社会，立法是司法的前提和依据，同时也规定着司法的边界，如果没有宽严相济的立法，在司法上有所作为的空间将会是很有限的。因此，对宽严相济的关注应当不仅仅停留在司法层面，更关键或者作为前提的应是立法顺应这一政策应做哪些合理的调整。宽严相济的核心在于宽严适度，体现在刑事实体法上，首先就意味着刑事法网的构建应当疏密有致，宽严得宜。

一、对现行刑法中关于犯罪的规定的审视

　　从宽严相济的要求出发，审视我国现行刑法关于犯罪的规定，主要存在以下两个方面的问题：

（一）刑事法网的严密性仍有待完善

　　近几十年，随着社会经济、政治、文化等的发展变革，我国的刑事法网经历了由粗疏到逐渐细密的发展过程。我国 1979 年刑法分则 103 个条文规定了 122 个罪名。1997 年修订后的刑法典分则增加到了 350 条，规定了约 410 个罪名。其后，自 1999 年底至今又先后出台了 1 个单行刑法、6 个修正案，新增了 14 个条文、20 多个罪名。正如有学者所指出的，刑事法网的严密与否，取决于行为的样态及附加条件的多少。行为样态（或称犯罪类型）可谓经线，划定了刑事法网的横向范围，附加条件（如目的、情节、结果、数额等）则可谓纬线，划定了刑事法网的纵向范围，经纬交织，就构成了刑事法

---

　　* 北京师范大学刑事法律科学研究院讲师，法学博士。

网的整体。如果行为样态设计较多，附加条件追加较少，则经线与纬线繁多，刑事法网严密；相反，如果行为样态设计较少或附加条件追加较多，或者二者兼具，则经线过于稀少，或纬线过于稀少，或二者兼具，因而导致刑事法网过于稀疏。①从刑事法网的"经""纬"两个角度进行考察，我国目前刑事立法的严密性仍有不足。具体表现在以下几个方面：

第一，由于立法时对犯罪现实的考虑不够或者前瞻性不足，以致出现某些行为论理当罚却于法无据。以"反黑"刑事立法为例，现行刑法中设置了3个罪名：组织、领导、参加黑社会性质组织罪、入境发展黑社会组织罪和包庇、纵容黑社会性质组织罪。但还有一些具有相当社会危害程度的黑社会性质犯罪在刑法典中付之阙如，致使无法将其纳入刑事打击的视野。具体来说：一是参加境外黑社会组织的行为。刑法规定了组织、领导、参加黑社会性质组织罪和入境发展黑社会组织罪，但却未将被"发展"的境内人员加入境外黑社会组织的行为规定为犯罪。二是境外黑社会组织成员在我国境内从事发展成员以外的违法犯罪活动②，如境外黑社会成员在我国境内聚会、举行组织仪式等活动，这在个别地区已经发生。三是明知是黑社会性质组织却出于种种目的主动向其提供帮助。这些行为的危害性实际上并不亚于刑法典已规定的黑社会性质犯罪，但由于现行刑法没有规定，致使上述行为人轻易地逃脱刑罚制裁。再如，目前刑法有关计算机犯罪的规定过于简单，对以计算机为载体的一些新型犯罪难以适用。就近年来频发的电子商务犯罪来说，虽然《刑法》第285条规定了非法侵入计算机系统罪，但对"计算机信息系统"的限定过狭，仅限于侵入国家事务、国防建设、尖端科学技术领域的计算机信息系统的行为，而对于电子商务认证机构的计算机信息系统这一对电子商务安全甚为关键的领域并未涉及。非法侵入电子商务认证机构的计算机信息系统，即使行为人没有删除、修改其中的应用程序和数据或破坏系统安全防护措施，非法入侵及对秘密信息的窃用，也会导致整个电子商务秩序的混乱，从而给电子商务的稳定发展和交易各方造成严重损害。同样，各类金融机构或企业的计算机信息系统遭受恶意入侵的结果也都不堪设想。

第二，罪状中设定过多的附加条件，使得为恶者逃脱法网的概率上升。一是主观方面的附加条件。在现行刑法分则中，"以非法销售为目的""以牟利为目的""以非法占有为目的""以出卖为目的"等频繁多见，这不仅使得一些虽不符合特定目的要件但严重侵害法益的行为堂而皇之地不受刑法规制，而且，即便在那些实际上符合目的要件的案件中，对行为人主观目的的考证，也增加了公诉机关的证明难度。③以侵犯著作权罪为例，现行《刑法》

---

① 参见储槐植、张永红："刑法第13条但书与刑法结构——以系统论为视角"，载《法学家》，2002（6）。

② 参见田宏杰："试论我国'反黑'刑事立法的完善"，载《法律科学》，2001（5）。

③ 参见储槐植："议论刑法现代化"，载《中外法学》，2000（5）。

第 217 条明确规定，本罪行为人的主观方面必须"以营利为目的"。这无疑不利于对著作权的全面保护。出于非营利目的而实施的侵犯著作权的行为，就其社会危害性以及行为人的主观恶性程度而言，并不一定小于以营利为目的而实施的侵犯著作权的行为。将侵犯著作权的犯罪限于"以营利为目的"，会使那些不以营利为目的的侵犯著作权的犯罪行为逃避刑法追究。有的分则条文中还对犯罪的动机做出了明确规定。如分则第九章"渎职罪"中，有1/2的条文都明确规定了行为人的"徇私"动机，而就渎职犯罪而言，其本质在于对国家所赋予的公共管理职权的亵渎和滥用，从而对国家、社会和人民利益造成损害。是否出于徇个人私情、私利的动机，对其渎职行为的危害性及其程度其实并无影响。比如，司法工作人员在刑事诉讼过程中枉法追诉或裁判的，如果其不是出于徇私情、私利，而是严重不负责任、随意出入人罪，难道就无须承担刑事责任吗？在笔者看来，在某种意义上，比起因徇私情、私利而渎职者，非徇私的随意滥用职权、玩忽职守的，其恶性和危害更甚，因为前者的渎职是在某种前提下才会发生的，尚不具有随意性；而后者则是对所行使职权的肆意玩弄和公然蔑视。二是客观方面的附加条件。犯罪概念中强调定量因素、在罪状中明确规定犯罪数额等，这是我国刑法中一个较具普遍性的现象。但正如储槐植教授所指出的，定量因素的大量存在造成刑法结构性缺损，定量因素的载体只能是行为造成的客观危害结果，这就决定了我国刑法奠基于结果本位。结果本位的立法忽视甚至排斥行为人的人格状况，重恶果而轻恶习，而现实生活中存在着恶习深重但行为结果并未达到刑法规定的严重程度而难以绳之以刑法，然而这类作恶者对社会安宁造成的威胁往往超过恶习不深但行为结果符合刑法规定的犯罪人。①

　　第三，由于立法技术上的疏漏或者缺陷，某些犯罪的罪刑规定不够周密，导致出现刑法调控的真空地带。最典型就是《刑法》第201条关于偷税罪的规定。该条采用了"完全列举"罪状的叙述方法，而实践中却出现了行为人通过本条列举罪状以外的其他方法偷税的行为，如收买或者胁迫税务人员，让其徇私舞弊以达到不交或者少交税款的目的；采用"隐匿企业"的做法，利用"黑企业"签订合同、转移账款，大肆偷税等，而囿于立法规定，无法以犯罪论处。此外，本条还存在认定处罚上的空当。该条规定："偷税数额占应纳税额的百分之十以上不满百分之三十并且偷税数额在一万元以上不满十万元的，或者因偷税被税务机关给予二次行政处罚又偷税的，处……偷税数额占应纳税额的百分之三十以上并且偷税数额在十万元以上的，处……"这种"比例＋数额"的定罪标准就意味着，偷税行为要构成偷税罪，必须要同时具备比例和数额（"并且"）的法定条件，缺一不可。据此，如果行为人偷税数额占应纳税额的10％以上不满30％且偷税额在10万元以上；

---

①　参见储槐植："议论刑法现代化"，载《中外法学》，2000（5）。

或者偷税额在 1 万元以上不满 10 万元且占应纳税额的 30％以上的，在是否定罪、如何处刑上无所适从，这一立法空当无疑是不利于有效打击偷税犯罪的。为了弥补立法的缺漏，2002 年 11 月 5 日最高人民法院《关于审理偷税抗税刑事案件具体应用法律若干问题的解释》中规定，偷税数额占应纳税额的 10％以上且偷税数额在 1 万元以上的，依照《刑法》第 201 条第 1 款的规定定罪处罚。根据该解释的规定，上述两种情形的定罪问题似乎得以解决，但具体适用哪一刑罚幅度，仍存在疑问（可以定罪却无法适用刑罚，处罚如何实现），而这显然已经超出了司法解释所能够"弥补"的范围，唯有通过立法的修正方能解决。

（二）刑事立法的宽容性体现不足

社会中存在着大量的犯罪，刑事立法不可能面面俱到、无一遗漏，同时，考虑到刑法调控本身的局限性（特别是负面效应），针对危害程度各异的行为，国家在刑事政策上予以区别对待，一方面，严密法网、将具有严重社会危害性的行为积极纳入刑法调控范围；另一方面，对于一些较轻的危害行为，在刑法上采取消极不干预的态度。宽容，既是社会现实的客观要求，也是现代国家立法（包括刑事立法）的一个价值取向。从我国现行刑法有关犯罪的规定来看，是有所欠缺的。

1. 关于犯罪主体的规定方面，现行刑法的人伦精神明显不足

中国古代社会很重视人伦精神，这在古代历朝法律规定中都有体现。然而，这一中华法系特有的法价值理念在我国现行刑法中却难得一见。以犯罪主体的有关规定为例，一是刑事责任能力的规定存在缺憾。我国自古就有矜老恤幼的法律传统，《周礼·秋官·司刺》中有"三赦"的记载，赦免对象"一曰幼弱，二曰老耄，三曰蠢愚"。先秦儒家继承了周初统治者的思想，主张适用刑罚时要矜老怜幼，以体现仁恕之道。受儒家思想的影响，汉、唐律都继承了这一原则。据《汉书》记载，汉惠帝曾诏曰："民年七十以上若不满十岁有罪当刑者，皆完之。""完之"，一说为保持身体发肤完整，不施加肉刑。此后汉宣帝又下诏规定，年满八十的老人的处刑范围限定在诬告、杀人、伤人三种罪行，除此之外的其他罪行一律免予处罚。唐律则对老年人犯罪，以 70 岁、80 岁、90 岁为限，采取了不同的减免处罚措施。凡 70 岁以上，只要没犯死罪都可以用钱来赎罪；80 岁以上犯死罪者，则由司法官确定依律应斩或应绞，奏明皇帝听候发落；90 岁以上的人即使犯死罪，也不得处以刑罚。此后，矜老原则基本为各朝所延续。我国台湾地区也继承了这一做法，台湾地区"刑法"第 18 条第 2 项规定，满 80 岁人犯罪得减轻其刑。从生物规律来说，人到了一定的年龄，其身体机能等各方面就开始衰退，辨别和控制能力自然也会下降，其刑事责任能力必然会受到影响。我国大陆现行刑法针对未成年人和精神病人的刑事责任能力做了较细致的规定，对于老年人的刑事责任能力并无明文规定，尽管在司法实践中，年老有时会被作为量

刑的酌定情节加以考虑，但在法律中没有体现，不能不说是一个缺憾。二是对亲属相隐的否定。亲属相隐的思想产生于春秋时期，孔子对"父攘羊，子证之"的案例给予的否定态度奠定了相隐原则的理论基础。汉宣帝地节四年（公元前66年）颁布的诏令①使之作为一种制度被明确化、规范化，《唐律》则进一步扩大了容隐的范围，推及同居亦可相隐。从《大清新刑律》到民国刑法，也都保留了"为庇护亲属而藏匿人犯及湮灭证据不罚""为亲属销赃匿赃得免罚""有权拒绝证明亲属有罪"等规定。我国港、澳、台地区的现行刑事立法中仍继承了这一传统。在当代其他国家的法律制度中，关注法的人伦精神这一价值理念亦有所体现。如日本刑法典第103条、第104条分别规定了"藏匿犯人罪"和"隐灭证据罪"，第105条规定："犯人或者脱逃人的亲属，为了犯人或者脱逃人的利益而犯前两条之罪的，可以免除刑罚。"韩国刑法典第151条第1款规定，对于藏匿犯有应处罚金以上刑罚之罪的人犯，或者协助其脱逃的，要定罪处刑。该条第2款规定：亲属、户主或者同居家属为人犯而犯前项之罪的，不罚。德国刑法典第258条第6项亦有类似规定，法国刑法典第434－1条第2款甚至将这种例外情形扩大至"众所周知与其一起姘居的人"。英美证据法上也有"夫妻互隐"的特权规则。而我国现行《刑法》第310条规定的窝藏罪、包庇罪将犯罪嫌疑人或被告人的直系亲属也一视同仁。这就意味着法律要求公众在"亲情"与"大义"中作出选择，知悉犯罪情况的亲属不能让犯罪嫌疑人躲在家里，不能供其吃喝穿用，甚至不能说谎，只有一条路——向司法机关举报并如实指证亲人犯罪，否则也要受到刑事追究。尽管这一规定的初衷是要尽可能地惩治犯罪，维护社会秩序，但如果法律强迫人们违背人性、背离基本的人伦感情而去遵行它，那么，法律的正当性恐怕就值得推敲，而且也未必能够取得立法者所期望的效果，甚至可能适得其反——当基本的人伦关系被强行冲垮，至亲的人之间互相窥视、举报、丧失相互信任的时候，这个社会将会变得多么可怕！

2. 对于一些危害性较小的行为，现行刑法的除罪化规定有失合理性

对于犯罪预备，各国刑法大多以不罚为原则，只在例外情况下才对个别犯罪的预备犯予以处罚。我国现行《刑法》第22条第2款规定："对于预备犯，可以比照既遂犯从轻、减轻处罚或者免除处罚。"可见，我国对于犯罪预备的态度恰好相反，以处罚为原则，不罚为例外。同时，现行《刑法》第24条第2款规定："对于中止犯，没有造成损害的，应当免除处罚；……"也就是说，行为人在犯罪过程中自动放弃犯罪或者自动有效地防止犯罪结果发生的，无论是预备中止还是实行中止，只要没有造成损害的，就应当不予

---

① 诏曰："父子之亲，夫妇之道，天性也。虽有祸患，犹蒙死而存之。诚爱结于心，仁厚之至也，岂能违之哉！自今子首匿父母，妻匿夫，孙匿大父母，皆勿坐。其父母匿子，夫匿妻，大父母匿孙，罪殊死，皆上请廷尉以闻。"（《汉书·宣帝纪》）。

处罚。就犯罪行为的危害性及程度而言，行为人在已经着手犯罪实行行为以后中止犯罪的（实行阶段的中止），比起为犯罪准备工具、制造条件而尚未及着手的犯罪预备行为，前者显然是要稍重的。因为，单纯的犯罪预备行为，其对法益的侵害还只是一种可能性，而犯罪一旦着手实行，其对法益的威胁已经具有现实性和紧迫性，甚至有的情况下，法益已经受到了侵害。如某甲将某乙摁倒在地，欲劫取某乙身上的财物，某乙哀求某甲并说明包内的财物是用于母亲住院治疗的医药费，某甲心生不忍，遂放弃抢劫。在此案中，某甲对某乙的人身施加了暴力强制，作为抢劫罪客体的人身权利无疑已经受到了侵害，只不过其程度较轻，没有造成身体的损害，同时，财物亦无损失，因此，行为人某甲成立抢劫中止，且因没有造成损害，根据《刑法》第 24 条第 2 款的规定，免受处罚。但是，换一种情形：某甲为了抢劫某乙，事先准备了工具并进行了跟踪踩点，结果在守候被害人未及着手抢劫即被巡逻人员发觉。根据《刑法》第 22 条第 2 款的规定，某甲即便只是抢劫的预备犯，也很可能会受到刑罚处罚。这显然是有违"举重以明轻"的处罪原则的。

3. 由于长期受"严打"政策的影响，为了将尽可能多的不法行为纳入刑事调控范围，我国现行刑法在犯罪起点设定上存在偏低的趋向

以盗窃犯罪为例，关于该罪的犯罪起点，我们可以对比如下一组数据：1984 年我国全国职工平均货币工资 961 元，据对农民家庭收支的抽样调查，农村居民人均纯收入为 355.3 元；1997 年全国城镇居民人均可支配收入 5160 元，农村居民人均纯收入 2090 元。[①]自 1984 年至 1998 年的十多年间，盗窃罪的起点数额也相应发生着变化：1984 年 11 月 2 日最高人民法院、最高人民检察院联合发布的《关于当前办理盗窃案件中具体应用法律的若干问题的解答》（以下简称《解答》）规定："个人盗窃公私财物，一般可以二百元至三百元为'数额较大'的起点；少数经济发展较快的地区，可以提到四百元为起点。"1998 年 3 月 26 日最高人民法院、最高人民检察院、公安部联合发布的《关于盗窃罪数额认定标准问题的规定》（以下简称《规定》）明确："个人盗窃公私财物'数额较大'，以五百元至二千元为起点。"尽管最高司法机关对于其确定盗窃罪的起点数额时以何为参照指标，并未做出说明，但我们可以发现，上述司法解释中所确定的盗窃罪起点数额的幅度上限基本上与同期农村居民的人均纯收入是持平的。1998 年以来，我国经济发展水平大大加速，人民收入大幅度提高，据统计，2006 年我国城镇居民人均可支配收入 11759 元，全年农村居民人均纯收入 3587 元，[②]城镇居民收入是 1997 年的 2 倍，农村居民收入是 1997 年的 1.7 倍，而在盗窃罪的认定上却仍然依据

① 参见国家统计局《全国年度统计公报》，http：//www.stats.gov.cn/tjgb。
② 同上。

1998 年《规定》的标准，这必然导致很多盗窃行为被当作犯罪来处理，从而导致刑事司法资源的过度耗费。

二、宽严相济的犯罪体系的构建：合理的犯罪化

从我国目前已出台的 6 个刑法修正案的内容来看，涉及分则条文 45 个，其中，26 个条文分布于破坏社会主义市场经济秩序罪，8 个条文分布于危害公共安全罪，6 个条文分布于妨害社会管理秩序罪。《关于惩治骗购外汇、逃汇和非法买卖外汇犯罪的决定》虽是单行刑法，但其在内容上也属于破坏社会主义市场经济秩序的犯罪。经济领域新型犯罪的激增，这是我国近些年来经济体制改革不断推进、经济迅速发展、经济活动日益复杂化的社会现实所决定的。与社会变革、犯罪浪潮相伴而生的犯罪化趋势和要求，可以说是转型期社会的一个显著特点，这一社会背景决定了我国的犯罪化进程仍将继续。就我国今后的犯罪化而言，在犯罪类型上，传统的自然犯基本上已经没有什么空间。这是因为，此类犯罪虽然在行为方式上表现多样，但是在要件特征和罪状概括上较易于定型化，如杀人案的手段各异，但即便是运用现代高科技手段实施的杀人行为，也可以被"故意杀人"这四个字所精确概括；再如，盗窃财物，即使是利用现代的电脑、网络技术来实施，仍然不外乎"秘密窃取他人财物"。而随着经济活动和社会生活进一步多样化、复杂化，"随之而来的就是社会生存、人类生活的方方面面时时处处都有风险相伴。可以说，随着市场经济的发展，风险社会就到来了。……随着风险社会的到来，法定犯时代也随之到来了"[1]。作为法定犯的主要内容和表现，经济领域的犯罪、危害公共秩序和妨害社会管理的犯罪仍将是我国今后犯罪化的主要领域。

（一）犯罪化的起点设定

所谓犯罪起点，就是指行为人的行为要构成某种犯罪必须达到的社会危害的最低限度。犯罪起点设置合理与否，不仅涉及刑事政策的科学性和刑法的价值取舍问题，更涉及违法犯罪群体的合法权益和社会阶层的群落划分问题。犯罪起点偏高，容易形成打击不力，使公众没有安全感；犯罪起点偏低，会导致打击面过宽，侵害一部分违法群体甚至无辜者的利益，使统治阶级的对立面增多。这两种情况都会增加社会不安定因素，影响和谐社会的构建。[2]我国刑法一贯采取的是"立法定性＋定量"的犯罪化模式，无论是在1979 年刑法中，还是在 1997 年修订刑法及其后出台的单行刑法和修正案中，除了某些不法行为本身的性质已足以使其应受刑罚惩罚以外，对大多数不法

---

[1] 参见储槐植："要正视法定犯时代的到来"，载《检察日报》，2007-06-01。

[2] 参见苟红兵："犯罪起点：宽严相济的刑事法治的分水岭"，http://www.iolaw.org.cn，2006-05-25。

行为构成犯罪，都以"数额较大"或者"情节严重"等形式进行了定量限制。

1. 犯罪化的定性起点

定性起点，亦称为犯罪化的范围边界，讨论的问题是什么性质的行为应该予以犯罪化。犯罪属于社会的越轨行为，但社会的越轨行为并不都是犯罪。犯罪化的适当范围首先要求立法者对犯罪行为与道德违反行为、民事违法行为和行政不法行为的界限作出正确界定。立足于刑事立法的谦抑原则，在划定刑法调整的范围边界时，下列情况不宜入罪：（1）私人道德领域的有关行为。（2）替代手段可有效干预的行为，即通过非刑罚手段如民事制裁或行政制裁就足以预防和控制的行为。在这种情况下，动用刑法干预就是缺乏必要性的。（3）刑法干预无效的行为，即对于某一危害行为来说，即使将其规定为犯罪并予以刑罚处罚，也达不到预防和抑制的效果。（4）刑法上不能进行客观认定和公平处理的行为。社会在不断地发展变化，刑事立法总是具有一定的滞后性的，对于一些新的现象和情况，在特定时期的刑事立法上难以客观准确地判断其利害价值并做出公平的处理。在这种情况下，立法者应当采取审慎的态度，尽量不要动用刑罚进行制裁，避免因草率禁止而限制公民自由或者侵害到公民的权利，甚至严重妨碍科技进步和社会的发展。

此外，对不具常态性和普遍性的危害行为，应当慎重犯罪化。例如，对于要不要立法禁止女性强奸男性的问题①，虽然实践中确实出现过个别这种案件，但从发展趋势看，这种行为不可能成为社会的普遍现象，不具有常态性，只能是极个别的个案，它对社会的整体秩序不可能构成严重危害，因此在刑法中规定这种犯罪不具必要性。即使发生个别严重案件，往往会对被害人造成其他方面的侵害，从而会构成其他犯罪，以其他罪名来对行为人加以处罚，同样能达到制裁这些个别行为人的效果。②如实践中发生的拐卖、拐骗14周岁以上男性的案件，在拐卖、拐骗过程中通常伴有非法限制被害人人身自由的行为，因而有很多是以非法拘禁罪论处的。对于这种不具普遍性和常态性的失范行为，应尽可能通过包括民法、行政法等在内的规范手段或者非规范手段进行治理，既符合谦抑原则，同时也节约了司法资源。

2. 犯罪化的定量起点

定量起点，亦称为犯罪化的程度边界，所讨论的问题是达到什么程度的行为应该犯罪化。我国刑法对于犯罪定量起点的确定，主要采取了两种方式：一种是采用原则性规定，即在刑法中明确规定犯罪起点，如毒品犯罪、走私犯罪和贪污贿赂犯罪等；另一种则是采用灵活性规定，在刑法中以"数

---

① 参见"卖淫女性侵犯大学生 专家称女性强奸男性应入罪"，http：//www.chinalawedu.com，2006-05-23。

② 参见张绍谦："从刑罚特性看犯罪圈的界限"，载《河南省政法管理干部学院学报》，2007(5)。

额较大""情节严重""情节恶劣"等作为犯罪起点，如侵财型犯罪、渎职类犯罪等，对于这类规定，通常是由最高人民法院和最高人民检察院以司法解释的形式对犯罪起点做出具体说明。长期以来，"两高"相关司法解释对大部分犯罪明确规定了具体的犯罪起点，但对小部分犯罪（如盗窃罪、挪用公款罪），则发布一个幅度性的犯罪起点，由各省在此幅度内自行确定。

　　从立法明确化的角度来说，在刑法中明确规定犯罪定量起点的方式显然是更能直接体现罪刑法定的，而且也实现了犯罪认定标准的统一。但是，这种方式最大的弊端在于，随着社会经济的发展，行为的危害性程度也会发生变化。某一时期认为合理的定量起点，经过一段时间以后，就会变得不合理，可能偏高，也可能偏低。而要调整该起点，哪怕只是一个数字的改变，都必须要修改刑法。相比之下，从维护刑法稳定性的角度出发，第二种方式即灵活性规定，要更合适、更实用些。对于目前"两高"对一些财产犯罪规定幅度性的犯罪起点的做法，有的学者提出质疑，认为不利于实现犯罪认定标准的统一，因而主张摒弃这种设定幅度的方式，而改为确定数额。[①]对此，笔者不能苟同。我国目前各地经济发展很不平衡，要划定一个统一的定量起点，必须选择适当的标准，如果以经济落后地区为准，在经济发达地区就容易造成起点过低、打击面过大；如果以经济发达地区为准，在落后地区又容易导致起点过高、放纵犯罪。各地经济发展水平的不均衡，使得侵犯同等数额财产的行为所具有的社会危害性程度在不同地区有所差异。不区分各地实际情况而实行绝对统一、"一刀切"，表面上看似公平，其实反而更容易导致实际的不公平。因此，设定幅度性的犯罪起点还是具有合理性的，能够较好地体现原则性与灵活性的结合，适合我国目前的国情。

　　确立犯罪起点标准，需要结合我国不同时期的政治、经济、法律等诸方面的因素，全盘考虑。随着社会的发展，经济实力的增强，社会承受力和容忍程度的提高，过去被认为是犯罪的一些行为会逐渐弱化为一般违法状态，因此，犯罪起点也有必要进行相应调整。特别是对于多发性财产犯罪、经济犯罪而言，犯罪定量起点是行为犯罪化的重要标准，不同的起点往往决定着一大批人是否应负刑事责任的问题，所以，对这类犯罪起点的确定，尤其应当重视其标准的科学合理。这一方面需要政策和规范层面的转变，在犯罪起点的确定上，改变过去那种重惩治、重威慑的政策，宽严相济，轻重有别，对轻罪设定较高标准的犯罪起点，对重罪设定合理的犯罪起点，合理使用犯罪起点的调剂尺度，调整刑法打击的重点和打击方向。同时，犯罪起点的设定应当顺应时代潮流，符合刑法发展的总体趋势。另一方面，还需要在技术层面上予以完善。如建立犯罪起点的评估机制，在设定犯罪定量起点时，要

---

　　① 参见苟红兵："犯罪起点：宽严相济的刑事法治的分水岭"，http：//www.iolaw.org.cn，2006-05-25。

经过专门论证，特别是由最高司法机关确定犯罪起点时，应当在相应的文件中对其标准、依据等做出说明，并且应当根据客观形势的发展变化，及时地对犯罪的定量起点进行调整。

（二）犯罪构成模式选择

刑事立法的"宽"与"严"还体现在犯罪构成模式的类型上，具体犯罪构成要件的设置是在相对微观的个罪上，解决着刑法的介入度及其对具体犯罪行为宽与严的程度问题。根据不同犯罪成立条件的不同要求，可以将犯罪构成模式分为两种类型：一种是行为本位模式的犯罪构成，即行为人实施一定的行为即成立犯罪；另一种是结果本位模式的犯罪构成，即行为人不仅要实施一定的行为，还须造成一定的结果，方成立犯罪（这里所说的行为本位模式、结果本位模式是就犯罪成立条件而言的，不同于犯罪既遂模式中的行为犯和结果犯概念）。

行为本位模式的犯罪构成与结果本位模式的犯罪构成反映了对不同犯罪的追诉标准和证明的难易程度。比较而言，行为本位模式的犯罪构成在关于犯罪行为的追诉和证明上，追诉门槛较低，只要行为人实施了该种行为，即会受到刑法的追究；追诉机关所承担的证明责任也相对较低，只需掌握能够证明行为人实施了某种行为的证据即可。而结果本位模式的犯罪构成，追诉的门槛相对高一些，只有当行为人所实施的危害行为造成刑法所规定的结果时，才会被作为追诉的对象；与此同时，追诉机关所承担的证明责任也相对较高，不仅要掌握关于行为人实施了某种行为的证据，还要求能够查明该行为造成了刑法所规定的结果。

如前所述，总体而言，我国现行刑法在犯罪构成模式的选择上较偏重于结果本位。如现行刑法中关于过失犯罪的规定，在客观方面，均以一定的危害结果的发生作为过失行为成立犯罪的必备条件，在主观方面也主要强调的是对于危害结果的认识。就故意犯罪而言，有的犯罪构成采用的是行为本位模式，有的犯罪构成采用的是结果本位模式，但无论是刑事立法中关于犯罪故意的规定，还是刑事司法中对行为人的认识因素和意志因素的考察和认定，都是以危害结果作为其中心内容的。

刑法关于具体犯罪构成的规定往往反映了立法者对于不同的危害行为的容忍程度以及追究和惩治的力度。从犯罪构成模式的着眼点来看，结果本位模式重惩罚，反映的是事后的消极刑法思想的原则；行为本位模式重预防，体现的是积极刑法思想的原则。两种模式各有长短，结果本位虽在一定意义上符合谦抑要求，但又消极被动，且易有所疏漏；行为本位虽积极主动、法网严密，但又有不当扩张之虞。因此，在犯罪构成条件的设定上，片面倚重任何一种模式，都可能导致刑事立法走向极端。要贯彻宽严相济，就要对不同类型的犯罪在追诉的门槛、追究和惩治的力度等方面予以区别对待，在刑事立法中采取行为本位与结果本位并行的模式，一方面，对于严重犯罪，采用行为本位的构成模式，可以加大威慑和惩治力度；另一方面，对于轻罪，采用结果本位的构成模式，适当提高追诉的门槛，既体现出立法的谦抑和宽容，同时也有利于节约司法资源、实现刑法的效率。

（三）对犯罪化行为的梳理与重组

犯罪化是社会发展的现实需要。立足于我国转型期的社会现实，结合我国刑法分则的类罪体系，以下着重对今后犯罪化的几个主要领域（危害公共秩序的犯罪、经济领域的犯罪以及妨害社会管理的犯罪等）的罪名体系的完善，择其要者予以概述：

1. "危害公共安全罪"一章：增设过失危险犯

传统刑法理论将过失犯罪界定为实害犯，以一定的危害结果的发生作为过失行为构成犯罪的必备条件，我国现行刑法亦不例外，对于过失犯罪的规定一律采用的是结果本位模式的犯罪构成。这意味着即使是严重的过失，只要未发生实质性的危害结果，就不会受到刑法的追究。然而，随着社会的发展和现代科技成果的广泛运用，现代社会正变成一个风险社会，无论是社会活动还是人类生活，风险几乎无处不在，稍微懈怠疏忽，就可能酿成巨大的灾难。基于风险控制的需要，过失危险行为的犯罪化就显得十分必要。尽管过失行为者在其主观上确实是不希望或者根本没有预见到危害结果的发生，然而，行为人违反相关的防范法规却通常是故意的，如果对这种容易引起严重后果的故意违法行为给予适当的刑罚震慑，一方面，可以促使过失行为人深刻地认识到遵守有关规范的重要性，启发并提升其规范意识，唤醒其责任心，有利于预防其再犯此类过错；另一方面，也会促使其他那些在日常生活、生产和作业的过程中草率鲁莽、疏忽大意、极不负责任的人警醒，预防类似行为的发生。[①] 因此，为了更周全地保护法益，应当将刑法的防卫线向前推置，在处罚故意犯罪为原则的前提下，例外地处罚一些严重的过失危险行为。同时，为了尽量减少将过失危险行为犯罪化对社会发展可能导致的负面影响，应当将过失危险犯限定于诸如航空、铁路运营、危险物品、大型生产、工程设施等涉及重大社会利益的领域。

2. "破坏社会主义市场经济秩序罪"一章：完善知识产权犯罪的罪名体系

有关知识产权犯罪的立法可以说是现行刑法分则罪名体系中的一个薄弱环节。1997年修订刑法中只规定了七个罪名，之后出台的刑法修正案没有增设其他罪名。这使得一些比较严重的侵犯知识产权的行为只能以民事侵权行为定性，这对于我国支持发展知识产权的立法原意、保护知识产权人的创造积极性是不利的。尤其在加入WTO之后，我国面临的知识产权保护的任务更加艰巨，而目前我国关于知识产权保护的落后局面，使得我国在与其他国

① 参见王俊平："我国刑法中的责任事故犯罪立法之检视"，载《国家检察官学院学报》，2002(3)。

家的知识产权谈判中处于被动、尴尬的境地。要改变这种状况，只有变被动为主动，积极调适我们的法律，缩小我国与其他国家知识产权保护方面的差距。就刑事立法来说，主要是完备和细化知识产权犯罪的罪名体系：其一，扩大假冒注册商标罪的保护范围。对商品商标和服务商标，应当予以同样的法律保护，这样既有利于增强商标刑事立法与《商标法》之间的衔接与协调，又有利于推动我国商标刑事立法的国际化。①其二，修改侵犯著作权罪的要件。取消"以营利为目的"的要件，而将其作为一个量刑情节，即侵犯著作权犯罪的成立无须具有营利目的；对于以营利为目的实施侵犯著作权犯罪的，可加重处罚。②

　　另外，针对现行《刑法》第201条的立法缺陷，可从技术上予以完善。一是在罪状规定上，在对偷税的诸种常见方法明确列举之后，补充"或者其他手段"予以"兜底"，从而使该条的罪状更加严密。二是弥补定罪处刑上的空当，对"数额＋比例"的标准进行调整，取消第一档比例的上限，改为"偷税数额占应纳税额的百分之十以上并且偷税数额在一万元以上的，或者因偷税被税务机关给予两次行政处罚又偷税的，处三年以下有期徒刑或者拘役，并处偷税数额一倍以上五倍以下罚金；偷税数额占应纳税额的百分之三十以上并且偷税数额在十万元以上的，处三年以上七年以下有期徒刑，并处偷税数额一倍以上五倍以下罚金。……"如此，前述两种难以处理的情形——偷税数额占应纳税额10％以上不满30％且偷税额在10万元以上；或者偷税额在1万元以上不满10万元且占应纳税额30％以上——迎刃而解。

　　3. "妨害社会管理秩序罪"一章：完善有关黑社会性质犯罪和计算机犯罪的规定

　　完善"反黑"刑事立法，首先要健全其罪名体系。针对黑社会性质犯罪的现状，增设"参加境外黑社会组织罪"和"入境从事黑社会活动罪"，使之与入境发展黑社会组织罪的规定相对应，以满足刑事立法和罪刑法定原则的完备性要求。③为了加大对黑社会性质犯罪的打击和控制，还应增设"资助黑社会（性质）组织罪"，其主体既可以是个人，也可以是单位。此外，考虑到黑社会（性质）组织犯罪的社会危害性并不亚于毒品犯罪，从严厉打击涉黑犯罪的价值取向出发，应当增设与毒品特殊累犯制度相似的涉黑特殊累犯制度，并且对《刑法》第81条第2款进行修改，增加规定对黑社会性质组织的首要分子不得适用假释。④

---

　　①　参见张兰菊、裘京兰："论知识产权刑法保护的问题——从专利权犯罪谈起"，http://www.chinacourt.org，2005-09-30。

　　②　参见曹盛、郭理蓉："侵犯著作权犯罪比较研究"，载《山西师大学报（社会科学版）》，2005(6)。

　　③　参见田宏杰："试论我国'反黑'刑事立法的完善"，载《法律科学》，2001(5)。

　　④　参见汪敏、任志中："惩治黑社会性质组织犯罪的司法对策"，http://www.chinacourt.org，2002-10-09。

完善关于计算机犯罪的条款：其一，增设新的罪名。对于现时期司法实践已经出现并且可以预见今后将大量存在的某些违法乃至于足以构成犯罪的计算机严重违法行为，应当增设新的罪名，以便处之有据。如近年来盗用他人上网账号、密码的案件时有发生，该行为虽然给合法用户造成一定的经济损失，但其行为特征又不同于盗窃罪，实质上是一种盗用服务的行为，对此，应当增设盗用计算机信息系统服务罪。再如，窃取计算机信息系统程序、数据的行为本身虽不破坏计算机系统，但其对计算机信息系统的安全构成了重大的威胁，特别是一些关系到国计民生的计算机信息系统，其后果将不堪设想，因此应将该行为规定为犯罪。其二，对于现有的两个罪名予以完善。如就非法侵入计算机信息系统罪而言，"计算机信息系统"的范围有必要予以扩大。1996年公安部起草提交的《危害计算机信息系统安全罪方案（草稿）》中曾将"经济建设"领域的计算机系统纳入非法侵入计算机信息系统罪的对象予以规定[①]，但是在1997年刑法通过时被删除，具体理由，有学者分析是"经济建设"的范围过于宽泛而难以掌握，司法实践不易操作，容易导致对经济所有制、经济领域等范围判断的争议。[②] 笔者认为，"经济建设"领域的计算机系统确实范围宽泛，但因范围宽、难以掌握就一概放弃保护，并不妥当，应当将经济建设中至关重要的一些领域的计算机系统纳入进来，就目前来看，至少应当包括金融机构计算机系统和公共福利计算机信息系统。此类计算机信息系统关系到社会稳定与国民生活保障，一旦遭到恶意入侵，陷入混乱状态，其后果难以想象，因而应当给予格外保护。就破坏计算机信息系统罪而言，只限于故意犯罪是不够的，至少对于那些因严重过失导致某些重要的计算机信息系统遭到破坏，造成严重后果的，应给予刑事制裁。其三，增加规定单位作为计算机犯罪的主体。现行刑法规定的计算机犯罪的主体都只限于自然人，而从司法实践来看，由单位组织实施的计算机犯罪确实是存在的[③]，增设单位为计算机犯罪的主体，是现实的需要。

　　4. "贪污贿赂罪"一章："性贿赂"入罪

　　关于"贿赂"的含义和范围，传统的文义和解释都只将其限于财物。我国现行刑法也坚持这一立场。然而，随着腐败形态的多样化发展，我国理论界和实务界有人提出，应当将贿赂的范围从财物扩大到包括财产性利益。还有学者进一步提出，除了财产性利益以外，非财产性利益也应纳入贿赂的范

---

　　① 参见高铭暄、赵秉志编：《新中国刑法立法文献资料总览》，下，2698页，北京，中国人民公安大学出版社，1998。

　　② 参见于志刚著：《计算机犯罪研究》，54页，北京，中国检察出版社，1998。

　　③ 如，1990年5月，日本发现了第一例公司之间采用计算机病毒作为斗争手段的案例：日本一家公司企图利用计算机病毒来破坏夏普公司的X6800微型计算机系统数据文件，以达到不正当竞争的目的。我国也有此类案例。参见廖天华："关于KV300＋＋所谓'逻辑炸弹'的新闻调查"，载《电脑报》1997-8-8；"KV300＋＋'逻辑锁'事件有结论"，载《电脑报》，1997-09-12。

围。2007 年 7 月"两高"联合发布的《关于办理受贿刑事案件适用法律若干问题的意见》明确表明了对将财产性利益作为"贿赂"内容的肯定态度。而"性贿赂"问题，理论界争议仍然很大，现行立法与实务界对此亦持否定态度，一个很重要的理由是，权色交易是男女关系问题，属个人道德品质的瑕疵，应当受到道德谴责或者党纪、政纪处分，而非刑法所应干预；否则，有道德刑法化的嫌疑。

　　笔者认为，将"性贿赂"一律归之于道德问题从而断然否定刑法干预的做法过于简单化。实践中的性贿赂通常可分为三种情况：第一种是双方基于感情发生的婚外性行为，在此前提下，作为感情的付出或者报偿，公务人员为对方谋取非法利益；第二种是一方为谋取非法利益（主动投怀送抱或者在对方暗示下的默许）而与公务人员进行权色交易；第三种则是一方为谋取非法利益而为公务人员享受性服务埋单的行为。如果说第一种属于道德谴责的范围，刑法不应干预；那么后两种情况就该另当别论了。实际上，道德并非否定"性贿赂"入罪的充分理由。对行为的刑法评价与道德评价从来都不是截然分离的，刑法所规定的犯罪，特别是传统的自然犯，在道德评价上也是否定的。在后两种情况下，以收买和交换为目的而进行的权色交易已经远远超出了纯粹男女关系或者个人情感的范围，这种交易的结果使得本应作为公共资源为公众服务的公共权力被少数人滥用，危害社会公共利益，进而危害到整个社会的法秩序。权色交易与权钱交易在本质上都是公权与私利的交易，严重腐蚀了公务人员队伍，亵渎了公务行为的廉洁性。因此，"权色交易行为不仅具有伦理上的可责难性，而且具有刑法上的可罚性，因而进入了刑法触须应当干预的视野。刑法对这种权色交易行为的犯罪化，不仅体现了刑法对道德规范的支持和强化，更是对这种权色交易行为亵渎公职行为廉洁性的必要和正当的刑法反应"①。并且，将性贿赂入罪在其他国家和地区也不乏立法和判例。如在日本法院的判例中，无论有形的还是无形的，凡是能够满足人的需要或者欲望的一切利益都可以算作贿赂，既包括财物和财产性利益，也包括性服务等非财产性利益。②德国刑法典将受贿对象规定为"利益"，在审判中也有"性贿赂"的判例。③ 我国《香港防止贿赂条例》规定贿赂的对象是利益，并且采用列举方式明确了贿赂的内容和范围，其中，职位、雇佣或契约以及"任何其他服务或优惠"等都属于贿赂。《联合国反腐败公约》中规定的贿赂为"不正当好处"，其含义也是较广的。作为《联合国反腐败公约》的成员国，我国有关贿赂犯罪的立法理应与公约的规定保持一致。面

---

　　① 梁根林著：《刑事法网：扩张与限缩》，212 页，北京，法律出版社，2005。

　　② 参见［日］大塚仁著：《刑法概说（各论）》，冯军译，596 页，北京，中国人民大学出版社，2003。

　　③ 如，2007 年德国社会民主党议员汉斯—朱根·乌尔（Hans-Jürgen Uhl）接受大众汽车公司"性贿赂"一案。详见 http://www.germanyfinance.cn，2007-06-15。

对腐败犯罪中权色交易猖獗的严峻形势，适应打击贿赂犯罪的现实需要，我国的刑事立法中应当扩大"贿赂"的范围，将财产性利益以及包括"性贿赂"在内的非财产性利益均纳入"贿赂"。

5．"渎职罪"一章：取消"徇私"动机。

如前所述，作为犯罪的动机，"徇私"不属于犯罪构成的条件，将其在罪状中明确予以规定，一则违反了罪状描述的基本规则，二则给渎职犯罪的认定附加了额外的、不必要的限制，反而不利于对渎职犯罪的惩治。基于此，笔者认为，应当对本章中所有规定有"徇私"动机的犯罪的罪状进行修改，取消"徇私""徇情"等规定，以便将那些非出于徇私动机的渎职行为涵括进来。相应的，罪名也应予以调整。如"徇私枉法罪"改为"刑事枉法追诉、裁判罪"；"徇私舞弊减刑、假释、暂予监外执行罪"改为"违法减刑、假释、暂予监外执行罪"；"商检徇私舞弊罪"改为"出具虚假商检结果罪"；等等。

三、宽严相济的犯罪体系的构建：适度的非犯罪化

与西方国家非犯罪化的背景不同，我国在立法上已经明确区分了犯罪与一般违法行为，且各自有不同的法律进行规制，同时，我国刑法中极少涉及道德犯罪，对无被害人的犯罪，刑法也只规定了赌博罪、聚众淫乱罪等少数几种。因此，从立法上来说，非犯罪化的空间是比较有限的。具体来说，以下几种行为可考虑予以非犯罪化处理：

1．犯罪预备行为

正如德国学者玛拉哈指出的：（犯罪）预备原则上是不可罚的，其理由有二：一是基于证明技术的要求，二是基于刑事政策的要求。[1]由于尚未进入着手实行阶段，犯罪预备在证据证明上有相当大的难度，如某人为实施杀人行为而准备工具，如何证明其是犯罪预备呢？仅因为其买刀吗？显然不能。假如其真的买了刀、伺机作案，除了与之共谋的人，又有何证据能证明其买刀是为了杀人？即便其已磨刀霍霍，只要没有着手实施杀人行为，也没有证据能够证明其是预备犯。在大要案频发、司法资源很有限的情况下，耗费大量人力物力去调查证明此类本身难以证明且意义不大的犯罪预备案件，显然有违司法经济原则。如前所述，犯罪预备的危害较小，甚至在很多情况下，比未造成损害的犯罪中止的危害程度还要轻微。与未造成损害的犯罪中止"应当免除处罚"相比，犯罪预备的不罚自然具有合理性，不仅符合宽严相济的要求，而且体现了刑法的谦抑和效率原则。实际上，从我国的司法实践来看，只有极少数性质严重的犯罪的预备行为才受到刑事追究。[2]既如此，何

---

① 参见马克昌著：《刑法理论探索》，314 页，北京，法律出版社，1995。

② 参见陈兴良著：《刑法适用总论》，上，400—401 页，北京，法律出版社，1999。

不在立法上予以确认，使得司法上的不追究更加"名正言顺"呢？所以，笔者认为，可以对现行刑法关于犯罪预备的规定进行修改，将《刑法》第22条第2款改为："对犯罪预备的处罚，以本法分则的明文规定为限。"这样既符合国际上一般不罚犯罪预备的习惯做法，又可实现立法与司法的一致。

2. 成年人自愿参与秘密的聚众淫乱

首先，成年人自愿参与秘密的聚众淫乱是行为人行使自己性权利的行为，不具有可罚性。性权利是最基本的人权之一，属于个人隐私权的内容。成年人有权决定自己性行为的方式，他人不应干涉。这已是国际社会的共识。其次，成年人自愿进行秘密的聚众淫乱活动，不具有法益侵害性。自愿参与聚众淫乱是参加者行使性权利的方式，所以在参加者之间不存在被害人。成年人自愿进行秘密的聚众淫乱活动不为外界所知晓，该行为不会侵犯正常的生活秩序和他人的法益，因而不应当规定为犯罪。但是，引诱未成年人参加聚众淫乱活动的，另当别论。这是因为未成年人心智尚不成熟，不能正确地认识到这一行为的性质和后果，法律推定其不是"自愿"参与聚众淫乱活动，因而该行为侵犯了未成年人的性权利，有必要规定为犯罪。[①]这与卖淫不构成犯罪但引诱幼女卖淫的成立犯罪，道理是一样的。

3. 赌博

赌博行为非犯罪化的理由首先在于赌博行为不具有法益侵害性。赌博是当事人对其个人财产的一种处分，赌博是当事者基于利益的权衡之后，甘冒失去财产的风险而参与的，是一种自愿行为。通过赌博的方式获得他人的财产，也是以事先得到对方的承诺为前提的，按照刑法理论，这种自愿的承诺具有阻却违法的效力。至于说赌博侵犯了善良的社会风尚和社会管理秩序[②]，这其实是所有越轨行为的共同特征，而且这只是将越轨行为犯罪化的一个基本前提而非充分条件。将赌博容易诱发其他犯罪作为将其犯罪化的理由，也是站不住脚的。赌博与其他犯罪之间并无必然的因果关系。贫穷也可能使人起贪欲之心而去从事盗窃、抢劫，但显然不能因此而将贫穷认定为犯罪。其次是对于赌博行为，刑罚调控的无效性。我国刑法一直将赌博规定为犯罪加以禁止，但长期的实践表明，刑罚手段并没有收到预期的效果。与其耗费大量刑罚资源却无功而返，不如改"堵"为"疏"，对此类行为进行非犯罪化处理，并且实施有效的引导，如通过国家开展彩票事业，制定相关规则，使博彩行业规范、有序地运行，同时，对于一些非法赌博行为，将其纳入治安管理处罚的范围。

---

① 参见黄京平、陈鹏展："无被害人犯罪非犯罪化研究"，载《江海学刊》，2006（4）。

② 参见高铭暄、马克昌主编：《刑法学》，554页，北京，北京大学出版社、高等教育出版社，2000。

4. 犯罪嫌疑人、被告人亲属的窝藏、包庇行为

作为维护社会秩序、引导人们行为的规范之一，法律维护的应当是社会最基本的道德，法律（包括刑法）至少不应当违背最基本的人伦感情。这是法律（包括刑法）的伦理基础。父母、子女、夫妻、兄弟姐妹等家庭成员之间的亲情是人最基本的情感，也是人类社会赖以存在的最基本的关系纽带，将犯罪嫌疑人、被告人的亲属置于窝藏罪、包庇罪的主体范围内，不但会使刑法背上"恶法"的名声，而且在法律效果与社会效果上都难以取得满意的结果。因此，应当对现行刑法中的窝藏罪、包庇罪进行部分非犯罪化，即将犯罪嫌疑人、被告人的亲属从两罪的主体中排除出去。具体来说，可以对现行《刑法》第 310 条做如下修改，在该条第 2 款之后增加一款作为第 3 款，规定"下列人员犯前两款罪的，免除处罚：犯罪嫌疑人、被告人的配偶、父母、子女、兄弟姐妹、祖父母、外祖父母、孙子女、外孙子女。"①

此外，关于"安乐死"这一非犯罪化的热点问题，迄今为止，除荷兰、比利时、美国俄勒冈州以外，世界上绝大多数国家和地区都坚持立法上的否定态度。自 20 世纪 80 年代以来，我国理论界就对"安乐死"问题进行了热烈的讨论，如同在其他国家一样，争议始终存在。从理性的人道观念和人权保护的角度，"安乐死"在道义和法理上的正当性是毋庸置疑的。②但是，正如有学者所指出的，我国现阶段的社会文明状况、医疗卫生与福利保障体系、从医人员的职业道德状况以及社会整体的法制状况等，的确尚不足以为"安乐死"的正确与适当适用提供充分的保障。③在这种情况下，"安乐死"在法律上的非犯罪化不宜草率而行。

---

①　关于这里"亲属"的范围，笔者认为，应限定为"近亲属"较为适宜。我国现行法律中不少地方使用近亲属概念，但关于"近亲属"的范围，尚没有一个统一的说法。《刑事诉讼法》第 82 条将"近亲属"的范围限定为夫、妻、父、母、子、女、同胞兄弟姊妹。对于《民法通则》中的"近亲属"，最高人民法院 1988 年 4 月 2 日《关于贯彻执行〈民法通则〉若干问题的意见（试行）》（以下简称《试行意见》）中将其范围界定为包括配偶、父母、子女、兄弟姐妹、祖父母、外祖父母、孙子女、外孙子女；1990 年 12 月 5 日颁布的该解释的修改稿中将"祖父母"排除在了"近亲属"之外。此举颇令人费解和困惑。现行《婚姻法》虽没有明确规定哪些人属于"近亲属"，但根据其中禁止近亲结婚的有关条款的规定，可以推知婚姻法上的"近亲属"是指直系血亲和三代以内的旁系血亲。笔者认为，《刑事诉讼法》中的界定范围偏窄，但根据《婚姻法》的规定来理解"近亲属"，范围又过宽，相比之下，最高法院 1988 年《试行意见》中的解释是比较合理的。

②　对生命权利的保护不应当只是简单地保障生命的存在，更重要的是生命的质量，换句话说，对生命真正的尊重和保护不仅仅体现为要让他（她）活着，而是要让他（她）有尊严地活着。当生命的存续对于个人来说，成为一种不堪忍受的肉体摧残和精神折磨的时候，应当尊重个人理性地选择有尊严地死亡的权利。这才是真正的、理性的人道。

③　参见梁根林著：《刑事法网：扩张与限缩》，303—306 页，北京，法律出版社，2005。

刘 科 *

宽严相济刑事政策与
侵犯商业秘密罪的立法完善

一、宽严相济刑事政策的内涵解读

宽严相济的刑事政策,是我们党和国家同犯罪行为作斗争的基本刑事政策,也是制定《中华人民共和国刑法》的重要依据。认真探讨、研究宽严相济的刑事政策,正确理解其精神实质,对于严格地执行我国现行刑法,打击惩办危害国家安全犯罪和其他犯罪活动,切实保障广大人民群众安居乐业奔小康,维护和促进改革开放的进一步发展,建设强大的社会主义国家,都有着极为重要的实际意义。

关于宽严相济刑事政策的内涵,笔者认为可以概括为以下两个方面:

第一,根据犯罪的严重程度和犯罪人的人身危险性大小,实行区别对待、有宽有严,反对搞"一刀切"。

对犯罪人实行区别对待、有宽有严,这是人们普遍认同的观点。当今时代已经没有人赞同对于同一种犯罪实行一律相同的处罚。问题是,实行区别对待究竟应当以什么为依据或者标准,对此,刑法古典学派与实证学派有着不同的理解。笔者认为,汲取古典学派与实证学派理论中的精华,适用刑法时既要根据犯罪的严重程度实行区别对待,又要根据犯罪人的个人情况实行区别对待,才是宽严相济刑事政策"区别对待"的应有之义。具体说来,在刑事立法与司法实践中,对于有组织犯罪、黑恶势力犯罪、严重暴力犯罪以及累犯、犯罪集团的首要分子、犯罪后拒不悔改的犯罪人,应当依法从严制裁;对于轻微犯罪、过失犯罪、中止犯、从犯、胁从犯、防卫过当、避险过当以及偶犯、自首犯、立功犯、未成年人犯罪人、又聋又哑或者是盲人犯罪

---

* 北京师范大学刑事法律科学研究院讲师,法学博士。

等等，应当实行从宽处理。

第二，宽中有严，严中有宽，宽严适度，既反对严厉到底，也反对宽大无边。宽严相济刑事政策不宜简单地归结为二元分离的"对严重犯罪从严，对轻微犯罪从宽"。宽缓与严厉两方面应当彼此协调，有机结合，而不应当将二者割裂开来。陈兴良教授曾经精当地指出，宽严相济，最为重要的还是在于"济"。这里的"济"，是指救济、协调与结合之意。因此，宽严相济刑事政策不仅是指对于犯罪应当有宽有严，而且在宽与严之间还应当具有一定的平衡，互相衔接，形成良性互动，以避免宽严失当结果的发生。换言之，在宽严相济刑事政策的语境中，既不能宽大无边或严厉过头，也不能时宽时严，宽严失当。在此，如何正确地把握宽和严的度以及如何使宽严形成互补，从而发挥刑罚最佳的预防犯罪的效果，确实是一门刑罚的艺术。①因此，宽严相济刑事政策既反对重刑主义，也反对刑罚虚无主义。重刑主义和刑罚虚无主义两种倾向看似相反，实质上都没有真正遵循宽严相济刑事政策，造成宽严失度和宽严脱节。

二、侵犯商业秘密罪立法中的宽严相济

立法是司法的先导。宽严相济刑事政策不但是我国刑事司法、执行中的基本政策，更是我国刑事立法中一以贯之的基本政策。我国1979年刑法典明确提出要贯彻"惩办与宽大相结合"的刑事政策，该政策就是宽严相济刑事政策的前身。1997年修订刑法典时，立法者考虑到"惩办与宽大相结合"在新刑法中的具体制度上得到了充分体现，因此没有明确将该政策作为立法的基本政策。从该部刑法典的具体内容来看，确实较好地贯彻了该政策的精神实质，基本上做到了该严则严，该宽则宽：比如，取消了不满18周岁的未成年人犯罪刑事责任中的死刑缓期两年执行的规定，体现了宽的一面；增设了大量的经济犯罪，又体现了严的一面；同时，通过减刑、假释、累犯等制度，使得刑罚的适用有宽有严、宽严相济。

但是，我国1997年刑法典制定时，正值1996年严打方兴未艾时期，司法实践中的严打做法一直在冲击着正在起草中的刑法典，从而使得这部刑法典在整体上趋向于谦抑的同时，仍带有一定程度上的重刑主义倾向。同时，由于立法技术、立法条件的局限，对于一些新兴的经济犯罪行为，刑法典没有充分估量到其严重的社会危害性，将其与一些普通经济犯罪行为规定在一起，并适用相同的刑罚，罪责刑相适应原则没有得到很好地贯彻，从而使得部分经济犯罪的罪刑设置宽严失当。侵犯商业秘密罪的刑事立法就是比较典型的例子。根据我国《刑法》第219条的规定，侵犯商业秘密罪的行为方式主要表现为：（1）以盗窃、利诱、胁迫或其他不正当手段获取权利人的商业

---

① 参见陈兴良："宽严相济刑事政策研究"，载《法学杂志》，2006（1）。

秘密的行为；（2）披露、使用或允许他人使用以前项手段获取的权利人的商业秘密的行为；（3）违反约定或者违反权利人有关保守商业秘密的要求，披露、使用或者允许他人使用其所掌握的商业秘密；（4）明知或者应知前述三种违法行为，获取、使用或者披露他人的商业秘密的行为（即《刑法》第219条第2款）。这四项规定可大致概括为三种类型。第一类俗称商业间谍行为，包括前两项。第二类即第（3）项的内容，可称为违约泄露商业秘密的行为。第三类即第（4）项的内容，一般称为"间接侵犯商业秘密的行为"①。显然，因违约泄露商业秘密行为与因盗窃手段获取商业秘密的间谍行为是两种性质不同的行为，主观恶性与社会危害性都有较大差别，刑法为这些行为配置统一的量刑幅度，显然不能做到罪责刑相适应，更难以贯彻宽严相济的刑事政策。同时，追究过失侵犯商业秘密犯罪的刑事责任②，也与刑法的谦抑价值取向不符，显得过于严苛。因此，贯彻宽严相济刑事政策，必须完善我国刑法中规定的侵犯商业秘密罪。

（一）贯彻从严的刑事政策，加重商业间谍行为的刑事责任

"宽严相济"刑事政策中从严的一面在刑事立法中具体体现为既要严密法网，又要设置与其罪行相适应的刑罚。所谓严密法网包括两层含义：一是扩大犯罪圈，将更多的危害社会的行为犯罪化；二是刑事立法本身逻辑要严密，用语要明确，尽量减少法条的冲突和歧义，以维护法律的尊严和司法操作的统一。所谓设置与其罪行相适应的刑罚，是指合理配置和运用刑种和刑量，使其与犯罪自身的严重程度相适应，提高刑罚的有效性。在我国侵犯商业秘密犯罪中贯彻"宽严相济"刑事政策中从严的一面，主要是加重商业间谍犯罪的刑罚。理由是：

第一，商业间谍行为具有极大的社会危害性。一种行为是否被规定为犯罪，在实践中被处刑是轻还是重，关键在于该行为的社会危害性大小。商业间谍行为具有极大的危害性。据报道，随着国际经济竞争的日趋激烈，国际范围内的经济间谍战也越来越激烈。近一段时期以来，德国宇航、西门子、拜尔等跨国公司，一再成为美国和欧洲其他国家情报机构的进攻目标，并给上述企业造成了100多亿马克的损失，使德国至少损失了5万个工作岗位。③而美国联邦调查局的一份报告则显示，1997年国外经济间谍活动给美国造成的损失高达3000亿美元。④在我国，伴随着改革开放的深入进行与市场经济的飞速发展，商业间谍行为也开始大量出现，并给我国造成了巨大的损失。

①　马克昌主编：《经济犯罪新论》，546页，武汉，武汉大学出版社，1998。

②　对于《刑法》第219条第2款规定的间接侵犯商业秘密的犯罪行为是否包括过失犯罪，我国刑法理论界一直有争议。笔者认为，从该款规定的"应知"的本意来看，过失侵犯商业秘密罪是存在的。关于这一点，下文还有详细论述，在此不再赘述。

③　参见《光明日报》，1998-03-02。

④　参见袁方正："愈演愈烈的国际间谍战"，载《瞭望周刊》，1998（8）。

例如，20 世纪 80 年代，一批日本造纸专家自称为旅游者，通过邻省有关机构的联系，参观了安徽宣纸制造厂，并对造纸的工艺流程录了像。这些日本专家回国后，对宣纸工艺进行研究，使它能用机械化大规模地生产。同样的事情也发生在景泰蓝工艺的制造上。①这些商业间谍行为，使得我国相传几百年的古老工艺免费在世界上流传，给我国的外贸工作造成沉重的打击。

第二，有比较成熟的外国立法例可资借鉴。正是基于商业间谍行为所具有的严重社会危害性，美国、日本、欧洲的许多国家都规定了商业间谍犯罪行为，并给予较为严厉的刑事制裁。例如，为惩治侵犯商业秘密的犯罪行为，1996 年美国颁布了《经济间谍法》（Economic Espionage Act of 1996）。该法惩治的第一种犯罪就是对商业秘密的经济间谍罪，该罪是指为外国利益对美国企业的商业秘密犯罪的行为："任何人图谋或知道，犯罪有益于外国政府、外国机构或外国代理人，仍故意实施侵犯商业秘密行为的，构成经济间谍罪，对该罪处 50 万美元罚金，或 15 年以下有期徒刑，或两者并处"。该法惩治的第二种犯罪是侵夺商业秘密罪，"任何人图谋或知道，犯罪有损于其产品是为洲际、国际贸易生产或产品处于该贸易中的商业秘密的所有人，为该所有人以外任何人的经济利益，以传递有关该产品或者包含于该产品的商业秘密为目的，故意实施该行为的，构成侵夺商业秘密罪，犯该罪的，处罚金或 10 年以下有期徒刑，或二者并处"。以上两个罪名，除了犯罪目的不一样，即一个是为了外国利益，另一个是为了犯罪人自己的利益以外，犯罪行为的表现形式完全一样，刑罚设置为最低 10 年有期徒刑，体现了美国对保护商业秘密，打击经济间谍犯罪行为的重视。

又以法国为例。法国关于侵犯商业秘密的犯罪规定在《刑法典》第 418 条（披露制造秘密罪）：①工厂之经理、雇员或劳动者，将其所服务工厂之秘密，泄露或企图泄露于外国人或者住在外国的法国人，应当判处两年以上五年以下的监禁，以及 1800 法郎以上 120 000 法郎以下的罚金。②犯前项之罪者，并得宣告剥夺本法第 42 条之权利。③将第一项秘密泄露于在法国居住之法国人者，处三个月以上两年以下有期徒刑并科 500 法郎以上 1800 法郎以下罚金（1956 年 12 月 29 日第 56－1327 号修正案）。④犯本条第一项至第三项之罪，其泄露之秘密如属国家工厂制造兵器或弹药之秘密者，应为最高刑之宣告。单独来看，法国侵犯商业秘密犯罪的刑罚设置并不重，最高为 5 年监禁，但是考虑到法国刑法典中对于累犯加倍处罚的规定，最高为 5 年的监禁刑就有可能变成最高 10 年监禁刑（如果犯罪人是累犯）。因此，法国刑法中对于商业间谍犯罪行为的处罚还是非常严厉的。

最后以德国为例。德国刑法规定，如果为外国势力，即外国的秘密情报机关服务的人提供秘密的（包括商业秘密），应当按照德国刑法典第 99 条规

---

① 参见朱榄叶著：《知识产权与国际保护》，65 页，上海，上海译文出版社，1996。

定的秘密间谍活动罪处罚。德国刑法典第99条规定：（1）任何人①为外国势力的秘密情报机关从事反对联邦德国的报告或者提供事实、物品或者知识的秘密活动的，或者②向外国势力的秘密情报机关或者其代理人表明愿意从事这种活动的，处5年以下监禁或者罚金，只要该行为没有根据第94条或者第96条第1款、第97a条或者第97b条结合第94条或者第96条第1款处以刑罚。① （2）在特别严重的情况下，刑罚是1年以上10年以下监禁或者罚金。特别严重的情况通常是指行为人报告或者提供政府机关或者根据其要求保密的事实、物品或知识，并且这个行为人①滥用了自己对保守这种秘密负有特殊义务的负责人职位，②该行为对联邦德国产生了严重损害的危险。可见，对于严重的商业间谍犯罪，德国规定的最高刑罚也是10年监禁。

第三，在我国1997年刑法典生效以前，对于严重的侵犯商业秘密行为，可以按照盗窃罪判处较重（7年以上，乃至于无期徒刑、死刑）的刑罚。我国1979年刑法典没有规定侵犯商业秘密罪，为惩治实践中出现的侵犯商业秘密行为，1992年12月11日最高人民法院、最高人民检察院联合下发《关于办理盗窃案件具体应用法律若干问题的解释》，该解释第1条第（四）项规定："盗窃公私财物，既指有形财产，也包括电力、煤气、天然气、重要技术成果等无形财物"，商业秘密即属于重要技术成果。因此，对于盗窃商业秘密、数额特别巨大或者有其他特别严重情节的，可以按照盗窃罪处以超过7年的有期徒刑。

但是，我国1997年刑法典规定了侵犯商业秘密罪，事实上也就取消了窃取商业秘密按照盗窃罪处理的司法解释，使之归于无效。因此，对于侵犯商业秘密的行为，除非该商业秘密被依法认定为国家秘密、情报并为境外窃取、刺探、收买、非法提供，否则，只能按照侵犯商业秘密罪论处，最高只能处以7年有期徒刑。显然，最高为7年有期徒刑的刑罚设置对于愈演愈烈的商业间谍犯罪行为是缺乏威慑力的，相对于刑法修订之前可以判处7年以上有期徒刑的司法解释，也是不利于惩治犯罪的。尤其是在我国加入WTO的大背景下，随着对外开放程度不断扩大与国际经济交往的日益频繁，境外机构、组织、人员对我国的经济间谍活动也必将更加猖獗。在世界经济一体化和我国加入WTO的背景下，提升商业间谍犯罪的法定刑，对于保护我国民族经济的发展具有十分重要的意义。

（二）贯彻从宽的刑事政策，取消过失侵犯商业秘密犯罪的刑事责任

宽严相济刑事政策中从宽的一面在刑事立法中主要体现为非犯罪化（除罪化）与非刑罚化、非监禁化。在侵犯商业秘密犯罪中，贯彻宽严相济刑事

---

① 德国刑法典第94条、第96条第1款、第97a条、第97b条分别规定的是叛国罪、刺探国家机密罪、出卖非国家机密罪和非法出卖误认为国家机密的秘密罪。上述犯罪都与国家机密有关，根据德国刑法典第93条的规定，国家机密是指，为使德意志联邦共和国免遭重大的危险，而只对有限范围的人员公开，对外国保密的事实、物品或者情报。秘密间谍活动罪，所侵犯的秘密不是国家机密

政策宽的一面，主要是将过失侵犯商业秘密犯罪行为除罪化。当然，在建议取消过失侵犯商业秘密犯罪立法设置之前，首先需要探讨我国刑法中是否规定了过失侵犯商业秘密罪。

1997年《刑法》第219条第（二）款规定："明知或者应知前款所列行为，获取、使用或者披露他人的商业秘密的，以侵犯商业秘密论"。在我国学术界，由于对这里的"应知"有不同理解，侵犯商业秘密罪的罪过形式也就有不同看法，主要争议为以下两点：第一点是本罪的罪过形式究竟是否包括过失，第二点是本罪的罪过形式如果包括过失，这样的立法规定是否合理，进而是否需要取消过失侵犯商业秘密罪的规定。这两点是互相关联的，正确分析第一点是正确分析第二点争议的前提和基础，只有认真解决好第一点的争议，才能对第二点得出正确的结论。

1. 侵犯商业秘密罪罪过形式的两种不同观点

第一种观点是故意说。该观点认为本罪的罪过形式只包含故意而不包含过失，但是在该观点内部又有不同的表述及论证方式。一种是明确地指出本罪在主观上是故意，过失行为不能以犯罪论处，但没有进一步说明原因或者进行进一步论证。①这种观点因为武断地认为本罪的罪过形式就是故意而不进行深刻分析，从而回避了对刑法规定的"应知"的理解问题，没有说服力。另一种则不回避刑法关于"应知"的规定，但却和通常将"应知"理解为过失的见解不同，该观点将"应知"理解为故意。如有的学者认为，所谓"应知"，是指行为人在实施本项行为的时候，应当明确前述三种行为违法，但为谋取非法利益而利令智昏暂时忘记了，且一旦知道，对危害结果仍采取希望或放任的态度。这是一种推定故意的主观状态。②还有的学者在研究了间接形式侵犯商业秘密罪的主观方面后，指出将"应知"理解为过失是不合理的，并根据《反不正当竞争法》第10条的立法原意对刑法的立法本意进行了揣测。③该学者认为，从字面和词义上理解侵犯商业秘密罪的主观方面包括故意和过失，显然是词义所及、顺理成章的，并无不妥，但从立法宗旨和刑事责任的承担方面来看，却显得不尽合理。因为如果将刑法规定的"应知"理解为过失，则直接侵犯商业秘密的行为尚且只能由故意构成，轻于此的间接侵犯商业秘密的行为反而可以由过失构成，无异于说对较重的直接侵犯商业秘密的行为可以网开一面，而对较轻的间接侵犯商业秘密的行为要一网打尽，这显然是违背了立法之宗旨。该学者引用了《中华人民共和国反不

---

① 参见郭自力："商业秘密与保护"，载《当代法学》，2000（4）；龙洋："侵犯商业秘密罪辨析"，载《西安政治学院学报》，1999（5）；詹复亮："论侵犯商业秘密罪"，载高铭暄、赵秉志主编：《刑法论丛》，第1卷。

② 参见江勇："论侵犯商业秘密罪"，载《四川教育学院学报》，2001（9）。

③ 参见何正泉："论间接侵犯商业秘密罪的主观方面"，载《中南民族学院学报》，2001（5）。

正当竞争法释义》》① 一书中的权威解释（该书系由国务院法制办协同有关部门组织编写，由参加起草、审查该法的同志撰稿，因而该学者认为它从侧面真实地反映了立法本意），说明《反不正当竞争法》第 9 条和第 10 条中的"明知"和"应知"都是故意，"明知"或者"应知"是一种客观上的"预见性"，只要查明客观上应当知道即可，不管违法者是否自述不知等辩解，这是一种视同故意的情形。立法本意是想用诉讼上的高效率来保证实体公正，因为在有些情形下，要证明被告人的行为是否出于故意或者过失，是非常困难的，并非想处罚过失。《刑法》第 219 条的规定直接来自《反不正当竞争法》的规定，只不过又加上了有关损害结果和量刑幅度的规定，因而不应将其中的"应知"理解为过失。在上述论证的基础上，该学者进而对"应知"的内涵进行了更深一步的挖掘，认为"应知"是一个推定概念。为防止行为人以"不知"推卸责任，同时为提高诉讼效率，只要一般状况下应当知道，或者行为人稍作审查即可发现的，就是"应知"，它是"明知"在诉讼和司法实践中的一种表现形式，即行为人辩称"不知"而有证据表明行为人应当知道的情形。

持上述观点的学者在本质上还是认为"应知"是一种过失形式的，只不过按照这种通常理解会使刑法的规定丧失合理性，为了维护刑法的合理性，才不得已在刑法的范围之外（即在刑事诉讼法领域）寻求刑法规定的合理性。对此，有学者认为，该学者（将"应知"理解为故意的学者——笔者注）维护刑法规定合理性的良苦用心是可以理解的，但是刑法规定的不合理性应当通过修改刑法来解决，而不应当通过改变词语的本来含义这种削足适履的方式来解决②，笔者赞同这种观点。

第二种观点是故意和过失说。这种观点认为本罪的罪过形式既包含故意，也包含过失。大多数学者都持这种观点，但在具体表述上又有所不同：（1）"本罪在主观方面一般是故意，少数情况下是过失"；③（2）"本罪的主观方面既可以是故意，也可以是过失"；④（3）有的观点认为刑法列举的四种侵犯商业秘密的行为中除第一种只能由故意构成外，其余的均可由故意或过失构成⑤，也有支持该观点的学者根据行为的具体方式的不同来分别确定罪过形式是故意还是过失，具体说来：①盗窃、利诱、胁迫或以其他不正当手段获取商业秘密的，其主观心理状态应是故意。②披露、使用或允许他人使用

---

① 参见陈立骅、陈建详著：《中华人民共和国反不正当竞争法释义》，北京，中国法制出版社，1994。

② 参见李富友："侵犯商业秘密罪的罪过形式探讨"，载《时代法学》，2003（2）。

③ 参见聂洪勇："论我国新刑法中的侵犯商业秘密罪"，载《甘肃政法学院学报》，1998（3）；另参见喻晓玲："论我国商业秘密的刑事法律保护"，载《江西财经大学学报》，2001（3）。

④ 参见姜国锋、范洪华："商业秘密的刑法保护"，载《山东省农业管理干部学院学报》，2001(3)。

⑤ 参见党建军主编：《侵犯知识产权罪》，北京，中国人民公安大学出版社，1999。

以上述手段获得的商业秘密的，其中披露行为的主观心理状态可以是故意或者过失，但使用或允许他人使用的行为只能由故意构成。③披露、使用或允许他人使用以正当手段获得的商业秘密的，其中披露行为的主观心理状态是故意或者过失，使用或允许他人使用的主观心理状态只应是故意。④第三人获取、使用或允许他人使用有关商业秘密的，其主观心理状态可能是故意或过失。①（4）还有的观点认为，直接侵犯商业秘密的犯罪行为只能由故意构成，"以侵犯商业秘密论"的行为主观方面可以是故意或过失。②

　　上述四种表述的共同之处在于都认为本罪的罪过形式既包含故意，又包含过失；不同之处在于，对过失的罪过形式在本罪存在的范围问题上或者说是究竟何种侵犯商业秘密的行为的主观罪过可以由过失构成的认识上有所不同。第一种表述虽指出了故意侵犯商业秘密行为为多数，过失为少数，但究竟哪些侵犯商业秘密的行为属于故意，哪些侵犯商业秘密的行为属于过失则未予明确。第二种表述没有明确此范围问题，而是回避了侵犯商业秘密的不同行为的不同罪过形式。第三和第四两种表述都明确了侵犯商业秘密的不同行为的不同罪过形式的问题，但是第三种表述是存在问题的：其一，从该学者对第二和第三两种行为类型的分析可以看出，该学者认为使用或允许他人使用属于故意，而披露则可能是故意，也可能是过失，这种分析的根据何在？可能是受泄露国家秘密罪中的"泄露"包含故意和过失两种形式的影响，但是，"披露"和"泄露"的含义还是有区别的，"披露"和"使用"及"允许他人使用"一样都是一种积极的行为，其罪过形式应表现为故意。其二，该学者认为第四种行为类型的获取、使用或允许他人使用都可以是故意或者是过失，这可能是受刑法规定的"应知"一词的影响所致，但却与该学者对前面三种行为类型的分析存在矛盾之处。具体说来，即在第二、第三两种行为类型中，使用或者允许他人使用是故意的，但在第四种类型中却又可以是过失的，难道这两处的"使用或允许他人使用"具有不同的含义？退一步讲，即使"使用或允许他人使用"可以是过失的，将"获取"这种积极的行为方式理解为过失也同样是说不过去的。③因此，从整体来看，上述第四种表述是正确的，即前三种行为类型都是故意而非过失，第四种行为类型即"明知或应知前款所列行为，获取、使用或者披露他人的商业秘密的，以侵犯商业秘密论"的行为则可以是故意或者是过失。具体而言，明知前款所列行为，获取、使用或者披露他人的商业秘密的罪过形式是故意，而应知前款所列行为，获取、使用或者披露他人的商业秘密的罪过形式是过失。

---

① 参见赵秉志主编：《侵犯知识产权罪疑难问题司法对策》，长春，吉林人民出版社，2000。
② 参见赵秉志主编：《侵犯知识产权罪研究》，北京，中国方正出版社，1999。
③ 参见李富友："侵犯商业秘密罪的罪过形式探讨"，载《时代法学》，2003（2）。

2. 应否取消过失侵犯商业秘密罪

从上述论述可知，侵犯商业秘密罪的罪过形式是包含过失的，也就是说我国刑法中规定了过失侵犯商业秘密罪。为此就出现了第二个争议问题，即我国刑法中设置的过失侵犯商业秘密罪是否应当取消。对此，我国学术界也有两种不同观点：

第一种观点认为应取消过失侵犯商业秘密行为构成犯罪的规定：刑法不追究过失直接侵犯商业秘密行为，却要追究第三人过失侵犯商业秘密行为，这样的刑事追究既无合理性，也无必要性。因此，应当将《刑法》第219条第2款的规定修正为："明知前款行为，而故意获取、使用或者披露他人商业秘密的，以侵犯商业秘密论，比照前款规定从轻或减轻处罚。"①

第二种观点主张保留过失侵犯商业秘密行为构成犯罪的规定。持该观点的学者认为，我国刑法已经规定了第三人过失间接侵犯商业秘密的刑事责任，但没有规定过失直接侵犯商业秘密的刑事责任，使得现有法律条文从结构上看逻辑不通：由于以不正当手段获取他人商业秘密的情况中只能理解为故意，因此"视为侵权"的第三人转手取得商业秘密无论是故意还是过失均有侵权责任，而其前手即直接违法获取商业秘密的第二人却只有在故意获取第一人商业秘密时才构成侵权，第三人的责任严于其前手，不合逻辑。②因此，对于过失直接或者间接侵犯商业秘密行为都应当规定为犯罪。

笔者认为，第一种观点是合理的。无论是从过失犯罪的基本理论分析还是从我国对经济犯罪的立法取向来看，过失侵犯商业秘密犯罪的设置都不具有合理性：

首先，从有关过失犯罪的理论来看。近代以来，各国从刑法处罚的正当性原则和谦抑性的价值取向出发，都奉行在具体犯罪的设立上以处罚故意行为为原则、以处罚过失行为为例外的原则。用刑罚处罚第三人的过失侵犯商业秘密的行为，不利于科技、信息的交流、传播和运用。科学技术是第一生产力。科学技术和信息只有进行广泛的交流、传播才能够更好地促进科技的发展，科技和信息只有广泛地运用于生产经营中才能够实现其价值，创造出更多的社会财富。因此，社会的发展使得科学技术和信息的交流与传播成为必要。为了促进和鼓励科技和信息的交流与传播，就应当创造更加宽松和广泛的环境。不可否认，在科技、信息交流中，存在着对他人合法知识产权侵犯的情况，比如，以不正当手段获取他人秘密技术后出卖给第三人，对于这类行为必须坚决惩罚制止。但是，第三人在购买这种技术的时候，由于疏忽大意没有认识到对方当事人转让给自己的秘密技术是利用不正当手段获取的，这种情况下如果对第三人的购买行为追究刑事责任，就必然使得人们在

① 参见胡建华："浅析刑法设置第三人侵犯商业秘密罪"，载《宜宾学院学报》，2002（5）。
② 参见张玉瑞著：《商业秘密法学》，497页，北京，中国法制出版社，1999。

科技、信息交流的时候，顾虑重重、唯恐自己触犯刑律而不敢交易。因此，刑法在保护权利人正当知识产权的时候，也还要从社会发展的需要出发，平衡个人利益和社会整体利益，对技术、信息交易过程中的过失侵犯权利人合法权利的行为遵循谦抑原则，不规定为犯罪，给科技、信息的交流创造更加宽松的环境。

其次，综观现行刑法对近一百个经济犯罪即破坏社会主义市场经济犯罪（它们大都是典型的法定犯）的规定，只有两条涉及过失犯罪的规定，即《刑法》第168条国有公司、企业、事业单位人员失职被骗罪和第229条第3款中介组织人员出具证明文件重大失实罪，而这两罪都属于业务过失犯罪，行为之可罚性在于行为人在业务活动中对特别注意义务的违反。目前，包括中国在内的世界各国刑法普通过失在过失犯罪总数中比重都逐渐缩小，而业务过失则继续增长并已在数量上超过普通过失。在这一趋势下，现行刑法对过失性经济犯罪的设立罪名较少，显然可以看出立法的基本态度，即对这类过失行为的刑事可罚性另有考虑，认为对大多数这类行为适用刑罚并不具有必要性，应当说这符合过失犯罪的基本理论，也遵循了刑法的谦抑性原则。而刑法对过失侵犯商业秘密罪的规定则明显与这一正确的立法取向不协调。①

最后，在笔者目前所能查阅到的国外刑法中，对侵犯商业秘密作为犯罪处理的规定都十分审慎，往往都限定在严格的范围之内，其刑事制裁仅限于工业间谍和窃取商业秘密的行为，至于过失侵犯商业秘密的行为予以刑事处罚的规定仅见于日本1993年反不正当竞争法中。②

之所以在本罪的罪过形式上存在上述诸多争议，根本原因还在于《刑法》第219条第2款的规定本身存在问题。该款有关第三人应知前款所列行为，获取、使用或者披露商业秘密的，应当承担刑事责任的规定体现于我国刑事立法中，没有很好地根据刑法的基本原理，从刑法的特殊性出发对其他部门法的相关规定加以分析和处理，而是简单移植相关部门法的有关规定从而导致了立法的不科学、不协调。因此，有学者在对该款存在的问题进行分析之后提出了对该款的修正建议，即应当将《刑法》第219条第2款修正为："明知前款行为，而故意获取、使用或者披露他人商业秘密的，以侵犯商业秘密论，比照前款规定从轻或减轻处罚"③，笔者认为这种建议是合理的，理

---

① 参见唐稷尧："知识产权犯罪：利益背景与刑事控制"，载《中国刑事法杂志》，2002（3）。

② 日本反不正当竞争法第13条规定：……（e）知道或者因重大过失未能知道有关商业秘密已经存在不正当的获取行为，但是仍然获取该商业秘密的行为，以及对该商业秘密的使用或者披露的行为；（f）在取得有关商业秘密之后，知道或者因重大过失未能知道有关商业秘密已经存在不正当的获取行为，而使用或者披露该商业秘密的行为……（h）知道或者因重大过失未能知道对方是不正当地披露商业秘密或者商业秘密已经存在不正当的披露而获取该商业秘密的行为，以及对该商业秘密的使用或者披露的行为；（i）在取得商业秘密之后，知道或者因重大过失未能知道对方是不正当地披露商业秘密，或者其商业秘密已经存在不正当的披露，而使用或者披露该商业秘密的行为。

③ 参见陈山："浅析刑法设置第三人侵犯商业秘密罪"，载《成都行政学院学报》，2002（2）。

由在于：将第三人间接侵犯商业秘密的犯罪限定在故意的范围内，避免了与第1款规定的不协调，符合刑法的谦抑原则；区分第三人间接侵犯商业秘密与第二人直接侵犯商业秘密行为的刑事责任大小，对前者从轻或减轻处罚，符合罪责刑相适应的刑法基本原则，能够较好地贯彻宽严相济的刑事政策。

张秀玲 *

宽严相济刑事政策下的理性刑罚观

刑事政策是一定社会对犯罪状况的集中反应。因此，对于刑事政策的正确解读既离不开特定的社会背景也离不开该社会背景下的犯罪状况。宽严相济的刑事政策就是我国目前在构建和谐社会过程中面对社会转型期犯罪高发恶性态势所采取的基本政策，应该说，宽严相济刑事政策中刑罚宽缓和刑罚严厉相结合的内涵体现出理性的刑罚观。

一、积极的刑罚：在一定情形下刑罚具有即时快速控制犯罪的效力

刑罚是以国家权力为后盾的抗制犯罪的手段，反映出激烈、严厉甚至极端的特征。因而，刑罚能够迅速地发挥出控制犯罪的效力，"这种惩罚可以在短期内防止罪犯再犯新罪"[①]。对于一个犯罪高涨、秩序混乱、人心涣散的社会，在国家所有的法律调整控制手段中，只有刑罚才能最得力、最快速和最有效地解决及改变这种状况和局面。我国社会转型期间刑罚在"严打"中作用的彰显就是最好的例证。

从 20 世纪 70 年代末 80 年代初开始，伴随着市场经济改革的推进，中国整个社会进入了转型阶段，即由过去政治、经济、意识形态高度集中的"总体性社会"向"分化性社会"转变。[②] 在转向"分化性社会"过程中，社会整合程度差，社会矛盾和社会问题多发，相应的，中国的犯罪也出现了高发和恶性的态势，民众社会安全感直线下降。据统计，1978 年我国犯罪案件总量

---

* 内蒙古大学法学院副教授。

① ［意］恩里科·菲利著：《实证派犯罪学》，郭建安译，188 页，北京，中国人民公安大学出版社，2004。

② 参见孙立平著：《转型与断裂》，6—9 页，北京，清华大学出版社，2004。

是 53.6 万起，到了 2004 年，我国犯罪案件总量已经是 471.8 万起，比 1978 年增加了 7.8 倍。与此相对应，从 1983 年开始，我国进行了三次大规模的全国性"严打"，即 1983 年第一次"严打"、1996 年第二次"严打"、2001 年第三次"严打"，另外，在这个过程中，还有各种名义、各种规模的"专项斗争"、季度"严打"。在每次"严打"后，犯罪案件总量都有一定程度的回落，治安乱点地区得到整治，群众满意率和安全感上升。[①]

刑罚在特定时期具有即时快速控制犯罪的效力，这是以国家权力为后盾的刑罚表现出自身严厉性的使然。对于实现刑法保护社会秩序的目的和任务，刑罚在特定时期显示出明显的积极作用和意义，所以，我们在这种情形下应该积极适用刑罚以发挥其优势和价值。宽严相济刑事政策中的"严"，即刑罚严厉就是从这样积极的刑罚层面而言的，可见，在一定情形下运用严厉的刑罚控制犯罪保护社会，这是理性刑罚观的一个方面。

二、消极的刑罚：刑罚的局限性和负面性

宽严相济刑事政策中的另一个方面"宽"，即刑罚宽缓。按照陈兴良教授的观点，宽严相济刑事政策中的"宽"，理解为"刑罚轻缓"，包括该轻而轻和该重而轻两种情形，具体在刑罚适用上体现为非刑罚化手段以及各种从宽处理的措施。[②]实质上，就陈兴良教授的观点可以解释为：对于宽严相济刑事政策中"宽"的一面反映的是少用刑罚甚至不用刑罚的含义。究其缘由，这是刑罚所具有的局限性和负面性所致的当然结果。我国现在的社会转型期是一个犯罪高发的特定时期，面对高涨恶性的犯罪情状，我们的直接反应常常是快速完全地将之控制，以保证社会处于稳定秩序化状态。但是，刑罚的局限性必然会使我们难以完全地控制犯罪，必然会出现刑罚在保护社会秩序上的不足。而且，刑罚的负面性也在时时提醒我们刑罚"双刃剑"的国家和个人两受其害的一面。因而，消极意义上的刑罚要求慎用刑罚、少用甚至不用刑罚，以此保障人权，这是宽严相济刑事政策所体现出的理性刑罚观的又一个方面。

（一）刑罚的局限性

犯罪学研究表明，犯罪发生的原因是多样、复杂的，既有个体的生理及心理原因，又有社会原因和自然原因。在一个社会里，控制犯罪、预防犯罪应该靠的是社会的全面发展，包括人们生理心理的健康发展、社会政治经济文化等的良性发展。所以，德国的刑法学家李斯特在 19 世纪末提出了"最好的社会政策就是最好的刑事政策"的主张。刑罚说到底仅仅是限于针对犯罪心理原因的对策，而实质上，在很多情况下，犯罪的原因主要来自社会

① 参见刘仁文著：《刑事政策初步》，346—355 页，北京，中国人民公安大学出版社，2004。
② 参见陈兴良著：《宽严相济刑事政策研究》，11—12 页，北京，中国人民大学出版社，2007。

而不是个体。因而，刑罚具有自身的局限性。

中国社会转型期的自身特点决定了该时期内犯罪的规律和变化，刑罚的作用是非常有限的。

其一，转型期犯罪的原因多在社会方面。

关于中国社会转型期的特征，有学者归纳为：社会阶层的分化和利益结构的重组；传统权威的流失和社会权力的转移；社会制度（体制）的变迁和社会发展方向的变化；社会群体之间、个体之间、不同的社会力量之间的竞争和冲突加剧；信仰的危机和价值观的多元化；社会心理的焦虑和迷惘。[①]自然而然，犯罪成了这种变化、多元、混乱社会状态下的滋生物。于是，在社会转型期，多样化、复杂化的犯罪令我们目不暇接：暴力犯罪、黑社会犯罪、恐怖犯罪；色情犯罪、毒品犯罪、计算机犯罪、经济犯罪、贪贿犯罪；流动人口犯罪、白领犯罪、青少年犯罪、女性犯罪、心理变态人犯罪。传统犯罪屡禁不止，新型犯罪不断出现，我们似乎进入了一个"犯罪爆炸"的时代。法国学者涂尔干提出了著名的无规范理论，他认为：在现代化过程中，快速的社会变迁产生了社会规范崩溃，即无规范的结果。无规范是一种社会无秩序的状态，无法给个人以满足需要的目标或手段做正确的引导，而这正是导致犯罪发生的原因。[②]中国现今的社会转型期，类似于涂尔干笔下的无规范的社会变迁状态，而犯罪的多发和恶性态势则主要是由于这个特定时期的特殊的社会原因。

其二，转型期犯罪问题的解决重在社会问题的解决。

面对转型期犯罪多发恶性态势，我们进行了多次各种形式的"严打"，但是，形成鲜明对比的是，在每次"严打"后的不长时间内，犯罪案件总量便会反弹、回升，犯罪发生率在整体上呈现出不断快速上升的趋势。因此，仅仅依靠传统的严惩重罚甚或大量死刑的适用来解决转型期犯罪问题，是难见成效的。转型期犯罪问题源于这个特定时期的特殊的社会原因，所以，转型期犯罪问题的解决重在社会问题的解决：贪贿犯罪的解决在于官员选拔机制、监督机制的建立和健全；毒品犯罪的解决在于掐断毒源和毒品消费市场；青少年犯罪的解决在于改善家庭教育管理环境以及社会不良文化特别是互联网的不良影响；暴力犯罪及心理变态人犯罪的解决在于调整贫富悬殊现状及化解仇富心态；等等。

（二）刑罚的负面性

西原春夫先生在谈到刑罚时指出：由于人不可能是全知万能的，那么人对人在适用刑罚时就会产生错误、产生不正义。[③]刑罚从制定到裁量再到行

---

①　参见林默彪："社会转型与转型社会的基本特征"，载《社会主义研究》，2004（6）。

②　参见林山田、林东茂著：《犯罪学》，132—133页，台湾，台湾三民书局，1995。

③　参见［日］西原春夫著：《刑法的根基与哲学》，顾肖荣等译，1—3页，北京，法律出版社，2004。

使，都是人在进行着，"徒法不足以自行"，那么，刑罚的制定、裁量、行使就不免因人的缺陷而带有缺陷，表现出刑罚的负面性。首先，从制刑上说，刑罚会出现不必要的、不人道的、与犯罪不相称等情形。其次，从量刑上说，会出现适用刑罚不平等、与犯罪人不适应、适用错误等情形。最后，从行刑上说，会出现行刑不平等、不人道等情形。可见，刑罚因人而运行的宿命必然使其自身具有负面性，这种负面性直接侵害到犯罪人及善良公民的合法权益。谢望原博士曾经深刻地指出：不当的刑罚立法和错误的低水平的刑罚司法都会对善良公民的自由和权利造成侵害；而以监禁刑为核心的刑罚却会对犯罪人发生摧残精神、毁灭希望、助长残忍的功效。[1]

质言之，我国在目前社会转型期的刑罚运用上，何尝不在处处显示刑罚的负面性？自20世纪70年代末80年代初我国进入社会转型期开始，重新犯罪率逐年增加，而且，重新犯罪分子反社会性强，手段残忍，往往涉及大案要案。另外，这个时期内，一系列的冤假错案也频频曝光：湖南滕兴善错判错杀案、河北聂树斌错判错杀案、湖北佘祥林死刑错判案、云南孙万刚死刑错判案、云南杜培武死刑错判案，等等。更甚者，在"严打"期间，司法机关不按程序办案且轻罪重罚普遍，人权保障弱化，无怪乎有学者尖锐地说："严打本身也在生产着犯罪。"[2]

三、良性状态的刑罚：以刑罚宽缓为基础的轻重适宜

中央政法委书记罗干于2005年12月召开的全国政法工作会议上阐述了宽严相济刑事政策，之后，2006年，最高人民法院院长肖扬、最高人民检察院检察长贾春旺多次强调了这一刑事政策，2006年10月11日，中国共产党第十六届中央委员会第六次全体会议通过《中共中央关于构建社会主义和谐社会若干重大问题的决定》明确要求实施宽严相济刑事司法政策，至此，宽严相济刑事政策正式出台，成为中国刑事政策发展的新界碑。

宽严相济刑事政策是我国目前在构建和谐社会过程中面对社会转型期犯罪高发态势所采取的基本政策，根据相关的文件规定，可以看出其主要内容包括：坚持区别对待，对严重刑事犯罪坚决严厉打击，依法快捕快诉，做到该严则严；对主观恶性较小，犯罪情节轻微的未成年人、初犯、偶犯、过失犯，贯彻教育、感化、挽救方针，慎重逮捕和起诉，可捕可不捕的不捕，可诉可不诉的不诉，做到当宽则宽。

笔者以为，从刑罚视角而言，宽严相济刑事政策展示的是一种理性的刑罚观：宽严相济刑事政策中的"严"，是在一定情形下运用严厉的刑罚控制

---

① 参见赵秉志著：《刑法总论问题探索》，26—33页，北京，法律出版社，2003。
② 孙中国、李健和著：《中国严打的理论与实践》，263页，北京，中国人民大学出版社，1998。

犯罪以保护社会；宽严相济刑事政策中的"宽"，是慎用刑罚、少用甚至不用刑罚以保障人权。

但是，宽严相济刑事政策中这"宽"和"严"所蕴涵的理性刑罚观是怎样的关系呢？因为，乍一看，宽严相济刑事政策的理性刑罚观的两个方面似乎是相互冲突和矛盾的。这个问题的解决关键在于宽严相济刑事政策中的"济"，即"宽"和"严"的结合与协调——宽和严之间应当具有一定的平衡，互相衔接，形成良性互动，以避免宽严皆误结果的发生。①笔者的理解是，在构建和谐社会的背景下，宽严相济刑事政策中"宽"和"严"所蕴涵的理性刑罚观的两个方面是相互作用且主次不一的，即以轻为主，以重为次，轻为一般情况，重为特殊情况，具体表现为在刑罚宽缓的基础上以刑罚轻重适宜的互动而达到良性状态的刑罚。

（一）以刑罚宽缓为基础

1. 刑罚宽缓是和谐社会下刑法谦抑的自然要求

和谐社会是一种井然有序、安全稳定的美好社会，和谐社会更是一种保障人权、关注个体的社会。提升人的价值、拓展人的自由、推动人的全面发展、谋求人的全面解放，这是和谐社会的主调、方向和目标，以人为本是其精神内核。所以，我国当前构建和谐社会的主导方面应当放在人权保障上，刑法谦抑就成为和谐社会构建中对于国家刑法运用的自然选择。

刑法谦抑是刑法的根本属性之一，其以保障人权为目的而对国家刑罚权进行理性限制，使刑法表现为最后的社会控制力量或最后法的角色。刑法谦抑抵制刑罚万能的观念，要求刑罚理性、节制，要求慎用刑罚、少用甚至不用刑罚。可见，宽严相济刑事政策中"宽"——刑罚宽缓居于理性刑罚观的首要的主导的地位，其是和谐社会下刑法谦抑的自然要求和体现。

2. 构建良性状态的刑罚必须以刑罚宽缓为基础

"善与衡平乃法中之法""刑罚与其严厉不如缓和"②，如果要建立起刑罚的良性状态，必须以刑罚宽缓为基础。具体理由主要有两点：一是刑罚宽缓意味着刑罚的有限制的适用，这样则避免了刑罚局限性和负面性所带来的严重的不利后果，同时反而可以将刑罚的优势和价值体现出来；二是刑罚宽缓还意味着犯罪问题解决对策的多元化，由此则可以将犯罪置于整个社会的背景之下，全方位地灵活而有效地预防控制犯罪，这样，刑罚是以退的方式取得了进的结果。

3. 刑罚宽缓在当前社会转型期的具体适用

一方面来说，社会转型期犯罪高发恶性，而从另一方面来说，社会转型期犯罪原因虽然表现为复杂多样，但是社会变革是主要原因。因而，对于主

---

① 参见陈兴良著：《宽严相济刑事政策研究》，13页，北京，中国人民大学出版社，2007。

② 张明楷著：《刑法格言的展开》，289—290页，北京，法律出版社，1999。

要是社会原因所产生的犯罪，应当在适用刑罚时考虑刑罚宽缓。具体来说，主要体现为以下几点：

①对于社会危害性不大且人身危险性小的罪犯，如盗窃数额较大的初犯偶犯、故意伤害致人轻伤的未成年犯等，按照我国《刑法》第 37 条的规定，适用非刑罚处理方法；

②对于社会危害性大但人身危险性小的罪犯，如由于被害人严重过错而致故意杀人的激情犯、造成严重后果的过失犯等，适用较轻的刑罚；

③对于社会危害性小但人身危险性大的罪犯，如敲诈勒索数额较大且犯罪动机卑鄙的罪犯、放火尚未造成严重后果但不思悔改的罪犯，一般也适用较轻的刑罚；

④在执行刑罚时多采用非监禁刑的方式，如管制刑、罚金刑、缓刑、假释等，一定情况下，可适用社区矫正。

⑤在一定范围内选择适用刑事和解、暂缓起诉等恢复性司法模式。

（二）刑罚严厉在特殊情况下有限制地适用

1. 否定重刑主义

中国的重刑主义由来已久，影响至深。古代法家的"禁奸止过，莫过重刑""重一奸之罪，而止境内之邪"的观点一直对后世有着很大的影响。即便到了今天，只要面对犯罪问题的解决，中国人都难以割舍报应重罚的情结，认为控制犯罪唯有打击重压。基于转型期大量的刑事案件，"刑罚世轻世重""乱世用重典"，这些中国传统古训在这个特定时期又发挥作用了，重刑的大量适用成了转型期的特殊需要，成了应对转型期犯罪的撒手锏。

然而，重刑主义发挥了威慑力吗？重刑主义具有控制犯罪预防犯罪的功效吗？远而言之，历史上有多少王朝恰恰因为严刑峻法而导致天下大乱，丢失了政权；近而言之，自 20 世纪 80 年代以来，我们多次进行了"严打"，但是犯罪率还是不断攀升，恶性案件、大案要案还是不断发生。事实上，过多适用重刑会导致恶性循环：社会治安形势严峻，于是适用重刑；重刑之后，社会治安不仅没有好转，而且恶性案件上升，于是使用更重的刑罚。这样，恶性案件越来越多，刑罚越来越重。这是一种让人担忧的局面。[①]为什么重刑难以产生控制犯罪预防犯罪的功效呢？这就是笔者上面所论述的：基于刑罚的局限性和负面性，对于犯罪问题的真正解决，重刑不可能有效，而且，还可能出现重刑之下的刑罚过度使用导致的适得其反的后果。

2. 刑罚严厉应该有所限制

特殊时期或情形下，我们可以适用严厉的刑罚或者重刑，但是，即使适用也必须有所限制。这就是以罪刑法定、罪刑均衡、刑罚人道为依据，不能随意甚至滥用重刑。在这里需要说明的有两点：一是适用严厉的刑罚，要注

---

① 参见张明楷著：《刑法格言的展开》，293 页，北京，法律出版社，1999。

意非常严格地限制死刑使用，因为死刑在现代是不人道的刑罚，只能在极个别的情况下使用；二是适用严厉的刑罚，要注意刑罚与犯罪相适应，严厉的刑罚应该适用于社会危害性和人身危险性都大的犯罪人。

3. 刑罚严厉在当前社会转型期的有选择适用

重刑在一定情形下会产生暂时性效力，其会以严厉的高压态势快速使犯罪得以控制，这是其他社会控制手段所不可匹敌的。因而，对于社会转型期出现的严重犯罪所造成的混乱、无序状态，严厉的刑罚或重刑会很好地发挥恢复稳定社会秩序的作用。严厉的刑罚或重刑在当前社会转型期应该适用于社会危害性和人身危险性都大的严重犯罪，例如严重危害国家安全的犯罪、严重危害公共安全的犯罪，以及严重的暴力性犯罪等。

杨　雄[*]

宽严相济视域下
的我国刑事立案制度之重构

立案程序是我国整个刑事诉讼程序的开端。作为独立诉讼阶段的立案程序肩负着甄别有罪者与无罪者的任务。为了完成此项艰巨的任务，我国刑事诉讼法为其设置了过高的证明标准，而且试图通过对立案材料的书面审查和初步调查（简称初查）达到此项标准。由于立案阶段初查的法律地位模糊，初查中采用的诉讼手段可能不受约束地侵犯嫌疑人的基本权益。人民检察院对立案活动监督的范围、对象过窄，监督手段缺乏刚性，无法抑制刑事立案过程中的种种违法现象。贯彻宽严相济刑事政策，必须科学地定位我国刑事立案程序，不断完善我国刑事立案程序和转换立案监督机制。

一、宽严相济刑事政策的法律程序化

（一）宽严相济刑事政策内涵之诠释

宽严相济是我国在维护社会治安的长期实践中形成的基本刑事政策。此项刑事政策虽然在字面上与我国传统的"惩办与宽大相结合"的刑事政策之间有着异曲同工之妙，但是，基于不同刑事政策所产生的不同时代背景、历史境遇，宽严相济刑事政策与"惩办与宽大相结合"刑事政策的区别主要体现在以下三个方面：第一，宽严的先后在表述上不同，在"惩办与宽大相结合"的刑事政策中，"惩办"在前，"宽大"在后，而在宽严相济刑事政策中，宽大在前，严厉在后；第二，"宽严相济"讲求宽缓与严厉的并重与协调，而非"惩办与宽大相结合"刑事政策中的以"惩办统摄宽大"，只侧重于惩办犯罪者；第三，宽严相济刑事政策强调实体与程序的并重和统一，而非"惩办与宽大相结合"刑事政策中的"重实体、轻程序"。可见，宽严相

---

　*　北京师范大学刑事法律科学研究院讲师，法学博士。

济与"惩办与宽大相结合"的刑事政策尽管具有一定的历史渊源，但并不是对"惩办与宽大相结合"刑事政策的简单重复，它是一项新的刑事政策。我国的宽严相济刑事政策可以说是世界范围内"轻轻重重"两极化刑事政策的中国化表述。具体解读宽严相济刑事政策的内涵，它至少包括以下三个层面：第一，宽严有别。在不同的时期、不同的地域，针对不同的犯罪行为、不同的犯罪主体、不同的犯罪情节，该严则严，当宽则宽；第二，宽严结合。对于严重犯罪遇有当宽的情节，也应当宽缓对待，相反，对于轻微犯罪中的，遇有当严的情节，也应从重处罚，这样才能做到以宽济严，以严济宽，宽与严的有机统一；第三，宽严适度。无论宽缓还是严厉，都不可脱离刑事法制的基本框架，不可摆脱罪刑法定、罪刑均衡原则的约束，不可破坏公平正义的底线。总而言之，贯彻宽严相济刑事政策，必须做到宽严有别、宽严结合、宽严适度，才能从刑事政策适用的对象、价值趋向、程度三方面真正体现宽严相济的基本精神。

（二）宽严相济刑事政策在法律程序中的体现

刑事诉讼是将观念中的刑法、纸上的刑法，变为或者说外化为现实中的、个案中的刑法的运动过程。[①]刑事政策的实施离不开刑事诉讼过程，而诉讼过程是国家追诉权的运用，适用何种追诉手段来打击已然的犯罪，预防未然的犯罪，不仅仅应当体现刑事诉讼法条文的规定，而且应当体现蕴涵一定价值导向的刑事政策。可以说，刑事诉讼活动表面上看来只是将静态的刑法得以实现的过程。但是，刑事诉讼的功能远不只是诉讼意义上的，刑事程序在刑事政策的驱使之下，实现着犯罪治理甚至是某种意义上的惩罚功能。在诉讼结果上，对某些法定不予追究刑事责任的情形，公安司法机关不予立案、撤销案件、不起诉以及终止审理或者宣告无罪，避免使犯罪嫌疑人、被告人受到刑事追究。在追诉手段的运用上，为了保障诉讼的顺利进行，对于初犯、从犯、预备犯、中止犯、防卫过当、避险过当、未成年人犯罪、老年人犯罪案件等多适用取保候审等较轻的强制措施，限制甚至禁止适用严厉的侦查手段，在起诉和宣判、执行之前采取犹豫制度，在审理过程中适用简易程序。这些都是宽松刑事政策的体现。但是，对于黑社会性质组织犯罪、恐怖犯罪、毒品犯罪等难以对付的严重、社会影响恶劣的犯罪，公安司法机关采取技术性侦查手段，适用严厉的刑事强制措施，在证据制度上实行证明责任倒置制度，对犯罪嫌疑人、被告人诉讼权利实行一定程度的合理限制，适用特别的审理程序都是严厉刑事政策的应有之意。总之，宽严相济刑事司法政策的核心就是对犯罪嫌疑人、被告人予以区别对待。公安司法机关应当综合考虑犯罪的社会危害性（包括犯罪侵害的客体、情节、手段、后果等）、

[①]　参见汪建成："刑法与刑事诉讼法关系新解"，载陈光中、江伟主编：《诉讼法论丛》，第3卷，38页，北京，法律出版社，1998。

犯罪人的主观恶性（包括犯罪时的主观方面、犯罪后的态度、平时表现等）以及案件的社会影响，根据不同时期、不同地区犯罪与社会治安的形势，具体情况具体分析，依法采用不同的追诉手段，作出不同的处置。但是，这种区别对待并不是"一刀切"，违背平等原则，而是在实质上真正体现法律适用的平等性。

二、宽严相济刑事政策与立案程序之定位

刑事诉讼中的立案，是指公安司法机关对于报案、控告、举报、自首等材料，依照管辖范围进行审查，以判明是否确有犯罪事实存在和应否追究刑事责任，并依法决定是否作为刑事案件进行侦查或审判的一种诉讼活动。[①]我国早在1979年的刑事诉讼立法时，就将立案作为一个独立的诉讼阶段加以规定。在我国诉讼法学界，立案制度一般被认为有这样几个方面的意义：第一，正确、及时立案，有利于迅速揭露犯罪、证实犯罪和惩罚犯罪。第二，正确、及时立案，可以有效地保护公民的合法权益不受侵犯。第三，正确、及时立案，有利于做好司法统计工作，有利于加强社会治安综合治理。[②]换言之，通过立案阶段，来甄别有罪之人和无罪之人，予以区别对待，从而分流案件，这实际上就是宽严相济精神的体现。

事实上，在刑事诉讼程序的开始阶段，囿于主客观因素的限制，立案程序无法完成甄别有罪者与无罪者的重任。我国立法对立案程序的作用给予了过高的估计，时常导致司法者突破法律的规定，恣意侵犯犯罪嫌疑人的合法权益，走向宽严相济的对立面。首先，我国目前的刑事立案程序，并不具备迅速揭露、证实犯罪和惩罚犯罪的作用，立案程序只是开启刑事诉讼程序的必经步骤，要想在立案阶段就实现揭露、证实和惩罚犯罪，还需要侦查、起诉、审判程序何用？恰恰相反，并不是立案程序本身，而是立案程序之后的侦查、起诉、审判过程逐步地揭露、证实、惩罚犯罪。其次，立案程序无法有效地保护公民的合法权益不受侵犯，理论倡导者主张"立案就像过滤器一样，从刑事诉讼一开始，就把罪与非罪、应否追究刑事责任区别开来"[③]，认为立案程序可以甄别有罪和无罪之人。实际上夸大了立案阶段的功能，由于仅靠对报案、举报、控告和自首材料的审查难以达到这么高的立案标准，所以，一些司法机关在决定立案之前就动用强制性侦查手段，致使嫌疑人乃至一般公民的基本权益都可能遭受侵犯。最后，仅仅依靠立案登记的数字为根据，难以做好司法统计工作。我国司法实践中，由于立案标准较高，而且，许多地方人为地设置"立案率""破案率"来衡量某一地区的社会治安状况

---

① 参见陈光中、徐静村主编：《刑事诉讼法学》，213页，北京，中国政法大学出版社，2002。

② 同上。

③ 刘根菊著：《刑事立案论》，14页，北京，中国政法大学出版社，1994。

和当地司法机关的政绩，导致一些公安机关不破不立、先破后立现象大量存在，立案登记的数字可靠性大打折扣。

从比较法的角度看，在美国，对一般刑事犯罪的侦查，是从向主管官员控告某个犯罪行为的实施开始的，控告往往是由犯罪行为的被害人、目睹实施犯罪或者获悉犯罪情况的警官提出的。①在日本，侦查起源于公民等提供犯罪线索（包括告诉、告发、请求、自首和其他）和直接发现犯罪线索（包括对非正常死亡尸体的检验、职务查问和对持有物品的检查等）。德国刑事诉讼法将侦查程序和法院的第一审程序规定在同一章，视侦查为"公诉之准备"。《德国刑事诉讼法》第158条至第160条规定，侦查开始的起因包括公民的告发或告诉、发现非自然死亡或发现无名尸体、通过其他途径了解到有犯罪行为嫌疑等。只要检察院或警察机构部门以其中任何形式得到有关犯罪情况报告，就应当对事实情况进行审查——即侦查。1989年意大利刑事诉讼法典对旧的诉讼制度进行了改革，将侦查职能从预审中分离出来，增设"初期侦查"阶段。司法警察在发现犯罪发生或接到发生犯罪的报告后，当在48小时之内进行初步侦查，包括勘验现场、讯问嫌疑人、询问证人、进行搜查、扣押和临时羁押等，而且必须在48小时之内向检察官提出报告，并且将初步侦查所收集的材料移送检察官。检察官要在犯罪消息登记簿中予以记载，随即开始"正式侦查"。②综观世界各国，英美法系国家没有规定开始刑事诉讼要办理专门手续，侦查的开始就是刑事诉讼的开始；日本、法国、意大利等国家法律虽然规定开始诉讼要办理一定的手续，但并未把它作为一个独立程序；苏联、东欧和蒙古等国家则将立案作为刑事诉讼的专门程序。我国的立案程序可以说完全来源于苏联的刑事诉讼法。③

笔者认为，试图通过立案阶段作为过滤的程序，将有罪者与无罪者区分开来的想法实际上是立法者的一相情愿，立案程序根本无法肩负如此艰巨的重任。由于刑事诉讼程序的启动应当迅速、合法，我们只有在诉讼启动之后的程序中建立良好的司法控制体系，才能根本上保障嫌疑人免受侦控机关的恣意侵犯。在我国未来刑事诉讼法修改中，不能将立案作为一个与侦查程序并列的独立程序，应将立案作为侦查中的一个程序予以规定而不是在侦查之前，也就是说，取消现行立案程序的独立地位，把立案程序纳入侦查程序之中，将立案作为侦查前的一个步骤。如果未来刑事诉讼法设"侦查篇"的话，该篇第一章即"立案"，第二章为"侦查行为的实施"。

① 参见王以真主编：《外国刑事诉讼法学》，235页，北京，北京大学出版社，1994。
② 参见程味秋著：《意大利刑事诉讼法典简介》，载黄风译：《意大利刑事诉讼法典》，4页，北京，中国政法大学出版社，1994。
③ 参见吕萍："刑事立案程序的独立性质疑"，载《法学研究》，2002（3）。

三、宽严相济刑事政策与立案程序之完善

(一) 降低公诉案件的立案条件

我国《刑事诉讼法》第 86 条规定，"人民法院、人民检察院或者公安机关对于报案、控告、举报和自首的材料，应当按照管辖范围，迅速进行审查，认为有犯罪事实需要追究刑事责任的时候，应当立案"。根据本条的规定，立案须同时具备两个条件：第一是事实要件，即认为有犯罪事实存在；第二是法律要件，即这种犯罪行为需要追究刑事责任。按照我国学界的通说，有犯罪事实是指有依照刑法的规定构成犯罪的行为发生，并且该犯罪事实的存在有一定的证据证明。有犯罪事实还不一定能够定案，因为并不是所有发现的犯罪事实都需要追究刑事责任，依法不需要追究刑事责任的情形就不能立案。

实际上，依据人类的认识规律，案件事实是随着诉讼程序的不断进行，而逐步呈现的。某种行为是否构成犯罪，是否应当被追究刑事责任，不仅在立案前大多难以确定，甚至有些案件需要通过审判最后才能确定，否则，撤销案件、不起诉、宣告无罪和定罪免刑就没有必要存在了。在立案阶段，所谓的"犯罪事实"，只能说是受理案件的司法机关"认为有犯罪事实"，这种主观上的判断应当建立在客观的证据材料基础之上。

如果说，"有犯罪事实"只是司法机关主观上的判断的话，那么，我国立案条件中的法律要件，要求司法机关在接到报案的时候就做出是否"追究刑事责任"的判断，这一标准也未免太高。在我国司法实践中，事实上和法律上过高的立案标准往往成为某些司法机关不立案的借口，导致应该立案侦查的没有立案侦查，以致无法体现宽严相济的精神。针对我国不合理的立案条件，学者们提出了各种改革建议，一种观点认为，立案只要一个条件就够了，只要存在危害社会的，为刑法禁止的行为发生，就可立案，即只需要事实条件。还有观点认为，立案应包括两个要件，事实条件与第一种观点基本相同，但法律条件应根据《刑事诉讼法》第 83 条的规定修改为"立案机关对涉嫌的犯罪具有管辖权"。

笔者认为，在我国目前没有对强制性侦查行为实施严密的司法控制的情况下，通过较高的门槛来限制符合一定条件的案件进入到刑事诉讼中来，强化立案的屏蔽功能，防止因国家追诉权的扩张而危及公民的正常生活。这种做法实际上无法实现既定目标。从世界上多数国家没有将立案作为独立诉讼阶段的国家的立法实践来看，它们或者将"有犯罪嫌疑"作为追诉开始的条件，或者仅仅将接受报案、控告、举报和自首等作为追诉开始的依据。在这些国家中，并没有因为立案条件的放开而使得诉讼的启动充满任意性，使得嫌疑人的人权难以获得保障。实际上，在这些国家，对强制性的侦查措施以严格的司法审查加以控制，从而有助于犯罪嫌疑人的合法权益的保障。因

此，在取消立案程序的独立性地位，把立案程序纳入侦查程序之中，强化侦查手段司法控制的情况下，可以将我国立案的适用条件也应修改为"有犯罪嫌疑"，"有犯罪嫌疑"的含义包括有犯罪嫌疑的事实或犯罪嫌疑的行为人。"有犯罪嫌疑"应当从两个方面来理解：在主观方面，司法人员认为事件或者行为人与犯罪有关；在客观方面，必须有初步的证据证明这种相关性存在。设置这样的立案标准，不仅有利于提高司法效率，而且与当前我国司法实践更加契合，便于司法机关执行法律的规定，更好地体现宽严相济的刑事政策。

（二）规范对立案阶段的初查程序

按照我国《刑事诉讼法》第 86 条的规定，人民法院、人民检察院或者公安机关对于报案、控告、举报和自首的材料，应当按照管辖范围，迅速进行审查，认为有犯罪事实需要追究刑事责任的时候，应当立案。事实上，仅仅通过审查报案、控告、举报、自首等材料，无法准确判断事件性质及行为人是否需要追究刑事责任。1999 年最高人民检察院《人民检察院刑事诉讼规则》（以下简称最高检察院《规则》）第六章"立案"中还规定了对案件的初步调查，即初查，结合"初查"的结果来判断是否符合立案的条件。那么，在初查阶段可以实施哪些调查手段呢？最高检察院《规则》第 127 条规定，侦查部门对举报中心移交举报的线索进行审查后，认为需要初查的，应当报检察长或者检察委员会决定。举报线索的初查由侦查部门进行，但性质不明、难以归口处理的案件线索可以由举报中心进行初查。最高检察院《规则》第 128 条规定，在举报线索的初查过程中，可以进行询问、查询、勘验、鉴定、调取证据材料等不限制被查对象人身、财产权利的措施。不得对被查对象采取强制措施，不得查封、扣押、冻结被查对象的财产。立案前的初查行为并不是行政活动，尽管它存在于立案程序中（具体来讲是在立案或者不立案作出决定之前），如果以此为由认为初查就不是刑事诉讼活动的话，实际上是不恰当的。初查与立案后的侦查行为之间并没有本质上的区别，初查行为实际上就是侦查性质的调查活动。

公安机关的执法实践表明，由于公安机关接到报警后几分钟必须赶到现场以及现场情况不明、现行犯或者重大嫌疑分子身份不清的原因，要求警察必须在立案以后才采取侦查行为是不切实际的。[1]事实上，公安机关由于不但具有刑事司法职能，而且具有维护社会治安的行政管理职能，因此，在初查过程中，公安机关经常依照《人民警察法》的规定，对嫌疑人往往实施盘查、留置等行政强制措施。除此之外，公安机关还可能按照《治安管理处罚法》的规定，对嫌疑人实施传唤、强制传唤、讯问、取证等手段。由于公安机关行政职能与刑事诉讼职能的不分，公安机关可能借行政执法之名，实施

---

① 参见殷小峰等："规范警察立案前的侦查行为"，载《中国刑事警察》，2005（5）。

立案初查、刑事侦查之实，这种行为又无法受到刑事诉讼立法和司法的控制。

从比较法的角度看，意大利整个刑事诉讼程序分为三个阶段，即初期侦查阶段、初步庭审阶段和审判阶段。其中，初期侦查阶段又细分为司法警察负责的初步侦查阶段和由检察官领导的正式侦查阶段。根据 1988 年《意大利刑事诉讼法》，司法警察在收到有关犯罪的报告后即可开展初步侦查活动。在初步侦查中，司法警察有权勘验现场、询问证人、讯问犯罪嫌疑人、采取临时羁押以及在紧急情况下采取搜查、扣押、查封等行为。为确保被告人的诉讼权利，新法典规定在警察进行搜查、扣押、查封行为时，辩护律师有权在场。在讯问犯罪嫌疑人时，其辩护律师应始终在场，否则，被告人在讯问中所作的任何陈述不得被记录，在诉讼中使用。同时，陈述只能用于在初步庭审中证明将案件移送法律审判的合理性，不得直接在正式庭审中支持其指控。司法警察进行的初步侦查限定在发现犯罪行为后 48 小时以内，并必须向检察官提出报告、移送在初步侦查中收集到的与案件有关的全部证据材料；检察官在专门的"犯罪登记表"中对该犯罪案件的主要情况做出记录。随后，由检察官主导和控制的正式侦查程序就开始了。在法国，严格意义上的刑事诉讼仅包括起诉、预审、法庭审理三个阶段，而广义上的刑事诉讼程序还包括起诉之前的预备性阶段，即检察官在提出控告之前也有一个决定是否提出指控而进行的调查。分为两种类型：司法警察对非现行犯罪进行的初步调查；司法警察、共和国检察官和预审法官对现行重罪和轻罪进行的调查。在非现行犯罪案件中，司法警察在接受控告后可以采取听取有关人员的陈述、事实查证、勘验等的措施，但原则上不得采取强制措施。在现行犯罪案件中，司法警察得知发生某一现行犯罪时，应立即报告检察官以便其监督；同时启动侦查程序，可以采取搜查、扣押、鉴定、听取证人证言和犯罪嫌疑人陈述的措施，必要时还可以采取拘留。①意大利由司法警察负责的初期侦查阶段和法国司法警察对非现行犯罪进行的初步调查都相当于我国立案阶段的初查。意大利和法国都将初查与正式侦查活动区分开来。毕竟，在初查阶段只是依据报案材料对相关的事件和公民进行的调查，此时的涉案人员还没有充分的证据证明其有犯罪嫌疑，因此，初查阶段只能适用勘验现场、询问证人、讯问犯罪嫌疑人等非强制性措施。虽然，意大利的初步侦查中，允许在紧急情况下采取搜查、扣押、查封等行为，但是，对被处分者有着充分的权利保障措施，几乎与正式侦查阶段无异。另外一点值得注意的是，在初查阶段，虽然司法警察有着较大的自主性实施调查措施，但是，始终在检察官或者预审法官领导之下实施，特别是实施限制嫌疑人各种权益的手段以及

①　参见卞建林、刘玫主编：《外国刑事诉讼法》，119 页、303 页，北京，人民法院出版社，2004。

初查后的处理必须及时通知检察官或者报请检察官决定。

对于如何完善我国立案阶段的初查制度，理论界大致上有以下几种观点：（1）在保持现有立法不变的情况下，通过相关的相关解释，明确规定初查程序的内容、方式，赋予侦查机关在立案程序中享有必要的侦查权；① （2）鉴于我国现行刑事诉讼体制，立案仍应作为刑事诉讼的独立程序，初查、受案和立案决定并列作为立案程序的三个环节；② （3）取消立案程序的独立性，把立案放在侦查程序中，在刑事诉讼法中明确规定初查的内容、方式、权限等。③ 笔者认为，未来刑事诉讼法修改中，在把立案程序纳入侦查程序基础上，应将立案阶段的初查改造为初步侦查，并对初步侦查的具体方式、程序进行详细规定。侦查机关在接到公民或单位的报案、检举、控告、自首或其他案件的线索后，应当进行犯罪消息的登记（这里的登记并非立案决定），认为有必要就可以展开侦查；并立即向检察机关报告。在初步侦查中，原则上只能采取包括勘验、检验、鉴定、询问、查询等不限制被处分人基本权益的措施。但是在以下情形之下，可以采用强制到案的手段：（1）正在预备犯罪、实行犯罪或者在犯罪后即时被发觉的；（2）被害人或者在场亲眼看见的指认他犯罪的；（3）在身边或者住处发现有犯罪证据的；（4）犯罪后企图自杀、逃跑或者在逃的。初步侦查结束后，只要侦查机关认为有犯罪嫌疑，在进行刑事立案登记后，应提交检察院并移交初步侦查中获得的全部证据材料；经检察院批准后，转入正式侦查。如果经过初步侦查，侦查机关认为嫌疑人不构成犯罪或依法可以免除刑事责任的，在进行不立案登记后，应提交检察院并移交初步侦查中获得的全部证据材料；检察院如果认为不立案决定错误，可以责令侦查机关予以立案。值得注意的是，犯罪嫌疑人在被侦查机关第一次讯问后起，可以聘请律师为其提供法律咨询，代理申诉、控告。由于将初查视为侦查活动重要的组成部分之一，所以，在初查过程按照合法程序所获取的证据可以作为定案的根据，但是，凡经查证确实属于采用刑讯逼供或者威胁、引诱、欺骗等非法的方法取得的证人证言、被害人陈述、被告人供述，不能作为定案的根据。

四、宽严相济刑事政策与立案监督机制之转换

（一）我国刑事立案监督的现状

按照我国《宪法》和《刑事诉讼法》的相关规定，人民检察院是国家的法律监督机关。它有权对整个刑事诉讼活动进行监督，立案作为现阶段刑事诉讼活动中的一个独立的阶段，自然属于人民检察院法律监督中的重要一

---

① 参见许细燕、张学斌："论我国侦查程序的启动和法律规制"，载《中国人民公安大学学报》，2004（4）。

② 参见王巧全："论刑事立案初查"，载《江苏警官学院学报》，2003（9）。

③ 参见姜焕强："论初查在刑事诉讼中的法律地位"，载《河北法学》，2005（4）。

环。我国人民检察院在运用检察监督权时，宽严相济的精神体现在监督对象、监督环节、监督手段、监督效力等各个方面。按照适合性、有效性原则的要求，在运用侦查、批捕以及公诉、抗诉权等手段来保障监督目的实现时，国家机关所采取的每一措施都必须以实现宪法或法律所规定的职能为目标，并且每一措施的适用都要有利于实现该法定职能和目标。依据必要性原则，法律监督的种类应当与监督对象违法的严重程度相适应。所采取的监督手段在各种可供选择的手段当中是最温和的、侵害最小的。欲实施对公民的权利将会造成不可避免的侵害时，应当选择损害最小的监督措施。按照损益相称性要求，法律监督的成本应与该措施所保护的公共利益相称。

1979 年《刑事诉讼法》并没有对立案监督作出专门的规定，仅规定通过审查批捕、审查起诉来纠正公安机关不应立案而立案追究的问题。1996 年《刑事诉讼法》修改，对立案制度作了进一步的补充，扩大了篇幅，增加了"立案监督"等内容，完善了我国的刑事立案监督机制。《刑事诉讼法》第 87 条规定："人民检察院认为公安机关对应当立案侦查的案件而不立案侦查的，或者被害人认为公安机关对应当立案侦查的案件而不立案侦查，向人民检察院提出的，人民检察院应当要求公安机关说明不立案的理由。人民检察院认为公安机关不立案理由不能成立的，应当通知公安机关立案，公安机关接到通知后应当立案。"最高人民法院、最高人民检察院、公安部、国家安全部、司法部、全国人大常委会法制工作委员会联合出台的《关于刑事诉讼法实施中若干问题的规定》（以下简称六机关《规定》）第 7 条指出，根据《刑事诉讼法》第 87 条的规定，公安机关在收到人民检察院《要求说明不立案理由通知书》后七日内应当将说明情况书面答复人民检察院。人民检察院认为公安机关不立案理由不能成立，发出《通知立案书》时，应当将有关证明应该立案的材料同时移送公安机关。公安机关在收到《通知立案书》后，应当在十五日内决定立案，并将立案决定书送达人民检察院。此外，最高检察院《规则》结合我国刑事司法实践，对刑事诉讼法关于立案监督的内容进行细化，并在某种程度上进行了扩大解释。比如，在立案监督的范围上，最高检察院《规则》第 378 条将其范围扩大到"公安机关不应当立案而立案侦查"之上，规定："对于公安机关不应当立案而立案侦查的，人民检察院应向公安机关提出纠正违法意见。"最高检察院《规则》第 376 条将监督的范围扩大到立案的过程中，规定："人民检察院通知公安机关立案的，应当依法对通知立案的执行情况进行监督。"①在立案监督的手段上，最高检察院《规则》

①　这一规定主要针对我国司法实践中存在的下列三种现象：(1)立而不侦。在检察机关监督下公安机关虽然立了案，但立而不侦，久拖不决。(2)先立后撤。公安机关立案后，未经侦查或未经认真侦查就撤销案件，以规避立案监督。(3)以罚代刑、以教代刑。公安机关立案后对一些已经构成犯罪的案件以罚款、行政处罚或劳动教养等降格处理。顾军民："完善刑事立案监督的思考"，载《中国检察官》，2006 (6)。

第 377 条规定："对于由公安机关管辖的国家机关工作人员利用职权实施的重大犯罪案件，人民检察院通知公安机关立案，公安机关不予立案的，经省级以上人民检察院决定，人民检察院可以直接立案侦查。"该条规定实际上扩充了人民检察院的监督手段。

（二）我国刑事立案监督面临的问题

1. 刑事立案监督的范围狭窄

理论上讲，立案监督既包括对公安机关立案活动的监督，也包括对其不立案活动的监督。但是，根据我国《刑事诉讼法》第 87 条的规定，检察机关只能对应当立案而不立案的行为进行监督。我国司法实践中，枉法追诉、滥用刑事诉讼立案权的现象也是客观存在的：如片面追求办案数量，对一些不应该追究刑事责任的案件也立案；插手经济纠纷，对一些明显属于民事经济纠纷的案件，也立案后滥用侦查措施，以追求经济效益；受利益驱动，充当保护伞，不该受理的案件也立案等等。[①]基于此种现状，最高检察院《规则》第 378 条规定："对于公安机关不应当立案而立案侦查的，人民检察院应向公安机关提出纠正违法意见。"这一规定显然也是个软规定，公安机关往往以刑事诉讼法没有相应规定而认为该规定没有约束力。司法实践中，对侦查机关不应当立案侦查而立案，滥用刑事诉讼程序的违法行为，通过立案监督程序予以纠正的并不常见。

2. 刑事立案监督的对象不完整

基于我国公安机关管辖大多数刑事案件的现状，我国刑事诉讼法只是规定了对公安机关不立案的监督，普遍认为，这里的公安机关只能作狭义的理解。事实上，其他拥有立案管辖权的机关（如检察院的自侦部门、国家安全机关、军队保卫部门、海关走私侦查部门、监狱侦查部门以及人民法院等）在受理各自管辖的案件的时候，也会存在不同程度的违法行为，也需要一定的监督机制的存在。最高检察院《规则》第 379 条尽管规定了"对本院侦查部门应当立案侦查的案件不报请立案的行为实施监督"，但是这种规定显然是不够全面的。而且，检察机关既是运动员又是裁判员，既是监督者又是被监督者。在司法实践中，这种自我监督等在多大程度上得以落实，也是存在疑问的。

3. 立案监督措施缺乏刚性的效果

尽管《刑事诉讼法》第 87 条、六机关《规定》第 7 条以及最高检察院《规则》第十章第一节对于立案监督的具体实施程序作出了明确规定，但是，法律以及相关解释中的立案监督手段缺乏刚性，难以达到监督的目的。以对公安机关不立案监督的手段而言，法律没有规定对公安机关接到立案通知后仍不立案的进一步监督措施，导致司法实践中，公安机关接到立案通知仍不

---

① 参见戴御忠："当前刑事立案监督存在的问题及建议"，载《行政与法》，2002（5）。

立案或者立案后不进行侦查造成案件长期拖延，甚至变相撤销案件。从最高检察院《规则》所规定的对于公安机关不应当立案而立案侦查的监督角度而言，人民检察院向公安机关提出纠正违法意见在我国目前公安机关处于诉讼中的强势地位的情况下，事实上很难得到公安机关的尊重和遵守。

（三）我国刑事立案监督机制完善的立法对策

我国刑事立案监督机制存在缺陷的原因是多方面的，最为关键的就是我国公安机关、人民检察院和人民法院三机关之间"分工负责，互相配合，互相制约"的关系，在这种司法体制下，检察机关的监督地位很大程度上得不到被监督者的尊重，导致司法实践中检法之间配合有余而监督不足。因此，在我国未来刑事诉讼法的修改中，应确立检察引导侦查的诉讼机制，通过检察机关对公安机关侦查活动的介入，促进监督（包括立案监督和侦查监督）机制的完善。①在检察引导侦查的体制之下，必须对我国现有的立案监督机制从以下几个方面予以完善：

1. 扩充立案监督的范围与对象

未来刑事诉讼法修改，应该明确规定立案监督的内容，既包括应当立案侦查而不立案的违法现象，也包括不应当立案侦查却立案的违法行为。检察机关的立案监督不仅包括立案的结果，而且包括立案的活动，诸如立案活动中的调查活动等。另外，立案监督的对象也应当扩大，从理论上讲，立案监督的对象包括所有具有刑事立案权的机关。但是，笔者认为，考虑到我国现行的司法体制和诉讼制度，还有监督机制的可操作性，检察机关的立案监督对象只应包括国家安全机关、监狱侦查部门、海关走私侦查部门、军队保卫部门，而法院对刑事自诉案件的立案活动则不应由检察机关来监督，原因在于，人民法院的刑事立案与上述机关的刑事立案并不相同，人民法院的刑事立案是为了审判，而上述立案机关的立案则是为了侦查。理论上将人民法院对刑事案件的立案和民事案件中的立案没有什么太大区别，如同民事诉讼法学界呼吁取消民事立案程序一样，对于刑事自诉案件的立案也应当取消。法院原则上都应当受理每个公民的自诉，这是各国通行的做法。唯有如此才能从根本上解决自诉案件被害人"告状无门"的现象。对于检察机关自侦案件的立案的监督权，囿于自我监督天然的局限性，笔者认为，应当交给人民法院，也就是说，利害关系人可以针对检察机关在立案中的违法行为，向人民法院提出救济申请，纠正其违法行为。

2. 增加刚性的立案监督措施，赋予人民检察院在刑事立案监督活动中相应的权力

在将我国的立案阶段并入侦查程序之后，经过受理案件的机关初步侦

---

① 值得注意的是，这种检察引导侦查的机制中，绝对不可只有配合，没有监督，否则，人民检察院法律监督的地位就没有得到根本的体现。

查，侦查机关若认为有犯罪嫌疑，进行刑事立案登记后，应提交检察院并移交初步侦查中获得的全部证据材料；经检察院批准后，转入正式侦查，若不予批准，可责令侦查机关撤销案件。如果经过初步侦查，侦查机关认为不构成犯罪或依法可以免除刑事责任的，在进行不立案登记后，应提交检察院并移交初步侦查中获得的全部证据材料，检察院如果认为不立案决定错误，可以责令侦查机关予以立案。改造后的立案程序让检察机关提前介入侦查阶段，对侦查中的立案活动进行全程监督。当然，在我国目前没有对立案程序进行全面改造的情况下，应当赋予检察机关一些刚性的手段监督立案机关，比如，立案监督调查权，即检察院有权对刑事立案机关的诉讼活动依法进行调查；立案监督决定权，即检察院有权对刑事立案机关的立案、不立案决定做出变更的处理；立案监督处罚建议权，即检察院在纠正违法过程中，认为需要给予违法责任人员行政处罚、内部纪律处分时，有权提出立案监督处罚建议书，送达有关机关，要求对违法责任人员给予处罚。

赵 慧[*]

不起诉权与被害人权利保护的博弈分析

一、被害人对不起诉制约机制的创设及其制度功效

《刑事诉讼法》第 145 条规定，被害人对人民检察院作出的不起诉决定不服，可以用自诉的方式向人民法院提起诉讼。[①]该法条创设了具有中国特色的被害人对不起诉权的制约机制——公诉转自诉程序。创设这种机制的直接目的，"一方面是为了有效地保护被害人的合法利益，解决被害人告状难的问题；另一方面是从被害人的角度对不起诉决定进行制约，帮助人民检察院正确行使不起诉决定权。"[②]

不起诉是人民检察院对侦查机关移送起诉的案件进行审查后，确认符合法律规定的终止刑事诉讼的条件，不应或者不必对犯罪嫌疑人追究刑事责任，从而作出不将行为人交付审判的制度。由于不起诉权的行使不仅可以导致刑事诉讼活动的终止，而且对案件的实体处理具有直接意义，其正确行使与否直接关系到国家利益、被追诉者利益和被害人利益，故所有国家都对检察机关的不起诉权进行必要规制，以便维护三者之间利益的平衡，实现所有人的正义。其中，被害人对不起诉权的制约就是不起诉外部监督的重要表现

---

[*] 湖北省人民检察院公诉一处干部、法学博士。

[①] 有学者认为我国公诉转自诉制度的确立，直接目的并不是要挑战和制约人民检察院、公安机关终止公诉程序决定的有效性和权威性，而是另行开辟被害人提起自诉的渠道，扩大了被害人的自诉权，加强对被害人人身权利、财产权利的保护。其间接目的才是促使人民检察院和公安机关依法正确行使追诉权。参见成凯："不起诉的效力与公诉转自诉疑难问题探究"，载《西南民族大学学报（人文社科版）》，2004（1），133 页。笔者认为，既然被害人的自诉权可以在一定范围内导致刑事诉讼程序的启动，实际上在一定程度上否定了检察机关作出的不起诉决定的效力。

[②] 陈光中、〔德〕汉斯－约格·阿尔布莱希特主编：《中德不起诉制度比较研究》，152 页，北京，中国检察出版社，2002。

形式。根据德国刑事诉讼法第 172 条、第 177 条的规定，被害人不服检察官所作的不起诉处分，在接到不起诉处分通知后，有权向法院请求启动审判的救济程序。"强制起诉程序乃促使被害人对检察机关就法定原则的遵行，得以经由另一独立的法院来加以审查。虽然，原则上检察机关并不受联邦最高法院判例见解之约束，并且职务上亦不依赖法院，但是其得在此例外地被强迫违反自己的确信而提起公诉。"①日本借鉴了德国强制起诉程序，在刑事诉讼法第 262—269 条规定了准起诉程序。对于侵犯人权的案件，如果检察官做出不起诉处分的决定，犯罪控告人等可以请求把案件直接提交法院审判。这种制度被称为准起诉程序或交付审判请求程序。"侵犯人权案件是公务员犯罪，不同于检察官没有公正行使追诉裁量权的话，因为这是严重的不公正，不同于检察审查会，法院还设有可以直接审判的制度。这是起诉独占主义的例外。"②与强制起诉制度和准起诉制度类似的制度还有法国的民事原告人制度。根据法国刑事诉讼法，在检察官提起公诉或者未提起公诉的情况下，因犯罪受到损害之人可以参加诉讼或向刑事法院提起民事诉讼并由此发动公诉。在法国没有自诉案件的背景下，赋予因犯罪受到损害之人以民事原告人的主体资格，特别是通过提起民事诉讼的方式发动公诉，使国家刑罚权和公民个人的损害赔偿权得以实现，对修复被犯罪破坏了的社会关系以及维护公民个人权利有极为重要的意义。③尽管由于各国法律文化传统及其诉讼体制的差异，被害人对检察官不起诉决定权制约的案件范围及其运作程序存在一定的区别，但总体而言，强调被害人对检察机关公诉裁量权的限制，充分发挥被害人在刑事诉讼的主体性地位在各国立法中取得了广泛共识。

加强被害人对不起诉权的制约，是保障被害人刑事诉讼参与权的必然要求。在传统以保护被告人权利为中心的刑事司法中，被告人的主体地位和权利保护得到了极大的提升，而被害人的权利基本上被刑事司法所遗忘，刑事司法似乎只意味着对犯罪人而不是被害人的公正。既然被害人和犯罪人是一枚硬币的两面，那么被害人在预防和惩治犯罪过程中就不能仅仅作为一个被动的客体而存在，刑事司法的运作既要强调保护犯罪人的人权，也要充分肯定和保护被害人的人权。在上述思潮的影响下，被害人保护运动开始在世界范围内兴起，并逐步扩张到刑事立法与司法领域。反映在刑事诉讼结构上，就是三方诉讼构造模式向四方诉讼构造模式的转变。四方诉讼构造模式"突出了被害人的主体地位和特殊作用，被害人没有被掩盖在检察官或者是'控方'的整体利益之下，他可以独立地提出主张，对于被告人是否有罪、社会

① [德]克劳思·罗科信著：《刑事诉讼法》，吴丽琪译，370—371 页，北京，法律出版社，2003。
② [日]田口守一著：《刑事诉讼法》，刘迪等译，112 页，北京，法律出版社，2000。
③ 参见刘根菊、刘少军："法国民事原告人制度评价与借鉴——兼论我国公诉转自诉制度的改革与完善"，载《比较法研究》，2004（3）。

危害性如何及其量刑幅度等都可以独立发表自己的意见。"①因此,加强被害人对检察官不起诉权的制约,有利于平衡国家利益、犯罪人利益和被害人利益,促进整体刑事司法正义的实现。

尽管我国公诉转自诉制度设计的出发点是好的,但由于未规定公诉转自诉后被害人如何实际、有效维护自身权益的程序和配套措施,以及如何协调被害人、犯罪嫌疑人及其国家三者之间的利益,导致该项制度的实务运作不是很理想,立法所追求的法律效果没有达到。同时,由于该制度违背了刑事诉讼的一般原则,破坏了刑事诉讼结构,在一定程度了损害了检察机关不起诉决定的效力,使得立法设置的审前程序分流案件的目的没有充分实现。加之没有设置防范被害人滥用诉权的制度措施,使得犯罪嫌疑人的权益直接处于危险境地,由此遭到了理论界和实务界人士的批评。②有的学者认为该制度实际是画饼充饥,进而提出废除公诉转自诉制度。③ 对此,笔者认为,公诉转自诉制度赋予被害人对检察官不起诉权的法律救济,有利于提升被害人在刑事司法程序中的主体性地位,充分发挥被害人对于检察官不起诉决定权的制约作用,督促检察权运行的公开化和民主化,其立法的基本精神应当予以肯定。但是,我国的公诉转自诉制度设计没有充分考虑到刑事诉讼结构的利益平衡,加之无相应的被害人权利保护配套措施,使得该制度在运行过程中既导致了国家利益、犯罪嫌疑人利益和被害人利益的紧张冲突,又没有建立有效制度来保障被害人权利,使得被害人维权之路举步维艰。因此,有必要结合我国的刑事诉讼结构模式,就被害人对检察权的司法监督模式进行必要的改造,在协调刑事诉讼主体各方利益基础上,积极促成检察权的和谐运作。

二、不起诉程序的内部规范——不起诉听证程序的引入

根据《刑事诉讼法》第142条第1款、第2款和第140条第4款的规定,检察机关作出的不起诉决定分为绝对不起诉、相对不起诉和存疑不起诉。在法律制度设计上,为了保障不起诉权的规范行使,有关法律规定对不起诉的程序运行作了相应规定。根据最高人民检察院有关规定,所有的相对不起诉和存疑不起诉的普通刑事案件必须经检察委员会讨论决定,并公开向被不起诉人和被害人宣布。对于职务犯罪案件的不起诉案件,应当启动人民监督员程序;对于普通刑事案件,最高人民检察院最近规定要报上一级检察机关备

① 房保国著:《被害人的刑事程序保护》,112页,北京,法律出版社,2007。
② 对公诉转自诉的批评主要表现为:一是损害了检察机关的公诉权,难以真正发挥对检察官的制约作用;二是破坏了检察机关的自由裁量权,使被害人处于完全优越于公诉人的地位;三是完全转移了公诉案件的证明责任,使被害人成功追诉的可能性变得非常渺小。参见房保国著:《被害人的刑事程序保护》,240页,北京,法律出版社,2007。
③ 参见刘雅娟:"对我国公诉转自诉制度的反思",载《世纪桥》,2007(4)。

案。可以说，不起诉的程序控制相对较为严格，有力地保障了不起诉权的规范运作。考虑到检察机关由于追诉身份的长期特定化，对犯罪的麻木不仁以及各种法外因素的干扰，为了防止检察机关滥用不起诉权，有必要在现有不起诉权制约机制的基础上引入不起诉听证制度。

所谓不起诉听证制度，是指检察机关对拟作不起诉处理的刑事案件，在作出决定之前，召集侦查人员、被害人及其诉讼代理人、犯罪嫌疑人及其辩护人以及其他有关人员，就拟被不起诉人的犯罪事实以及检察机关拟作出不起诉决定进行交流，供检察机关作出不起诉决定参考的一种制度。实行不起诉听证制度的目的，是为了全面听取和了解当事人及有关部门的意见，向他们介绍案件情况和有关政策，促进案件双方在案件事实和法律的基础上消除分歧，统一认识，帮助检察机关对案件正确作出不起诉决定。[①]同时也有利于推进检察机关办案程序的民主化进程，节约司法资源，积极化解社会矛盾，规范检察机关不起诉决定权的行使。

不起诉听证会的主要内容是讨论检察机关拟作出不起诉决定的合法性和合理性。首先，检察机关具体案件承办人员结合案件事实、犯罪嫌疑人的综合表现，全面阐述检察机关拟对被不起诉人作出不起诉决定的事实依据和法律根据，供参加不起诉听证会人员讨论。随后，不起诉听证会参加人员可以就有关事实和法律问题询问具体案件承办人员，并就检察机关拟作出不起诉决定进行讨论。最后，参加不起诉听证会人员就检察机关拟作出的不起诉决定依次独立发表意见。在不起诉听证会上，检察机关只能进行法律解释与协调工作，不得强迫一方或者双方接受某种意见。只要不起诉听证会参与人员对拟作出的不起诉决定充分表达了自己的意见与理由，就基本上达到了不起诉听证会的目的。不起诉听证会应当记录备案，并在检察委员会讨论决定时进行宣读，供检察委员会决定是否对被不起诉人作出不起诉决定时参考。

主持不起诉听证会的人员，应当是检察机关审查起诉部门的负责人或者其委托的其他人员。不起诉听证会的参加者，除了案件的具体承办人外，应当有侦查机关的代表、被害人及其诉讼代理人、犯罪嫌疑人及其辩护人。除此之外，可以根据案件需要通知犯罪嫌疑人所在单位、学校、社区及其家属参加，也可以邀请当地人大代表、政协委员和有关专家参加。对于职务犯罪案件的不起诉听证会，还可以邀请部分人民监督员参加。邀请其他人员参加不起诉听证会，要以有利于帮助检察机关正确作出不起诉决定为标准，不必强求不起诉的法律宣传效果。对于有利于化解被害人与犯罪嫌疑人矛盾、教育或者改造犯罪嫌疑人的有关人员，可以邀请他们参加不起诉听证会。

在司法实践中，有的检察机关把不起诉听证会放在作出不起诉决定后召

---

① 参见樊崇义等主编：《现代公诉制度研究》，335—336 页，北京，中国人民公安大学出版社，2005。

开，认为不起诉听证会是不起诉案件的一种法律宣传形式，只有检察机关决定对案件不起诉后，才能进行这种形式的宣传。笔者认为不妥。不起诉听证会设立的目的就是帮助检察机关正确作出不起诉的决定，而不是把检察机关已作出的不起诉决定用听证会的形式进行宣传，如果把不起诉听证会看成一种宣传方式，那样听证会的意义就不大了。①因此，不起诉听证会应在公诉部门提出拟不起诉意见后、检察委员会讨论决定前进行，这样才能真正发挥人民群众对于检察机关不起诉决定权的监督与制约，促进检务公开化、民主化。

举行不起诉听证会，有利于侦查机关、被害人以及被不起诉人对检察机关作出的不起诉决定的理解和支持，减少公安机关、被害人及其被不起诉人对检察机关作出不起诉决定的复议、申诉，从而真正达到化解矛盾、分流案件以及提高诉讼效率的目的，最终有利于法律信仰的确立。

三、被害人诉权行使的法律规范

尽管公诉转自诉制度有利于检察权的规范运行及其保护被害人权利的有效行使，考虑到公诉转自诉制度背离了国家追诉原则，在一定程度上弱化甚至架空了不起诉制度的应有功能，使得被不起诉人的法律地位处于不稳定状态，加之被害人存在滥用权利的可能性，因此，应对被害人诉权行使进行必要的规范。具体而言，包括以下方面：

首先，设置申诉前置制度。根据我国现行法律规定，被害人对检察机关作出的不起诉决定既可以向上一级人民检察院申诉，也可以不经申诉，直接向人民法院起诉。如果被害人不经申诉，直接向人民法院起诉，就使得检察机关作出的不起诉决定的效力处于不确定状态，直接损害了检察机关不起诉决定的权威性。因此，为了协调检察机关的公诉权与被害人权利，应当取消允许被害人不经申诉直接向人民法院起诉的规定，要求被害人对于检察机关作出的不起诉决定必须经过申诉，上级检察机关维持不起诉决定或者在法定期限内不作出复查决定的，即被害人先穷尽申诉途径后，才可以向法院提出诉讼请求。该公诉请求应以书面形式提出，并附理由和根据。

其次，创设申请担保制度。即被害人向人民法院请求提起诉讼时，应根据法院的要求，对诉讼程序所需费用及可能给被不起诉人带来的损失提供担保，逾期不提供担保的，该诉讼请求即视为撤回。

再次，应明确规定被害人向人民法院提起诉讼请求的除斥期限。我国《刑事诉讼法》第145条并未规定被害人提起自诉权的除斥期限，被害人随时可以启动刑事诉讼程序，因此，有必要规定被害人行使诉讼请求权的期

---

① 参见陈光中、〔德〕汉斯—约格·阿尔布莱希特主编：《中德不起诉制度比较研究》，150页，北京，中国检察出版社，2002。

限，要求被害人对于检察机关作出不起诉决定不服的，应依法向上级检察机关申诉，对于上级检察机关维持不起诉决定或者逾期不作出复查决定的，应在一定期限内向人民法院提出诉讼请求。逾期未向人民法院提出诉讼请求的，除法律另有规定以外，不得再行起诉。对于被害人提起诉讼请求的具体除斥期间，可以借鉴德国刑事诉讼法第172条的规定，规定被害人对上级检察机关维持不起诉决定不服向人民申请诉讼请求的期间为1个月。

最后，应设立被害人侵权赔偿制度。为了防止被害人滥用诉权，损害被不起诉人利益，对于被害人不服检察机关不起诉决定向人民法院提起诉讼的案件，被不起诉人经法院审判被宣判无罪或者不负刑事责任的案件，可以向被害人提出侵权赔偿之诉，要求被害人赔偿因诉讼而造成的损失。

四、协调与超越——不起诉权与被害人权利的均衡演进

根据《刑事诉讼法》第171条的规定，公诉转自诉后，被害人的起诉只有符合"犯罪事实清楚，有足够证据"的法定条件，人民法院才会受理。尽管《刑事诉讼法》第145条规定，人民法院受理案件后，人民检察院应当将有关案件材料移送人民法院，如果检察机关不移送或不完全移送案件材料，法律也没有规定任何强制手段。同时，第171条第3款规定，人民法院可以对证据进行调查核实，但在司法实践中，人民法院一般不会主动搜集证据。由于被害人并没有侦查权，通常也不具有专门的法律知识，即使有律师的帮助，也难以收集到为追诉成功所必需的证据材料，而侦查机关收集的证据材料并不为被害人所掌握，或者被害人很难提出证据证明被告人侵犯自身人身权利或财产权利的行为应当依法追究刑事责任，被害人的控诉常常因证据不足而以失败告终。[①]这样一来，实际上使得控诉犯罪的责任从公安、检察机关转移到被害人身上，使得被害人直接、平等地面对被告人，这将使被害人在诉讼中处于极为不利的地位。

人民法院一旦受理被害人对检察机关不服而提起的自诉案件，意味着检察机关的自由裁量权遭到破坏，检察机关不起诉决定的稳定性和终止性遭受破坏，从而直接导致公诉权与审判权的法律冲突。如何协调这一冲突？有学者建议我国立法借鉴德国刑事诉讼中的"强制起诉制度"和日本刑事诉讼法中的"准起诉程序"，取消公诉转自诉机制，代之以被害人司法审查申请制度，即赋予被害人在一定条件下，有权向人民法院提出申请，要求其对检察机关作出的不起诉决定进行审查，并作出是否维持不起诉决定的制度。[②]笔者认为，要切实保护被害人的合法权利，只有通过公诉程序才能真正实现，而

---

① 参见陈卫东主编：《刑事审前程序研究》，253页，北京，中国人民大学出版社，2004。

② 参见张小玲："试论我国刑事诉讼中被害人自诉救济制度"，载《国家检察官学院学报》，1999（4）。

不是仅仅赋予被害人自诉救济的权利。考虑到公诉权滥用的可能性及其被害人权利的保护，应当建立对检察机关不起诉决定权的司法审查制度，防止检察机关凭借主观认识随意确定刑事案件是否起诉，从而损害国家利益及其被害人利益。考虑到公诉转自诉案件中被害人举证的困难以及对一般公诉原理的违反，不宜再采取由被害人直接向人民法院起诉的做法，而应该改由被害人穷尽申诉途径后，向人民法院提出公诉请求，该公诉请求应以书面形式提出，说明理由和根据。人民法院认为公诉请求形式合法的，应举行听证程序，邀请被害人、被不起诉人和检察机关到场，就检察机关作出的不起诉决定是否合法进行讨论，并依法作出处理。人民法院认为不起诉决定不合理，应当提起公诉的，可以裁定检察机关提起公诉，检察机关应依法作出起诉决定，不得拒绝。人民法院认为检察机关作出的不起诉决定合理，被害人提起公诉请求不当的，应裁定驳回被害人请求。人民法院驳回被害人公诉请求的，被害人不得再行起诉。这种制度设计，既保障了被害人的诉讼主体性地位和程序性权利，也凸显了法治国家中法院的主体性地位，平衡了被害人、被不起诉人和国家三者之间的利益，有力地促进了司法决策的科学化和民主化。

专题研讨

李益明*　刘　洋**

恢复性司法之若干问题研究

　　恢复性司法，简单地说就是通过被害人与犯罪嫌疑人面对面的和解，使被犯罪行为所侵犯的社会关系尽可能地恢复到以前的状态。恢复性司法是在对传统刑事司法检讨的基础上衍生出来的一种替代性刑事案件解决机制。恢复性司法最不同于传统刑事司法之处就在于其强调"恢复"功能，着眼于对被害人的赔偿，对犯罪行为人的回归，对被破坏的社会关系的修复。恢复性司法通过使被害人、犯罪行为人和社区最大限度地恢复罪错行为发生之前的那种正常、稳定的状态而尊重各方的尊严与平等，建立相互理解并促进社会和谐。它为受害人提供了获得补偿、增强安全感的机会，使犯罪行为人能够深刻认识其行为的原因和影响并切实承担责任，同时使社区能够理解犯罪的根本原因，积极接纳犯罪行为人回归社会，促进社区和谐并预防犯罪。

一、恢复性司法之中国国情

（一）"和合"文化

　　《易经》中"和"字，有和谐、和善之意，《尚书》中"和"是指对社会、人际关系诸多冲突的处理；"合"指相合、符合。《论语》中有"礼之用，和为贵。"[①] 孔子认为治国处事、礼仪制度以"和"为价值标准，在处理人与人之间的关系时，孔子强调："君子和而不同，小人同而不和。"[②] 既承认差异，又和合不同的事物，通过互济互补，达到统一、和谐。这与"同而不和"取消不同事物的差异的专一观念形成对照。"天时不如地利，地利不

---

　　*　浙江省杭州市人民检察院研究室助理检察员。

　**　浙江工业大学屏峰校区法学院 04 级本科生。

　①　参见《论语·学而》。

　②　参见《论语·子路》。

如人和"①，荀子提出"天地合而万物生，阴阳接而变化起，性伪合而天下治"②。所谓"和合"的"和"，指和谐、和平、祥和，"合"指结合、融合、合作。"和合"连起来讲，指在承认"不同"事物之矛盾、差异的前提下，把彼此不同的事物统一于一个相互依存的和合体中，并在不同事物和合的过程中，吸取各个事物的优长而克其短，使之达到最佳组合，由此促进新事物的产生，推动事物的发展。在此和合精神的指导下，中华文化不断创新，同时也推动了中国社会的不断发展。由此可见，和合文化并不否认矛盾、差异和必要的斗争，它本身就是矛盾的对立统一体，只是把矛盾、差异和斗争限定在相互依存的和合体中，防止因过度的矛盾斗争而破坏了不同事物共同存在的基础，使得事物的发展停滞不前。这表明，和合文化有两个基本的要素：一是客观地承认不同，二是把不同的事物有机地合为一体，这种"和而不同"的思想较能够反映和合文化的本质，而不仅限于人与人之间的关系，包括国与国、人与社会、人与自然（天人）之间，都可以用"和而不同"或"同而不和"来加以概括。著名学者汤一介先生认为，中国哲学的和谐观念由四个方面构成，"自然的和谐""人与自然的和谐""人与人的和谐""人自我身心内外的和谐"构成了中国哲学的普遍和谐的观念。③这也正与中国传统思想主张无诉、息诉，认为诉讼意味着对和谐的破坏相合。这当然是一种理想的状态，但这并不表明社会不存在冲突或纠纷，只是不主张将纠纷呈现在公堂之上而是通过互谅互让，折中和解，平息纠纷，维护和谐。恢复性司法也正是追求的这种和谐。

（二）调解传统

众所周知，在中国传统社会中，人们对一般的民事纠纷采取的解决途径更多的是调解而非诉讼，调解的原理及实践深受儒家思想的影响，调解制度迎合了传统社会的需要。这种社会以小农经济、以宗法家族为基础的社会结构、松散的中央皇权统治模式以及强调社会稳定的经济发展为特征。时至今日，调解原则是民事诉讼的原则，在解决民事纠纷中起着重要的作用，是解决民事纠纷不可或缺的一种方式。在刑事诉讼中，以前人们认为不存在调解的空间，随着价值的多元化、司法资源的稀缺和对被害人权利的关注，人们的观念开始发生变化，在刑事诉讼中实行调解或和解也同样有其充分的依据和重要的意义。

（三）和谐社会

十六届四中全会首次明确提出的"构建社会主义和谐社会"。和谐社会是一个公平正义、诚信友爱、充满活力、安定有序、人与自然和谐相处的社

---

① 参见《孟子·公孙丑下》。

② 参见《荀子·礼论》。

③ 参见汤一介："世纪之交看中国哲学中的和谐观念"，载《大国方略——著名学者访谈录》，192 页，北京，红旗出版社，1996。

会，也是一个多元互动、合作互助、理性人本的社会，而这一切美好社会目标的实现都有赖于完善的法律对社会关系的全面有效的调整。社会主义和谐社会建设有三个着力点：一要整合社会关系，维持社会秩序；二要解决社会冲突，推进司法正义；三要倡导社会公平，体现社会正义。为此，我们必须以公正性、效率性、自主性的理念改革现行的冲突解决方式。在我国社会主义法律体系中刑事法律对社会关系的调节力度是最大的，刑法的"打击犯罪、保护人民"目标追求也对社会关系影响得最直接。完善刑事法律应该成为我国建设社会主义和谐社会首选手段。人追求正义，就是追求人的理想存在，目的在于以此为标准和原则对人的行为及其结果具有的意义与价值作出终极的判断。对符合社会主义和谐社会建设的冲突解决方式进行价值评判，就要看它是否符合正义，是否适应社会主义和谐社会建设需要。笔者认为，恢复性司法体现了人类社会理想的司法正义。公正性、效率性、自治性——社会主义和谐社会冲突解决的理想目标，与恢复性司法的内在价值基本一致。有效打击犯罪，维护社会正义，及时遏止犯罪，努力改造罪犯，促进社会和谐是刑事司法系统乃至整个社会所追求的目标。

（四）刑罚目的

教育改造受刑人、预防重新犯罪是我国刑罚的重要目的之一。刑罚的目的在于改造受刑人，防卫社会，剥夺受刑人的再犯能力，刑罚应针对犯罪人的具体情况加以运用，使其尽快回归社会。恢复性司法在一定程度上跳出了报应刑只注重惩罚的窠臼，给犯罪人"架起了一座回归社会的黄金桥"。[1]另外，恢复性司法对刑法的特殊预防与一般预防的目的都得到了较好的实现。第一，它全面地关注被害人的需要；第二，使犯罪人重新融入社区，以预防其再犯；第三，使犯罪人有机会对其犯罪行为承担积极的责任；第四，创造一种有利于犯罪人复归和帮助被害人并有利于预防犯罪的有成效的社区；第五，为避免现行司法制度的高昂的代价与迟缓的行动提供新的替代措施。

（五）相关规定

恢复性司法强调被害人有权获得赔偿，被害人是恢复性程序的当事人，主张通过当事人之间的协商和调解达成犯罪问题的和平解决，这些恢复性因素在我国当前的刑事司法中也可以找到，如：（1）关于被害人的赔偿权，《刑事诉讼法》第 77 条规定，被害人由于被告人的犯罪行为而遭受物质损失的，在刑事诉讼过程中，有权提起附带民事诉讼，如果是国家财产、集体财产遭受损失的，人民检察院在提起公诉的时候，可以提起附带民事诉讼。（2）《刑法》第四章第三节第 38 条至第 41 条规定的管制制度，第五节第 72 条至第 76 条以及第 449 条关于缓刑的规定，第六节第 78 条至第 80 条关于减刑的规定和第七节第 81 条至第 86 条关于假释的规定。（3）关于自诉案件的

---

[1]　参见马静华："刑事和解的理论基础及其在我国的制度构想"，载《法律科学》，2003（4）。

规定，在自诉案件的情况下，被害人是自诉人，除第三类案件外刑事诉讼法
第 170 条等。被害人享有完全的当事人的地位，有权决定是否起诉、撤诉，
人民法院可以对自诉案件进行调解，被害人也可以决定与被告人自行和解。

二、恢复性司法之若干挑战

应当指出，尽管恢复性司法已经成为当今世界的一种潮流，但由于恢复
性司法在犯罪的本质特征、刑事责任的要素、刑事司法的理念和组织原则等
一系列刑事法治的基本理论问题上提出了与主流学说截然不同的观点和主
张，随着它在理论上和实践中的不断壮大，坚持传统刑事法治理论的学者对
于这种新的案件解决方式提出了种种非议。①

（一）价值上的挑战

刑事诉讼涉及国家、社会、个人的三方。我国现行刑事诉讼以国家和犯
罪人的对立为中心，以国家利益为本位，呈现一种国家、个人的线性构造。
在线性构造中，犯罪被视为犯罪者个人对国家利益或社会公共利益的侵害，
而不是社会关系的冲突。在这种范式中，犯罪者尽管享有一定的诉讼权利，
但在刑事司法过程中的被动地位并没有任何改变，接受国家的追诉与刑罚是
一种必然的结果。它所体现的是国家本位的价值观。而在恢复性司法中，犯
罪被看做加害人与被害人的个人关系冲突，被害人的地位得到承认，国家将
纠纷解决权力交由加害人与被害人自己，并委托一定的社会中介机构协调冲
突的解决，对解决的方案国家予以直接的认可。②对国家利益、集体主义的强
调使我国刑事法律观念文化深深地打上了国家本位的印记。西方国家恢复性
司法产生之初也曾经历了多年的冷遇，根本原因是恢复性司法的个人本位的
价值标准与司法传统的国家主义之间的矛盾。但西方国家多元化的价值模式
最终为恢复性司法提供了发展并得以法制度的引进必然会引发个人本位和国
家本位价值观的严重对立与冲突。

（二）观念上的挑战

我国社会公众对社会性安全和秩序的需要非常强烈，对于犯罪者一般深
恶痛绝，希望国家机关处罚犯罪，维持社会安全，保障自身的合法权益，公
众对国家权力普遍持信任的态度，宁愿把原属于自己的一部分个人权利让渡
给国家。在历史上和现实中我国公共权力强大且运作有效，国家权力的作用
广泛、积极，追究犯罪是公、检、法三机关的职权实行国家追诉主义。因
此，社会公众对于犯罪人与被害人坐在一起进行协商达成和解往往会感到匪
夷所思，不可想象，这是我国构建恢复性司法的观念障碍。

（三）制度上的挑战

在现行的封闭式的纠纷解决机制中，犯罪人一方通过威胁、引诱、说情

---

① 参见宋英辉、许身健：“恢复性司法程序之思考”，载《现代法学》，2004（3）。
② 参见吴宗宪：“恢复性司法述评”，载《江苏公安专科学校学报》，2002（3）。

等方式谋求被害人撤回控诉或做伪证的现象仍然不在少数。这种对被害人的不法行为的产生与我国传统文化中注重人情关系有着密切的联系。一旦进入一个开放式的纠纷解决机制，被害人拥有了决定加害人命运去向的巨大权力，加害人及其社会关系网络对被害人的潜在危险也随之增大。这个在西方刑事恢复性司法中表现得并不突出的被害人保护问题将成为我国建立恢复性司法制度面临的最大难题。而我国现有的刑事司法体制是以犯罪者为中心设计的，其基本的价值取向是诉讼的效率，有限的司法资源也完全耗费在对犯罪者的追诉活动中。因此其对被害人的保护作用是有限的，为此建立恢复性司法必须完善对被害人的保护措施。

（四）程序上的挑战

首先，恢复性司法主张犯罪侵害的是个人利益，而非国家和社会公共利益，对犯罪的处理应该由被害人和犯罪人协商解决，用解决民事纠纷的方式来处理刑事案件，在一定程度上违背了刑事诉讼的正当程序原则。其次，恢复性司法自身具有的特点使其缺少相应的程序保障。由于恢复性司法强调非正式的、以协调和对话为基础的程序解决犯罪问题的重要性，这就使它的批评者们担心：恢复性司法缺乏对正当程序原则的关注，因而会不可避免地给犯罪人的程序权利和实体利益造成损害。[①]恢复性司法程序中根本没有证明的概念，而是假定只要犯罪人承认自己是行为的实施者，接下来的问题就不是证明，而是如何确定犯罪人的刑事责任的问题。这无疑是对无罪推定原则的公然违背，在被告人缺乏经验而社区力量又相当强大时，极有可能导致被告人因恐惧而被迫承认自己是犯罪人。另外，也会有被告人因为担心在正式的刑事审判中被误判而违心地认罪。再次，恢复性司法实践一直将律师视为妨碍达成和解协议的因素，而不欢迎律师在恢复性司法程序中出现并承担保护当事人合法利益不受侵害的作用，也导致了在恢复性程序中缺乏对犯罪人权利进行有效保护的机制。最后，恢复性司法容易导致在案件的处理上同种情况不同对待，行为人因事后行为改变其行为的责任，破坏刑事责任的可预期性，弱化刑罚的报应功能。

三、恢复性司法之理论基础

（一）平衡理论

平衡理论以被害人在任何情况下对何为公平、何为正义的合理期待的相对朴素的观念为前提。当先天的平等和公正的游戏规则被加害人破坏时，被害人倾向于选择成本最小的策略技术来恢复过去的平衡。至于选择哪种方式来恢复平衡，取决于该种方式的功能及被害人的预期成本。从平衡与恢复二者关系看，被害人都有一个成本收益的计算方式，有时，这种计算只是个非

---

① 参见狄小华："复合正义和刑事调解"，载《政法论坛》，2003（3）。

常短暂的瞬间，被害人通常选择适合自己需要的方式。通常，如果一种平衡恢复的成本越低，被害人选择这种方式的可能性越大。如果社会规范允许宗族会议、老人会议或其他和解方式，那么被害人选择这些的概率或许就非常大。其实，这种理论，与其称为"平衡理论"，不如称为"成本理论"。①平衡与恢复是被害人希望达到的目的，而成本计算则是其选择和解的根本原因。相对于烦琐冗长、命运不定的刑事诉讼过程，和解给被害人提供了一种与加害人直接会商处理冲突的机会，至少节约了时间耗费的成本；通过与加害人就犯罪行为及其影响而进行的交谈，被害人得到了传统诉讼程序中无法满足的心灵的平复，并大大降低了加害人对他们再次侵犯的可能，由此减少了心理成本，赔偿协议的达成及其较高的履行率也有效地减少了经济的成本。从被害人本位主义看，和解成为一种低风险、高效率的纠纷解决机制。这种理论的缺陷在于，仅从被害人，而不是从社会与加害人的角度来认识类似恢复性程序的和解，能够回答的也只能是"被害人为什么参与"的问题，以被害人视角看问题，为恢复性司法提供了合理内核之一。②

（二）复归理论

使犯罪人复归社会是当代各国的刑法理念，犯罪人有复归社会的权利，社会承担其复归的义务。把犯罪者改造为新人是最高的人道。因此，西方各国都致力于犯罪人复归社会，并不断探索新的措施。由于监狱是改造罪犯的主要场所，所以早期各国致力于理想化监狱模式的建设上。在美国，采取了"医疗模式"和"矫正模式"，但是对于这种努力20世纪70年代遭到了学者们的激烈批判，认为是一种浪费和失败，因为再犯率与没有这种理想化的模式下几乎是相同的。③而且监狱里尽管处遇比较好，但犯罪人最终是要复归社会的，所以重点不应放在下理想化的监狱的构建上。于是在20世纪70年代后，西方国家的复归社会思想就进一步发展为尽量不让犯人入狱，在社会上改造。但复归社会并不是抽象的，而是回到那个曾经被他伤害过的社会中，因此应通过犯人、被害人、社会等多方面的努力来重新构建。这样，恢复性司法就成为法改革者所推崇的一种新的社会复归措施。通过恢复性司法。加害人可以免受刑罚之苦，国家可减轻刑罚的负担，同时也可减少加害人回归社会的难度，鼓励加害人自新，提升其社会责任感，并具有快速解决社会冲突的效用。

（三）兼顾理论

法律是正义的代表，但由于"迟到的正义为非正义"，因此，在司法资源总是有限的情况下，如何以最少的资源消耗以获得对纠纷的公正和及时处

---

①　参见李忠诚："关于恢复性司法方案中的几个问题"，载《中国律师》，2002（9）。

②　参见马静华："刑事和解的理论基础及其在我国的制度构想"，载《法律科学》，2003（4）。

③　参见马静华："刑事和解制度论纲"，载《政治与法律》，2003（4）。

理也就必然成为司法活动追求的又一重要价值。恢复性司法可以以较快速度、较低成本和较简便的方式解决纠纷，从而使司法机关和当事人以较少的资源投入，获取较大的利益，可以疏解检察官、法官的案源，从而使他们可以集中精力处理更为重要的事项。同时，由于刑事调解不仅着眼于从事实和法律上解决纠纷，而且重视通过恢复受害人原有的和谐关系，重整罪犯重新回归社会所必需的羞耻心来解决纠纷，因而，是一种既可以从根本上消解因犯罪而引起的紧张人际关系，又可最大限度地降低重新犯罪率的最为经济的处理犯罪的手段。

（四）契约理论

契约的本质是自由，由契约各方基于自己的自由意志签订协议。在市场经济社会中，诸如平等、自愿、合意、协商等契约观念深入人心。反映在司法制度中便是特别强调诉讼主体地位的平等性。近年来，恢复性司法在刑事诉讼中之所以成为潮流，便是因为他们认识到，体现参与各方的合意是最好的解决纠纷的方法。于是有关各方在一定程度上摈弃了以惩罚为目的的刑罚观，代之以修补、恢复被破坏的社会秩序的新的刑罚思想。

四、恢复性司法之具体方式

（一）经济赔偿

人们把经济赔偿看成是恢复性司法的具体实现方式的一种主要方式，是被害人一项"核心"权利。保护被害人的利益是我们刑法内在的精神和宗旨，因此在处理案件的过程中，我们的首要任务就是要求犯罪人履行经济赔偿的义务。它对于被害人在遭受犯罪行为侵害之后重建生活，具有重要的作用。刑事赔偿的目标主要包括两个方面：一是向那些因犯罪而遭受经济损失的被害人提供补偿；二是让犯罪人对其犯罪行为承担责任，特别是让那些给被害人造成经济损害的犯罪人承担责任。刑事上的经济赔偿是一个犯罪人对其给被害人造成的经济损失承担责任的过程。经济赔偿款是犯罪人向被害人支付的用来清偿这种金钱债务的一笔资金。如果没有赔偿，被害人因犯罪行为而遭受的经济损失就得不到补偿。一方面，被害人的经济损失可能会对他们的创伤性体验、他们在刑事司法系统和少年司法系统中遭受的挫折产生一定作用。另一方面，获得赔偿款项也可以使被害人感到，司法系统的工作代表了他们的利益，能够保证使他们的损失得到公平的补偿。[①]

（二）无偿劳动

无偿劳动是犯罪人为社会工作的一种制裁措施。无偿劳动既可以作为一种正式制裁措施，也可以作为一种非正式制裁措施。由于邻里和社区以及社会遭受了犯罪人的犯罪活动的侵害，犯罪人就应当通过有意义的服务活动至

---

① 参见向朝阳、马静华："刑事和解的价值构造与中国模式的构建"，载《中国法学》，2002(6)。

少进行部分恢复工作，这种服务有助于他们的改善。而无偿劳动向犯罪人提供一种修复自己的犯罪行为造成的损害的途径。无偿劳动的目标是：让犯罪人对自己给社会造成的损害承担责任；向社会提供人力资源，使社会能够利用这些人力资源改善公共环境、商业领域甚至个人住宅中生活质量；通过有监督的工作活动，帮助犯罪人发展新的技能；允许被害人发表意见，有时候允许被害人通过推荐社区服务的种类而获得一些直接的益处。这种无偿服务也为犯罪人提供了发展技能、与积极的角色榜样进行互动的机会，也为他们提供了了解别人的需要、做一些能够使社会长期受益的事情的机会。

（三）公益劳动

犯罪不仅是对被害人的伤害，而且是对社会秩序的破坏，犯罪人同样有义务用自己的行为进行部分恢复工作。[①] 这也就是命令犯罪人直接为被害人劳动或是参加一些有偿劳动获得的报酬全部支付给被害人，公益劳动要求犯罪人为慈善机构或政府机关提供无偿义务劳动，也可以通过强制方式实施。也就是说犯罪人应当融入社区中，成为社区的人力资源，在社区工作人员的监督下，来美化公共环境，开展公益事业及服务福利机构等。同时，司法人员应当敦促社区工作者有针对性地培养未成年人的劳动技能，帮助其树立正确的劳动观，克服好逸恶劳的陋习。这样才能从真正意义上唤起犯罪人的义务感、责任感。需要特别强调的是我们选择公益劳动服务作为一种矫治方式，不是因为它能给犯罪人带来屈辱感，使犯罪人感到丢脸。如果我们是出于这个原因而选择使用这种矫治方式，那么公益劳动只是报应惩罚刑的另一种表现方式而已。与返还财产恢复原状来补偿被害人的方法相似，如果方法的选择是出自于恢复性司法的本质特性，由双方自愿进行而不是强制性的，则它对犯罪人的矫治功能就比较明显。

（四）特殊管制

对一些犯罪情节较轻的但已经形成一些不良意识的犯罪人，责令其接受有关人员的特殊管教，如每月必须到有关机关四次至六次，向有关人员汇报自己的学习、工作及思想状况。同时，有关人员应当针对不良苗头，强化其法律意识，预防越轨行为或是再犯罪的发生，必要时应当聘请专家对其进行心理、行为的专业化矫治，提高他们对不良诱惑的抵制能力，协助他们处理生活上的困难，合理地发挥他们的个人潜能，增强他们的个人能力感和自信心，协助他们逐渐步入正途。

（五）减轻处罚

减轻处罚是恢复性司法的一种重要实现方式。它是通过调解、调和、会商这些方法，在调解人的帮助（主持）下，被害人、受犯罪影响的人同罪犯见面洽谈，他们双方交流思想，交流各自的感受，交换意见，谋求共识，达

---

① 参见刘方权、陈晓云："西方刑事和解理论与实践介评"，载《云南大学学报》，2003（1）。

成解决争端以及赔偿等问题的调解协议，以减轻犯罪人的处罚。因为以重刑为主的刑罚不仅被证明对降低犯罪率的作用非常有限（如果不是完全无效甚至有副作用的话），而且也不符合文明社会发展的趋势，还伴随司法成本高昂等弊端，因此在犯罪发生后，不能简单地将犯罪人一判了之，而应促成犯罪人、被害人及其双方家庭成员乃至社区成员共同探讨犯罪原因，分清各自的过错和责任，消除误解，有条件地减轻犯罪人的处罚，这样既能增加彼此的信任和尊重，又能创造一个更加紧密的社区关系。

（六）获得谅解

在我国的刑事诉讼环境下，凡构成犯罪的案件一律不加区别地进入诉讼程序。在这个问题上，当事人是没有自由选择权的。其实这类案件一部分受害人和加害者双方私下已经达成了协议，加害方已为受害人赔了钱，双方矛盾已基本上得到化解。另外，已立案的不允许和解。除了刑事自诉案件，我国公诉案件是不允许和解的，即使有些犯罪人具有真诚和解的意愿，受害人也同意和解，但案件一旦进入诉讼程序被立案侦查，双方只好眼睁睁地看着案件进入起诉、审判、执行程序，受害人也无可奈何地被拖入诉讼，身心疲惫，权益也未必能得到及时、有效的保障。①从刑罚经济学的角度来说，是不经济的和无效率的，因此，我们有必要利用各种途径和各种方式让犯罪人获得谅解。

（七）暂缓追究

对犯罪情节较轻的并同时与被害人达成刑事和解的犯罪人可以考虑适用暂缓追究制度，即将其置于社会上，但出市或有其他重大事项必须向有关专门人员报批，同时应当接受有关专门人员的来访，定期向有关专门人员汇报。此外有关专门人员应当密切注意其行动和思想动态，与其法定代理人经常保持联系，若在保护观察期内无任何不良倾向，则对其免除刑事处罚。②暂缓追究具体包括：暂缓起诉、暂缓宣判与暂缓执行。暂缓起诉与暂缓宣判在国外比较流行，我国刑事法律未有规定，但一些地区基于司法改革的需要也在试行；暂缓执行其实就是指缓刑，缓刑乃恢复性司法措施中仅次于赔偿经济损失的一种法定措施。不过，在对犯罪人适用缓刑时特别要注意其悔罪表现，不要只因其为被害人赔偿了经济损失就对其适用缓刑，对那些虽然对被害人赔偿了经济损失，但悔罪表现极差的犯罪人绝不能适用缓刑。

五、恢复性司法之显著特征

（一）参与性

传统刑法理念中，犯罪被视为孤立的个人反对统治关系的斗争，这种观

---

① 参见陈弘毅："调解，诉讼与公正"，载《现代法学》，2001（3）。
② 参见张庆方："恢复性司法"，载《刑事法评论》，第 12 卷，北京，法律出版社，2003。

念将犯罪视为个人挑战既存的社会秩序的行为，因此作为报应性司法的推导结果，犯罪就理应由国家代表个人来行使惩罚的权力。在公诉——审判——执行这种模式中，被害人和其他受犯罪影响的具体的个体（如被害人的亲属、被告人的亲属）和抽象的个体（如社区、单位）都被忽视甚至排斥在诉讼之外：在国家处理犯罪的过程中，个体谋求解决或者补偿的企图被对抗性的诉讼所取代。恢复性司法则认为犯罪侵害的主要是个人利益，而不仅是国家和社会的公共利益。既然犯罪行为中存在特定的受害者（具体或抽象的），那么将受害者拒之于司法活动之外是不合理的，这样的处理使受害者无法得到充分的抚慰。在一个人权呼声日益高涨的时代，个体的利益与国家的利益的统一性不是要求国家完全代替个人处理任何事情，而是强调个体参与到国家的活动中来，即"参与性"。恢复性司法为个人参与刑事司法活动提供了条件。在恢复性司法活动中，遭受犯罪行为侵害的各方面人员，包括被害人、犯罪行为人以及他们的家庭成员、社会成员等，都有机会参与这种活动，发表自己的意见，使对自己由于犯罪行为的发生而遭受的损害获得补偿或者恢复。

（二）恢复性

恢复性司法强调赔偿，而不是惩罚。这意味着，要通过刑事司法活动，努力恢复被犯罪行为所造成的破坏、侵害。整个恢复性司法模式都是围绕"恢复"运行和发展的。[①]这种恢复并不仅仅是向后看，它同样关注在目前和未来建设一个更好的社会。恢复的内容是多方面的，从主体方面分析：一是被害人方面，要恢复被害人的正常身心状态和财产的自我支配状态。为此，要关注被害人的需要，包括物质需要、金钱需要、情感需要和社会需要，并且设法满足这些需要。[②] 二是社区方面，要恢复犯罪行为对社区造成的损害，包括社区的社会秩序、人际关系、物质损害等。三是犯罪行为人方面，要恢复犯罪行为人的守法的生活方式。为此，要让犯罪行为人主动承担对自己的犯罪行为的责任，设法帮助犯罪行为人重新融合到社区生活中，预防犯罪行为人重新犯罪。从具体内容方面分析，被犯罪行为破坏、侵害的事物都要恢复。这些事物主要包括三个方面，就物质形态而言，犯罪行为可能会造成建筑的破坏、环境的损害等，在恢复性司法模式下，要让犯罪行为人恢复他们的犯罪行为所造成的这些物质损害；就社会秩序而言，犯罪行为可能会造成某一地区社会秩序的混乱，引起人们的消极情绪、道德堕落等，这些不良后果也要让犯罪行为人通过一定的行为加以恢复；就人际关系的损害而言，犯罪行为往往对被害人造成直接的侵害，要让犯罪行为人通过多种行为取得被害人的理解和谅解，努力恢复被犯罪行为所破坏的人际关系，还包括犯罪与

---

① 参见马明亮："正义的妥协——协商性司法在中国的兴起"，载《中外法学》，2004（1）。
② 参见郭建安：《犯罪被害人学》，北京，北京大学出版社，1997。

社区其他成员关系的恢复。这种恢复在很大程度上全面地、立体地、高效地修补了被犯罪行为损害的社会关系与社会秩序。

（三）社会性

恢复性司法强调社会环境的作用。这不仅意味着对犯罪问题的认识要从社会环境的角度着眼，对犯罪行为的处理要有社会各方的参与，而且也要从社会环境的角度出发，预防未来的犯罪行为，鼓励社区发挥在控制和降低犯罪方面的作用。社会各方都要为预防犯罪承担相应的责任，社会各方要对犯罪行为承担集体责任。在恢复性司法过程中，人们不是将犯罪行为人与社会环境隔离开来，而是通过将犯罪行为人重新整合进社区生活中，通过建立有效社区（Working Community），预防他们重新犯罪。与传统司法观念不同，恢复性司法并不把犯罪行为完全看成是犯罪行为人个人的问题，并不仅仅从犯罪行为人身上寻找犯罪的原因，并不脱离开社会环境而仅仅由司法部门关起门来处理犯罪问题。

（四）前瞻性

恢复性司法强调恢复犯罪造成的损害。但是，人们不是设法对已经发生的犯罪行为进行报复，不是想办法如何对犯罪行为人进行更有效的惩罚，而是着眼未来，千方百计地设想如何解决所存在的问题，如何预防未来可能发生的犯罪行为。

（五）灵活性

在恢复性司法的过程中，人们不是墨守成规，死抠法律条文的规定，最大限度地发挥创造性，努力降低实现正义的成本，以最符合社会各方利益的方式处理犯罪案件。[1]

六、恢复性司法之注意事项

（一）应避免实质不平等

恢复性司法主要是通过经济补偿的方式以获得被害人的谅解，这对富人与穷人会产生不同的效果。如果对相同案件规定相同的补偿金额，富人也许会觉得无所谓，而穷人却会觉得苦不堪言。富人因此不会感受到任何刑罚的威慑力，在一定程度上会萌发继续犯罪的可能性；而穷人则在很大程度上体念到了其犯罪行为给自己带来的不利后果，这种不利后果无疑会抑制其再犯可能性，有效地发挥了刑罚特殊预防的功能。故若欲寻求恢复性司法在具体操作过程中的实质意义上的平等，那么司法机关在主持犯罪人与被害人的协商过程中，务必要考虑犯罪人实际的经济情况与悔罪态度。[2]

---

[1] 参见刘仁文："恢复性司法——来自异国的刑事司法新动向"，载《检察日报》，2004-5-10。

[2] 参见马明亮："正义的妥协——协商性司法在中国的兴起"，载《法制日报》，2004-3-10。

（二）应避免造成新的对立

在恢复性司法的具体运作过程中，因被害人之损害乃犯罪人之行为造成，被害人在与犯罪人进行协商的过程中很容易出现得理不饶人，漫天要价的现象。这一方面折射出被害人对犯罪人的仇恨，另一方面也暴露出其想乘机大捞一笔的人性弱点，被害人的这种心态极易导致犯罪人与被害人产生新的对立情绪。故司法机关有责任从法律与事实的角度对被害人加以引导，让其回到理性思维的轨道上来，以期被害人的赔偿请求在犯罪人的承受能力之内。这一方面有力地惩罚了犯罪人，让其感到其犯罪行为于之得不偿失；另一方面亦有效地弥补了被害人因犯罪人之犯罪行为所造成的损失。

（三）应避免强权的干预

如前所述，恢复性司法在一定程度上是契约自由的体现，契约的本质就是自由，当事各方在不受任何强权干涉的情况下，基于趋利避害的本能进行一定的作为与不作为。权力的本质是支配，权力行使的对象只有服从的命运。恢复性司法之价值根基就在于将契约自由的精神引入了刑事诉讼的过程中。在这一过程中，国家权力在很大程度上被弱化甚至消退。如果让强权任意进入这一领域，那么恢复性司法的价值就根本无从实现，代之以起的便是报复性司法的回归。[1]所以，笔者认为，避免强权的进入乃恢复性司法建构之题中应有之意。

（四）应避免决定权僭越

笔者认为，对犯罪人的犯罪行为是否采取恢复性司法的决定权大多在检察机关与审判机关。而检察机关与审判机关对犯罪人决定采取恢复性司法的前提基础应是犯罪人行为的社会危害性与该行为折射出的人身危险性。检察机关只能对轻微的刑事案件采取恢复性司法措施，而审判机关不但可以对轻微的刑事案件决定是否采取恢复性司法措施，而且对严重的刑事犯罪根据最高人民法院的有关司法解释亦可以刑事附带民事诉讼的形式决定是否采取恢复性司法措施与报复性司法措施的并用。[2] 公安机关在某些情况下，对部分刑事案件具有决定是否采取恢复性司法措施的权力，但在这一具体权力的运行过程中必须接受检察机关的监督。

（五）应避免范围的扩大

恢复性司法措施的适用范围并非面对所有刑事案件，只有那些社会危险性不严重，人身危险性相对较小的刑事案件才可采用。具体来说主要包括过失犯罪案件、轻伤害案件、未成年犯罪案件等。因恢复性司法措施存在的前提条件是犯罪人对被害人权益的损害，故对那些没有具体的受害人的案件不

---

[1] 参见李忠诚："关于恢复性司法方案中的几个问题"，载《中国律师》，2002（9）。
[2] 参见刘佑生："恢复性司法刍议"，载《检察日报》，2004-5-13。

能采用恢复性司法措施。犯罪客体是国家利益的犯罪案件，也不能采取恢复性司法措施，如危害国家安全罪、危害国防利益罪、贪污贿赂罪、渎职罪等，理由是这些案件侵犯的是国家的根本利益，关系到一个国家、一个政权的生死存亡，不容任何组织与个人以协商的方式放弃对这些犯罪人的刑事追诉，否则就是渎职。①

---

① 参见宋英辉、许身健："恢复性司法程序之思考"，载《现代法学》，2004（3）。

徐汉明* 张亚**

恢复性司法在我国刑事诉讼中的应用研究
——以刑事诉讼与法律监督为视角

恢复性司法作为 20 世纪 70 年代初期国际范围内逐渐兴起的一项新刑事司法制度，是在传统报应惩罚性刑事司法理念与制度模式辩证扬弃基础上，建立由调解人主持，旨在通过犯罪人与被害人当面接触，由犯罪人道歉、赔偿、社会服务等，使被害人因犯罪所造成的物质损失与精神损失得到合理补偿，并且由加害人所造成的工作秩序、社会秩序与生活状况的紊乱及时得到恢复，犯罪人因此赢得被害人与社区的谅解，并重新融入社会，从而形成与既定刑事司法制度相衔接、配套与补充的新型刑事司法制度。

一、将恢复性司法引入中国的必要性

（一）传统司法的弊端

刑事司法的通说认为，传统刑法的理论支撑，来自欧洲早期政治学与法学思想家贝卡利亚、费尔巴哈等创建的近代法治化刑法理论，到 1810 年法国刑法典颁布以后，形成了通常意义上的传统刑法理论与制度。它是现代刑法理论与制度的基本渊源。在中国，"罪有应得""十恶不赦""惩罚报应""治乱世用重典"的重刑思想根植于民意之中，尽管这两者之间有许多差别，但现代刑法制度都保留了传统刑法中的基本模式与精神。因此，讨论恢复性司法有必要首先反思传统刑事司法的一些特点，它们主要反映在如下几点：

1. 刑罚报应为刑事司法的主要目的

这种理论认为，刑罚之所以公正与必要，就是因为社会应当给损害社会

* 湖北省人民检察院常务副检察长，全国检察业务专家，经济学博士。
** 中南财经政法大学硕士研究生。

的人以损害，刑罚作为报应施加于犯罪人是对符合"恶有恶报"这一道义要求的论证。由此订立了"有罪必有罚、罚必当其罪"的罪刑逻辑关系，对犯罪报应的主要方法是以剥夺自由和权利为内容的隔离监禁惩罚。

2. 司法运作紧紧围绕着犯罪行为进行

这种制度模式必然导致传统刑法在整体上呈现为一种向后看的特点，即只关注犯罪人已经实施过的犯罪行为。无论是对其定罪或是量刑，均以犯罪行为比照既定的法定条款与要件进行，以保证最终确定的刑罚足以同犯罪人曾经做过的恶行相抵消。

3. 制度模式以国家公诉与裁判为唯一选择，排斥其他任何非正式途径

犯罪被看成不只是对私人的侵害，而主要是对社会的侵害，国家、社会是犯罪的主要被害人。基于这种理念认识，刑事责任完全变成了犯罪人对国家侵害应承担报应补偿的义务，国家取得了向犯罪人"索债"的唯一专利，而犯罪的具体受害者——被害人却对此不能有所作为。正如贝卡利亚所言："有些人免受刑罚是因为受害者方面对于轻微犯罪表示宽大为怀，这种做法是符合仁慈和人道的，但却是违背公共福利的。受害的公民个人可以宽免侵害者的赔偿，然而他难道也可以通过他的宽恕，同样取消必要的鉴戒吗？使罪犯受到惩罚的权利并不属于某个人，而属于全体公民，或属于君主。"[①]这种理论成为传统报应惩罚性司法制度安排与运行的坚强智力支持，以致几百年来，人们都不愿对其哪怕只是一点点的质疑！

（二）社区矫正的实验

社区是社会的基础，加强社区建设是构建社会主义和谐社会的重要内容。而社区矫正应该是社区建设的一项重要功能。社区矫正，也叫社区矫治，是支持将那些不需要、不适宜监禁或继续监禁的罪犯放到社区内，由政府专门的机构在相关社会团体、民间组织以及社会志愿者的协助下，在法定的期限内，矫正这些罪犯的犯罪心理与行为恶习，促进他们顺利回归社会的一种非监禁刑罚执行活动。社区矫正在许多国家刑事领域广为采用，成为刑罚执行的一种替代性方式，即非监禁刑的一种刑罚执行方式。

我国的社区矫正尚处于起步阶段。2002年8月，上海率先开展了社区矫正试点工作，其后，北京、天津、江苏、山东、浙江等省市相继推行了社区矫正试点。2003年7月，最高人民法院、最高人民检察院、公安部、司法部联合下发《关于开展社区矫正试点工作的通知》（以下简称《通知》），正式确立了社区矫正工作的"合法"地位。《通知》明确了社区矫正的性质、地位、任务与作用，指出："社区矫正是与监禁矫正相对的行刑方式，是指将符合社区矫正条件的罪犯置于社区内，由专门的国家机关在相关社会团体和民间组织以及社会志愿者的协助下，在判决、裁定或决定确定的期限内，矫

① ［意］贝卡利亚：《论犯罪与刑罚》，黄风译，59页，北京，中国大百科全书出版社，1993。

正其犯罪心理和行为恶习，并促进其顺利回归社会的非监禁刑罚执行活动。"几年来，社区矫正试点工作已经扩大到18个省（自治区、直辖市）。其适用对象为被判处管制、被宣告缓刑、被暂予监外执行、被裁定假释、被剥夺政治权利，并在社会上服刑的5类罪犯。据有关资料载明，通过社区矫正，试点所接收和管理的10 000多名社区服刑人员，绝大部分能服从管理、接受教育，认罪悔过意识和社会责任感有较大的增强，还涌现出许多拾金不昧、救助他人、与违法行为作斗争的典型，该实验受到社会公众的正面评价，而重新违法犯罪的不足1%。社区矫正的功效及其现实意义在于，它有利于避免狱内罪犯之间恶性交叉感染，有利于避免罪犯与外界隔绝而产生的不适应社会变化的种种问题，有利于保持罪犯与家庭、亲朋的正常联系，从而最大限度地调动罪犯改造积极性，提高教育改造质量，降低重新违法犯罪率，为维护良好的社会秩序打下基础。可以肯定地说，建立社区矫正制度，是转变执政理念，加强执政能力与司法能力建设，构建社会主义和谐社会的客观要求，是对我国特色刑罚执行制度的有益探索，是推进司法体制改革的需要，也是我国人权保障进步的重要体现。是构建社会主义和谐社会的必然要求。

理论与试点都证明，社区矫正在改造和预防犯罪方面表现出了明显的优势。但是与恢复性司法相比较，社区矫正的制度设计方面存在不成熟性也是显而易见的。主要表现在以下几点：

首先，关注被害人、保护其权益的机制缺失。恢复性司法不仅关注矫正加害人的行为，而且关注抚平被害人的创伤，不仅强调协调与梳理犯罪人和社区的关系，而且强调协调与梳理犯罪人与特定被害人的关系。而我国目前试行的社区矫正虽具有恢复性司法的部分功能，但其并没有把应当处于核心地位的被害人保护纳入该体系之中，更缺少被害人与加害人沟通对话的平台及互动机制。实际上社区矫正仅是缓刑、管制、剥夺政治权利以及假释、监外执行等非监禁刑的一种行刑方式，很难寻找到被害人与加害人的沟通，更难搭建被害人与加害人之间利益协调、矛盾调处、诉求表达的桥梁，更不易形成互动协调的长效机制，尤其是被害人的参与性往往被漠视，更得不到可靠的保证。

其次，化解纠纷、协调利益的机制未建立。恢复性司法不仅具备犯罪改造的功能，而且具有调解纠纷的功能。通过谈判和协商解决纠纷是恢复性司法的有机组成部分，其对后续矫正计划的顺利实施仍有着积极的作用。而我国社区矫正仅单纯从处刑后的矫正阶段着手，忽视了在形成判决前的化解纠纷机制的建立与运行，加害人和被害人的敌对情绪可能难以消除，因而矫正功能是有限的。

再次，适用范围较狭窄。功能作用有限。与恢复性司法相比，我国社区矫正适用范围狭窄。根据上述《通知》精神，我国社区矫正试点的适用范围只有"缓刑、管制、剥夺政治权利以及假释、监外执行"的五种对象，其没有把矫正计划作为前置放到量刑阶段乃至更前一些的诉讼阶段来考虑，因而其功能递减是必然的。

最后，规范化、法制化的水平不高。我国社区矫正的法制化程度不高，管理手段欠缺。现有《刑法》和《刑事诉讼法》等关于适用缓刑、假释的法律条文较为笼统苛刻，涉及社区矫正的相关立法尚属空白。从根本意义上说，我国社区矫正只是停留在实验阶段，其既没有理论化、规范化，更没有被法律真正地认可。与此同时，社区矫正的管理手段运用欠缺，科技含量较低，一些现代化监管改造手段如心理测试、心理矫治、人格分析等在我国尚属起步阶段。

社区矫正的上述不足表明，我国现有的社区矫正无法替代恢复性司法。为了弥补传统刑事司法的不足，我国仍需进行恢复性司法理论研究与创新，摸索建立恢复性司法制度。

二、将恢复性司法引入中国的可行性

一定社会深刻的历史与文化背景、经济需求与现实需要，是恢复性司法植入我国司法制度的基础与必要选择。考察该制度植入的可行性，对于完善制度，构建符合和谐社会要求的现代司法制度，则是非常必要的。因此，我们有必要从以下方面进行探讨。

（一）法律文化层面

国外学者弗里德曼认为，若不从文化、传统和习俗的角度来看待某一特定国家的法律制度，便不可能真正对这种法律制度进行全面认识和深刻理解。黑格尔对文化传统曾作过精辟的阐述，他指出："我们在现世界所具有的自觉的理性，并不是一下子得来的，也不只是从现在的基础上生长起来的，而是本质原来就具有的一种遗产，确切地说，乃是一种工作成果。……我们必须感谢过去的传统，这种传统有如赫尔德所说的，通过一切变化的因而过去了的东西，结成一条神圣的链子，把前代的创获给我们保存下来，并传给我们。"梁治平先生也曾经说过："文化类型问题之所以特别值得注意，不但因为它是客观存在的，更因为它可以决定文明的发展方向和未来的命运。"文化作为一定历史阶段物质与精神遗产的凝结与传承表达的方式，是某个特定文化体在漫长的文明进程中逐渐积累和发展起来的，文化积累越厚重，它延续下去的可能性就越大。我国传统诉讼文化作为传承几千年传统文化的一部分，具有很强的稳定性、连续性、基础性、社会认同性，以及对于其他诉讼文化与法律制度的排斥与同化的能力。其本源的真谛，为中国古往今来的大师与智者所揭示与阐发，使当今的人们从中能领悟到其中魅力与憾人的不屈力量。正如中国古代先哲老子所云："人法地，地法天，天法道，道法自然。"①即天、地、人,一切有生命的和无生命的事物都是和谐的统一的宇宙的组成部分,决定世界安宁与人的幸福的是和谐。和谐不仅要求人与自然之间的和谐,而且要求人与人之间的关系的和谐。追求无讼的社会秩序,一直是中国人所传承的重要价值观念。为了实现这种和谐,圣人们指出其关键在于"使民不争"。儒家认为,要实现"使民不争",其途径在于"制礼作乐","乐至则无怨,礼至则不争。揖让而治天下者,礼乐之谓也。""听讼,吾犹人也。必也使无讼乎!"②没有诉讼、没有纷争的和谐的理想社会,构成儒家的核心价值体系与理想追求。所谓"齐同法令;息遏人讼""百姓素朴,狱讼衰息"③ 等,都是这一思想的表现。"礼之用,和为贵,先王之道斯为美"的"和为贵"和"讼则凶"④ 的法律观念孕育培养了根深蒂固的独特的"厌讼"法律文化。同时,中国社会是传统型的乡土型的社会,它安土重迁,是"生于斯、长于斯、死于斯"的社会。在这样一个由血缘与地缘关系而结成的"熟人社会"之中,虽然很少使用类似西方"贝壳放逐"的方法。但积毁销骨、众口铄金、"唾沫淹死人"的古训,则足以让一个敢冒天下之大不韪的人在作出决定之前须"三省吾身"。"心要平恕,毋得轻意忿争;事要含忍,毋得辄兴词讼;见善互相劝勉,有恶互相惩戒;务兴礼让之风,以成敦厚之俗。""欲民无讼,先要教民,使遵行礼义,忍让谦和。"⑤这些儒家伦理道德学说的渗透与潜移默化,使得"无讼"成为一种大众的传统观念,它把参加诉讼视为一种耻辱之事,"好讼"几乎被看做是道德败坏的同义语。而在官府视角中,"若诉讼"则被称作刁民的代名词。这种源远流长的"无讼""遵循礼仪"法律文化,为恢复性司法理念的融入提供了温床,其相互融合的文化土壤,为其生存与发展提供了观念形态的支持,从而必然降低或减少恢复性司法制度创设所需预付的理论与舆论支付成本、制度运行因观念形态冲突引发的摩擦成本,等等。

(二) 历史渊源层面

回顾历史演进的路径,人们不难发现,中国是世界上最早建立调解制度的国家之一。早在两千多年前的西周,就设置了主管调解事务的官吏。明代法典中已经明确规定了民间调解制度与运行程序。这种依据封建时代居统治地位的"无讼"思想文化观念支配下调解,则由当事人自行和解或在中间人调解下达成和解,从而成为封建社会协调社会冲突、平衡利益矛盾、调处人际纠纷最自然的选择。因此,人们在冲突争端发生时,不采取直接诉诸官府而在村落、宗族或行会等小范围的团体或集团内部调解解决。家族成员之间

---

① 参见《老子》,第25章。

② 参见《礼记·乐记》。

③ 参见班固:《汉书·礼乐志》,第22卷。

④ 参见《论语·学而》。

⑤ 参见王守仁:《十家牌法》。

的冲突，首先投告家长、族长，由他们调停，作出仲裁或裁决。家族以外的纠纷，通常由邻里声望高的长者或其他缘故能够获得人们的尊敬的人来调停解决。将为自身经济利益，为出口气或泄愤，在调解无法达到意见统一时，上衙门打官司求助"父母官"的明断作为最后无奈的选择。在中国的近现代乃至现代，调解被承继下来。中华人民共和国成立后，党和国家强调运用说服教育和思想工作的方法正确处理人民内部矛盾、增进人民团结，对民间调解制度加以改造，确立发展人民调解制度。这些，为恢复性司法制度的创设与运行提供了生存与发展的社会空间。在构建社会主义和谐社会新的历史条件下，恢复性司法将会同人民调解、社区帮教、青少年维权、法律援助、见义勇为、治安保卫、社区矫治等，共同发挥着治国安邦的功效，成为服务和谐社会新的实现途径与新型法律制度安排。

（三）经济需求层面

传统报应性司法模式构建以监禁为中心的现代刑罚制度旨在预防和惩罚犯罪仍发挥着不可替代的作用。随着社会的发展，刑事案件呈上升趋势，它带来了另一个国家与人们不得不面对的重大现实问题，即国家不得不扩编警察队伍，增加警力，同时扩编检察官队伍和法官队伍，国家不得不供养一支庞大的警官、检察官、法官和监狱官队伍及其行使司法权所需的高昂费用。但这并未有效解决公安、司法机关的案件负担问题。在刑事司法活动中，犯罪人停止工作，不仅不能有效地创造财富，还需花钱聘请律师，承担着高昂的诉讼费用，备受漫长的诉讼期间的煎熬。从对关押改造罪犯所需要的成本分析，其成本花费或投入也是很大的。许多发达国家在监狱监禁罪犯的成本达到了每年每人数万美元。我国监狱监管罪犯的费用也相当可观。2002 年，全国监狱基本建设项目支出 30 多亿元，监狱系统日常经费支出 165.4 亿元，其中，国家财经拨款 127.3 亿元，生产补充 39.4 亿元。若仅以纯国家财政拨款 127.3 亿元经常性支出和 30 亿元基本建设经费支出来计算，关押改造一个罪犯的年费用也已超过万元。这可能已经高于一个大学生一年的开销，还不包括从军费渠道支出的武装警察担负值守任务所支付的成本费用。从超押的人员看，国家需要新建监狱，增加监狱设施建设投入，需要增加管理人员和管理费用，等等。这必然增加国家的财政负担，加大对罪犯关押的成本。而按照财政部与司法部联合下达的监狱经费支出标准测算，全国监狱系统实际需要高达 210 亿元公共财政经费预备支出，才能保障其正常运转。

从节省国家司法成本视角分析，恢复性司法通过刑事司法系统范围内以及范围之外的补偿与调解，实现犯罪者与受害者之间的和解，恢复被破坏的社会秩序，既节约了社会总体的司法成本，又有助于减少繁重的办案负担，确保刑事司法系统仅处理那些严重的案件。从长远来看，恢复性司法比报应性司法更有利于降低犯罪率，从而节约了社会司法成本，提高司法效益。因此，现实的经济需求为恢复性司法制度创设提供了物质条件与可能。

(四) 现实考察层面

我国二元社会结构的形成与构建和谐社会的提出，为恢复性司法提供了必要的社会条件和广阔的发展空间。自改革开放以来，我国社会结构发生了并正在发生着巨大的变化。与之相适应的政治属性的刑法、国权主义属性的刑法逐步向兼顾社会属性刑法与兼顾民权主义属性刑法过渡；刑事政策也由国家本位模式逐步向国家——社会本位模式转变。市民社会排斥政治国家的公权力对专属市民社会生活领域的不当干预，通过社会自治的方式对刑事司法领域进行适当干预，从而使国家刑法权运行的触须呈现出在范围方面收缩的趋势。同时，市民社会又不断地将其触须伸展到政治国家公权力甚至刑法权运行的领域，配合政治国家的公权力对犯罪作出社会性的反应。恢复性司法即表现为社会自治反应对国家正式反应的一种制度替代与补充。其地位与作用日益显现。[①]近年来，和谐社会的剔除也可以说从某种意义上表达了人们对成熟二元社会结构的理想预期和追求。和谐社会是一个公平正义、诚信友爱、充满活力、安定有序、人与自然和谐相处的社会，也是一个多元互助、合作互助、人本理性的社会，而这一切美好社会目标的实现都有赖于完善的法律对社会关系的全面有效的调整。完善刑事法律，科学调整刑事政策，应成为建设社会主义和谐社会的重要一环。从实际生活中看，也确实存在一些案件，被害人不愿追究犯罪人的刑事责任，而司法机关依法行使公权后出现法律效果与社会效果不统一甚至相冲突的情况。如某人进入其堂兄家室内行窃，偷窃人民币 600 元，准备逃走时与兄嫂相遇，怕被抓住而用力击打其头部后逃走。事后，行为人将其所盗欠款主动退赔，赔偿了医疗费用，并投案自首。司法机关介入后，行为人最终因抢劫罪被判处有期徒刑 7 年。面对行为人 7 年的牢狱及其妻、子的艰难生活，受害人对审判结果也十分懊恼。审视此案，很难说现行刑法体系真正保护了受害人的权益，维护了被害的社会关系，司法的后果之一是对加害人与被害人双方带来了更为严重的损害。这种刑罚的严厉与情理法的脱节，呼唤恢复性司法的引入。

三、构建中国特色的恢复性刑事司法程序

恢复性司法程序在中国特色刑事司法制度中处于十分重要的地位。它作为刑事司法制度的补充、衔接与配套，以一定目标模式、适用范围、实施条件及运行方案等成为中国化的恢复性司法制度，并构成中国特色刑事司法制度的一个子系统，必将发挥促进社会主义和谐社会建设的重要作用。

(一) 恢复性司法的目标模式

恢复性司法作为对传统司法的补充与配套衔接，在目标模式上有其独特

---

① 　参见梁根林："刑事政策解读"，载《中国刑事政策检讨——以"严打"刑事政策为视角》，61 页，北京，中国检察出版社，2004。

之处，即正义、秩序与效率的多重目标模式。一方面，正义与秩序是每一类型的刑事司法都要追求的终极目标，恢复性司法也不例外。另一方面，恢复性司法将效率作为与正义和秩序并重的目标，是由其自身特点与特殊地位所决定的。恢复性司法的出现除了深远的法律文化渊源、历史背景以外，现实的社会根源和经济需求则是根本的动因，它的出现与发展，与其所带来的司法成本节省、社会效益的提高息息相关。它独特的解决问题方式是调解，调解的目的之一就是效率。恢复性司法如果放弃效率目标，或失去效率，那么它也就失去存在的现实意义。同时，恢复性司法对效率的追求也正是为了达到法治和谐与文明社会应有的正义与秩序，三者的有机统一，从而恢复社会和谐。

为了实现上述目标，恢复性司法拥有其独特的正当程序规则，即：

①法律咨询权。

②未成年人获得帮助权。

③充分知情权。

④拒绝参与权。

⑤参与不可视为有罪证据。

⑥协议自愿且合理。

⑦程序进程不公开。

⑧司法监督。

⑨未能履行协议不受从重、加重处罚。

（二）恢复性司法程序模式选择

不同的程序模式，不仅表现了参与主体与程序运作方式的差别，而且暗含了此模式与他模式产生的原因与理论基础的差异性。但是，无论何类恢复性司法模式，其都融合了恢复性司法的基本理念与基本价值。我国自古就有"和为贵""知足忍让"的儒家文化和传统，并且形成了保辜制度、犯罪存留养亲、缓刑、免刑等制度，这为我们接受恢复性司法的理念奠定了一定的文化传统基础。运用情理道德规范来化解纠纷的民间调解传统，在当代社会生活中发挥着积极作用。它不仅能够及时消除百姓之间的纠纷，为人们营造一个和谐稳定的生活环境，而且从整体来看，它在维护社会和谐方面也颇具贡献。因此，我们在构建我国恢复性司法具体模式时，可以利用现有的本土资源，借助人民调解委员会、乡镇法律服务所、街道办事处青少年维权组织、妇幼儿童保护组织、老龄委员会、社区矫正组织、预防犯罪组织等基层组织，扩大其职责与工作，赋予其履行恢复司法的功能，并将其引入现有的刑事司法系统。

1. 完善立法

通过立法或修订相关法律、法规，明确界定并使这些基层组织具有适用恢复性司法程序的主体资格，将国家刑事司法专属垄断的领域引入社会基层组织介入的机制，实现国家专司刑事司法权与社会基层组织依规则有序参与的有机结合。这就要求我们从推进刑事法制现代化着眼，以引入恢复性司法为切入点，以完善刑事实体法、刑事程序法为着力点，使恢复性司法成为刑事法制度的有机组成部分，成为刑事司法的重要内容，成为刑事诉讼的前置程序，并与审前程序、审裁程序、刑罚执行程序相匹配。可以从几个方面对其渐进推动。

①在刑事诉讼程序上，设置前置程序与审前程序、裁判程序及执行程序相衔接、配套。凡符合恢复性司法范围与条件的案件或自诉案件一律先适用前置程序，即只有经过恢复性司法程序，和解协议无法达成，或虽达成而无法履行，且公安机关或人民检察院不予刑事追诉的情况下，方可由自诉人向人民法院启动自诉程序，以保障自身权益的实现。而不仅仅作为对公安、检察机关行使职权的一种制衡机制，更重要的是作为对实现社会公平正义、促进和谐目标的一项具有长效的法律制度安排。

②以立法方式增加刑事实体法中刑罚的种类，扩大非监禁刑的适用，并与现行的调解制度、社区矫正制度相衔接。

③把恢复性司法方案与程序、符合刑事和解范围与条件的加害人履行协议及其悔罪改过程度，与刑事处罚相挂钩。

④赋予检察机关更为充分的自由裁量权，即对于适用恢复性司法范围、对象及程序，达成且正在履行和解协议的加害人、犯罪嫌疑人及被告人，检察机关可以监督纠正公安机关刑事立案，作出不批准逮捕决定，或作出不诉、撤案、暂缓起诉决定，建议法院从轻、减轻或者免除处罚，以及对恢复性司法的全程实施法律监督的权力。

⑤赋予法官更大的司法裁量权。对于履行调解协议的，可作为从轻、减轻或免予判处的法定情节；对于不履行调解协议的，可作为从重或加重处罚的情节。

⑥赋予刑事附带民事诉讼请求和调解协议中财产赔偿的执行效力优于罚金刑和没收财产的执行效力。

2. 增强能力

即提高参与恢复性司法主体运用该机制遵循特别程序的能力，以便充分发挥恢复性司法制度所具有的平衡利益冲突、恢复受损秩序、创建制度安排、预防和减少又犯罪的基本功能，从而适应并满足恢复性司法模式运行与发展的需要。这就需要尽可能培训出能够胜任刑事案件调解工作的人员，让他们掌握调解技能以及相应的法律，能为犯罪人与被害人提供真正的恢复性司法的行动计划。

3. 有序参与

需要注意的是，在被害人——犯罪人调解程序中，由于参与人员仅限于被害人、犯罪人和调解人，而使得程序参与主体显得比较单薄；而家庭小组会议，量刑小组等模式参与人较多，无论从双方当事人支持系统作用的发挥，还是社区作用在恢复性司法中的融入，都具有一定的优越性。所以，在构建我国恢复性司法程序时，可以设计在被害人——犯罪人调解程序的基础上，扩大参与主体的数量，注重有序参与，以保证"恢复"价值的真正实现，功能的全面运行，法律效果与恢复性司法成本支出的协调平衡。与此同时，可以尝试根据不同地域的差别，有选择地适用被害人——犯罪人调解程序之外的其他恢复性司法计划，等等。

4. 有效运行

一项恢复司法行动方案的拟订、实施及其检验，关键在于遵循规范、便捷、有序、协调的恢复性司法程序。这包括以下几个方面：

其一，准备程序。无论选择哪种方案，都要求在恢复性司法程序开始之前进行精心的准备工作，选择合格的主持人，避免封建宗族势力把持或黑社会人员介入，增强主持的支持度、可信度与调节效果的融合度。作为优秀的主持人，应当告知被害人与加害人双方及他们各自的亲属参与此程序的目的、双方在此程序中应当享有的程序选择权，并且解答对方的疑问。

其二，调解会议。在准备完善的基础上，选择好预定的日期，举行符合一定规则要求且有公信力的调解会议。会议的地点根据双方的便利进行选择，比如可以在学校、村委会、街道办、工厂等地并告知双方可以邀请各自的支持者出席会议。

其三，充分讨论。主持人要平衡把握会议的进程，按照主持人概括性发言、组织被害方与加害方进行讨论，包括实施的犯罪、由此造成对被害人与社区的伤害、物质损失、身体伤害和精神方面的压力等步骤，组织与会人员进行深入讨论，以取得共识。

其四，签署协议。在主持人组织协调下，加害方与被害方在达到谅解与和解的基础上，签订一份协议。其内容包括赔偿、修复与服务、履行方式、期限、违反协议的责任等予以记载，并由与会者签署。

其五，采纳监督。由侦查、检察、审判机关对协议进行审查，并作为正式采纳、监督、考核与检验执行效果的依据。同时，此协议的履行要借助基层组织的监督考察，始终与正式刑事司法机关保持联系，接受其指导与协调，接受法律监督机关的监督。

5. 法律效力

恢复性司法行动方案中的和解协议，是在公正调解人主持下，以法律规定、遵守恢复性司法步骤与和解程序，由被害方与加害方按照意思自治原则达成一致的带有规范性与约束力的契约，其法律效力在于引发司法机关的确认；其协议的履行可作为国家司法追诉权、审判权对案件介入运行方式包括不立案、不诉、撤案、从轻减轻或免予判处等依据；其协议一方或双方不执行协议，即宣告恢复性司法行动方案中和解程序的终止，和解协议的失效；

其不履行和解协议与程序终止导致司法追诉权、裁判权的启动与行使。

（三）恢复性司法的适用范围与适用条件

综观恢复性司法的国外实践，恢复性司法适用的范围非常宽泛，几乎没有任何的限制。所有的刑事诉讼阶段与刑事案件都可以不加区别地适用恢复性司法，其严重后果之一是造成诉讼程序的混乱、自由裁量权的滥用与司法腐败的滋生。恢复性司法能否适用于重刑犯罪和公害案件？近年来，西方国家刑事和解实践开始向严重暴力案件拓展，但这种尝试引起了被害人保护运动的普遍抵制，并被刑事司法主流程序所否定。从被害人保护运动的角度看，暴力犯罪的被害人的报应情感远远超出其被害恢复的需要，且严重暴力犯罪人主动认罪的可能性很小，以和解来换取轻缓刑法无疑会损害公共利益。惩戒功能是刑事法律的重要功能，对于严重刑事犯罪分子必须予以刑罚。因此，我国在这一方面推进恢复性司法不宜步伐太快。对于公害案比如危害国家安全、危害公共安全的犯罪以及公职人员的职务犯罪案件，由于侵害的是公众利益和国家利益，且公权具有不可让渡性，这类犯罪不宜适用恢复性司法程序结案。但是这类案件的处理应当体现恢复正义和社会赔偿运动的精神，也就是说今后在查处上述犯罪案件时应注意引入利益调节机制和平衡机制，要让包括国家在内的受害者的合法权益得到及时有力的保护，而不仅仅是让犯罪人得到惩罚。只有这样，才能有效调动社会力量共同参与预防和减少犯罪，才有助于实现建立和谐社会的目标。

基于我国目前深植于民众心中的"重刑观念"在短期内无法祛除以及某些案件仅涉及公共利益而无具体被害人等情况，恢复性司法作为正式刑事司法体制的补充而非替代物的社会功能的定位，其在我国内不能适用于重罪案件与公害案件，而仅适用于以下四类：（1）被害人为自然人且法定刑为三年以下有期徒刑、拘役、管制、罚金的轻罪案件；（2）被害人为自然人的，可能被判处五年以下有期徒刑的偶犯、过失犯、未成年犯或老年犯；[①]（3）治安处罚案件如目前的劳动教养案件也应纳入恢复性司法适用范围；（4）自诉案件。必须明确的是，以上四种类型不包括惯犯和累犯。

恢复性司法的适用条件应当包括：

①加害人的有罪答辩。这是恢复性司法程序启动与运行的先决条件。如果加害人不认罪，恢复性司法就无法进行。

②双方自愿和解原则。自愿是恢复性司法程序启动的条件之一，包括被害人与加害人双方自愿，即无论是加害人的悔罪、道歉或赔偿，还是被害人放弃对加害人刑事责任的追究，都必须出自真实意愿。只有在自愿参与的恢复性司法中，加害人才会认真反思、真诚悔罪，被害人才可能宽恕加害人，

---

① 参见程味秋等编：《联合国人权公约和刑事司法文献汇编》，208 页，北京，中国法制出版社，2000。

进而双方达成和解，社区关系得到修复。

③符合恢复性司法的适用范围与对象。

（四）恢复性司法的逻辑结构

所谓恢复性司法的逻辑结构是指反映其本质的规定性、功能与作用的外在表现形式，包括行动方案、和解协议、结案方式、配套措施，等等。而检验一项恢复性司法活动成功与否，其关键在于制订并严密实施经被害人与加害人自愿接受的恢复性司法的行动方案、和解协议、履行协议的配套措施，等等。这包括：

①向被害人赔礼道歉。

②加害人立悔过书。

③当场或承诺向被害人支付相当数额的财产或非财产上的损害赔偿，并签订协议书。

④保护被害人安全的义务。

⑤由加害人向政府或指定的公益机构支付一定的损害赔偿。

⑥由加害人向指定社区提供一定时间长度的义务劳务。

⑦预防再犯所应承担的义务。

⑧终止对加害人的刑事追究。

⑨履行协议的相关措施，包括违反协议的法律责任。

⑩其他恢复性司法的方式与行动。

对于加害人与被害人及社区一体遵守恢复性司法行动方案的，司法机关即作刑事和解结案处理，主要方式包括：

①依执行恢复性司法方案与和解协议或法律规定，对加害人"可不作为犯罪立案调查处理"。

②不起诉，包括绝对不起诉和相对不起诉。检察机关案件承办人在审查双方达成的和解协议符合合法性、自愿性原则的前提下，可经法定程序提请检察长或检察委员会对加害人作出不起诉决定。

③暂缓起诉。在加害人与被害人履行恢复性司法方案、达成和解的情况下，以暂缓起诉为手段，在暂缓起诉的期限内，根据加害人自觉履行和解协议的情况决定是否起诉。

④提出从轻、减轻处罚的量刑建议。对被害人与加害人达成和解协议，但不符合撤案或不起诉条件的案件，检察机关向法院提起公诉的同时可提出对加害人依法从轻、减轻处罚的量刑建议。

⑤暂缓宣判与依法从轻、减轻或免予处罚。对加害人与被害人在审判期间，积极主动履行行动方案与和解协议的，法院可以对加害人作出暂缓宣判的决定，待协议执行与否再决定是否启动裁判程序，或者酌定依法从轻、减轻或免予处罚。

（五）恢复性司法与法律监督体系

1. 社区组织、司法机关的告知义务

在社区直接调解、刑事侦查和起诉阶段，当案件属于恢复性司法适用范围时，社区组织、公安机关和检察机关均有告知案件双方选择调解权的义务，并应告知案件双方调解的性质、目的、效果，尊重案件双方当事人的选择，尤其要保证加害人对此程序的清醒认识，这包括：其一，让其认识到自己选择恢复性司法方案给其带来的积极后果，即不需进行到正式的法庭程序而遭受到先期刑事羁押使其各项权利被强制限制定罪与交付刑罚机关监禁执行的可能性；其二，让其认识到周围人对他的宽容和期待，包括被害人一方以及其家属成员和社区其他成员；其三，让其对自己的行为进行悔悟，并且以自己真实的行动来消除或弥补自己犯罪行为所带来的后果；其四，对此处理决定的法律效力有清醒的认识，即如果以后再犯的话，将失去再次适用类似程序的机会，等等。

2. 立案前刑事司法体系层面

（1）受害人求助社区组织。

当受害人选择社区调解时，为了保证受害人能够及时地得到救助与保护，将犯罪行为所造成的危害降到最低限度，必须设置有效的救助措施。首先，设置专用 24 小时免费社区救助电话，电话应以确保大多数人可以知晓的方式向社会公布。其次，配置专业人员随时准备进行调解。再次，在能力范围内对受害人进行救助和保护，比如提供临时避难所，当情况危急时，及时与公安机关取得联系。最后，社区组织依规则进行调解，案件当事人双方的求助是启动社区调解的充足必要条件，防止社区组织以不正当目的进行调解，破坏正常的司法秩序。

（2）调解结果与效果。

社区调解必须充分尊重案件当事人双方的意思自治，在不违背公序良俗与既定法律制度（包括实体与程序安排）的前提下，按照案件双方达成的协议制作调解书。调解书必须由案件当事人双方、两名以上见证人、调解员签名，社区组织加盖专用印章，调解书送达案件当事人双方时即生效。当加害方按时按照调解书约定的要求履行义务并对受害人进行补偿后，调解书即具有与司法裁判同等的效力，并严格受法律保护。此时，受害人若再就同一起案件向司法机关申请起诉或进行自诉，司法机关应不予受理，但是，能证明调解过程中存在胁迫、调解结果非自愿达成的当不在此列。当加害方不按照调解书约定的要求履行义务时，调解组织应提醒其履行，在劝说无果时，应告知受害人向司法机关申请提起诉讼或进行自诉，调解则不发生任何法律效力。

3. 侦查阶段刑事司法层面

因为我国适用恢复性司法的案件不包括涉及国家利益与社会公共利益的

公害案件，所以在侦查阶段的刑事司法层面上，笔者将着重从公安机关适用恢复性司法方案进行考察。公安机关除了承担上文所述告知义务之外，还有以下权力和义务：

①在青少年犯罪案件中，赋予侦查机关适用恢复性司法程序的权力。基于对青少年权益保护与实现被害人权益有效补偿，公安机关在处理青少年犯罪案件时，应当积极主动提倡适用恢复性司法程序，这既是其权力也是其义务。

②除青少年犯罪案件以外，不得主动提出或要求案件当事人双方适用恢复性司法程序。为了保证公安机关的公正与威严，在告知义务履行之后，案件当事人双方没有选择恢复性司法的前提下，公安机关不能强迫其适用恢复性司法程序。

③在案件当事人双方要求下，并且案件符合适用恢复性司法程序时，公安机关应公正中立地进行调解。在案件当事人双方要求适用恢复性司法程序，并要求公安机关做调解员时，办案人员应立刻向检察机关提出适用恢复性司法程序的申请书，其中必须载明案由、案件基本情况、案件当事人双方的要求等。检察机关在接到申请书后，应进行书面考察，在案件性质符合适用恢复性司法程序时——即在前文所述四种情形之中时，准予适用恢复性司法。如果不属于则驳回申请，并说明理由。公安机关在接到准予通知后，可在办案人员之中推举一名与案件无利害关系的公安人员或由案件当事人双方确定一名与案件无利害关系的公安人员主持调解工作。在申请被驳回时，公安机关应对案件当事人双方说明理由，继续侦查程序。

④对调解方案执行情况的监督与处理。在侦查阶段，案件当事人双方选择了恢复性司法程序，并在公安机关主持下自愿公平的达成了和解协议后，公安机关仍应对调解协议的执行情况进行监督和必要的处理。如果和解协议被顺利执行，恢复性司法方案生效，公安机关则应撤销对该案件的立案材料，并将撤销理由和情况通知检察机关；如果和解协议在规定的时间内没有被执行，则公安机关将恢复侦查程序，此时该案件将不再适用恢复性程序，公安机关必须进行侦查程序，不得以任何理由拒绝或拖延办案时间。

4. 起诉阶段法律监督层面

在案件经过侦查程序，进入审查起诉阶段，且履行告知义务之后，检察机关应该站在法律监督视角，对案件进行认真审查与判断，加强监督。办理案件的检察官还应当做到以下几点：

①首先考察是否属于青少年犯罪案件。如果属于青少年犯罪案件，尤其是16岁以下的青少年犯罪案件，检察官应当决定适用恢复性司法程序。基于保护青少年权益，保证被害人得到有效补偿以及节省司法成本考虑，赋予检察机关在处理青少年犯罪案件时适用恢复性司法的权力。

②除青少年犯罪案件外，不得要求或强迫案件当事人双方选择恢复性司

法程序。这是防止检察机关滥用职权，维护司法权威的必然选择。

③案件当事人双方要求下，在案件符合适用恢复性司法程序时，办案的检察官应立刻向检察机关的检察长提出报告书，其中必须载明案由、案件基本情况、案件当事人双方的要求等。检察长应审查案件是否属于可适用恢复性司法程序的四种类型，属于则应准予调解，否则驳回申请并说明理由。办案的检察官应在接到准予通知后，推举或应案件当事人双方要求确定一名与案件无利害关系的检察官做案件的调解员，来主持调解工作。当接到驳回通知时，应向案件当事人双方说明理由，继续审查起诉工作。

④对调解方案执行情况的监督与处理。在审查起诉阶段，案件当事人双方选择了恢复性司法程序，并在检察机关主持下自愿公平的达成了和解协议后，检察机关仍应对调解协议的执行情况进行监督和必要的处理。如果和解协议被顺利执行，恢复性司法方案生效，检察机关则应撤销起诉审查，并通知公安机关撤销对该案件的立案材料；如果和解协议在规定的时间内没有被执行，则检察机关将恢复审查起诉程序，此时该案件将不再适用恢复性程序，检察机关必须进行审查起诉程序，不得以任何理由拒绝或拖延办案时间。

⑤对公安机关适用恢复性司法程序的监督。首先，对公安机关应案件当事人双方要求所提请的申请书进行审查，以决定是否准许其启动恢复性司法程序。对案件属于适用恢复性司法程序的四种类型时，应作出准予适用决定。反之，则作出驳回申请决定，并说明理由。其次，对公安机关主持的恢复性司法案件进行的监督，防止公安机关滥用职权，违背公正中立原则，消除调解过程中的胁迫因素，保证调解有序、公正、自愿进行。最后，对公安机关主持调解的案件执行情况进行监督，在调解协议失效时，督促公安机关积极恢复侦查程序，维护被害人权益。

⑥对自身适用恢复性司法程序的监督。首先，实行检察机关负责人批准制度，这在上文已经涉及。其次，引入人民监督员制度，对检察官主持的恢复性司法程序进行监督，保证程序有序、公平、自主进行。最后，人民监督员同时负责对检察机关适用的恢复性司法案件执行情况进行监督。

⑦对法院适用恢复性司法程序的监督。首先，当法院决定适用恢复性司法程序，而检察机关却认为案件不属于恢复性司法适用范围时，可向法院提出抗诉，抗诉被驳回时，可提请上级检察院向上级法院提出抗诉，由上级法院作出最终决定。其次，是对法院主持的恢复性司法案件进行监督，防止法院滥用职权，违背公正中立原则，消除调解过程中的胁迫因素，保证调解有序、公正、自愿进行。最后，对法院主持调解的案件执行情况进行监督，在调解协议失效时，督促法院积极恢复审判程序，维护被害人权益。

5. 审判阶段刑事司法层面

在法庭审判阶段，在法官履行了告知义务之后，恢复性司法的应用还包括以下几个层面：

①法官的批准决定权。如果案件当事人双方要求调解，并且案件属于恢复性司法范围内，法官应当批准，并将适用恢复性司法程序的决定通知检察机关。

②对检察机关抗诉的处理。当检察机关对适用恢复性司法程序提出抗诉时，法官应再次审查案件材料，在确定案件属于适用范围时，应驳回检察机关的抗诉，继续进行调解。反之，则应恢复审判程序，及时审判。

③确定调解主持人员。如果法院决定调解，应由原审法官主持调解或在案件当事人双方要求下，也可由该案件的人民陪审员、书记员、助理审判员来主持调解，并且主持人必须与案件无任何利害关系。

④中立消极的调解员地位。在调解过程中，法官没有调查发言权，只是完全中立的充当公正调解员角色，案件双方有充分的讨论自由。

⑤对调解结果的监督与处理。对调解方案执行情况的监督与处理。在审判阶段，通过调解，案件当事人双方选择自愿公平的达成了和解协议。如果和解协议被顺利执行，恢复性司法方案生效，法院将对原审案件驳回起诉，并将协议执行情况通知检察机关，公安机关据此作出撤销案件处理；如果和解协议在规定的时间内没有被执行，则法院应及时恢复审判程序，此时该案件将不再适用恢复性程序，法院必须及时审判，不得以任何理由拒绝或拖延办案时间。

6. 诉讼时效中断

为鼓励受害人选择恢复性司法，打消受害人将会失去法律保护的顾虑，同时防止犯罪人借调解之名拖延时间，逃避法律追究，可以设置诉讼时效中断程序。一旦案件转入恢复性司法程序，正常的刑事诉讼时效就会中断，调解期间不计入诉讼期间。

7. 调解结果与效果

本着注重公平兼顾效率的原则，调解应尽可能在短的时间内完成。笔者认为最长不应该超过一个月，特殊情形可延长半个月。超过一个半月视为调解失败，司法机关应重新对案件进行诉讼，并尽快结案。调解成功，诉讼终止。

（六）创建配套措施，促进社会和谐

1. 建立和谐的社区关系

①着眼于社区建设发展模式。在社会发展理论中，人们对单纯经济增长模式的片面性已有所认识，即：单纯的经济增长并不必然带来社会进步。以人为中心的社会发展理论越来越受到人们的普遍关注。1955年联合国发表的《通过社区发展促进社会进步》文件，其核心意思就是：在一个地域里，组织和教育群众，从社区的共同利益和共同需要出发，有计划地引导社区内的居民与组织共同参与，以自身的努力与政府联合一致，改善社区的经济、社

会与文化状况。由此可见，它所谋求的就是区域性的社会全面发展，因为只有每个地区都协调发展了，整个社会才能得到共同的进步。这样，就要求社区建设与政府的发展目标规划保持一致。

②注重社区精神文明建设目标。社区建设不仅仅是精神文明建设的载体，而且良好的社区建设所营造的社会氛围正是精神文明建设追求的目标。在我国，社区建设和精神文明建设活动是分不开的，并且一般意义上认为，社区建设是精神文明建设的载体、依托与物质承担者。通过社区建设，精神文明建设就能落到实处。社区建设和发展所推进的社会进步内在地包含了精神文明建设及社会全面进步。因此说，社区建设不仅仅是精神文明建设的载体，而且是精神文明建设追求的目标。

③不断优化社区环境，提高社区内居民的生活质量。这是社区建设的基础要求所在。社区环境包括两部分，一是自然环境，一是人文环境。社区自然环境是人们从事各种活动的场所即物理空间。对社区自然环境不仅要美化绿化，还要求有完备的设施，这是一个社区所必备的物质要素。人文环境最主要的是营造良好的人际关系。作为人群共同体，没有良好的人际关系氛围，社区成员就不会积极参与社区活动，人的积极性就无从发挥出来。各种文化从深层意义上看都是为人际交往提供机会，而不仅仅是承担社会功能。优化环境实质上是优化人与自然、人与社会、人与人之间的关系。

④以提高人的文明程度为核心，推进社区建设，促进社会进步。人的全面发展是社会发展的根本目的所在。人的素质提高了，则意味着社会进步。人的素质提高有多种表现形式，但最直接的表现就是人的文明程度的提高。社区建设要以提高人的文明程度为核心。人的文明程度的提高，从根本上说还在于其内在文化素养的提高，这样就要求社区建设离不开这种大文化的灌输和熏陶。同时，提高人的文明程度，离不开文明规范的约束，尤其在起步阶段，通过规范的约束，让人们知道什么是文明的，什么是不文明的，增强社区内居民的文明意识。这种文明意识的进一步升华，会使居民的文明行为由他律转变为自律，成就高水平的文明水准。而居民文明程度的提高，必然带来社区建设的不断推进，从而带来社会的不断进步，这也是社区建设的最终目的所在。

2. 树立权威，建立信任

调解机构要发挥作用，关键在于调解人的权威性。国外学者韦伯在论述权威时认为，权威的合法性主要有三个方面的来源，即：建立在理性基础上的法规和章程、神圣的传统以及个人的魅力素质。由此，韦伯区分了三种不同类型的权威，即：法理型权威、传统型权威和魅力型权威。法理权威的合法性来源于以理性为取向（即以目的合乎理性或价值合乎理性为取向）而制定的、要求组织成员必须遵循的各种法规和章程。科层权威是法理型权威最纯粹的类型。在一个科层组织里，组织的规章规定了处于不同层次上的各个职位的职责和权限，并使处于较高职位的人对于处于较低职位的人拥有了一种由组织规章所赋予的权威。典型的法理权威拥有者是"上级"。传统权威是由传统的神圣性赋予其合法性的。传统是在社会生活中长期存在的获得公众承认的、具有象征力和行为约束力的制度。在由传统所控制的社会里，某些人先赋性地拥有了在社会生活中的支配权。魅力权威的合法性来源于权威者的个人魅力素质。个人的魅力素质是指个人所具有的其他人无法企及的非凡力量和品质。魅力权威的获得有赖于"追随者们"对这种魅力素质的承认，而这种承认往往以它能给众人带来福利为条件。[①] 从韦伯对权威来源性的论断，我们可以推导出一个结论，即：社会生活中权威的获得不外乎两个方面的来源：社会制度与个人素质。

在社区组织中人与人之间是一种平等相处的关系，权威的建立只能来源于个人素质，即通过社区公正调解，积极促进案件和平解决，恢复已受损的社区关系，从而获得受害人、犯罪人和司法机关对社区的信任，并逐步建立其自身的威信。在调解过程中，应本着建立受害人与犯罪人之间的信任，解决利益冲突，重建社区和谐的宗旨。

3. 建立刑事调解员制度

（1）培养与选拔。

在社区建立刑事调解员制度，由社区推选代表，选出在社区内有威望、有号召力和组织能力的人员，在司法机关组织下进行正式培训，使其具备刑事调解员应有的法律知识和法律素养，其关键在于：其一，明确刑事调解员的职责及其选任条件；其二，明了刑事调解员担负的维护社区和谐运转的重要责任，增强其全心全意为人民服务的光荣使命；其三，激发刑事调解员的内心责任感和自豪感，并树立刑事调解员无私高大的正面形象；其四，督促刑事调解员内心自省和不断提高调解能力。同时，作为刑事司法的补充配套具有"准司法官"地位与作用的调解员，司法机关要加强对刑事调解员的再教育工程建设，保证其法律知识和思想道德的先进性，确保刑事调解员是可以为群众相信和依赖的。

（2）专业水平与职业道德。

刑事调解员应达到中等以上法律水平，能熟悉刑事司法的相关法律知识，对刑法、刑事诉讼法及社区文化有相当的掌握与了解，在社区取得公认的调解能力认可。刑事调解员的能力只有被社区人认可，才能进一步树立调解员的威信，使人们能够并且愿意相信刑事调解员，这种新人是调解能顺利进行的前提条件。能力是获取信任的一方面，而职业道德才是获得信任和尊重的最终决定因素。刑事调解员的职业道德是其人格魅力的体现，也是其权

---

① 参见［德］马克斯•韦伯著：《经济与社会》，上卷，林荣远译，329 页，北京，商务印书馆，1997。

威性、号召力的源头。作为一名合格的刑事调解员，在一般公民所应有的美德之外，还要有过硬的职业操守。首先，必须为当事人保密，尤其是涉及隐私的案件和青少年案件；其次，公正无私是每个刑事调解员所必备的品格。只有公正无私才能博得当事人的尊重，促进调解顺利进行；最后，清廉自律是保证刑事调解员公正无私的前提，只有抵制住各种诱惑，才能公正的履行刑事调解员的职责。

4. 为犯罪人提供补偿机会

（1）建立福利企业。

国家应鼓励社会组织兴办与建立福利企业，对这些企业提供免税的优惠政策，并免费提供技术指导，帮助福利企业发展壮大。而福利企业必须承担为犯罪人提供就业机会，并且为犯罪人提供良好的工作环境，融洽的生活空间，消除犯罪人对社会的反感和再次融入社会的自卑感和恐惧心理，防止犯罪人再次走上犯罪道路。一定充分的就业可解决犯罪人的衣食来源，解决其自身和家庭的经济负担，消除其为了经济负担再次犯罪的可能，使其有能力负担对受害人的赔偿，实现调解协议，使受害人得到补偿，消除受害人对犯罪人的仇恨，重新构建和谐的社区关系。

（2）社区提供就业机会。

在福利企业无法安置犯罪人时，社区应尽可能地为犯罪人提供就业机会，例如提供清洁工岗位、社区物业管理岗位、社区保安岗位等犯罪人力所能及的岗位，为犯罪人再次融入社区，为社区人接受铺平道路。同时，督促犯罪人自食其力，积极对被害人做出补偿，取得被害人的原谅，恢复被破坏的社区关系，真正实现各有所司，和谐发展。

武小凤 *

建立刑事和解制度
的正当性根据

引言

　　国家通过制定刑法将犯罪规定为侵害国家、社会法益而应当由专门机关依照专门程序来追究刑事责任的行为。从根本上讲，这只是国家对具有一定社会危害性的行为经过抽象化的规定后确定的一种统一化、集约化的处理机制，它并不能消除引发犯罪产生的多元化的社会矛盾根源，也不能消除由犯罪所产生的多元化的社会矛盾。但国家作为一个集中的社会管理者和控制者，在相互冲突的各种社会矛盾之中，只能以集约化的方式来解决主要的社会矛盾，而不可能兼顾到社会矛盾的各个方面。对此从整个人类社会的发展演变及全社会的法制发展历程来看，犯罪处置从最初的同态复仇到现代的国家本位的追诉和刑罚模式，是全世界不同民族，不同地域共同经历的一个过程，它说明现代国家主义的犯罪处置模式本身就是人类文明进步发展的必然选择。因而，今天无论再从何种细节上来论证现代犯罪处置模式的缺陷与不足，也都无法颠覆这一历史的必然性。也就是说，仅仅从历史的必然性而言，现代的犯罪处置模式就具有正当性。同时，现代的国家追诉制度之所以具有历史的正当性，首先还是因为国家主义的犯罪追诉与刑罚体制仍然是人类社会统一维护正义、保障基本社会制度，以及预防、控制犯罪的最正当的方式。然而再反过来，国家主义的犯罪追诉制度与刑罚制度不论再怎么具有正当性，其存在的缺陷与不足毕竟是缺陷与不足；而且，国家主义的犯罪追诉与刑罚制度具有正当性并不能想当然的否定和排斥其他犯罪处置模式的正当性；同时，即使为了维护国家单一的犯罪追诉权和刑罚权而需要否定和排

　　* 中国政法大学刑事司法学院博士后。

除其他的犯罪处置模式，也并不意味着其他模式就的确不具有正当性，而只能说明其他模式不具有与国家追诉模式相抗衡的力量而无法获得与国家追诉权及刑罚权并存的法律地位。尤其是当社会发展到政治国家与公民社会逐渐分离、社会的价值与利益呈现多元化的需求，而其他相关的犯罪处置模式又能够弥补单一的国家本位模式的不足与缺陷时，其正当性将会更加彰显。

制度化的刑事和解是指由被害人与犯罪人在相互妥协与让步的条件下，通过相互的交流与谈判而达成关于犯罪人进行犯罪损害赔偿或赔礼道歉、被害人在一定程度上放弃或降低对犯罪人刑事责任要求的协议，并经由司法机关对其协议进行审查、认可而依据该协议对犯罪人应受刑罚作出减免性裁决的活动。近年来，不仅我国刑事法理论界展开了广泛而热烈的关于刑事和解的研究与探讨，各级、各地检察机关单独或联合其他有关政法机关也纷纷出台了大量的关于在轻微案件中适用刑事和解的法律性文件，而且确已使其在刑事司法实践中得到了广泛的应用并取得了相应的良好成效。从 2006 年开始，最高法院的有关会议及领导人的讲话，以及最高人民法院 2007 年 9 月下发的《关于进一步加强审判工作的决定》都明确提出或要求在办理轻微刑事案件时促进当事人和解。由于刑事和解协议的基础是刑法对犯罪构成及法定刑的规定，刑事和解的司法运作及效力来自于司法机关的审查与认可，因此，制度化的刑事和解不同于基于习惯法而存在的民间犯罪“私了”，即它并不是由被害人与犯罪人完全在法律以外以私力方式解决犯罪纠纷并处置犯罪，而属于一种受规制的处置犯罪的法律方法。对此，不仅当前我国广泛的刑事法理论探讨坚持这一属性，关于刑事和解的司法实践探索模式也确定了这一法律特征，即刑事和解是由被害人与犯罪人在一定程度上参与犯罪纠纷的解决并在一定程度上表达对处置犯罪的意志和要求，并最终受司法机关审查与认可才能产生法律效力的犯罪处置机制。虽然目前刑事和解尚未获得刑法上的确认而成为一项制度化的犯罪处置机制，但刑事和解在我国刑事法领域的存在状况和发展趋势，表明其最终将成为一项专门的制度化的犯罪处置方法。

刑事和解受到我国刑事法理论界的关注并被实践应用，不只是因为近年来深受西方恢复性司法理论及观念的影响，事实上，真正产生作用的仍然是刑事和解自身所具有的促进及维护社会和谐、以人为本、提高司法效率及弥补现行刑事法制不足等广泛的社会价值与法律价值。而这些价值本身就已经为刑事和解的制度化提供了广泛的必要性和正当性理由。除此之外，关于刑事和解制度化的正当性根据更多地还表现为其能够且应该被现行刑事法律体系所包容的以下内在理由和事实根据。

一、刑事和解弥补了当代社会对刑事法制的多元化价值要求

（一）现代社会解决纠纷的多元化价值要求

传统的刑事法律制度通过将具有特定社会危害性的行为规定为犯罪，并对犯罪规定相应的刑罚处罚来规约人们的行为。一旦人们的行为超过刑法的规约而表现出刑事违法性时，国家便可通过强制力对犯罪人施以刑罚。因此，传统的刑法是一种依靠国家强制力来支撑的行为规范及制裁规范，它首先体现了国家的意志强制力，同时它又以国家的强制力作为实施和运行的保障。由此可见，传统刑事法律所确立的制裁犯罪以及通过制裁犯罪而预防犯罪的活动无不以国家的强制力为基础。"强制机构应该称为这样一个团体，它按照章程规定的制度，在一个可以标明的有效范围内，（相对来说）卓越有成效地强加给任何一种按照一定特征可以标明的行为。"①正是因为国家具有的至高无上的强制力，当国家被确定为处置犯罪的唯一主体时，其他主体及其诉求因为不具有与国家强制力分庭抗礼的力量，其对犯罪处置的意志及要求只能被置于法律许可的范围之外。从本源上讲，其他主体不具有处置犯罪权的合法性，仅仅只是因为法律需要单一地体现国家的意志，并以国家强制力保障其意志实现。同时，人们之所以能够认可并接受国家的刑事法律而自觉放弃或限制其他主体对犯罪的处置权，也只是因为对刑法中所包含的国家强制力的崇尚与畏惧。所谓"强制"乃是一个人被迫违背自己的意志而服从于他人意志的行为过程。从更一般的意义上说，凡是违背自由意志的行为也都构成强制。因此，虽说强制非为法律所专有，而且由于强制行为往往带有赤裸裸的暴力与令人厌恶的强迫成分，使得这个概念背负了一大堆善良之士加之于上的恶名，以至于哈耶克在与自由相对的意义于社会行为的层面上将"强制"一词定义为一种"恶"。但强制仍为构成法律以及使法律区别于其他社会规则、习俗和惯例的重要的特征。②同时，虽然法律作为一种强制手段它并不完全借助于暴力，但经过长久的积淀形成的心理强制及观念强制才是真正具有强制力的。这是因为，人的社会化过程本身就是一个不断被强制和改造观念的过程，而且强制这种社会行为实质上来源于人类一种复杂、隐秘的心理需求。③正是受这种深入人心的国家强制力影响，在近现代社会，"诉的利益在其本质上始终是一种基于国家立场的利益观，诉的利益的有无，

---

① ［德］马克斯·韦伯著：《经济与社会》，上卷，林荣远译，80页，北京，商务印书馆，1997。

② 参见［英］弗里德·利希著：《自由秩序原理》，上，邓正来译，165页，上海，三联书店，1997。

③ 参见尹伊君著：《社会变迁的法律解释》，262页，北京，商务印书馆，2003。

起决定作用的是国家意志"。① 法律被人们视为是神圣的，不可怀疑的，而作为冲突解决的刑事诉讼目标也被视为了对个人自由和公共安全的平衡。

但是，现代社会随着政治国家与公民社会的逐渐分离，尤其是随着当代人权观念的深入，个人目标的突出，国家法律的强制力即使仍然左右着人们的思维和观念并使人们仍然以之作为标准来衡量其他制度模式是否具有正当性，但在一定程度上，人们已远远不像以前一样再盲目地崇拜这种国家强制力，这种强制力已经不能完全抵挡现代社会及后现代社会的多元性文化、价值需求所产生的认识的冲击力。人们不仅认识到：由冲突解决的理想目标的自我矛盾性所形成的司法并不完美，……虽然法律被认为是"善与公正的艺术"，但是法律不可能达于至善——如果它面对的是人类的多样乃至对立的需要而又试图满足它们。至善注定了只是存在于天国的理想。② 同时，人们也认识到"在任何自由的政府下，人民都有……一些不受国家控制的权利。如果一个政府不承认这些权利，认为其公民的生命、自由和财产无论什么时候都要受到最民主的掌权者的专制处置和无限控制，那么这样的政府终究只是一个专制主义的政府。……对政府这种权力的限制，乃是所有自由政府的基本性质，其中含有保留个人权利的意思，否则，社会契约不仅难以存在，而且所有名副其实的政府都必须尊重这些权利。"③关于这一点，实际上早在革命根据地时期，一位边区司法人员就曾质朴地指出：不管是政策也好，法令也好，是在于解决民众具体的问题，而不是以民众具体的问题来洽合政策法令。④ 而如果从后现代法律观主张的视角多元和反本质主义认识论来看，社会领域从来都不是封闭的和终极性的结构，社会现实是多元的、复杂的、开放的、偶然的、不稳定的、并且是由多种因素决定的，那种固定不变和绝对形式统一的法本质更多是一种理论假设而不是社会现实。司法活动是依据规则解决具体冲突的活动，是法律化的生活事实，天然地和每一个卷入纷争的当事人的感受和经验联系在一起。法律的精神正是通过这样一个经验性的联系最直接、最有效地融入普通人的价值观和认知、评价体系之中。但在司法机构的运行过程中，司法机构的法律逻辑与社会大众的社会生活逻辑存在着相当的距离。司法制度的程序本位特征使司法制度的运行过程与社会大众之间形成了一定的反差，这就容易加剧法律逻辑与社会大众的社会生活逻辑

---

① 参见常怡、黄娟："司法裁判供给中的利益衡量：一种诉的利益观"，载《中国法学》，2003（4）。转引自李琦："冲突解决的理想性状和目标——对司法正义的一种理解"，载《法律科学》，2005（1）。

② 参见李琦："冲突解决的理想性状和目标——对司法正义的一种理解"，载法律科学，2005(1)。

③ 转引自［美］博登海默著：《法理学——法哲学及其方法》，邓正来、姬敬武译，57 页，北京，华夏出版社，1987。

④ 转引自贾宇 2006 年 8 月在中国人民大学、北京市检察官协会联合举办的"和谐社会语境下的刑事和解学术研讨会"中的发言。

之间的紧张关系。法律本是世俗的活动，为的是解决人与人的纠纷，与人们的社会生活紧密联系。但随着法律的专业化、职业化及耗费时间和财力的程序，法律活动对于普通人来讲变成了一个无法也无必备的条件涉足的领域。对大多数人来说，只是最后的结果是真实的、可接触的，而整个法律结论产生的过程及理由则是不可知的，也是无法把握和控制的。这样，必然使得大部分人对法律望而却步。①而且，虽然现代裁判因正当程序这一宪法上的要求而日益走向精致化，但由此也大大减少了对法律实质性问题的关注。即使程序上无懈可击，但挑战底线的实体正义，因与公众或当事人最低限度的正义标准截然相抵，故可能遭遇私力救济的抵抗。② 此外，许多国家的实践证明，如果司法模式不增强多元利益的包容力，不为参与者的自由选择提供制度保障，其结果必然是司法体系不堪重负而濒临崩溃，社会不满流向制度之外，严重冲击社会秩序。③

综上所述，单纯依靠国家强制力运行的传统法律及其司法制度在当代社会本身不仅有功能的局限性，同时其正当性也是有限的。

而就刑法制度的正当性而言，除了其统一维护社会正义、统一报复犯罪、统一威慑犯罪人并预防犯罪等表现外，其作为解决人类犯罪纠纷的手段本身还应该在根本上符合以下要求④：首先，"冲突解决的人类需要"，应当包括了冲突当事人在冲突解决中的需要和社会共同体在冲突解决中的需要两个方面。⑤ 由于通过现代人权理念的启蒙，以及通过直面犯罪对个体被害人活生生的侵害现实，人们已经认识到无论国家和社会是否是犯罪的被害人，个体的被害人才是第一位的直接的被害人。因此，在这一认识的前提下，被害人的需要本身不仅具有正当性，而且刑事法制首先应当在犯罪冲突的解决中竭力实现被害人的需要。其次，冲突的解决是为了消灭既存的冲突而非使冲突持续甚至加剧。由于实现这一目的的前提是只有在冲突当事人认可并自愿接受冲突解决方案的时候，消灭既存的冲突才是可能的。而只有冲突解决方案被冲突当事人认为是合乎公道的、不偏颇的，对冲突解决方案的认可和接受才是可能的。但在一个理想的社会机制中，只有"自己的事情自己决定"这一命题得以最大限度的贯彻⑥才可能使当事人认为冲突解决方案是合乎公道的，不偏颇的。而这一理念在冲突解决过程中的体现即为冲突解决的

---

① 参见高文盛："后现代法学思潮的正义观对司法公正的启示"，载《法学评论》，2005(4)。

② 同上。

③ 参见马明亮："辩诉交易在中国的发展前景——以契约为分析框架"，载《中国刑事法杂志》，2003（2）。

④ 自诉犯罪除外。

⑤ 参见李琦："冲突解决的理想性状和目标——对司法正义的一种理解"，载《法律科学》，2005（1）。

⑥ 同上。

自治性和自主性。因此，刑事法制在解决犯罪冲突的过程中它应该体现或包含犯罪冲突当事人的自治性和自主性。由于自治性和自主性至少包括如下内容：其一，冲突当事人对冲突解决方式的自主选择；其二，在冲突的解决过程中当事人对冲突解决方案的形成自主地和充分地表达意见，从而最后的冲突解决方案中包含着冲突当事人的意愿；其三，冲突解决方案的执行中当事人意志的表达和体现。而且，由于"解决冲突的自治性表明，冲突解决的方式和冲突解决的方案是最大限度地建立在冲突人的同意这一基础上的。而'同意'几乎被认为是正当性判断的第一位的标准。"因此，刑事法制至少应当为犯罪纠纷的当事人提供"同意"的基础。① 最后，从社会共同体的角度而言，冲突解决的效率性意味着社会为冲突解决所支付的成本达到了最小化，冲突解决的公正性意味着社会共同体的信仰或价值体系在冲突解决中得到了体现，冲突解决的确定性和自治性则意味着在冲突解决中社会共同体对自身恣意的充分限制和对当事人独立意志的尊重并以此展示社会共同体的尊严。

以上关于冲突解决的理想性状的公正性、效率性、确定性和自治性提供了冲突解决得到社会共同体认同和接受的充分理由②，因而构成了冲突解决方式的正当性前提。但是，现行的国家追诉及刑罚制度作为当代社会中解决人类犯罪冲突的唯一正当方式却使得犯罪冲突及纠纷演变成了国家与犯罪人之间犯罪与刑罚的关系，不仅犯罪人除了基本的程序权以及自主选择是否自首、立功等可以影响刑罚结果的行为并与国家达成一定程度的合意外，实质上很难就犯罪冲突及对冲突解决的结果表达意志；而且作为犯罪冲突中不可或缺的被害人几乎没有独立的主体地位，其在冲突解决的过程中自治性、自主性几乎无从体现。而就效率而言，现行的犯罪国家追诉及刑罚制度所造成的案件积压严重、司法资源短缺、犯罪人矫正不足等问题则日益突出并严重影响到了刑法正义本身。为此，从刑事法制的正当性要求出发，应当在现有冲突解决机制中适当引进私力救济的方式。因为"私力救济在一些情形下对权利的保障比公力救济更直接便利，更具有时效性，成本更低，效率更高，更易吸收不满成分和更贴近人性。……应当在司法的运作过程中树立以人为本的价值观，实行人性化的司法，从而更加彰显司法正义，即司法应该关注弱势群体的正义要求"。③

（二）刑事和解兼顾了各方价值要求

关于刑事和解，虽然"现在有关刑事案件的调解活动（因而是刑法的交替）都是一些非正式的活动，都是在现有制度性组织之外，在主要刑事组织

---

① 参见李琦："冲突解决的理想性状和目标——对司法正义的一种理解"，载《法律科学》，2005（1）。

② 同上。

③ 参见高文盛："后现代法学思潮的正义观对司法公正的启示"，载《法学评论》，2005（4）。

的边缘上发展起来的，都是这个机构或那个机构的创意。"①但是，正如 1976
年由美国最为知名的法律家，其中包括联邦最高法院首席大法官沃伦·伯格
参加的为纪念美国著名法学家罗斯科·庞德 70 年前在美国律师协会所作的
题为"公众不满司法当局的原因"的演讲而举行的研讨会主题所表明：如果
说司法当局专注于解决案件负担，那么，提倡审判外纠纷解决方式的某些学
者更看重这种能够满足公众需求，特别是能满足那些认为传统机制代价高
昂、烦琐不堪，从而遥不可及的那部分人的需求。②刑事和解作为实现恢复性
司法最主要的模式，也正如许多倡导者所认为的一样，它并非不得已之举的
替代措施，而是应视它为具有自身价值、更加人性化、较为温情的一种纠纷
解决方式，同时也是建构"社会化法庭"的方式。结合上述关于冲突解决的
正当性要求，就刑事和解制度而言，它作为由被害人与犯罪人亲自参与对犯
罪的处置过程并对犯罪的处置结果产生相应影响的一种犯罪处置模式，其正
当性首先表现为犯罪人在因犯罪而对被害人造成侵害后，由于与被害人之间
首先构成了犯罪的实际冲突，其双方作为冲突的具体当事人，在各自自主和
自愿地基础上，经过协商与谈判达成了关于犯罪人向被害人进行道歉、损害
赔偿或其他形式的补偿以及被害人对犯罪人的谅解及放弃或降低刑事责任要
求的协议。虽然该协议并不能作为彻底解决犯罪冲突并对犯罪人进行处置的
完全依据，也不可能因为和解而完全取代国家的刑罚，但至少在和解的过程
中，被害人与犯罪人在一定程度上享有了冲突解决的主体资格与主体权利，
并通过实际亲自参与犯罪冲突的解决而真实充分地表达了各自的愿望。由此
可见，首先，刑事和解可以充分实现冲突解决的自治性及自主性要求，体现
了现代法律体制下国家对个人权利及意志的尊重与重视，从而克服了现代法
律体制单纯依靠国家强制力解决犯罪纠纷的僵硬与蛮横，顾及了多元主体的
要求，达到了多元利益的平衡。其次，由于刑事和解具有的解决纠纷的确定
性及效率性，因而它也可以弥补现代刑事法律制度因效率不足而具有的正当
性缺陷。再次，从另一种象征意义上来讲，在制度化的刑事和解过程中，公
民能够利用国家法律来维护并恢复自己受损的状态，是法律意识觉醒的表
现，但在认识到这一前提的状态下，进一步追求自己独立的权利，也是一种
人权意识的觉醒。

　　综上所述，刑事和解制度化的正当性即来源于现代社会解决纠纷的多元
化价值要求。

二、刑事和解符合法的伦理性精神

　　摩尔根对司法权的产生评论说：为了社会的福利和安全，必须对政府的

---

　　①　[法] 米依海尔·戴尔玛斯－玛蒂著：《刑事政策的主要体系》，卢建平译，108 页，北京，
法律出版社，2000。

　　②　转引自宋英辉、许身健："恢复性司法程序之思考"，载《现代法学》，2004（3）。

权力进行更广泛的分配，加以更明确的规定，并对官吏个人的责任提出更严格的要求，尤其需要由有能力的权威人士制定成文法以代替习俗成规。①根据这一评论，即便说刑事和解是一种原始的习俗成规，那么，只要它有利于社会的福利和安全，它就有成文化的必要。所以，仅从这种意义出发，刑事和解因其具有的恢复性司法价值或对被害人、犯罪人以及犯罪社区乃至整个社会不可替代的福利性就已经具有第一层次的总体的伦理性。

从第二层次的伦理性来讲，虽说强制是现代刑事法的必要性存在，也具有正当合理性，但若依此而强制剥夺犯罪当事人的和解权，似乎理由还不充分。因为就法的伦理性而言，首先，被害人与犯罪人作为冲突的双方主体，其具有一定的处置犯罪的权力是必需的。②正如后现代法学思潮中关于冲突解决主体的认识一样，作为犯罪纠纷的双方当事人，被害人及犯罪人理应在一定程度上具有解决冲突的自主性和自治性，或至少来说，应当具有参与犯罪纠纷的解决活动并表达自己意愿和意志的权利和机会。其次，对犯罪的处置活动，直接涉及的是犯罪人及被害人的命运状况。具体来讲，对犯罪人而言涉及生命、自由或财产等基本的生命内容；对被害人来讲，也直接涉及其遭受犯罪侵害后受损的权利能否恢复、身体或精神的创伤能否抚平以及财产损失能否得到弥补，所有这一切也都涉及被害人基本的生存状态。在这种意义上，他们必然会对犯罪的处置问题关怀至极。因此，为犯罪当事人在犯罪处置过程中提供一定的表达意志的权利和机会是基本的伦理要求。再次，考察现代刑事法律体制，对于犯罪人而言，虽说在现代人权观念的影响下，为了尽可能保证无罪的人不被判有罪或罪轻的人不受重判，国家通过加强犯罪嫌疑人、被告人及犯罪人的各种诉讼权利以及通过将被害人列为刑事诉讼当事人的举措表达了对犯罪人及被害人的人权尊重与关怀，但它们仍然只是体现了一种程序方面的权利保护。对于犯罪人和被害人双方而言，除了就事实的认定与对程序的运行等问题行使其程序权以外，实际上并不能参与对犯罪的处置或者说他们不具有对犯罪的处置结果表达意志的权利。即使其最后因不服判决而提出上诉或请求抗诉，也只能是基于其认为犯罪事实认定不清或量刑不当的理由而享有的一种特别的程序请求权。从实体权利的角度上讲，由于现行的刑事法律将对犯罪的处置权完整地划归于国家的司法权力之下，其制度的设置并非为被害人或犯罪人就犯罪处置表达个人意见而设立，因此，就犯罪的处置结果而言，犯罪人与被害人也只能被动地接受司法机关的裁决。相比之下，就被害人与犯罪人的刑事和解而言，由于被害人与犯罪人都直接亲自参与了犯罪的处置活动，可以直接表达自身对于犯罪的感受，从而

---

① 参见〔美〕路易斯·亨利·摩尔根著：《古代社会》，上册，杨东莼等译，258页，北京，商务印书馆，1997。

② 参见强昌文："权利的伦理解析"，载《法律科学》，2005（3）。

借以宣泄局外人无法也无须体会的犯罪后的压迫感，获得一定程度的精神、情感上的释放，并转而理性地面对犯罪及犯罪造成的恶果，理性、健康、坦然地回归社会。因此，刑事和解的这些内容真正反映了对于犯罪双方当事人在犯罪发生后的最基本的伦理关怀。

从第三层次，即就刑事和解所包含的内在伦理价值而言，首先，刑事和解的过程通常是被害人与犯罪人面对面地直接就犯罪问题进行相互协商与交流的过程，虽然其基础是双方一定程度的让步与妥协，但能够面对面进行协商与妥协，说明被害人与犯罪人即使在犯罪发生以后，双方对自己或对对方都还具有一定的恻隐之心。尽管这种恻隐之心的内容与程度会因人而异或因案件而异，但即便是隐忍的恻隐之心，它也不仅是一种人类与生俱来的自然权利，而且这种善良的情感符合人类基本的道德规范。因为"在还没有形成任何明确的道德规范，没有形成对道德义务的观念和情感之前，就已经有同类或同族之间的恻隐之情在原始人的心中萌动和活跃了。这种恻隐之情起着维系群体、我们今天称之为社会道德的作用"；而善良总是一种美德，就如"良心是一种善根，它如此珍贵，闪念之间可能稍纵即逝"①。同时由于作为法律必须以道德为基础，并在内容上体现普遍意义上的道德观念。②因此，基于此种道德对法的要求，法律不仅不该对符合基本人权和社会道德的善举加以限制，而且应该在其中赋予犯罪纠纷的双方当事人和解的权利以鼓励和维护其所包含的人所具有并应具有的基本伦理价值，这也是法律自身具有道德性的表现。其次，由于制度化的刑事和解其效能仅在于通过和解而对犯罪人产生刑罚一定程度内的减免，因而无论是通过和解而使犯罪得以非犯罪化，还是最后使犯罪人得以轻刑化，刑事和解的直接效果并非是对犯罪人的完全谅解与责任的消减，它最终仍然是一种惩罚。即在刑事和解的层面下犯罪人要么因为罪行较轻并依据刑事和解协议无须判处刑罚而只判处损害赔偿；要么因为罪行较重并依据和解协议在判处较轻刑罚的同时再判处损害赔偿。而且尽管刑事和解下的损害赔偿同样要符合相应的公平公正原则，但无论如何，和解条件下的损害赔偿往往带有惩罚性质，实质上属于惩罚性损害赔偿；同时，由于刑事和解协议下的损害赔偿具有类似于财产附加刑的性质，即既可以单独适用，也可以附加于主刑适用③，因而，犯罪人最终所受到的处罚从总量上来说仍然是一种与其犯罪相适应的处罚。只不过在刑事和解的状态下使处罚的形式发生了一定程度和范围内的转化，从"绝对公正"的公共刑罚处罚部分地变成了"相对公正"的私人性经济惩罚；或者说，由于刑事和解具有的冲突解决手段的和平性，使国家冷酷的强制性公共刑罚处罚在

---

① 参见曲相霏："人权的正当性与良心理论"，载《文史哲》，2005（3）。

② 参见李常青："权利冲突之辨析"，载《现代法学》，2005（3）。

③ 笔者建议将犯罪损害赔偿从民事损害赔偿修改为刑事损害赔偿，如果这样，损害赔偿将转变为一种当然的财产刑，并具有附加刑的性质。关于这一问题，笔者将另外行文论述。

一定程度和范围内变成了较为温和的人性化私人惩罚。从这种意义上来讲，由于刑事和解并没有改变刑法的威严性及有罪必罚的确定性，而仅仅只是为现有的刑事法制注入了人性化的因素而使公众与其更加贴近，对其更加信仰，因此，刑事和解由于使刑事法制变得相对温和、人性而使其体现了一种法的伦理。再次，由于"公共惩罚和私人惩罚都可以促进社会成员之间的相互信任，但在公共司法机构已经不堪重负，并因此无法指望国家会大幅度继续追加公共资源的情况下，就只能通过激励私人投入惩罚资源来提高社会的信任度。从博弈论的角度，只有在多次往复的博弈中，或者说，在持续进行的交易关系中，受害人才拥有惩罚加害人的机会，并且也只有在这种条件下，加害人才会对惩罚有所顾忌。互动关系可以给私人之间的相互信任提供机会，可以促进个体之间的相互信任，并因此有利于秩序的形成。信任的破坏可能发生在旦夕之间，但其恢复和重建却离不开一个长期稳定的社会环境。"①　而且，由于"对于纠纷中当事人来说，倘若能不依靠法律来解决他们的纠纷，就说明他们之间仍然存在着信任，相互信任的人们可以摆脱对于法律的依赖"。因此，无论如何，在犯罪发生后，被害人与犯罪人作为敌对的双方还能进行和解，表明它们之间至少还有一定程度的信任。②　同时，与前述的"善良美德"一样，信任也是这个时代越来越应该被珍视的美德，因为它也将稍纵即逝。尤其随着社会发展的全球化、城市化，人与人之间的距离越来越远，犯罪早已不是传统的熟人社会里的现象，而是越来越多地发生于相互完全陌生的人之间的时候。如果说，在这种相互陌生的人之间发生犯罪以后，还能形成和解，尽管不能排除犯罪人与被害人各自功利的考虑，但最终也还是表明了一种社会基本的信任。为此，法律应该对这种难得的信任加以呵护，而不是苛刻地对其加以排斥。再次，刑事和解通过协商与交流力图以一种和平的方式解决业已发生的犯罪冲突，其核心目的是对已经形成的严重冲突的解决，而非扩大冲突。在这一过程中，我们不仅可以看到人与人之间在一定程度上善良本性的存在及相互信任的恢复，更是看到了一种人性的宽容。这种为了以和平方式化解怨恨或消除报复冲动的宽容当然是一种正当的宽容，而正当的宽容无论如何也还是一种美德。如果说由于刑事和解只是针对普通的刑事犯罪，是一种由一般的社会公民和平解决其犯罪纠纷的活动，因而其所蕴涵的宽容与信任的伦理价值并不能引起人们特别的关注与崇尚，那么，将其衍生到民族之间或国家之间，如果能够通过和解而实现民族的修睦与国家的融合，则其彰显的信任与宽容不仅会成为当代的伦理精神，而且可能流芳百世。比如：在南非，非国大执政后，成立了由诺贝尔和平奖获得者图图为主席的南非真相与和解委员会，利用恢复性司法程序解决种族

---

①　参见桑本谦："法治及其社会资源兼评苏力本土资源说"，载《现代法学》，2006（1）。
②　同上。

隔离时期种族主义者所犯罪行。图图认为，南非适用恢复性司法程序的结果为：被害人把自己从受害者的状态中解放出来，不再心怀怨言，死抱住创伤不放，从而开创出崭新的人际关系。他们给予罪行的制造者以机会，从内心的愧疚、愤怒和耻辱中解脱出来，这样便形成了双赢的局面。再如美国前总统克林顿总统在出席被暗杀的以色列前总理拉宾的葬礼时发表的演讲中也指出："那些不能够摆脱对他们的敌人怨恨情绪的人，也在他们自己的社区内埋下了痛恨的种子"。而"1781 年英军约克镇投降之后，华盛顿曾宴请被擒的英国将领洛德华里和他手下的军官们，同时宴请了法国盟军将领罗彻堡及其手下的军官，这在我们的历史教科书中是未曾提及的。这种做法在美国人、英国人和法国人中间形成了一种相互谅解的良好氛围，这件事对于现在我们当中的一些大声叫嚣的爱国者来说应该是一堂可贵的礼仪课。"① 可见，一种精神或一种观念一旦上升到国家民族的高度，就可以深入到人的内心深处，但是任何一种深入人心的精神和观念，最终只有落实到普通的社会民众的日常社会生活，它才会有最终的生命力。如果说以上领袖，尤其是华盛顿的行为为叫嚣的爱国者上了一堂可贵的礼仪课，那么，其行为所彰显的为了和平而宽容的美德也为今天我们当中的一些大声叫嚣刑罚正义的人来说是一堂可贵的礼仪课。也就是，关于刑事和解的构建，尽管从表面上来看，刑事和解因为显示了对犯罪人的宽容而使其基于报应的正义略显不足，但相比之下，即使是发生在国家、民族之间致生灵涂炭、种族几近灭亡的侵略、战争都能因人的宽容而被谅解，且能因宽容而被人类所敬仰，那么，何以至对发生于人民或自己同胞内部的犯罪却非要置之死地？难道刑法就不能为被害人与犯罪人之间的和解在确立一定规则的前提下划出一块领地吗？

在人类文明文化发展的过程中，以善良、宽容、信任为前提，以谅解、对话为基础的和平、和谐秩序构建一直都是人类追求的目标。正如犹太教的经典《阿伯特：犹太智慧书》说："世界立于三大基础：至理、公正审判及和睦。"② 总而言之，刑事和解作为一项解决犯罪纠纷的手段，除了其自身其他的社会价值与法律价值为其提供充分的正当性依据外，其所蕴涵与彰显的人类基本伦理道德也为其提供了立身之本。

三、被害人进行刑事和解的正当性根据

被害人在遭受犯罪侵害后理应获得相应的保护和救济，这不仅是一种基本的道义上的权利，也是基本的人权保护和人道关怀的需要。因此，在被害人无法获得相应的公力救济或救济不足时，就需要以某种私力救济的方式来

---

①　[美]约翰·梅西·赞恩著：《法律的故事》，孙运申译，237 页，北京，中国盲文出版社，2002。

②　参见陈林林："上帝怎样审判——旁白刑事诉讼维度中的上帝和《圣经》"，载《法学》，2001(3)。

补充。而刑事和解最为核心的价值即为充分地发挥被害人的自主性，使其通过支配一定范围内的犯罪处置表决权而实现自救。这为刑事和解的存在和运行提供了基本的正当性前提。

（一）被害人需要并应当得到保护和救济的正当性前提

什么是被害人？所谓被害人就是指因为遭受犯罪行为而在身体上、精神上或经济上受到侵害的人。他可能因为这些犯罪行为而蒙受永久性的身体残疾或精神残疾；他的健康可能受到损害；他的财产可能永久性地灭失或损毁；他的社会声誉可能遭受不适当的损害；他的商业或职业利益可能被损毁；他的社会地位可能被瓦解。这对于性暴力犯罪的受害人来说尤其如此。他的家庭可能遭受沉重的打击。对于那些部分或全部丧失劳动能力或死亡的受害人来说损失尤巨。最重要的是，受害人是无辜的，因为他只想平和且合法地生活。因此，刑罚应当是补偿性的而非惩罚性的。他们的意图是恢复受害人利益至受害前的状态和恢复社会关系至被犯罪人破坏前的状态。[1]但是，随着对犯罪被害人的观念逐渐被犯罪是侵害社会和国家利益的观念所取代，以及随着以罪犯为本位的现代刑法理论和司法制度的发展，在犯罪原因方面强调犯罪人的人格和行为；在刑事司法程序中强调被告人的权利和对罪犯的矫正。而作为被犯罪所侵害的另一方主体，国家取代了被害人。相应的国家的公诉权也就取代了被害人的私诉权，被害人被排除出局或仅仅成为一个被动的客体或仅仅只是一个证人，刑事诉讼过程也仅仅成了一个国家与犯罪人之间进行控辩和抗衡的过程。在这种司法体制下，被害人和犯罪人之间的冲突不仅没有得到真正的解决，反而可能使矛盾进一步激化；被害人不仅没有得到应有的法律地位，而且还有可能受到额外的伤害。[2]难怪一位评论家说："刑法是一种行动计划，刑法典越来越成为'战斗的教科书'"。[3]

根据我国传统的一元化犯罪论，社会危害性是犯罪的本质，这种社会危害性首先表现为犯罪对国家统治秩序和社会秩序的破坏和侵害。与此犯罪的本质论相适应，刑法的目的也就是通过惩罚犯罪来保护人民。具体而言，也就是通过规定犯罪的刑事责任及责任的各种承担方式实现整个社会秩序的保障，或者说通过刑罚的特殊预防和一般预防而实现社会保障的功能。同时，根据我国犯罪构成的理论，犯罪以具备刑法分则所规定的主客观要件为成立标准，而在犯罪构成的一系列条件中，作为犯罪构成的首要条件——犯罪客体条件，也被抽象地表述为能够反映行为的社会危害性及其程度的某种受刑法所保护的社会关系、社会秩序或某种权利类型，而非被害人被直接侵害的某种具体权益。比如即使是在故意杀人罪中，其犯罪的客体要件只是公民被

---

① 参见洪永红主编：《非洲刑法评论》，192 页，北京，中国检察出版社，2005。
② 参见卢建平著：《刑事政策与刑法》，586 页，北京，中国人民公安大学出版社，2004。
③ 洪永红主编：《非洲刑法评论》，27 页、192 页，北京，中国检察出版社，2005。

侵害的生命权，犯罪的成立也只是决定于是否有公民的生命权遭到侵害的事实，至于是哪一个公民的生命权遭受侵害对犯罪的构成来说则没有影响。而在其他客观要件中，包括犯罪的对象和结果也都只是类型化的一个标准，至于被害人本人对犯罪的成立没有影响。对此，笔者认为，从国家利益的立场出发，以上犯罪本质论、犯罪构成论及刑法目的观念并无不妥。故不可否认犯罪的本质的确是对国家统治秩序所具有的危害性，这是国家进行法律统治的基础；而且，从刑事立法上讲，作为对特定犯罪类型及构成要件的设置，法律只能进行抽象的类型化或标准化规定，而不可能对具体的被害人作出相应的规定；同时，国家也确实需要通过惩罚、打击犯罪来维护整个社会的秩序和稳定，以便从整体上维护全体公民的安全与利益。但是反过来，尽管上述理由为刑法将国家或社会利益规定为犯罪的客体及国家对犯罪的刑罚权提供了充分的依据，归根结底，在犯罪实际发生以后，在有具体的个人被害人的情况下，实际的损害后果是由被害人实实在在地承受了的，而且，被害人作为势单力薄的有生命感受的个人，相比于抽象的国家主体，在遭受犯罪直接侵害的情况下，其痛苦是生动的、鲜活的，是可以看得见血泪的；其生活的秩序因遭受犯罪的侵害而被严重破坏是活生生的现实，这一切不言而喻且又无法被回避和漠视。因此，无论现代的刑法观念如何强调犯罪是对国家的侵害而非对个人的侵害，也无论刑法理论如何强调犯罪对国家秩序的危害本质，作为实际承受了犯罪侵害的被害人，他们将最为迫切地需要从犯罪人处获得相应的弥补并直接表达对犯罪人的情感反应，以实现基本的损害赔偿和精神抚慰，这是基本的人性的需要及维护生活状态的本能需要，因此它是一种基本的道义上的权利，这也是无可争议的首要事实。此外，虽然从刑法理论上讲，对犯罪的惩罚就等于对人民的保护，刑罚目的的实现也就意味着刑罚社会保障功能的实现。但是很明显，一方面，对犯罪的惩罚并不能保证刑罚的目的完全实现；另一方面，即使刑罚目的完全实现了，它也并不能保证其社会保障功能的完全实现。而且就国家通过惩罚犯罪而对人民进行的保护内容而言，不仅在于预防未然的犯罪而对人民进行预防性的保护，而更多应在于对已经遭受犯罪侵害的人进行保护和救济。为此，就实现被害人保护的国家义务而言，在立法上，国家要么通过法律对被害人的私力救济或私力报复予以许可和容忍；要么，国家如果为了避免个人私力救济或私力报复造成的社会动荡及秩序混乱而需要将对犯罪的制裁权统一划归于国家行使，那么国家就应当确保有效实施相应的被害人权益恢复及损害补偿制度。而如果后者无法做到，那么就应该认可前者具有的正当性，而在私力救济的方式中自然包括被害人与犯罪人刑事和解的方式。

（二）现有刑事法制及其他相关制度不足以保护和救济被害人

被害人在遭受犯罪侵害后，作为弱小的个体，不仅自身的力量已经被犯罪削弱，而且其自身的修复能力也会随之降低；不仅急需受损权益的恢复，也更需要获得国家强制力的协助与保障。但是，考察我国目前的刑法观念及刑事立法现状，其中，法律只是对国家赋予了强大的刑事追诉权来报复犯罪、惩罚犯罪，而对于弱小的个人被害人则基本上缺乏实质性的保护观念和立法规定，而且我国也不具有相应的被害人国家救济补偿方案。因此，被害人需要通过刑事和解来实现基本的正当需要。

1. 对刑法及刑事诉讼法总体规定的考察

首先，就我国的刑法的指导思想和基本原则而言，刑法除了抽象地规定"保护人民"外，只规定了在罪刑法定、罪刑相适应及人人平等原则前提下对犯罪人的刑法适用制度，同时，就具体条文的规定而言，在整个刑法中，除第 36 条关于犯罪人应当承担的赔偿责任及第 64 条关于对被害人的合法财产应当及时返还的规定外，几乎再不涉及犯罪被害人的概念，更不存在具体被害人的概念。而就仅有的关于损害赔偿责任的规定而言，即使《刑法》第 36 条第 1 款规定了犯罪人应当对被害人承担损害赔偿，但该条第 2 款即明确地将这种损害赔偿责任规定为一种民事责任，使其被直接排除在刑罚方法以外。这也就说明，虽然对被害人的损害赔偿仍然是由犯罪人的犯罪行为所产生的一种责任，而非另一种由民事侵权行为产生的责任，但国家并不同意对该责任以刑罚的方法来保障实现。其次，就被害人的刑事诉讼权利而言，虽然根据 1996 年修改的《刑事诉讼法》，被害人享有以下一系列权利：（1）委托诉讼代理人的权利；（2）控告权；（3）不立案异议权；（4）知悉鉴定结论及申请补充鉴定或者重新鉴定的权利；（5）审查起诉时被听取意见权；（6）对不起诉决定的申诉权及直接起诉权；（7）参与法庭调查与法庭辩论的权利；（8）申请抗诉权；（9）物质赔偿请求权；（10）合法财产返还权。但这些权利相对而言，大多是为了保障被害人对犯罪提起控告或保障其能够证实犯罪，其中虽然也涉及审查起诉时被听取意见的权利、在不服对犯罪人的刑事裁决时的申请抗诉权及物质赔偿请求权，但这些权利并不能直接对司法机关对犯罪人的定罪量刑活动产生影响，也不能直接借助其所参与的刑事诉讼活动来实现其损害赔偿的迫切需要。综合以上刑法及刑事诉讼法的有关规定，可以认为，被害人在整个刑事法体系中及刑事司法过程中，只是承载了某些犯罪构成要件的载体和证明犯罪构成事实的工具，其自身不仅基本上没有独立的法律人格，而且其遭受犯罪侵害后的实质性需要也基本上不属于国家刑事法律制度所要考虑和解决的问题。

2. 对专门的刑事附带民事诉讼制度的考察

作为被害人遭受犯罪侵害后最为核心的救济途径和恢复手段——损害赔偿，刑法的确作了规定，并将其规定为犯罪人应当承担的一种责任。但是由于刑法直接规定犯罪损害赔偿为一种民事赔偿责任，相应的，尽管刑事诉讼法规定了被害人具有物质赔偿请求权，该赔偿请求制度也只能是刑事附带的民事诉讼制度。这一制度无论是立法还是司法都无法从刑事法制度的层面上保障损害赔偿的真正实现。对此分析如下：

（1）《刑事诉讼法》第 77 条规定：被害人由于被告人的犯罪行为而遭受物质损失的，在刑事诉讼过程中，有权提起附带民事诉讼；第 78 条规定：附带民事诉讼应当同刑事案件一并审判，只有为了防止刑事案件审判的过分迟延，才可以在刑事案件审判后，由同一审判组织继续审理附带民事诉讼。上述规定说明，我国刑法及刑事诉讼法关于被害人损害赔偿的规定本身就兼具被害人权益保护及实现诉讼经济的双重目的，即从刑事附带民事诉讼的制度设计来看，更主要地是为了避免法院、当事人、证人等的重复劳动。

（2）由于刑事附带民事诉讼制度的规定本身存在着一些问题，最后使得被害人通过该程序获得损害赔偿的范围和机会受到了限制。具体可以表现在以下几个方面：

第一，根据刑法及刑诉法的相关规定，犯罪损害赔偿的范围只限定于被害人遭受的实际物质损失，精神损害赔偿被明确排斥。对此，根据 2000 年 12 月最高人民法院发布的《关于刑事附带民事诉讼范围问题的规定》第 1 条及第 2 条的规定，被害人提起附带民事诉讼只限于因人身权利受到犯罪侵犯而遭受物质损失或者财物被犯罪分子毁坏而遭受物质损失的情形，对于被害人因犯罪行为遭受精神损失而提起附带民事诉讼的，人民法院不予受理。而被害人因犯罪行为遭受的物质损失，是指被害人因犯罪行为已经遭受的实际损失和必然遭受的损失。同时，根据最高法院 2002 年 7 月发布的《关于人民法院是否受理刑事案件被害人提起精神损害赔偿民事诉讼问题的批复》，对于被害人提起精神损害赔偿的，人民法院不仅在刑事附带民事诉讼中不予受理，而且，在刑事案件审结以后，被害人另行提起精神损害赔偿的，人民法院也不予受理。以上规定说明，对于遭受犯罪侵害的被害人而言，其所能获得赔偿的范围仅仅限于遭受的物质损失，而不涉及精神损害，即使被害人因遭受犯罪侵害的痛苦而提出精神损害赔偿的请求，也会被直接排除在了刑事司法制度以外。对于以上将精神损害赔偿排斥于犯罪损害赔偿之外的规定，笔者认为，它们既不合情理，也不合法理。首先，在现实生活中，犯罪的损害本身就包括物质损害，也包括精神损害，而且作为犯罪的被害人，其遭受的精神损害、承受的精神创伤相比于单纯的民事侵权行为的精神损害，只能是更为严重与沉痛，被害人因此理所应当并且也更需要获得相应的精神慰藉与补偿；其次，就刑事附带民事诉讼的程序而言，虽然它是将损害赔偿与对犯罪人的定罪量刑合并审理的程序，但依据刑法及刑事诉讼法的规定及适用的诉讼规则，其损害赔偿的性质仍然属于实质上的民事诉讼，被告人所要承担的赔偿责任也只是一种民事责任。然而，同样是关于人身损害的赔偿问题，根据《最高人民法院关于确定民事侵权精神损害赔偿责任若干问题的解释》及最高人民法院关于《审理人身损害赔偿案件适用法律若干问题的解释》，对于"死者近亲属遭受精神损害，赔偿权利人向人民法院请求赔偿精神损害抚慰金的"却予以支持。很显然，被害人在单纯的民事侵权中尚可以获得相应的精神损害赔偿，而一旦成为犯罪行为的被害人，却不会再有机会实现该项正当合理的权利。再次，由于上述关于犯罪精神损害赔偿的限制是在刑法既将犯罪的损害赔偿规定为了民事责任而非刑事责任，适用的程序为民事诉讼程序而非刑事诉讼程序，同时又是在民事诉讼法本身认可人身损害精神赔偿的前提下作出的，因此，刑法对犯罪精神损害赔偿的限制性规定不仅有越俎代庖的嫌疑，且造成了民事诉讼程序内部规则的冲突。但是，涉及我国刑事法律与相关司法解释将犯罪精神损害赔偿排斥在赔偿范围以外的原因，笔者个人认为可能与以下两个考虑具有联系：其一，在刑事案件中，已经对犯罪人进行了相应的刑罚处罚，这种刑罚处罚似乎可以被看做对被害人的精神安慰或弥补，因而再没有理由在其承担实际的物质损害赔偿之外承担精神赔偿的责任；其二，在国家机关及其工作人员因违法行使职权致使相对一方遭受损失而由国家承担赔偿责任的情况下，国家赔偿的范围只限于对被害人造成的实际物质损害，因而，为了使损害赔偿的范围具有统一性，对于由犯罪人承担的民事赔偿责任范围也就仅限于实际的物质损害。但笔者个人认为，即便是出于这两种考虑，也不能说对犯罪人进行了刑罚惩罚就等于抚慰了被害人的精神创伤；而且它们都是从国家与犯罪人的关系出发或单纯从国家利益出发进行的考虑，而非出于对被害人权益关怀的考虑。因此，刑事法制度关于被害人精神损害补偿的限制严重侵犯了被害人的正当权利。

第二，损害赔偿的案件范围，由于只限定于因人身权利受到犯罪侵犯而遭受物质损失或者财物被犯罪分子毁坏的案件，因此，在大量的非侵犯人身或直接毁坏财物的犯罪案件中，尽管被害人也因为犯罪而遭受了相应的经济损失，但其根本就不具有通过刑事附带民事诉讼来主张损害赔偿的权利。如环境污染犯罪案件中的被害人、知识产权犯罪案件中的被害人甚至包括侵占罪中的被害人。对于类似于这些犯罪中的被害人来说，在因为犯罪侵害而遭受经济损失的情况下就只能以一般的民事受害人身份进行普通的民事诉讼。也就是说，对于这些犯罪国家只通过刑事诉讼程序解决犯罪人的定罪量刑问题，至于被害人因犯罪遭受的损害则由被害人自行解决。不仅如此，对于这些非人身侵害、非直接财物毁坏的经济犯罪或财产犯罪而言，刑法还通常都在其法定刑中规定了罚金或没收财产。这就意味着，国家不仅可能对这些犯罪人判处某种主刑，同时也可能附加判处罚金或根据犯罪情节单独判处罚金。这难免形成这样一个局面：即对于这些犯罪的犯罪人而言，虽然其犯罪行为直接造成的是被害人的经济损失，但被害人却不能通过刑事附带民事诉讼的程序，更不能直接通过刑事诉讼程序来获得损害赔偿，而国家却可以通过对犯罪人的刑罚惩罚，既可以实现国家的刑罚权，还可以附带地增加国库收入。虽然《刑法》第36条第2款规定：承担民事赔偿责任的犯罪分子，同时被判处罚金，其财产不足以全部支付的，或者被判处没收财产的，应当先承担对被害人的民事赔偿责任。但事实上，由于这些犯罪中的被害人无法在刑事诉讼中直接提起附带民事诉讼，使得这些犯罪在定罪量刑时不存在同时判处民事损害赔偿的机会，而且即使被害人以普通的民事诉讼程序另行起诉来主张其经济损害赔偿的要求，往往由于民事诉讼通常要等到刑事判决结果后才确定，因而对于这些犯罪而言，罚金或没收财产的刑罚处罚具有优先的执行权，而且还有国家强制执行的保障。相对来说，在这种情况下，被害人即使通过民事诉讼确定了犯罪人的赔偿责任，但如果犯罪人的财产不足以全部支付罚金和赔偿金时，被害人获得或实现损害赔偿的机会就会很小。

第三，民事诉讼中损害赔偿本来就存在着很大的执行风险，相比之下，刑事附带民事诉讼就更难保证被害人损害赔偿的实现。首先，根据最高人民法院《关于刑事附带民事诉讼范围问题的规定》第3条：人民法院审理附带民事诉讼案件，依法判决后，查明被告人确实没有财产可供执行的，应当裁定中止或者终结执行。这就是说，对于刑事犯罪的被害人，即使依法提起刑事附带民事诉讼，但在被告人确实无赔偿能力时，被害人只能自行承担损失，国家只会袖手旁观而不会因此而采取任何相应的诉讼补救措施。犯罪对于被害人而言，就只能是一件自认倒霉的事，既怨不得国家，也不能寄希望于国家同情。其次，在刑事附带民事诉讼中，即使对犯罪人判处了相应的民事损害赔偿责任，但在同时对其判处实际刑罚的情况下，由于犯罪人容易产生抵触情绪而易于使其大大降低履行民事判决的积极性与自觉性。因为这种"既罚又赔"的结果对于犯罪人而言无异于"既打又罚"的双重处罚，犯罪人会认为自己执行了刑罚处罚就等于对其犯罪付出了该有的代价，因而，在其无法逃避刑罚处罚的情况下，即使其具有赔偿能力往往也会本能地逃避赔偿责任。再次，在特定情况下犯罪人因执行特定的刑罚，如死刑或无期徒刑时，实际上往往再不可能要求其履行相应的赔偿责任①，或者犯罪人因受限于其他刑罚执行的不便也难以履行损害赔偿。而在犯罪人实际执行刑罚的过程中，如果因拒不履行或没有赔偿能力，或者因执行刑罚没有条件履行赔偿责任时，被害人即使请求法院强制执行，也往往难以实现。这种情况下，无论是通过刑事附带民事诉讼作出的损害赔偿判决还是被害人另行提起的民事诉讼作出的损害赔偿判决，都只能是白纸一张。这也正是司法实践中所谓的

---

① 不仅如此，如果根据1987年《最高人民法院关于被告人亲属主动为被告人退赃应如何处理的批复》中确认的原则：如果被告人的罪行应当判处死刑，并必须执行，（但若）属于以上第三种情况的，其亲属自愿代为退赔的款项，法院不应接收。第三种情况即为如果被告人对责令其本人退赔的违法所得已无实际上的退赔能力，但其亲属应被告人的请求，或者主动提出并征得被告人的同意，自愿代被告人退赔部分或者全部违法所得的情况。以上原则说明，即使在被害人遭受犯罪损害需要赔偿的情况下，如果犯罪人本人没有赔偿，法院不仅不会积极地为被害人着想以寻求赔偿途径，而且即便是犯罪人的家属自愿代为赔偿，法院也会拒绝。这一规则至今仍然沿用无误，这足以说明整个刑事法律系统中对于被害人权益保护的观念的淡漠及对被害人态度的冷漠。

"司法白条"大量存在而无法兑现的原因，而且越是严重的犯罪，其损害赔偿越难以实现。关于被害人通过刑事附带民事诉讼实现损害赔偿状况，可以从广东省东莞市高级法院所作的《关于刑事附带民事诉讼案件执行情况的调研报告》中窥见一斑：2003 年刑事附带民事案件 23 件，申请执行总标的为254.7 万元，实际执行数额 3.53 万元，执行率为 1.4％；2004 年案件数 61件，总标的为 603.7 万元，实际执行数为 0；2005 年案件数为 66 件，总标的为 832.9 万元，实际执行 24.7 万元。①

3. 就我国目前的社会保障制度而言，尚没有任何关于刑事被害人国家补偿的制度

近年来，迫于被害人的屡屡涉法上访及缠讼不息的压力，虽然也有个别地区从当地社会稳定的政治需求出发尝试对刑事被害人进行适当的政府补偿，但这只是极个别的试点；而且，个别地方政府对被害人进行适当的经济补偿，目的只是为了使其能够停息缠讼或防止引发治安问题或影响政局稳定，因而大多为一种安抚性或收买性质的补偿，非为一种常态的有法可依的举措，故往往是"会哭的孩子有奶吃"。就最近的情况而言，最高人民法院和最高人民检察院均意识到了建立被害人国家刑事补偿制度的紧迫性和必要性②，但这一制度才刚刚开始酝酿，尚未引起社会更大范围或更高阶层的关注，因而，它还只是一个较远的立法期待。关于刑事被害人国家补偿制度，虽然因为我国坚持正统的政治理论及法治理论而不承认社会契约理论，因而无法用国家承担的契约责任来确定国家对刑事被害人的补偿义务，但是国家作为公民的保护人，仍然负有保护公民不受犯罪侵犯的义务；或就刑法"惩罚犯罪、保护人民"的目的而言，国家也应该保护人民不受犯罪侵犯，而公民一旦遭到了犯罪的侵犯，则必然意味着国家刑法保护责任的懈怠和失败。为此，国家理当对被害人承担相应的补偿责任，否则，如果国家没有补偿能力或因为没有补偿意愿而需要免除这种补偿责任，那么，就应该通过相应的刑事立法保障被害人能够在国家对犯罪人追究刑事责任的过程中同时或首先从犯罪人处获得相应的损害赔偿，但显然，刑法既直接通过将对被害人的补偿规定为一种民事责任而将其排除在刑法保护的范围之外，又不实行对被害人的国家补偿。这也就意味着，在被害人遭受犯罪损害的情况下，国家独享对犯罪人的刑罚权，被害人只能靠边站；至于被害人遭受的损失，国家或冷眼旁观，或爱莫能助。总之被害人能否实现损害赔偿，则只能依赖于其自己的民事能耐，国家既不会通过让渡一定的刑罚权协助被害人尽量实现损害赔

---

① 参见最高人民法院应用法学研究所、《法制日报》主办《法制资讯》2007 年创刊号。

② 如，最高人民检察院申诉厅与江西省检察院联合有关学者（包括笔者本人）提出了关于刑事被害人国家补偿法的建议稿，并已提交于今年的两会讨论。最高人民法院 7 日在部署 2007 年人民法院工作时提出，要完善司法救助制度，彰显司法人文关怀。"研究建立刑事被害人国家救助制度"成为其中一项重要任务。见新华网，2007-01-07。

偿，也不会从自己的国库中拿出一部分金钱作为对被害人的救济补偿。

综合上述关于我国现有的刑事法观念及刑事法律制度下被害人保护的状况，可以看出，一方面，刑事法（包括刑事附带民事诉讼）本身缺乏对被害人权益保护和恢复的有力措施；另一方面，国家拒绝对被害人进行必要的补偿救济。在这种情况下，要么国家因为不对被害人承担补偿责任而缺乏道义，要么刑事法因限制被害人进行私力救济而缺乏正当性。同时，被害人进行私力救济也就当然具有正当性。因为，正义的恢复总需要以某一种途径来实现。就刑事和解而言，其作为一种有效地使被害人利用较为和平的方式进行受损权益恢复的自救途径与方法，也就因此而获得当然的正当性。

此外，就被害人本身的情感因素和意志因素考虑，其作为直接的犯罪受害者，如果具有刑事和解的愿望，那么这种愿望本身基于本文前述的伦理性也应当受到尊重和重视。因为在某种意义上，"从被害人的角度来看，处罚根本不是他们的目的，他们对惩罚犯罪人根本不感兴趣"。[①]国外的有关犯罪被害调查发现，公众的惩罚欲望并不像以往想象的那样强烈，许多被害人愿意有机会寻求补偿，甚至愿意用和解代替传统的刑罚。20 世纪 70 年代，美国许多研究小组做出的许多研究也表明，一般公众，特别是犯罪被害人，远不像人们想的那么具有报复性。许多被害人似乎非常支持和解计划，这些计划强调为加害者及其被害人在社会共同体的范围内提供一系列社会服务。[②]那些寻求比刑罚积极的犯罪处置办法的研究人员、决策者和刑事司法专业人员，都赞同实施补偿性司法模式，提倡重新确定刑事司法目标，朝着调解和赔偿的方向努力。[③]而根据联合国在世界范围内所做的一项调查，有半数以上的被害人关注的并不是对犯罪人的惩罚，而是如何使自己的物质精神损失得到补偿。其问卷调查表明有一大部分的被害人接受赔偿以代替刑事判决。而 Hamburg 的一份调查表明，在刑法规定的犯罪中，大约有 80% 的犯罪，人们更倾向于在刑事司法程序之内或之外通过和解或赔偿的方式来解决，传统的刑罚被认为只有对那些严重的犯罪才有必要。[④]就我国的情况而言，也有学者于 2002 年 7 月—10 月专门将交通事故受害人和没有交通事故被害经历的人分为两个群体，对交通肇事犯罪中的损害赔偿、刑事责任等问题进行了对比调查，并得出了如下三个结论：一是交通事故被害人对赔偿的关注要

---

① ［德］德特拉夫·弗里杰："德国刑法中的和解与赔偿——发展及理论意蕴"，刘方权译，引自北大法律信息网。

② 参见［美］博西格诺：《法律之门》，邓子滨译，660 页，北京，华夏出版社，2002。

③ Lucia Zedner (1997), *Victims*, In Mike Maguire, Rod Morgan and Robert Reiner（eds.），The Oxford Handbook of Criminology, Oxford University Press, p. 602. 转引自吴宗宪等著：《非监禁刑研究》，288 页，北京，中国人民公安大学出版社，2003。

④ 参见［德］德特拉夫·弗里杰："德国刑法中的和解与赔偿——发展及理论意蕴"，刘方权译，引自北大法律信息网。

远远高于没有交通事故受害经历的人，前者占总被调查人数的近 61.9%，后者仅为 24.1%，前者约为后者的 2.5 倍，差异比较明显；二是对赔偿损失可以减轻或者免除交通肇事者刑事责任的认可程度，在两类人群中都比较高；三是对仅有财产损失的事故，赔偿损失可以不追究刑事责任的认可程度，在两类人群中都不高，但前者认可程度明显高于后者。从以上资料可以看出，无论是国外还是国内，事实上从人的认识情感出发，人们通常对于某一经历假设性的抽象感受与真实经历下的具体感受是大相径庭的，作为普通民众对于犯罪的惩罚心理需求往往是一回事，而等到犯罪实际发生使人们成为真正的被害人以后其对犯罪的心理态度又是另一回事。因此，如果仅仅为了维护普通民众的一种抽象的情感需求而否定真正受害人的情感需求并拒绝其表达机会，那么，这种制度就是残忍而偏执的。从这个意义上讲，刑事和解作为被害人的一种正当需求而具有正当性。不仅如此，制度化的刑事和解并非将犯罪完全交由被害人进行私力处置，不是民间完全绕开司法机关的"私下和解"，而只是在一定程度上参与对犯罪的处置并在参与的过程中通过表达其对犯罪的感受及需求，正面地提出对犯罪人的要求，并为了尽可能实现其要求而对犯罪人的刑事责任作出相应的让步与妥协。最终，其和解的协议要交由相关的司法机关进行审查和认可，即刑事和解只有在其符合自愿、自主并不违反国家、集体或他人利益的情况下，由司法机关在法定刑的范围内对犯罪人实行相应的罪降一等或刑减一等。因此，刑事和解并非代替国家的刑罚，也非通过和解使刑事诉讼程序被完全冷落一边。更何况，刑事和解制度的建立仅仅只是为被害人与犯罪人进行和解提供了一个前提条件，而非一个必经的程序或过程。

（三）刑事和解有利于弥补被害人与国家、犯罪人之间"待遇不公"的缺陷

国家作为社会的统治者，其所负有的统一维护社会秩序，统一维护法律正义的职能，以及社会整体在预防犯罪、控制犯罪方面对国家强制力的需求决定了在刑事法制中国家不可能也不应该与被害人地位平等、权利相当。但是，在这一主流前提下，从国家也作为犯罪被害人的角度考虑，或者从国家在刑事司法活动中与被害人之间所构成的特定关系出发分析，现有的刑事法制存在着对二者"待遇不公"的缺陷；同时，与现代刑事法制极力强调对犯罪人的人权保护与规则设置比较，被害人也相对处于被冷落的地位。具体可表现如下。

1. 国家与被害人之间地位的不平等

（1）基于被害人所具有的犯罪构成要件的载体功能[①]，在刑事诉讼过程中国家需要被害人的支撑和协助来完成其犯罪追诉活动，但是，被害人并不

---

① 针对有直接被害人的犯罪而言。

能因此而分享国家对犯罪的处置权，以借机直接实现自己受损权益的恢复。首先，从国家的角度考虑，虽然犯罪论所确认的犯罪危害本质是对国家及社会的危害，但任何犯罪的危害总是要落实在相应的被害人身上才能得以体现和说明。尽管刑法立法对犯罪构成的规定不以具体的被害人为要件，但犯罪构成条件能否成立还需要以具体的实质的被害人为载体加以反映。其次，犯罪人应当承担的刑事责任的前提是行为构成了犯罪，而在现实的层面上，犯罪应当承担刑事责任的基础是犯罪所产生的特定危害后果，其后果既包括对国家刑法的违反结果及对社会法益的侵害结果，同样它也包括对被害人所造成的直接的侵害结果①，而在具体案件中，由于犯罪对国家及社会法益的侵害性往往是抽象的，因而犯罪的危害性首先需要通过对被害人所造成的直接损害结果表现出来。正是基于以上前提，刑法在确定犯罪时往往需要以对被害人造成的直接侵害结果作为犯罪成立的一个条件，在刑事诉讼过程中案件的成立及诉讼程序的运行更是首先需要依赖于对被害人遭受了犯罪侵害结果的证明。因此，适用刑法及刑事诉讼法的过程，往往是一个利用被害人的存在事实及其受犯罪侵害的事实而使国家得以正常行使其犯罪追诉权并对犯罪进行定罪量刑的过程。但是，由于刑法仅仅只规定了犯罪对被害人的民事损害赔偿责任，且刑事诉讼法也并不保障该民事赔偿责任的有效实现，因而，被害人对于国家而言，一旦通过其证明被害事实的存在而启动了刑事诉讼程序并证明了犯罪的成立后，其使命也即告完成。也就是说，如果不考虑被害人在刑事诉讼活动中潜在的影响力，在法律的层面上或法律理论上，由于国家作为独立的诉方独立控制着整个刑事诉讼进程，而且刑事诉讼的过程本身也只是证明犯罪、惩罚犯罪的定罪量刑的专门过程，而非为被害人寻求、确定补偿和救济的过程，难免使被害人及其受到的侵害会被置于一边，其遭受犯罪侵害后特别的经济、精神补偿需求也会被置于一边，因此，虽然被害人所遭受的侵害后果是证明犯罪成立并使国家得以对犯罪人追究刑事责任的条件和基础，没有被害人所遭受的侵害也就没有犯罪的成立，国家也就没有机会对犯罪人追究刑事责任，但国家一旦通过证明被害人所遭受的侵害而获得了对犯罪人适用刑罚的机会，被害人就再没有什么意义。而就国家对犯罪人的刑罚而言，它也只是由国家基于自己的意志而对犯罪人违反刑法规定所进行的严厉惩罚，其中并不涉及对被害人的意志的考虑，也不包括对被害人进行恢复及赔偿的内容。这一做法在某种意义上难免给人一种印象，国家不仅具有极强的势利性和强权性，而且其与被害人之间的地位过于分明与悬殊，或者说国家与被害人在通过惩罚犯罪而获得救济方面的地位极不平等。即同样是犯罪产生的责任，但对国家来说可以通过刑罚的强力来保证其实现，但

---

①　犯罪的危害结果通常是物质性的，但在特殊犯罪中结果可能是非物质性的、或者说只是一种危险，因此，此外所指侵害结果指一种广义上的结果。

对于被害人则只能降格为以民事处罚的方式来实现。

（2）现行刑法规定的有关刑罚制度及量刑制度，实质上构成了国家与犯罪人的和解，这一前提为被害人与犯罪人进行刑事和解提供了相应的正当性理由。①

首先，就刑法规定的罚金与没收财产两种财产刑而言，它们是由刑法规定对犯罪人单独适用或在判处某种主刑的同时可以附加适用的刑罚。这两种财产刑的设置，说明国家作为犯罪的受侵害者，可以对犯罪人进行经济性的处罚，并且赋予该处罚以刑罚的性质，使其具有国家强制力的实施保障。尽管刑法并未规定罚金与没收财产的适用必须以犯罪对国家造成相应的财产损失为条件，但是，这两种刑罚方式主要被规定适用于财产性犯罪或经济性犯罪。这就说明，在国家不一定受到财产损失的情况下，国家通过罚金或没收财产的适用，既可以对财产性或经济性的犯罪进行经济性的处罚，使犯罪人更加感受到处罚的特别意义，从而更有效地实现国家的刑罚权，同时还可以利用这种特别的刑罚处罚增加国库的收入。② 但是，若就罚金刑而言，从其历史演变过程来看，其最初起源的赎刑本来是以对被害人为赔偿对象的，也就是说，最初的刑罚者为了使被害人能够得到及时有效的补偿，才使赎刑制度得以产生，并使其成为刑罚的替代方式；而没收财产也主要是为了用于补偿于被害人，这在当前非洲国家的刑法中仍然盛行。然而，就现行的罚金制度及没收财产制度而言，不仅与被害人不沾边，而且，根据现行的有关刑法解释，如果犯罪人能够交纳罚金的，也可以适当对其主刑予以从宽或者在罪行较轻时适用缓刑。③这进一步说明，国家为了实现对犯罪人的经济处罚，在一定程度上可以与犯罪人进行妥协而放弃主刑或变更主刑的执行方式，即实际上通过与犯罪人的和解而以经济处罚的方式代替或变更监禁刑的执行。在这一实现下比较刑法对被害人规定，两者就显得极不公平。这种不公正具体表现为以下两个方面：第一，在被害人遭受实际的犯罪侵害而使财产受到实际损失或身体伤害的情况下，同样是犯罪的受害人或者说被害人在更为迫切地需要从犯罪人处获得经济补偿与救济的时候，刑法却只规定了国家对犯罪人的罚金权，而对于被害人不仅将犯罪人的损害赔偿直接规定为一种民事责任，而且还只限于犯罪造成的直接损失或必然损害，被害人也就根本无法指望通过对犯罪人的刑事强制力来保障其损害赔偿的实现；第二，同样是犯罪

---

① 关于国家与犯罪人之间进行实质上和解的内容，笔者已经在关于刑事和解实证考察一节内容中进行过较为细致的归纳，在此，只就其对被害人与犯罪人之间刑事和解正当性的前提性作用进行简单论述。

② 这难免给人一种印象，似乎虽然受损的是可怜的被害人，收益的却是坚若磐石的国家。这也不能不让人感觉国家在趁着可怜的被害人遭受的灾难而发不义之财。

③ 如1999年10月27日最高人民法院发布的《全国法院维持农村稳定刑事审判工作座谈会纪要》第三部分 第（四）项关于财产刑的内容即可予以说明。

的受害人，但是国家在遭受犯罪侵害以后，可以为了获得经济补偿或对犯罪人实现经济处罚，可以有条件地与犯罪人进行妥协，进行实质上的和解，但被害人在没有其他途径获得被害补偿救济的情况下，却不能公开、合法地与犯罪人进行和解。这种现象的确不符合法律的公平和公正，因而也就缺乏相应的正当性，除非在同等条件下，刑法也对被害人规定了同样的可以和犯罪人进行和解而获得救济的权利。

其次，就现有的量刑制度而言，其中自首、立功两种从宽量刑情节无论是从实体内容还是实质的运行模式都表现为国家与犯罪人之间的一种抽象的交易协议，因而包含了国家与犯罪人之间进行刑事和解的实质。关于自首和立功的交易性与和解实质可以简评如下①：第一，关于自首：由于刑法规定犯罪人在犯罪以后，如能主动归案并如实交代自己的罪行或主要罪行，则可以对其从轻处罚或减轻处罚，或在罪行较轻时可以免除处罚。因此，依据自首对犯罪人定罪量刑既符合罪刑法定原则，也符合罪刑相适应原则。但是，如果暂且不考虑刑法对其所作的专门制度化规定，而仅从单纯的罪刑相适应原则出发，则犯罪人所受刑罚的轻重应当以犯罪人的实际罪行的轻重为依据，而不能以犯罪后的事实为依据，正如美国学者所言，刑事责任出现在犯罪发生时，从理论上说并不受被告后来的行为影响，不管该行为有多么真诚和慷慨。②那么，对于犯罪人的自首而言，由于它只是在犯罪业已完成后的表现，因而自首原本并不能成为减免应受刑罚的依据；同时，从我国刑法确定的量刑原则考虑，将自首视为一个量刑情节虽然并不排除对犯罪人悔罪的奖励，但自首的犯罪人更多是为了获得从宽处罚的待遇，而国家允许并鼓励自首的目的，也主要是为了提高案件的确定性，并因此极大地节省司法成本，提高办案效率。自首的交易性也正是基于这种双方互利互惠的目的，而刑法通过对自首量刑情节的规定实际上是事先普遍性地表明了与犯罪人进行交易的愿望与态度，这可以被看做是一种和解的提议；而犯罪人在犯罪后的自首恰好是对这一提议的回应。但是，自首的交易性与和解实质不仅因特定的制度名义而被隐藏，而且其也因特别名义的制度规定而获得了合法性及法律的保障。第二，关于立功：相比于自首的规定，立功对犯罪人显示了更大的诱惑，而刑法列举的立功的内容大多都是与犯罪人的犯罪事实本身或对犯罪后果本身并无补救意义的内容。刑法设置立功的目的，只是出于一种更为功利的目的（当然它也不排除同时产生的对犯罪人的教育功能），即为了获得或落实更多的有关其他人犯罪的信息或鼓励犯罪人创造其他价值，不惜动员犯罪人积极"将功赎罪"（当然也不排除其自身正义性）并为其提供更为优惠

① 关于自首与立功所具有的交易性与和解实质，笔者另外行文进行论述，本文因篇幅所限只作简单评述。

② 参见［美］埃米利·希尔弗曼："美国的刑事赔偿制度"，刘孝敏译，载赵秉志主编：《刑法论丛》，第10卷，北京，法律出版社，2006。

的刑罚减免政策，因此，立功制度相比于自首的交易性更为突出。

上述被害人在遭受犯罪侵害以后与国家不同的处境以及刑法对其二者的不同保护制度，生动地显示了现行刑法制度的不公平性，基于这种背景，被害人就具有与犯罪人进行刑事和解的正当性。否则将有以下关于正当性的质疑：既然国家与被害人均遭犯罪的侵害，国家可以通过刑事诉讼程序实现其受损权益的恢复，为何被害人却不能借助刑事诉讼程序实现自己受损权益的恢复与救济？既然国家为了功利的目的可以与犯罪人和解，那么被害人为何不能为了自己正当的需求而与犯罪人和解呢？如果说国家与犯罪人之间的和解具有正当性，那么，被害人与犯罪人之间的和解为何又不具有正当性？或者如果说，国家与犯罪人之间和解的正当性是因为刑法的规定，那么，刑法为何不能规定被害人与犯罪人之间的和解而使其具有同样的正当性？或者既然国家都不能完全依照严格的犯罪构成来确定犯罪人的刑事责任，那么为什么不允许犯罪人与受害人之间通过和解而对刑事责任进行一定程度的变通呢？

此处需要指出，上述关于自首、立功等制度下构成的国家与犯罪人之间实质上的和解，是在国家作为被害人的前提下所作的逻辑判断。因此，如果说这种判断有违于刑法设置自首、立功等制度的目的，而不能成为被害人与犯罪人进行刑事和解正当性的参考依据，那么，从犯罪后表现对于犯罪人刑罚影响的角度分析，如果说自首、立功等事实可以作为犯罪人犯罪后的良好表现而获得刑罚上的法定减免，则犯罪人通过与被害人和解并对其进行积极赔偿、补救的事实当然也应当成为对其刑罚减免的法定事实。从这一角度讲，刑事和解仍然可以通过与自首、立功制度的比较而获得相应的制度化正当性理由。

2. 被害人与犯罪人之间法律待遇的相对不公正

首先，被害人与犯罪人作为犯罪纠纷的两方主体，在正当权利保护方面应当得到同等的机会，而不能厚此薄彼；其次，被害人与犯罪人作为犯罪纠纷中加害与受害对立的双方，在实体权利与利益得失方面，刑事法律应当保障被害人获得相应的权利保护与利益补偿，使犯罪人受到相应的惩罚与损害。即通过对犯罪人的惩罚，使其遭受相应的损害以实现对被害人的权益恢复，并实现对犯罪之否定的否定而达到新的秩序的平衡。因此，在犯罪发生后，被害人首先受到保护，犯罪人受到惩罚是基本的正义要求。再次，随着社会文明的进步，被害人自觉地交出自己对犯罪的私自处置权，并诚恳地接受国家的刑罚权，与其权利的交接相伴随的是被害人或一般社会人对国家能公平地适用刑罚权的信赖与愿望，即人们相信，由国家代替被害人而统一对犯罪人行使刑罚权时国家会公平、公正的处理被害人与犯罪人之间的权利对等关系。但是，现实情况却是，"人们把如此多的金钱和精力花费在犯罪人的身上，去监禁他，改造他，帮助他成为一个有责任心的守法的能自食其力的公民。如果说为受害人做了些什么的话，也是微乎其微的。在这种刑事司法制度中，受害人仅有的角色便是充当指控犯罪的证人。对受害人的权利受损来说，那就是他'自作自受'啦。"①可以认为，在国家统一行使犯罪的追诉权及刑罚权的过程中，由于国家与犯罪人之间形成了强烈的对抗关系，其中国家处于坚不可摧的权力施授与控制一方、犯罪人处于被动应变与接受的另一方，双方力量对比悬殊，为了体现国家与犯罪人作为控辩双方在诉讼中的平等主体地位，也为了实现并显示对犯罪人人权的尊重与保护，国家通过刑事立法赋予了犯罪人以充分的诉讼权利和人道待遇，并在刑法适用的过程中提倡非犯罪化、轻刑化或非刑罚化。相比之下，被害人不仅原本就只是刑事司法制度中被遗忘的角色，其遭受犯罪侵害后损失的补偿及权利的恢复也只是水中月、镜中花，而且在犯罪人的待遇不断受到重视与提高的同时，被害人的权利与利益也并没有得到同步的重视与提升，其基本上不具有对犯罪及犯罪人的意见表决权的处境只是更加相形见绌。笔者认为，对于犯罪人的人道关怀及其基本诉讼权利的保障，无疑是在刑事政策及刑事法律制度实施过程中必须严格贯彻执行的。但是，在被害人的人权保护及人道关怀同样需要考虑的情况下，则不仅应该做到对被害人的同等考虑，而且应该优先考虑。否则，如果做不到对被害人相应的权利保障及利益补偿，就应该放弃对犯罪人（以犯罪成立为前提）的相应待遇。因为，如果不能同时做到这一点，对于犯罪人的人道就意味着对被害人的残忍。笔者在此提出现行刑事法律制度对被害人与犯罪人的相对的待遇不公，并非为了抨击现代轻缓化的刑事法律制度，而只是为了指出对被害人正当权利及利益进行关怀与保护的重要性和迫切性，或者说只是为了指出对犯罪人正当权利和利益的保障制度无疑为强化对被害人权利利益的保护制度提供了更为充分的理由。在这种背景下，既然国家必须坚持对犯罪人的轻缓化政策和策略，而且在国家暂时没有能力通过其他方式实现对被害人全面充分的保护和补偿的背景下，由于刑事和解制度的建立可以充分地使被害人实现其权益自我保护，同时还可以兼顾对犯罪人的轻缓化待遇，因而，刑事和解也就具有相应的正当性。

四、犯罪人处遇方面的正当性

（一）刑事和解补充了对犯罪人轻刑化的正当理由

根据刑罚谦抑的刑事政策，刑罚应该尽可能少用，或者只能作为最后的手段施加于犯罪人。因为"刑罚犹如双刃剑，用之得当，则国家和人民皆获其益；用之不当，则均受其害。"故刑法的适用、刑罚权的启动，必须做到"动之于必动，止之于当止"②，而现代的轻刑化思想更是强调对犯罪人在必

① 洪永红主编：《非洲刑法评论》，194页，北京，中国检察出版社，2005。
② 梁根林著：《刑事法网：扩张与限缩》，49页，北京，法律出版社，2004。

须处以刑罚的时候也应当尽量能轻则轻，能宽则宽，也就是尽量对犯罪人适用较短的刑期或适用较为轻缓的刑罚方法，以避免刑罚的滥用或重用。①轻刑化思想或刑罚的谦抑原则，一方面源于人们对刑罚功能有限性及刑罚负面作用的认识，另一方面源于全球范围内对犯罪人人权保护和人道关怀的思想观念。但是，从我国的刑法理论及刑事司法实践现状来看，轻刑化及刑法的谦抑性原则主要表现为学者们在理论层面的呼吁和倡导，而在实践中，受长期的、传统的重刑思想的影响，人们仍然普遍地崇尚甚至迷信重刑的功效，并追求对犯罪的报应，以实现简单的正义。具体而言，虽然为了体现对犯罪人人权的尊重与保护，我国的刑事诉讼法就无罪推定原则以及犯罪嫌疑人或被告人的各项诉讼权利作出了明确的规定，但一方面，它们主要表现为一种程序性的规定，目的也只是追求程序正义，因而仅仅依靠程序规则难以实现对犯罪人的轻刑化处遇；另一方面，即使是在程序保护方面，刑事司法实践中关于犯罪嫌疑人、被告人或被判刑的犯罪人的人权保护往往并不能落实到位，因而也就不仅难以做到对犯罪人真正、全面的依法保护，更无从谈起对犯罪人的轻刑化处遇。因此可以说，我国处于一种刑法的轻刑化理论与刑事司法活动中的重刑化现实之间的矛盾状态。究其原因，除了受传统的重刑思想的影响，以及刑法本身对有些犯罪的刑罚配置较为严厉外，刑事司法实践中难以实现轻刑化和刑法谦抑在某种程度上来说，是由于司法人员缺乏可以实际依赖的轻刑化理由。即由于对犯罪人从宽处罚的依据主要限于犯罪人具有的法定从宽处罚情节或较为明显的酌定从宽情节，因而，如果犯罪人不具备法定从宽情节且无明显的酌定从宽处罚情节时，对犯罪人就很难再做到从宽。而关于酌定情节的应用，其主要借助于司法人员的自由裁量，但司法人员通常大多会因为保守并从适法的安全性考虑而不选择对犯罪人从宽处罚。在这种情况下，所谓的酌定情节当其表现不明显时就等于没有该情节。这一状况也实际影响到了对犯罪人进行损害赔偿的行为的处置，也就是说，即使犯罪人事后对被害人进行了积极的赔偿，而且这种赔偿行为因为比较明显地表现了犯罪人的悔改而常常被作为一个酌定量刑情节加以考虑，但它仍然因为不具有法定的当然从宽的效力而难以保证其对犯罪人产生轻刑化结果。比如2005年11月29日一名法官发布于中国法院网上的文章所指出："要正确处理赔偿与处罚的关系，对罪行严重的被告人，特别是依法应判处死刑的被告人，不能因为已作出赔偿而对其从轻处罚；对被告人不能因为量刑上从重处罚而减轻其民事部分的赔偿责任，也不能以从重量刑迫使被告人赔偿超出

---

　　①　虽然当前更为强调宽严相济的刑事政策，提供对犯罪人该宽则宽、该严则严，但宽严相济之"严"并非绝对的"严"，而只是在整体轻刑化的基础上对重罪相对的"严"，因此，它并不与刑罚的轻刑化相冲突。

被害人物质损失范围的数额。"①再如，即便是在 2007 年 1 月最高人民法院颁布了《关于为构建社会主义和谐社会提供司法保障的若干意见》，并提出"案发后真诚悔罪并积极赔偿被害人损失的案件，应慎用死刑立即执行"后，广东省东莞市法院院长依然在对所谓的其"赔偿减刑"的案件中申明："并不是所有的刑事案件都可以采取这种做法。对于社会影响恶劣的案件，即使被告人赔钱，也不能减刑。"然而，刑事和解如果得以制度化，使被害人与犯罪人之间的和解成为一个法定的从宽量刑情节，而不再只是一个寄托于损害赔偿的酌定情节效力的影子，那么这种情形就会随之改变。对此，一方面可以说刑事和解的制度化将为正当地实现对犯罪人的轻刑化提供了正当理由，另一方面也可以说对犯罪人正当地实现轻刑化的需要也为刑事和解的制度化提供了理由。总之，若从犯罪人的角度考虑，首先，刑事和解是被害人与犯罪人通过相互的沟通与协商而由犯罪人对被害人进行损害赔偿或作出其他的补偿，以及被害人因此对其予以谅解并同意放弃或降低对犯罪的刑罚要求的活动。和解的实现说明，犯罪人在犯罪后对被害人作出了相应的忏悔或补偿，它本身就是犯罪人的一种悔改表现，而且是一种积极且实际的表现，否则，被害人作为其"敌人"不可能对其予以谅解。因而，如果将刑事和解作为犯罪人悔罪的一种最为直接的表现，它理应成为一个量刑的从宽情节或对其进行轻缓处置的理由。其次，犯罪人与被害人能够达成和解，说明连作为直接受害人的被害人都能够对犯罪人予以谅解，以至于可以放弃或降低对犯罪人的刑事责任要求，那么，作为抽象的国家受害人，更有理由对犯罪人作出谅解；或者，至少在最低的层次上，为了尊重被害人的意志，也为了尽可能地督促犯罪人对被害人作出补偿和救济，应当在被害人同意放弃或降低对犯罪人刑罚要求的前提下将其作为对犯罪人作出轻缓化处置的依据，并通过立法将其加以固定，以保障其作为一个法定的从宽情节。再次，刑事和解一旦制度化，通过将和解作为一个法定的从宽处罚条件，即可以使司法人员在处理具体刑事案件时名正言顺地对犯罪人作出轻缓化的处置。这样，自然可以有效地实现对犯罪人的刑罚轻缓化，也可以实现刑罚的谦抑性。

（二）刑事和解能有效弥补刑罚本身对犯罪人的功能不足

刑罚的功能既包括对被害人的保护和恢复功能，也包括对犯罪人的报应与教育、改造功能，此外还有一般的社会防卫功能。刑罚功能的有限性，表现在诸多方面，也具有多方面的原因，因此本身是一个庞大的话题。虽然弥补刑罚对犯罪人功能的不足并非刑事和解的主要或核心内容，但刑事和解仍然对促成犯罪人的积极改造与回归社会具有良好的弥补功能。

就刑罚对犯罪人的功能而言，无论是刑罚的教育改造功能，还是刑罚的

---

① 俞志银："刑事附带民事执行难的成因与对策"，载中国法院网。http://www. chinacourt. org/public/detail. php? id=187282，2005-11-29。

报应威慑功能，尽管它们在理论上都有其合理性与可期待性，但其功能的真正实现或完全实现仍然只是刑法理论家们的一种理想。这一点已经被古今中外的刑事法制发展历史充分证明。简单地讲，刑罚对犯罪人的功能不足主要表现为以下两个方面：首先，从刑罚的心理反应上来讲，尽管犯罪人由于受刑罚处罚使其基本人身自由权利等受到现实的限制或剥夺，而通过切身的痛苦体会从中感受到国家的威严及刑罚的残酷，并因认识到自己行为的刑事违法性及刑罚的不可避免性，或因保留刑罚经历的痛苦记忆而产生相应的再次犯罪的抑制心理，但这一心理毕竟是在国家的强制力下被动、机械地形成的，犯罪人往往只会认识到自己行为违反了国家的刑事法律，自己所不得不承受的刑罚也只是不得以而对国家履行一种责任，或对自己罪行的抵消，而不会更进一步去悔悟自己行为的恶害是什么，因而也就不会真正地产生良心上的自惭和悔悟。为此，刑罚的教育功能也就会大打折扣。其次，由于犯罪人接受国家刑罚处罚是在自己无力与国家强制力进行对抗的情况下被动接受的，这种被动接受刑罚处罚的过程不仅可能不会促使犯罪人产生罪不该犯的悔罪心理，相反还有可能加深其内心对国家的抵触与仇恨，并再次为犯罪埋下种子。而犯罪人一旦因为报复国家施予的刑罚而再次犯罪，就可能使国家与社会及其自身都卷入再次犯罪与反犯罪的洪流。在这种情况下，刑罚原本的报复功能也就失去了意义。但对此不幸的是，不仅几千年前老子就指出"民不畏死，奈何以死惧之？"而且我国 20 年来数次可谓"从重、从快、从严"的"严打"活动，每次严打过后犯罪率不降反升，累犯大量、反复构成的事实以及各国以监禁刑为主的刑罚执行的失败都充分说明了这一点。即刑罚在报复犯罪功能上的不足与失败。再次，从犯罪的原因上来讲，尽管刑罚具有社会防卫及犯罪人改造的功能，但由于犯罪的原因具有多样性和复杂性，并在一定程度或一定范围内不可避免，因此，在总体上，要想通过事后的刑罚致使犯罪人接受教训而不至再次犯罪，或者希冀刑罚的威吓来防控其他人不会犯罪，虽然可以起到一定的对犯罪人犯罪心理的遏制作用，但这种作用是有限的。也就是说，首先是犯罪原因存在的必然性决定了犯罪发生的必然性，因而刑罚自身的功能相应的也就具有有限性。

正如恢复性司法的中心意旨"反对传统的将报应和功利作为施加国家刑罚的正当理由，相反，它提出，'国家介入刑事纠纷的目的是给参与者带来和平和恢复损失'。"[①] 与所倡导的一样，刑事和解不仅具有积极恢复被害人受损权益的功能，而且其对于犯罪人的改造与回归社会具有良好的促进作用。从心理反应上来讲，无论犯罪的动机和目的是什么，作为一个具有一般

---

① Joe Hudson/ Burt Galaway, Introduction: *Towards Restorative Justice*, in: Hudson/ Galaway, Criminal Justice Restitution, and Reconciliation, New York, 1, 2 (1990). 转引自［美］埃米利·希尔弗曼："美国的刑事赔偿制度"，刘孝敏译，载赵秉志主编：《刑法论丛》，第 10 卷，236 页，北京，法律出版社，2006。

理性的人，在其犯罪以后，犯罪人都会对自己的行为进行内心的是非、得失的评价并作出相应的反应或行动。但这一自我评价只是一个本能的低级的以自我为中心的评价，犯罪人并非能够完全主动地从社会、从受害人的角度去评价认识其行为的意义和影响。因而，犯罪人并不容易产生深刻的悔罪心理。同时，即使在面对刑罚处罚或在接受刑罚处罚的情况下，犯罪人可能会因为感受刑罚的严厉性及刑罚对自己带来的实际的痛苦影响而产生悔悟，但这种悔悟也多是因对刑罚的畏惧及痛恨而形成的一种悔不该当初的心理，而非对自己犯罪恶害性的良心悔悟或道德情感上的悔悟。但是，在刑事和解的情况下，它是在对犯罪人进行定罪量刑之前，先期由被害人与犯罪人在面对面或者在他方的调停与帮助下，相互进行交谈，并由此进行沟通与协商，进而达成和解协议的过程。相比于刑事诉讼中犯罪人与国家的无情对抗，被害人与犯罪人的刑事和解是一个温和、从容的过程。在这一过程中，正如刑事和解理论之一的叙说理论所指出，被害人通常会向犯罪人叙说自己承受犯罪侵害的痛苦和感受，从而不仅使被害人自己可以获得一个情感释放和发泄的机会，以获得一定程度上内心的某种平衡与恢复，更重要的是它可以为犯罪人提供一个鲜活的犯罪恶害画面，从而使犯罪人可以有机会从受害人的角度和立场去重新认识和评价自己的行为。就人性而言，虽然并非人皆可成尧舜，但是对于具有一般道德情感的人而言，通过设身处地的换位思考后，在认识到自己行为的恶害性以后，内心都会受到一定程度的触动，并产生内心深处的悔罪，这种悔罪不再只是出于对刑罚恐惧而产生的悔罪，而是因为良心的惭愧而产生的悔罪。相比而言，一个人因为内心的惭愧与悔悟而厌恶犯罪比因为出于对刑罚的畏惧而不敢犯罪，可以说前者的力量是无穷的。但是通常，内心的悔悟需要引导，需要一个契机，而相比之下，刑事和解正好是这样一个非常宝贵的可以引导犯罪人积极悔改的途径。其次，刑事和解通过促使犯罪人积极地进行损害赔偿，不仅及时有效地实现了对被害人的救济与恢复，而且可以同时促进犯罪人积极悔改并促进实现刑罚的报复正义。第一，就刑事和解而实现的损害赔偿对于犯罪人改造的促进而言，从反面讲，"由于对于被害人，在任何意义上说，履行赔偿是十分重要的，它使犯罪人不得因犯罪而得利，而且如果受害人得不到补偿对整个社会来说是十分有害的。"① "如果为了消除恐惧的情绪，补偿应当和惩罚一样，与犯罪形影相随。如果对犯罪只适用刑罚，而不采用补偿措施，那么，尽管许多犯罪受到惩罚，但很多证据证明，惩罚的效力甚微，并且，必然给社会增加大量的令人吃惊的负担"。因为，如果人们看到罪犯由于承受了刑罚而没有被要求对受害人给予补偿，也就是说，罪犯仍然保有了犯罪的快乐和利益，那么，这种承担一定痛苦以换取某种利益的情形，必然会刺激人们的欲望，使同类犯罪

---

① 洪永红主编：《非洲刑法评论》，207页，北京，中国检察出版社，2005。

再次发生。① 因此可以说，通过刑事和解而促进犯罪人进行履行损害赔偿的活动，首先教育了犯罪人，即使在犯罪后侥幸获得了刑罚的减免，即使获得了被害人的谅解，但最终仍然要对其所犯罪行造成的损失承担责任，即使这种责任的承担方式因为和解而变得人性化和人道化。可见，刑事和解通过被害人损害赔偿的实现以及犯罪人对损害赔偿责任的不可避免，同时实现了对犯罪人的进一步教育、矫正及对一般社会成员的警戒。从正面讲，正如很多评论家呼吁非洲国家当局将非洲传统的刑罚和正义观与本国的刑事司法体制相结合时所指出："他们认为罪犯不只是接受惩罚，而且与受害人和解并给予其补偿。这为罪犯回归社会铺平了道路。"②而且也正如早期的刑事损害赔偿的支持者史蒂芬塞弗所指出的，改正性的损害赔偿除对被害人有益外，还有助于实现刑法传统的矫正目的，而实现这个目的是通过提醒犯罪人，他的行为不仅侵害了国家、法律和秩序，最主要的是对被害人的伤害。"损害赔偿制度不仅在合理的限度内对被害人的伤害或损失有益。同时，对罪犯改正、改过自新和矫正都有帮助。"③ 第二，在制度化的刑事和解下，虽然通过刑事和解犯罪人相应的得到了刑罚的减免，但实际上就其最终所履行的责任来说，如果将损害赔偿看做是一种惩罚（事实上也的确往往带有惩罚性损害赔偿的性质），那么犯罪人最终受到的刑罚或赔偿性惩罚的总量仍然会与其犯罪相适应，也就是说犯罪人并不会因为刑事和解而真正逃避或减免责任，因此也可以从实质上说，犯罪人最终还是受到了相应正义范围内的报应。而且，由于通过刑事和解可以促进犯罪人积极地进行损害赔偿，刑事和解的运用与实施也就相应的促进了刑罚对犯罪人的正义报应。目前，就我国的刑事司法现状而言，由于现行的刑事法律制度严重缺失对被害人的有效保护，尤其是在被害人的损害赔偿方面缺乏有效的制度保障，因而，被害人在遭受犯罪侵害后不仅难以得到有效的保护和救济，而且，反过来往往更加刺激了出于经济利益考虑而铤而走险实施犯罪的可能。例如，2006 年发生的奔驰车撞死儿童的案件，足以说明损害赔偿对在遏制犯罪方面的作用。④

---

① 参见［英］边沁著：《立法理论——刑法典原理》，37 页，北京，中国人民公安大学出版社，1993。

② 洪永红主编：《非洲刑法评论》，78 页，北京，中国检察出版社，2005。

③ 转引自［美］埃米利·希尔弗曼："美国的刑事赔偿制度"（上），刘孝敏译，载赵秉志主编：《刑法论丛》，第 10 卷，235 页，北京，法律出版社，2006。

④ 一名司机在行车过程中在将一名三岁儿童撞倒后，又倒车将其碾死的案件。就是因为出于"撞死比撞伤便宜"的侥幸心理。如果刑法能够将对被害人的损害赔偿放在第一位，估计这样的考虑就会被遏止。

郭鹏飞 *

刑事和解制度本土化的设计与践行
—— 以检察机关的审查公诉活动为重点考察背景

近年来我国学者对刑事和解制度的历史渊源、社会背景、基本理念、表现形式等理论问题进行了探讨，文章试图在实践的层面上对这一制度本土化的可行性和适用前提以及范围问题略作论述，以期抛砖引玉，见教于方家。

一、刑事和解思想简介

刑事和解制度又称加害人和被害人和解，它是指被害人和加害人用和解的方式进行交易的刑事纠纷的解决方式，其"内涵是在加害者实施犯罪后，由调停人使加害人和受害人直接商谈，解决纠纷冲突，其目的是恢复双方当事人之间的和睦关系，并使加害人改过自新。"①

根据传统的刑法观念，刑事和解思想所倡导的以协商解决刑事纠纷的方式是离经叛道的，它动摇了罪刑法定、罪刑相适应等基本原则。传统刑法从国家立场出发，对犯罪采取强硬路线，坚持有罪必罚，反对对犯罪做变通处理。刑法作为一种镇压工具和统治艺术，关注的是法权威的维护，而对于应当蕴涵在法律当中的精神、意识和观念考虑的不够充分。司法实践表明了以强硬路线对付犯罪并不非常有效。笔者以为，刑事和解制度在中国的构建和践行，也许为刑事纠纷的较为彻底的解决找到了一条更加高效和经济的途径。

---

* 宁波市江东区人民检察院助理检察员，法学硕士。

① 参见刘凌梅："西方国家刑事和解理论与实践介评"，载《现代法学》，2002（1）。

二、刑事和解本土化的必要性和可行性

（一）刑事和解的必要性：注重调解的文化基因和心理因素

中华文明以和谐为基调，受儒家思想影响，在社会的控制方式上强调"以德治国、以礼治国"，人与人交往中讲求"仁义礼智信"，这种"和为贵"的文化基调孕育了中华民族宽广仁爱的胸襟和"乡土中国""无讼"的社会传统。"无讼"就是运用"评理"的手段，实现"泯恩仇"的目的。"调解是新名词，旧名词是评理"①，以什么评呢？用礼。礼不明呢？有德。在乡土社会里不懂礼就是没有规矩，维持礼治秩序的理想手段是教化而不是折狱，维持礼俗的力量不是外在的强制，而是身内的良心。学者们津津乐道于外国的这项制度那项制度，移植任何一项司法制度都有一个"服不服中国水土"的问题。这种现代司法制度难于契合兼容乡土社会的"南橘北枳"的情况在电影《秋菊打官司》被展现出来：秋菊执着地"讨个说法"以及惶惶然走上法庭，似乎都是秋菊的法律意识在现代司法制度影响下的觉醒，而实际通过村长被法办那一刻秋菊困惑的眼神，我们看到她对自己"讨说法"的过程和结果都极大地怀疑和失望。秋菊的想法明白而简单："我就是让他给我低个头，认个错。"低头认错的实质是和解，这也是中国传统文化处理矛盾冲突的根本方式。秋菊们的想法在乡土社会里具有普遍性。法律解决虽无可非议但并不是秋菊想要的结果，甚至是她极力避免的，因为这样一来，纠纷虽然得到了法律上的解决，但却损害了乡土社会里的长期依赖的看不见的社会关系网络，这种有时有纠纷但有时能互助的社会关系影响到人们的长远利益。在这个意义上讲，"法办"的效果不如"和解"。大而言之，秋菊们的困惑与其说是法律移植过程中法的本土化和全球化或者个别化与普适化之间的矛盾，还不如说是一种国家本位和个人本位之间的冲突。那么，秋菊们的困惑就不是本土化的问题了，而是全球化的问题了。目前全世界有两千多项和解计划，也说明了这项制度在全世界范围内的强大生命力。

行文至此，可以说在中华文明的主脉中，"和为贵"的观念始终主宰着人们的思想意识。儒家强调的君子应当奉行的"犯而不较""恕道""己所不欲，勿施于人"。这些都是典型的宽容理解观念，是实行刑事和解制度的传统文化基因以及民众心理因素。

（二）刑事和解的可行性：广泛存在的基层群众调解组织和比较有效的调解方法

在普遍认可"和为贵"的土壤里，我国具有比较成型的民间调解组织和具有效果比较好的调解方法。中国古代的乡老调解和官吏问案都贯彻了"礼教为先、德化为主"的原则，用说服、教育、劝导的方法对自己原来的行为

---

① 费孝通著：《乡土中国 生育制度》，56页，北京，北京大学出版社，1998。

予以反思,实现当事人之间的和解,最终使个人之间的和睦和社会的团结恢复到纠纷产生以前的情况。费孝通先生曾经对乡村民间的调解进行了考察:"乡土社会里的调解其实是一种教育,……差不多每次都由一位很会说话的乡绅开口,他的公式是把双方都骂一顿:'简直是丢我们村子的脸,还不认了错,回家去。'接着也教训一番,有时竟拍着桌子发一顿脾气,这一阵却极有效,双方有时就这样和解了。有时还要罚他们请一次客。"① "在中国的乡土社会里,国家的法律条文,政府的权力运作,民间的习俗惯例都对纠纷的平息起到了化解作用。"②

陕甘宁边区的高等法院曾经在"马锡五审判方式"的基础上创造出了更加强调国家参与的新型人民调解制度,其方法更加多元和有效,也更加制度化、规范化,其优良传统沿用至今。

今天的《刑事诉讼法》确认了调解结案的审判方式,法律认可了相关案件的受害人、加害人及其近亲属积极主动的参与到一定范围内刑事案件的处理过程。司法实践已经表明这种适度尊重加害人和受害人解决刑事纠纷自主意愿的调解结案的方式,当事者双方与人民调解员、法官、检察官共同寻求解决问题的方案,这对于增加司法裁判的可接受性,减少申诉、上诉,修复被冲突损害的社会关系具有重要作用。各地普遍设立的人民调解组织和众多的具有丰富经验的人民调解员是实行刑事和解制度的组织基础和人员基础。

三、关于刑事和解本土化的设计和践行的几点设想

还应当看到,刑事和解制度远非万能,局限性也相当突出,前景仍然不明朗,它只是为解决刑事纠纷提供了一种新的思路,很明显在现阶段有些类型的案件不适合于和解,采用其他的方式,效果可能更好。刑事和解关注结果不关注过程,注重实体不注重程序。刑事和解与其说是一种专门的程序和严格规则,不如说是一系列的原则和价值。目前刑事和解在我国尚处在理论探讨和实践摸索阶段,现就该项制度的设计和践行提出几点初步的建议。

(一) 局部实验基础上的经验总结和理论概括

在涉及刑事和解制度的基本理论上没有一种具有原创性的系统且完整的建树,刑事和解的前景仍然是不明朗的。在设计刑事和解制度时,首先应当承认刑事案件在性质和种类上的复杂性,有的刑事案件既有当事人的利益还有社会的安全,所以在整个过程应当坚持严谨的实验式思维。一个可行并且稳妥的办法是对于眼下各地所实施的和解计划或者方案加以梳理,逐渐发现其中的一些具有普遍性的规律和若干要害问题,通过各个层面上的讨论和学

---

① 费孝通著:《乡土中国》,80页,北京,北京出版社,2005。
② 赵旭东著:《权力与公正——乡土社会的纠纷解决与多元的权威》,295页,天津,天津古籍出版社,2003。

术研讨获得较为广泛的共识，再逐步地扩大局部试验的区域，从而为刑事和解的最终法制化积累经验。具体而言，先从适合于和解的简单财产型、伤害型案件入手，逐步扩展到暴力型犯罪、侵犯名誉型犯罪、严重的财产型犯罪，最终把刑事和解思想渗透到整个刑法体系的脉络中去，当然，如果最终不能达成和解协议，案件还是要转到传统的司法程序当中。在某些简单轻微刑事案件的和解过程、结果的基础上，系统地搜集整理资料，进行学术论证与反思批判，从而为整个刑事和解制度的设计提供比较可靠的数据基础，出现偏差也能迅速地调整和解计划。立法机关就可以在总结实务经验、清理运作效果、反思学术的反馈的基础上，推出相对成熟稳健的和解方案、和解计划。

（二）毫不妥协的适用前提

刑事和解的初衷是为被害人提供疏通被阻滞情感的渠道，如果没有加害者的有罪供认，那就不能实现加害人和受害人相互信任的氛围和合作的愿望。"犯罪人—被害人和解纠纷解决方式鼓励被告人承认罪行、讲出真相，并将这一点视为和解的必要前提。而传统的诉讼模式则支持被告人隐瞒、回避甚至否认自己的罪行，并具体表现为沉默权的赋予、对抗式的诉讼模式、超出合理怀疑的证明标准等一系列制度的安排。"[①]只有坦诚相待，不回避、不歪曲、不隐瞒、不推卸罪责，才可能达成建设性的犯罪解决方案并确保及时全面的履行。有罪供认对双方心灵的平复具有重要意义。其实任何一项严重的故意犯罪，从犯罪意念的产生到犯罪计划的形成，再到着手实施犯罪行为，行为人都是在极其困难的条件下完成的。通过加害人向司法机关和被害人讲述事情的起因、过程、结果和真实动机，才能真正理解自己行为的错误性质，才能产生内心的真诚悔悟。双方当事人内心的怀疑、委屈、恐慌才能被有效地排遣，特别是被害人的心灵得到了舒缓，达到了增进共识、消除误会、恢复和谐的效果。以讲出真相、承认罪责为前提的沟通过程和结果是刑事和解的核心内容。只有行为人自愿认罪，只要加害者讲出了事实真框，真诚地承担责任，那么即使和解失败，案件转入普通程序进行审理，加害人所表现出来的愿意赔偿损失的善意表示和认罪态度都应当作为从轻处罚的重要考虑因素，只是在减刑幅度上应当小于被害人作出接纳性认可的情况。

（三）先易后难、积极稳妥的立法进程

凡是成熟稳健的立法，莫不是经过深思熟虑，从特殊领域内的实验入手，先观察具体制度的立法设计、运作状况、实践效果，再不断改进和调整后再推向一般法域。立法机关应当首先确立刑事和解的实体法规，再从具体程序安排上予以落实。这既符合实践理性的一般规律，也尊重这一制度本身

---

①　张庆芳："恢复性司法——一种全新的刑事法治模式"，载陈兴良主编：《刑事法评论》，第12卷，460页，北京，中国政法大学出版社，2003。

的发生机理和运作状况。刑事和解的法治模式不可能一蹴而成，应当与当下的法治构造和社会背景状况相适应。

目前的刑事和解应当以现行法的有关规定为依据，首先把刑事自诉案件和交通肇事案件纳入刑事和解的适用范围。刑事诉讼法对告诉才处理的案件和被害人有证据证明的轻微刑事案件规定了一套较为简陋的调解程序。从司法实践看，法院对自诉案件的调解的实质以刑事责任和民事责任连带解决为方式，实现平衡双方当事人利益请求的目的。法院对当事人达成的调解协议一般都予以认可，如果受害人撤回自诉之后再反悔，法院也不能追究加害人的刑事责任。国务院《道路交通事故处理办法》规定的处理程序，是交通肇事案件的刑事和解程序的雏形，尚不能称作是真正意义上的刑事和解程序，还需要进一步完善：在确保满足合理的赔偿损害的基础上注重精神补偿和关系修复。检察机关对交通肇事案件的刑事和解后的不起诉决定应当以如下情况作为和解的基础：肇事者犯罪后果比较轻，事发后积极抢救被害人，侦查机关调查处理时予以积极配合，真诚地悔过，尽可能地承担赔偿责任，消除化解了受害人及其亲属的怨恨，取得了受害方的谅解。双方当事人能否达成和解协议并不是是否提起公诉的决定性因素。如果被害人及其家属报应心理比较强或者漫天要价，即使受害人不接纳加害人所作出的赔偿损失的真诚努力并且也不能达成和解协议，加害人所表现出来的愿意赔偿损失的善意表示和认罪态度都应当作为检察机关作出不起诉决定时的重要考虑因素。

对刑事自诉案件和交通肇事案件的和解经验进行积累和总结之后，下一步的刑事和解计划应当以检察机关的审查公诉活动为依托。刑事诉讼法以不起诉的途径把过失犯、偶犯、初犯、未成年犯、未遂犯纳入和解的范围，进一步扩展刑事和解的适用对象。这种犯罪嫌疑人主观恶性小，可塑性强，教育改造比较容易，理应把他们确定为刑事和解的适用对象。《刑事诉讼法》第142条第2款规定："对于罪行轻微，依照刑法规定不需要判处刑罚或免除刑法的，人民检察院可以作出不起诉决定。"这是检察机关酌量不起诉的法律依据。《人民检察院刑事诉讼规则》第289条也规定了微罪不起诉的制度，对于犯罪情节轻微，不需要判处刑罚的或者免予刑罚的被不起诉人，检察机关有权依照法律规定以非刑罚方法予以处置；第291条规定人民检察院决定不起诉的案件，可以根据案件的不同情况，对被不起诉的人予以训诫或者责令具结悔过、赔礼道歉、赔偿损失。在司法实践中，检察机关的微罪不起诉往往是以加害人与受害人面对面的会晤并达成和解协议并且进行可恢复性的努力为前提的，检察机关在对过失犯、偶犯、初犯、未成年犯作出不起诉决定时，都会充分考虑到受害人的利益和诉求，刑事和解程序应当突出被害恢复和民事赔偿两大主题。检察机关如果认为行为人罪责不大而且没有损害公共利益，可以暂缓对于微罪的起诉。对于上述微罪案件，加害人和被害人达成并且履行了调解协议的，检察院可以不经过法院径行作出酌量不起诉的决定，这就是刑事和解的法律后果之一。如果在合理的时间界限以内，加害人没有履行和解协议约定的义务，检察机关将毫不迟疑地恢复起诉。刑事和解的效果适用范围从自诉案件、交通肇事案件扩展到一般的微罪案件，刑事诉讼的整体效益估计都会发生实质性变化：避免加害人被贴上罪犯的标签，加害人顺利地实现再社会化，确保受害人得到及时有效的赔偿，平息受害人及其家属的报应心理。

刑事和解的适用范围问题，是设计和践行这一制度的主要困惑，即便是在充分整合微罪案件的刑事和解经验后，能否在整个刑法、刑诉法体系当中全面推进这一制度的布局，尚有待观察。因为前景不明朗，现在刑事和解的适用范围上，立法和司法都应当持相对谨慎和拘束性的态度，但笔者认为，可以尝试着把刑事和解的思想扩展到一定范围内的严重侵犯人身权利和人性尊严的犯罪，比如重伤害、抢劫、强奸等行为。如果检察机关认为犯罪嫌疑人已经坦白地承认自己的过错，向受害人作出相当严肃的道歉，其举动符合对犯罪损害的恢复性努力，该努力至少应当作为一个法定从轻、减轻处罚的情节，在起诉书中列明，要求法院对被告人从宽处罚，如果受害人对被告人的努力作出了自愿的内心的接纳性认可，构成了和解协商的必要性条件，立法能否考虑可以对被告人作出缓刑宣告或者其他观察性负担和替代性措施。

刑事和解作为刑事政策的一种选择，虽然不可能尽善尽美，其适用范围的有限性显而易见，但却充满着实践活力。笔者有理由相信，随着这项制度的不断完善，刑事和解将充分发挥解决社会矛盾，构建和谐社会的司法制度功能。

实 务 论 坛

徐汉明 *

我国检察职权优化配置的路径选择

检察职权是检察机关行使检察职能或检察官履行检察职务所依法享有的具体权能。各国法律对检察职权通常都有明确、具体的规定，这些规定是检察机关享有和行使权力的法律依据。如何合理配置检察机关的权力，保证检察权的有效行使，既达到惩罚犯罪，维护社会秩序，又实现保障人权，维护正义，是任何法治国家共同面临的重要课题，也是检察制度的核心内容之一。① 当前，优化检察职权配置、建立科学的检察职权体系，是新一轮检察改革的重要内容，关系到我国检察权能否公正、高效、权威地行使，关系到我国社会主义检察制度能否得到巩固和发展。鉴于此，本文对世界检察职权配置状况进行细致梳理，通过确认异同以掌握检察职权配置的基本规律；对我国检察职权配置现状进行客观分析，通过分析得失以把握优化检察权配置的重点问题；对检察职权优化配置的指导思想进行宏观思考，通过分清主次以获得检察职权优化配置的主要路径。

一、检察职权配置的比较考察

检察制度大致上可以分为大陆法系的检察制度、英美法系的检察制度和社会主义的检察制度三种类型。通过比较考察不同类型的检察制度，我们可以探寻检察权演进的历史轨迹，把握检察职权配置的发展趋势。由于各国在政治体制、经济基础、法律制度、文化传统和社会状况等方面存在差异，所以各国检察职权配置必然各具特色，以符合其本国实际。

---

　*　湖北省人民检察院常务副检察长，湖北省法学会检察学研究会会长，博士，全国检察业务专家。

① 参见本书课题组编著：《外国司法体制若干问题概述》，105 页，北京，法律出版社，2005。

（一）大陆法系国家的检察职权配置

西方检察制度最早诞生于法国。1285 年，法国国王菲利浦四世赋予"国王代理人"以政府公诉人的地位，其拥有：（1）听取私人控告；（2）侦查案件；（3）提起公诉；（4）支持控诉；（5）抗议法庭判决；（6）代表国王监督地方行政当局等职权，这为当代检察制度的形成及后来联合国制定《关于检察官作用的准则》提供了历史铺垫。1808 年，拿破仑颁布刑事诉讼法典，全面规定检察官在刑事诉讼中的地位和职权，检察官的组织体系、领导体制等日趋成熟。20 世纪 90 年代末，法国司法部长伊丽莎白·冀古夫人对检察制度进行大胆改革，司法部长作为行政长官指挥检察机关的职权被剥离，检察职权获得相对的独立性、中立性，行政色彩淡化。法国检察官享有极其广泛的职权——不仅体现在刑事诉讼中，也体现在民事诉讼、行政诉讼甚至是行政管理中。具体而言，法国检察官在刑事诉讼中的职权主要包括：指挥侦查、裁量起诉与程序选择、支持公诉以及刑罚执行；在民事诉讼上，对有关公益的案件检察官充当主当事人参与民事诉讼，同时，为了防止法律的错误适用，检察官有在审判时莅庭陈述意见、监督审判的权力；在行政诉讼上，在具有一般管辖权的行政法院中，检察官仅仅是法律的捍卫者，而在具有特殊管辖权的行政法院中，检察官则是特殊行政机关利益的代言人；在行政管理领域中，具有监督司法辅助人员、监督相关机构、检察院外的行政管理以及与公共秩序维护紧密相关的其他事项等权限。① 由此可见，检察官在当代法国司法制度中具有独特的重要地位，成为法国司法系统有序运作必不可少的枢纽。

德国采行法国的检察制度，其检察职权主要有：（1）刑事案件侦查权和侦查监督权，包括指挥、监督警察机关侦查的权力；（2）提起和支持公诉权；（3）刑事判决执行权；（4）刑事审判监督权；（5）参与民事诉讼权；（6）参与行政诉讼权。②

以法国、德国检察职权配置模式为发端，构成了大陆法系国家检察职权配置的基本模式。在资本主义国家殖民扩张，政治、法律、文化制度输出的同时，这种检察职权配置模型一同输出到殖民地国家，形成了当代大陆法系一百多个国家和地区检察职权配置的基本内容。

（二）英美法系国家的检察职权配置

英国检察制度产生的渊源有两个：一个是大陪审团；另一个是作为检察长前身的国王律师。1162 年，亨利二世设立专司，由 12 名陪审员组成大陪审团，由大陪审团向法院控告重大刑事案。13 世纪，英王派律师代其起诉，

---

① 参见施鹏鹏："法国检察官的职权"，载《人民检察》，2007（17）。
② 参见李征著《中国检察权研究——以宪政为视角的分析》，14—15 页，北京，中国检察出版社，2007。

其检察制度正式建立。1461 年，英王律师更名为总检察长，同时设置国王辩护人（1515 年更名为副总检察长），专司对破坏王室利益案件的侦查、起诉和听审。其身份具有多重性，集总检察长、女王的法律顾问、政府的法律官员和律师界的领袖于一身。由于受英国政治、经济、文化和历史条件的影响，英国检察职权较弱，其结构也不尽完善，仅维护王室利益，充当政府代言人、法律咨询者的角色。进入 20 世纪 70 年代，在社会呼唤公平正义、诉讼效率和法制权威的情势下，这种检察职权配置模式受到了严峻挑战，迫使英国首相卡拉汉·撒切尔夫人对其进行大胆创新，提请国会通过了《刑事起诉法》《严重欺诈局法》等法律，赋予英国检察机关与当代检察职权配置模式相协调的职权。英国（主要包括英格兰和威尔士地区，不包括苏格兰地区）检察职权主要有：（1）公诉权。（2）职务犯罪侦查权（依据 1987 年《严重欺诈局法》，建立总检察长领导下的严重欺诈局，直接立案侦查起诉 500 万英镑以上的重大、复杂欺诈案件；500 万英镑以下的欺诈案件由具有起诉职权的检察官负责侦查）。（3）对警察的侦查提出建议权。（4）在涉及国家利益的重大民事诉讼中，代表政府出庭参加诉讼。[①]

美国的检察制度，既仿效英国，又受荷兰与法国的影响，具有自身特点。美国检察职权的核心是追诉犯罪，并对政府官员职务犯罪行使侦查权。这包括：（1）触犯联邦刑法的刑事犯罪案件，由联邦检察官向法院起诉；（2）对重罪案，由联邦检察官向大陪审团提供证据和法律咨询，并由其决定是否起诉；（3）大陪审团决定起诉，检察官成为公诉的执行者。

以英国、美国检察职权配置模式为基础，当代英美法系近 60 个国家和地区的检察职权配置，作出了与英、美两国相似的安排。

（三）社会主义国家的检察职权配置

随着社会主义制度的建立，以苏联为代表的社会主义检察制度应运而生。1936 年 12 月，苏联通过了宪法，明确规定检察机关在国家体制中的地位、作用、职权和组织原则等。至此，一个具有苏联特色的、高度垂直统一的检察制度宣告形成，标志着法律监督权行使的专门化和制度化。苏联检察机关享有一般监督权，即检察机关对各级政府、地方各级权力机关、企业、事业单位和公民，就其所发布的文件和所实施的行为是否合法实行监督。检察机关在诉讼中的职权有：对侦查、调查机关的监督权；批准或变更强制措施的权力；向调查、侦查机关发出指示；决定不起诉权；在刑事诉讼中支持公诉，在民事诉讼中支持民事诉讼；对审判活动及判决、裁定的监督权，按照上诉程序、审判监督程序对案件提出抗诉，并有权中止已被抗诉的裁决、裁定的执行。此外，检察机关还享有对于剥夺自由场所是否合法进行监督的

[①]　参见本书课题组编著：《外国司法体制若干问题概述》，132—133 页，北京，法律出版社，2005。

权力。

苏联解体后，俄罗斯等独联体国家在改变检察制度社会主义性质的同时，以俄罗斯为代表的部分国家基本保持了一般监督权、垂直领导等特色，继续保留原有的检察职权配置模式和运行模式，部分东欧国家则选择了大陆法系国家的检察职权配置模式。

（四）联合国关于检察职权配置的基本准则

联合国在总结世界各国检察职权配置模式的基础上，根据国际司法现代化的要求，在 1990 年第八届联合国预防犯罪和罪犯待遇大会上对检察职权配置作出统一规定，这集中体现在大会制定的《关于检察官作用的准则》之中。该准则明确规定，检察官为司法工作的重要执行者，是一种有荣誉和尊严的职业；第 11 条规定，检察官有公诉权；第 14 条规定，检察官有不起诉权；第 15 条规定，检察官对贪污腐化案件有侦查权；第 16 条规定，检察官有监督权；第 17 条规定，检察官有酌处权。概而言之，主要就是公诉权、侦查权、监督权三大职权。联合国检察职权配置模式，反映了当代检察职权配置的趋势、特点及一般规律，是当代各国和地区配置检察职权的指南，其对于科学配置检察职权、优化检察权权能结构、形成现代规范的检察权权能体系、促进检察制度现代化建设具有重大而深远的意义。

通过考察世界三种类型的检察制度以及联合国《关于检察官作用的准则》，我们可以抽象出检察职权配置的基本规律：

1. 检察权的性质、检察机关的地位对检察职权配置具有决定性作用

大陆法系国家的检察权兼具司法权与行政权的双重属性，英美法系国家的检察权属于纯粹的行政权。在"三权分立"的政治体制下，西方国家的检察权无独立生长的空间，一般附属于行政权。大陆法系的检察官是"近于司法官之行政权之官员"，所有刑事案件都由检察官提起公诉。同时，为了保证公诉的有效性，法律赋予检察官指挥警察侦查和自行侦查的权力。与公诉权相联系，检察官具有自由裁量权、抗诉权等。英美法系的检察官是"政府律师"，主要是向政府提供法律咨询意见，代表政府进行公诉。检察官作为一方当事人，被赋予广泛的自由裁量权。以苏联为代表的社会主义国家检察机关，是独立的法律监督机关，拥有广泛的检察职权，拥有"一般监督"乃至"最高监督"的职权。检察权的独立，是社会主义法律监督理论对人类司法制度的重大贡献，也是人类社会发展到一定阶段的必然现象。

2. 公诉权、侦查权、监督权是检察职权配置的历史路径选择

综观人类社会对政治权力尤其是司法职权配置的路径，最初的职权配置模式的路径选择只能从氏族社会长老的最高权力，裂变为国家立法、行政、司法"三位一体"的权力体系，天子一言九鼎，言出法随。随后，对战争俘虏的处置权逐步演变为司法裁判权，司法裁判权从立法权、行政权和军事权中分离出来，成为相对独立的权力。为了制衡地方封建割据状态下的司法专

横、防止神明裁判的滥用、应对中央权力受到的严峻挑战，检察机关作为中央利益的代表，被赋予同审判权制衡、具有行政属性的检察权；作为社会公共利益的代言人，承担起对犯罪的侦查、指控的职能和参与民事、行政诉讼的职能。直到经济全球化的到来，检察职权配置才形成以联合国《关于检察官作用的准则》为标志的，具有侦查、公诉、监督三项基本职权的新型职权配置模式。总之，赋予检察机关侦查、公诉、监督三大职权，是为了实现权力制衡，维护社会公共利益，维护中央利益。

3. 检察权仍处于发展完善之中，检察职权配置已呈现出多元化趋势

检察权作为一种新兴的权力，从产生之日起一直处于不断发展中，检察职权在不断充实、完善之中。从近期世界各国检察制度改革来看，一方面，一定范围内的侦查权（主要限于职务犯罪案件，在英美法系被定义为欺诈案件）在逐步加强。另一方面，检察机关的相关权力在扩大，主要体现在三个方面：一是检控裁量权不断扩大；二是赋予检察官调解和一定的处罚权；三是赋予检察机关提起、参与民事行政诉讼的权力。①此外，检察机关的职权范围已从诉讼领域拓宽到社会生活的其他方面，一些欧盟国家的检察机关开始享有广泛的社会事务干预权。这不仅有助于将社会生活纳入法制轨道，促使社会行为的规范化，而且有利于实行法治。②

二、我国检察职权配置的状况评析

我国检察职权配置模型，是在列宁法律监督思想的指导下，在借鉴苏联检察职权配置模型的基础上，根据我国社会主义初级阶段的物质生活条件再造而形成具有中国特色的检察职权配置模式。我国检察职权配置是围绕维护党的领导、坚持中国国体与政体、履行法律监督职能的主线展开的。

（一）我国检察职权配置的立法现状

1979 年颁布、1983 年作部分修订的《人民检察院组织法》第一次开宗明义地规定了人民检察院是国家的法律监督机关，该法第 5 条具体规定了五项检察权职能。1982 年《宪法》再次确认了检察机关的法律监督地位，规定检察机关依法独立行使检察权，逮捕必须由检察机关批准，强调检察权行使的专属性、相对性。1989 年通过的《行政诉讼法》第 10 条、1991 年通过的《民事诉讼法》第 14 条、1996 年修改后的《刑事诉讼法》第 8 条、1982 年国务院颁布的《劳动教养试行办法》第 6 条、1990 年国务院颁布的《看守所条例》第 8 条、1994 年通过的《监狱法》第 6 条以及 1995 年通过的《人民警察法》第 42 条等，对检察职权作过具体规定，授权检察机关对有关事项进行法律监督。这些法律、法规、规定明确了检察机关的职权范围，是检察机

---

① 参见王守安："谈科学配置检察权"，载《人民检察》，2005（6），上册。

② 参见吴丹红："欧盟检察制度发展趋势及其启示"，载《人民检察》，2005（2），上册。

关进行法律监督的依据。换言之，我国检察职权配置的现行路径表现为：首先，《宪法》第 129 条将人民检察院定位为国家法律监督机关，未对"法律监督"的含义加以限制。其次，《人民检察院组织法》第 4、第 5、第 6 条对检察职权作了狭义列举，主要有：对叛国案、分裂国家案和严重破坏国家的法律政策统一实施的重大犯罪案件，行使检察权；对国家工作人员利用职权实施的贪污贿赂、渎职侵权等犯罪案件进行侦查，以实现对国家工作人员遵守法律情况的监督；对刑事犯罪案件进行审查批捕、决定逮捕和决定起诉、不起诉；对公安、安全机关的侦查活动和法院的刑事、民事和行政审判活动以及刑罚执行进行监督，以实现司法监督。再次，三大诉讼法笼统地规定了检察机关对刑事诉讼、民事诉讼以及行政诉讼进行法律监督，但未具体规定监督的手段和程序。最后，其他法律、法规明确了检察机关对刑罚执行机关和羁押场所的监督权。

据此，理论界对我国检察职权的界定各不相同，主要观点有：（1）"三类说"：我国检察权通过公诉、诉讼监督、侦查三项基本权力，是法律监督权的合理展开。① （2）"四类说"：一种观点认为我国检察权的内容包括刑事公诉权、刑事司法监督权、民事行政司法监督权和司法解释权；② 另一种观点认为检察职权包含了限定侦查权、审查权（监督权）、公诉权（含审查和程序裁量权）、检察弹劾权（纠正违法、检察建议权）四项权能。③ （3）"五类说"：检察机关的职权可以归纳为职务犯罪侦查权，批准或决定逮捕权，公诉权，对刑事诉讼、民事审判和行政诉讼活动的监督权，法律赋予的其他职权五个方面。④

以上观点从不同角度揭示了我国的检察职权，综合其合理成分，考察检察权的起源、现代各国赋予检察机关的职权以及联合国的有关规定，笔者认为，我国检察权由公诉权、侦查权和监督权三大职权构成。侦查权是检察权与生俱来的职权，没有侦查权就无法发现违法犯罪行为存在的事实，就无法履行法律监督职能。公诉权是检察权最核心、最本质的职权，没有公诉权就无法保障法律的统一、正确实施，就无法维护公平与正义。监督权与公诉权一样由来已久，是检察权的特有本质。我国检察机关以法律监督为根本职能，监督权是不可或缺的权能。这三大检察职权密切联系，构成了一个紧密结合的有机体。它们共同服务于法律监督的职能，服从于法律监督的需要。检察机关只有充分、全面地行使好这些检察职权，才能维护国家法律的统一

---

① 参见白新潮："中国检察权的定位及其权力配置"，载刘佑生、石少侠主编：《规范执法：检察权的独立行使与制约》，88 页，北京，中国方正出版社，2007。

② 参见洪浩著：《检察权论》，27—29 页，武汉，武汉大学出版社，2001。

③ 参见王晓苏："关于我国当代检察权法理定位及权能配置模式的思考"，载孙谦、张智辉主编：《检察论丛》，第 6 卷，64 页，北京，法律出版社，2003。

④ 参见孙谦主编：《中国检察制度论纲》，128 页，北京，人民出版社，2004。

正确实施，防治行政权、审判权的专横与腐败。

（二）我国检察职权配置立法的立法评析

从总体看，我国检察机关职权配置，基本适合我国检察机关的性质定位和基本国情，检察职权行使所产生的利好大于其产生的弊害，为检察工作的科学发展奠定了较好基础。但是，随着我国法制文明的进步和法治实践的推进，现行立法的滞后性愈加明显，严重影响了法律监督的实效。现行立法未能充分体现宪法对检察机关的概括性授权，导致检察机关在履行法律监督职能过程中陷入"名不副实"的窘境，其法律监督范围远未达到对法律的统一正确实施进行全面监督的要求。总之，检察权的虚拟空间过大而实际空间过小，使检察权实际上难以成为与行政权、审判权相并列的国家权力。

1. 有些立法过于原则

譬如民事行政诉讼法律监督权，民事诉讼法和行政诉讼法仅作原则规定，未设计完备的程序。另外，由于立法的抽象，造成检、法两家在实践中产生不必要的冲突，最高人民法院屡屡以司法解释限制抗诉权的行使范围，不利于维护司法公正、树立司法权威。

2. 有些立法授权不科学

在职务犯罪侦查权方面，初查的地位未作明确规定，检察机关尚未享有并案侦查权、技术侦查权、秘密调查权等。在刑事诉讼中，对立案、侦查活动中违法行为的调查权、对侦查机关就犯罪嫌疑人财产采取强制性措施的审查权、建议更换办案人权、量刑建议权、附条件不起诉权等未加规定，对适用简易程序审理的案件、刑事附带民事案件、自诉案件、再审案件和死刑二审和复核案件的监督缺乏立法授权。在民事、行政诉讼中，民事行政检察权的应然状态是由民事行政诉讼法律监督权、公益诉权和司法弹劾权构成的三维结构，而现行法律只规定了抗诉权，对于公益诉权、司法弹劾权（包括违法调查权、建议更换承办人权、提请人大罢免违法审判人员建议权）未作规定。此外，对行政执法机关执法违法、执法不公等行为的介入调查权、纠正违法建议权未予明确。

3. 有些立法过于零散

如关于行政法律监督的规定个别化地规定在极少数法律、法规之中。检察机关行政法律监督权尚未形成体系，仅限于人身自由等特定范围，这是我国法制建设中的薄弱之处。[①]现行《人民检察院组织法》对行政法律监督未作规定，检察机关享有的一些行政法律监督权是由国务院制定行政法规（如《看守所条例》《劳动教养试行办法》等）来设定的。根据《立法法》的规定，检察职权只能通过国家法律来规定。国务院给检察机关设定职权，违背

---

① 参见尹吉："我国检察机关行政法律监督制度研究"，载中国法学会检察学研究会编：《检察学理论体系研讨会论文集》，254 页。

了我国的宪政制度。

三、优化我国检察职权配置的构想

优化我国检察职权配置是一项艰巨的系统工程，在此，我们从宏观上就优化我国检察职权配置的指导思想加以探讨，并从检察职权配置的重点问题入手，对我国检察职权优化配置的主要路径加以探索。

（一）我国检察职权优化配置的指导思想

首先，优化配置检察职权，必须坚持以我国宪法与基本国情为基础。优化我国检察职权配置，必须严格以宪法为依据，不能偏离宪法规定的原则和精神，这是维护国家法制统一、推进依宪治国的基本要求。我国检察实践已经证明，如果背离法律监督权的宪法定位来配置、行使检察职权，那么就有可能背离检察职权设置的初衷而走向自己的反面。同时，检察职权的调整、变化，是检察机关履行法律监督职能、适应我国社会需要的必然要求。优化我国检察职权配置，应更多地考虑我国的历史传统，考量我国的基本国情以及检察权运行的实际需要。依据"路径依赖"理论，坚持我国的宪政体制与基本国情，可以减少调整检察职权的阻力，降低风险成本，防止检察职权变革脱离实际。

其次，优化配置检察职权，必须坚持以司法工作规律、检察工作规律为指导。遵循司法工作规律，合理配置侦查权、检察权、审判权和执行权，协调好检察权与侦查权、审判权和执行权等关联权力的关系，确保"分工负责、互相配合、互相制约"的原则得到贯彻落实。遵循检察工作规律，理顺检察机关的纵向关系，正确处理上下级检察机关之间的领导关系，落实检察机关的领导体制。检察权的各内涵权力之间互相配合、互相制约，在制约中形成整体主义的检察权，这是博弈论中分权力的一种均衡。[①]我们应优化检察职权在上下级检察机关之间、检察机关各内设机构之间的配置，进一步健全"上下一体、分工合理、权责明确、相互配合、相互制约、高效运行"的检察职权配置模式和运行机制，有效整合法律监督资源，增强法律监督实效。

最后，优化配置检察职权，必须坚持以强化法律监督、维护公平正义为目标。强化法律监督、维护公平正义是我国检察工作的主题。强化法律监督职能是检察机关的基本职责，也是检察机关树立法律监督权威的基本途径。但由于现行立法存在着诸多缺陷，检察实践中也存在着诸多制约法律监督职能发挥的瓶颈，导致检察职权不全、保障不力、权威不够，严重影响了法律监督权威。按照强化法律监督职能的主线，合理配置检察职权，细化检察权权能结构，规范检察职权程序运行体系，形成接受法律监督义务体系的配套机制，实现法律监督的制度化、规范化和程序化。

---

① 参见宣章良、胡薇薇："检察权配置的博弈分析"，载《华东政法学院学报》，2006（6）。

（二）优化我国检察职权配置的主要路径

1. 优化职务犯罪侦查权的配置

目前，有不少人质疑检察机关职务犯罪侦查权的合理性，认为应将这项权力划出去，成立独立的反贪污贿赂侦查机构。这些观点的基础就是认为侦查权就是行政权，检察机关基于"法律监督者"地位不应拥有侦查权。笔者认为，该观点十分狭隘，对世界上大多数国家均将职务犯罪侦查权赋予检察机关的普遍现象视而不见，难免失于片面。职务犯罪是一种严重破坏国家的管理秩序和公职人员职务的廉洁性、正当性的行为，是滥用行政权、审判权等权力的极端形态，具有极大的危害性。检察机关加大对国家公职人员贪污贿赂等犯罪的惩治力度，符合检察权作为法律监督权的性质，有利于巩固党的执政地位、维护宪法尊严和权威、坚持中国特色的国体和政体，有利于对行政权、审判权的有效制约和规制，有利于增强法律监督的刚性。当前，检察机关职务犯罪侦查工作，应当适应惩治腐败犯罪的新形势、新任务、新特点，建立健全教育、制度、监督并重的惩防体系，增强控制能力、发现能力、侦查能力、指控能力和预防能力等。

在国内法层面，要修改刑法中渎职罪主体"国家机关工作人员"的范围，与刑事诉讼法中"国家工作人员"的范围保持一致，将国家工作人员职务犯罪侦查权统一配置于检察机关；要建立关联管辖制度，赋予检察机关在职务犯罪侦查过程中对"原案"及派生犯罪的并案侦查权，以防止侦查管辖纠纷，节约司法资源；要将"初查"明确规定为刑事诉讼的法定程序，赋予检察机关在初查中的秘密调查权；要完善职务犯罪侦查手段，赋予检察机关刑事技术侦查权，适当延长传唤、拘传的持续时间。在国际法层面，要依据《联合国反腐败公约》的规定，完善职务犯罪侦查权的配置，通过修改和完善相关国内立法，实现国际公约的国内化。在实体法方面，要修改受贿罪、行贿罪、挪用公款罪的规定，增加相关职务犯罪的罪名；在程序法方面，要建立健全举报制度、污点证人制度、举证责任倒置制度、资产追回制度、缺席判决制度等；在职务犯罪预防方面，要更加注重预防的作用，加快结合办案进行预防的法制化进程。在国际司法协助、引渡、被判刑人移管、境外资产追缴、信息情报交换等方面，要加快与缔约国签订条约、协定的步伐，扫除将潜逃腐败贪官缉拿到案所存在的障碍。

2. 优化刑事诉讼监督权的配置

在刑事诉讼活动中，检察机关有权对刑事立案与侦查活动、审判活动、刑罚执行活动进行监督。强化刑事诉讼监督是检察制度改革的难点之一，因此，立法要明确监督范围，将不该立案而立案的情形纳入监督范围，建立侦查机关对犯罪嫌疑人财产采取强制性措施提请检察机关审查的制度，将逮捕之外的强制性侦查措施纳入监督范围，明确监督程序和接受监督的义务；赋予检察机关附条件不起诉权、量刑建议权和对死刑复核的监督权；针对刑罚执行中存在的突出问题，明确规定检察机关刑罚执行的同步监督权，减刑、假释、保外就医和监外执行应提请检察机关审查监督。同时，立法要强化法律监督措施，赋予检察机关法律监督调查权、更换办案人的处置建议权等。总之，要通过修改相关刑事诉讼立法，保障法律监督程序的法定性、有序性，提高刑事法律监督的针对性、实效性，建立起维护司法公正的长效机制。

3. 优化民事行政检察权的配置

现行民事行政检察权配置不足，导致法律监督力度不够，难以适应人民群众的司法需求。我们要坚持宪法原则，细化民事行政检察权，构筑中国特色民事行政检察权权能结构体系。民事、行政检察权应建立起以民事行政诉讼监督权、公益诉权和司法弹劾权为内容的新型权能结构体系。首先，立法应明确规定检察机关有权对民事审判和执行行为进行监督，明确可以抗诉的裁定种类，规定检察机关有权对违法调解进行监督。同时，赋予检察机关调卷权、调查取证权、庭审参与权、再审结果知情权等具体权能。其次，一些违法的民事、行政行为已严重侵害国家利益、公共利益而得不到法律规制，公共利益的维护不得不依赖于薄弱的民间力量，这无疑是诉讼制度的一块"硬伤"。检察机关作为国家利益和公共利益的代表，应当依法享有公益诉权，及时排除、制止损害国家利益和公共利益的违法民事、行政行为。最后，针对法官违法滋生的现象，为了加强民事行政诉讼监督的刚性和实效，应当赋予检察机关对法官在职务活动中的违法行为进行调查、监督、追究乃至提出弹劾建议的权力。

4. 优化行政法律监督权的配置

目前，行政执法违法、滥用职权、贪赃枉法等现象蔓延，损害政府形象，破坏法律统一实施，降低政府公信力，甚至损害公民、法人和其他组织的合法权益，这既是法律监督的真空地带，又是人民群众呼唤执法公正的热点。因此，应建立对行政执法违法行为的法律监督机制，包括对严重违法但尚未构成犯罪的行为之调查权，建议撤换行政执法人员权，提请同级人大撤换、罢免相关行政执法违法人员权，对行政法规、规范性文件违宪和违法进行审查并提请有权机关撤销的建议权，这必将有力促进建设法治政府、责任政府和服务型政府。

刘津慧 *

我国社区矫正试点考察及制度构建

随着我国改革开放与对外交往的不断加强，如何运用社会资源和社会力量改造罪犯的问题受到人们的广泛关注。2003 年，司法部将社区矫正试点列为司法行政工作六大改革任务之一，同年 7 月，最高人民法院、最高人民检察院、公安部、司法部联合印发了《关于开展社区矫正试点工作的通知》（以下简称《通知》），确定在北京、上海、天津、江苏、浙江、山东 6 个省市的部分地区开展社区矫正试点工作。2005 年初，社区矫正试点范围扩大到涵盖东、中、西部的 18 个省（区、市）。根据《通知》规定，社区矫正的适用对象为现行《中华人民共和国刑法》规定的被判处管制、宣告缓刑、裁定假释、暂予监外执行以及被剥夺政治权利并在社会上服刑的罪犯。

截至 2006 年年底，试点工作已在 18 个省（区、市）的 85 个地市、375 个县（区、市）、3 142 个街道（乡镇）展开，北京、上海、江苏在全辖区范围内展开。18 个试点省（区、市）共有社区服刑人员 50 083 名。其中，管制 1 576 人，缓刑 32 882 人，假释 5 783 人，暂予监外执行罪犯 1 768 人，剥夺政治权利 8 074 人。其中 95％以上的社区服刑人员都能服从监督管理，积极接受教育，认罪悔过意识和社会责任感进一步增强。同时，社区矫正试点工作也面临着一些困难和问题，如各部门之间的衔接配合需要进一步加强、教育矫正方法需要进一步丰富完善、社区矫正质量的评估指标和体系需要进一步确立等。

社区矫正试点已经开展了四年多，从目前试点省市的情况看，社区矫正的发展是不平衡的，试点启动有早有晚，试点地区的范围有大有小，矫正工作的深化程度有深有浅。就全国而言，北京、上海等试点较早的地区已经形

---

* 天津市人民检察院第一分院法律政策研究室副主任，法学博士。

成了较为完整的社区矫正工作体系、工作制度和工作方法，形成了自己的特色，并已将社区矫正在全辖区内推广。部分省市由于试点启动时间较晚，则仍然处在小范围的摸索、实验阶段。还有部分省市，由于地区条件所限，到目前仍停留在调研阶段，试点工作至今尚未启动。造成地区发展不平衡的因素是多样的，有对社区矫正的认识问题，有地方财力的限制问题，也有地区特点的限制问题，等等。

一、京、津、沪不同试点地区差异考察

（一）北京社区矫正情况

北京市于 2003 年 7 月 1 日在 3 个区县启动社区矫正试点工作，同年 12 月 1 日试点范围扩大到 9 个区县，2004 年 5 月 1 日试点工作在全市 18 个区县全面铺开。截至 2006 年 5 月底，全市累计接收社区服刑人员 10 811 名，解除矫正 5 446 名，现有 5 365 名，其中缓刑 2 851 名，占 53.1%；剥夺政治权利 1 463 名，占 27.4%；假释 886 名，占 16.5%；暂予监外执行 131 名，占 2.4%；管制 34 名，占 0.6%。[①]自试点以来，矫正对象年平均重新犯罪率控制在 0.4%，矫正对象解除矫正后的就业率在 80% 以上，97.2% 的矫正对象对矫正工作表示满意，85% 的市民认为社区矫正试点工作效果明显。[②]

北京的社区矫正工作有以下特点：

一是实施分类管理。以《北京市社区服刑人员综合状态评估指标体系》为分类依据，以社区服刑人员的人身危险性大小为分类标准，结合其回归社会的趋向程度，将社区服刑人员分为 A、B、C 三类，其中 A 类为人身危险性小、再社会化程度高的人员，B 类为人身危险性和再社会化程度一般的人员，C 类为人身危险性大、再社会化程度低的人员，对三类人实施低、中、高三种不同强度的管理。通过实施分类管理，实现了对人身危险性较大的重点人的有效甄别和控制，提高了管理安全系数。

二是实施分阶段教育。根据社区服刑人员在接受矫正过程中心理状态、行为特点和需求变化的规律，将教育矫正全程分为初始教育、常规教育和解矫教育 3 个阶段，其中初始教育阶段时限为接受矫正后的 2 个月，解矫教育阶段时限为解除矫正前 1 个月，中间时段为常规教育阶段。根据社区服刑人员在 3 个阶段不同的心理状态、行为特征和需求，设定相应的教育目标、教育内容和教育方式。

三是实施个案矫正。为增强矫正的针对性，在全面了解社区服刑人员思想动态和需求的基础上，针对每名服刑人员犯罪原因、年龄、家庭、心理等

---

① 参见司法部基层工作指导司编：《社区矫正试点工作资料汇编》，六，5 页。

② 参见吕兴国："更新工作理念 创新工作思路 在更高起点上推动北京市社区矫正工作的深入开展"，载《社区矫正研究——2006 年北京国际论坛 论文 摘要 致辞汇编》，36 页。

具体情况的不同分别制订矫正方案。为确保矫正方案对矫正工作的指导作用，要求司法所每季度对矫正方案发挥作用情况进行一次评估，每半年对矫正方案进行一次调整，在社区服刑人员解除矫正前要进行个案矫正效果评估，从中总结经验，发现不足，不断提高个案矫正水平。

四是实施心理矫正。将心理矫正作为一种重要的矫正手段。心理矫正具有较强的专业性，为加强心理矫正工作，一方面对司法所工作人员和抽调干警进行心理咨询专业知识培训，使他们了解心理学的基础知识和心理咨询的基本方法；另一方面积极与心理咨询专业机构和专业人员合作，为社区服刑人员提供心理咨询服务，对个别有心理疾病的社区服刑人员实施心理治疗。

五是成立阳光社区矫正服务中心。为广泛组织社会力量参与社区矫正工作，搭建社会力量参与的新平台，在北京市司法局的推动下，从 2005 年 3 月开始，北京市分三批在全市 18 个区县分别成立了阳光社区矫正服务中心。中心是在民政部门登记注册的公益性社团组织，其宗旨是利用社会力量对矫正对象进行教育、矫正和帮助，使他们悔过自新，成为守法的公民。中心由各区县司法局负责监督管理和业务指导。中心在各区县成立社区矫正服务中心，在每个街道、乡镇依托司法所设立社区矫正服务中心工作站。各工作站的社工在司法助理员和抽调干警的指导下负责辅助性的社区矫正工作。社工在上岗前一律由各区县进行不少于 60 小时的社区矫正知识、社会工作方法等内容的集中培训，经培训考核合格方可上岗。目前，18 个区县中有 13 个区县建立了社工队伍。

（二）上海社区矫正情况①

2002 年 8 月，上海正式启动社区矫正试点工作。至 2005 年上半年，上海主要探索了社区矫正的基本做法，建立工作流程，依法规范工作的运行，初步构建了具有中国特色的上海社区矫正工作基本框架，包括日常管理、教育学习、心理矫正、公益劳动及帮困解难五大板块。

针对社区矫正法律滞后，只有原则性规定的情况，加强了建章立制工作，先后下发了 36 个规范性文件，覆盖了职能部门工作衔接、日常管理、教育矫正、心理矫正、公益劳动、帮困解难、考核奖惩及社区矫正达标街镇建设等各个方面，做到了有章可循，规范运作。

建立了政府部门专职人员与社会力量相结合的工作队伍，率先在市司法局设立了副局级的上海市社区矫正工作办公室，各区县司法局明确了负责社区矫正工作的职能部门，街镇司法所至少确保有一名专职人员从事社区矫正工作，还培育组建了民办非企业性质的市新航社区服务总站，通过政府购买服务方式，招聘了 450 名社工参与社区矫正工作，广泛发展了一支有 5 000 余人的志愿者队伍，重新组建了志愿者管理的社团——上海市社会帮教志愿者

---

① 参见司法部基层工作指导司编：《社区矫正试点工作资料汇编》，六，19 页—最后。

协会。初步形成了政府工作人员、社区矫正社会工作者、社区矫正志愿者三支队伍各司其职、互相配合的人才资源配置架构。

上海把规范运作的重心放在街道乡镇司法所，从 2005 年起开展社区矫正工作达标街镇创建活动，计划通过 3 年的努力，基本实现全市街镇达到社区矫正工作达标街镇的目标。

从 2005 年起，上海在做好基础性工作的同时，着重开始了科学矫正方法的探索。主要从四个方面入手，即风险评估、分类矫正、心理矫正与个性化教育矫正。其中，风险评估是社区矫正采取各种矫正方法的基本依据；分类矫正是结合风险评估对不同类型的社区服刑人员实施不同的带有强制性的教育管理措施；心理矫正是专门运用心理学的知识和方法来矫正社区服刑人员的不良心理与行为；个性化教育矫正是在风险评估基础上，综合运用各种方法，对重点对象、高风险对象量身定做矫正方案。

上海注重大力加强社区矫正机构的职能建设，具体做法有：

一是协调法院在相关裁判文书上增加诚勉语。从 2002 年开始在徐汇等最早试点的区，尝试在相关法律文书上增加诚勉语，督促社区服刑人员服从职能部门的监督管理，从 2005 年开始，全市法院系统在相关裁判文书上全面推广诚勉语，较好地发挥了法律文书的教育作用，增强了社区矫正的执法严肃性。

二是积极推动建立缓刑判决前征求意见制度。这项制度的建立，有利于法院在判决前更全面了解被告人情况及社区的意见，也有利于社区矫正机构提前与缓刑人员建立关系，及早制订有针对性的矫正方案。目前全市 19 个区县中已有 12 个区的司法局与法院建立了缓刑征求意见制度。2005 年各级基层法院共对 53 人宣告缓刑前征求了社区矫正机构的意见。

三是建立假释上报前征求社区矫正机构意见制度。从一些发达国家的做法来看，普遍重视监狱矫正和社区矫正的紧密衔接。2006 年上半年，上海市矫正办与市监狱局会签下发了《关于试行监狱（所）上报假释案件前征求社区矫正工作职能部门意见的通知》，该制度已从 2006 年 4 月 1 日起执行，2006 年 4 月—5 月，监狱（所）共对 142 名服刑人员上报假释前征求了社区矫正机构意见。通过建立假释上报前征求社区矫正机构意见制度，把有利于服刑人员矫正和有利于维护社区安全有机结合起来，有助于积极稳妥地扩大假释面，也有助于工作人员提前了解相关服刑人员的情况，建立良好的专业关系。

四是探索日常行为奖惩与司法奖惩有机衔接的机制。在社区矫正尚未形成法律制度的情况下，为了保证社区矫正工作的顺利开展，必须将社区矫正日常行为奖惩与司法奖惩有机地衔接起来。经努力，在上海法院系统的大力支持下，于 2005 年 3 月正式建立了将社区矫正日常行为奖励与司法奖励有机衔接的机制，有效地发挥了奖励的导向作用。2005 年，社区服刑人员日常行为奖励达 1 076 人次，其中表扬 947 人次，记功 102 人次，积极分子 27 人，共有 7 人获得了缩短考验期的司法奖励。部分区县还对日常行为惩处与司法惩处相衔接做了初步探索，共有 8 名社区服刑人员因严重违反监管规定被撤销缓刑、假释或暂予监外执行而收监。

上海市高级法院还会同上海市检察院、公安局、司法局，联合下发了《关于社区矫正对象法律文书转递工作的规定》，商定由公安机关派员参加社区矫正对象的法庭宣判，并在接到法律文书后宣布实施社区矫正。该规定明确人民法院在宣判缓刑、管制或单处剥夺政治权利的罪犯时，应当通知户籍地公安机关或者由公安机关委托的社区矫正机构派员参加。人民法院裁定假释的，应适当提前通知市社区矫正工作领导小组办公室。假释之日应当通知户籍地公安机关派员参加，并将假释罪犯带回社区。监狱管理局批准暂予监外执行（保外就医）的，应当提前 5 日通知市社区矫正工作领导小组办公室和罪犯户籍地公安机关。批准后，还应当派警察将罪犯送交户籍地公安机关，同时送达有关法律文书。对于已经在监狱医院外治疗的罪犯批准监外执行的，监狱应当在批准后的 5 日内，将法律文书送达罪犯户籍地公安机关，并告知罪犯去向。此外，该规定还对被附加判处剥夺政治权利的罪犯、裁定减去余刑但仍需执行剥夺政治权利的罪犯的法律文书送达也作出了期限规定，分别应在刑满释放和减余刑释放后 5 日内送达公安机关。①

社区矫正工作开展得如何关键在社区，上海市社区矫正工作之所以能成功开展，五个试点区的街道功不可没。徐汇区天平街道主动与地处本辖区的上海图书馆联系，成为首批上海图书馆讲座中心资源共享的六个签约单位之一，定期组织社区服刑人员参加高质量的讲座，接受知识、文化的熏陶。斜土路街道不仅与拜仁技能培训学校共同建立了技能培训基地，还与上海城开集团公司合作，及时获取用工岗位及其相关要求等信息，现已有多名社区服刑人员找到了工作。龙华街道努力争取龙华机场拨出 6 亩土地给街道建设苗圃，作为社区服刑人员和刑释解教人员就业安置基地。

公益劳动是上海社区矫正工作的重要内容之一。按照规定，有劳动能力的服刑人员，每月必须参加不少于 10 小时的公益劳动。为解决公益劳动场所问题，普陀区与该区市容管理局合作，建立了全市首家区级公益劳动基地。

另外，在上海还出现了对审前羁押的犯罪嫌疑人通过取保候审、监视居住的方式纳入到社区矫正系统的试点尝试。

（三）天津社区矫正情况

2003 年 12 月 3 日，社区矫正试点工作启动大会在天津召开，标志着社区矫正试点工作在天津正式启动，成立了由市公、检、法、司、监狱管理、

---

① 参见张忠斌："对当前开展社区矫正工作有关问题的探讨"，载《中国司法》，2004（3）。

民政、劳动和社会保障、财政分管领导和部门参加的市社区矫正工作领导小组及办公室。河西、大港、武清、塘沽四区被列为首批社区矫正工作试点区。目前，全市社区矫正试点工作稳步健康发展，13区县共62个街道、乡镇列入社区矫正范围，社区服刑人员共有937名，其中缓刑841名、管制47名、监外执行32名、剥夺政治权利13名。已解除社区矫正对象165名。

试点区委、区政府专题研究社区矫正工作方案，成立了由各区政法委牵头，公、检、法、司、民政、财政、劳动和社会保障等部门组成的社区矫正工作领导小组及办公室。试点街道、乡镇、社区居委会也相应成立了社区矫正工作办公室和社区矫正工作站。在派出所、司法所的指导下，每个矫正对象由社区责任民警、居委会主任、社区矫正志愿者、楼栋长及家属组成的"五位一体"的矫正考察小组负责教育、监督。试点四区都制订了社区矫正工作实施方案、工作细则等可操作性规范。

试点各区在财力困难的情况下，拨一定专款用于社区矫正工作。有的配备电脑、档案柜，印制各类统计报表、卷宗，解决办公用房。河西、大港试点街镇还向社会招聘公安、监狱、学校离退休和"4050"人员从事社区矫正工作。塘沽区委加强司法所工作力量，分别为两个试点街各配备一名司法所专职干部。大港区结合工作实践，编写了通俗易懂的《社区矫正100问》，组织社区矫正工作者学习。

笔者就天津的社区矫正情况，走访了试点之一的塘沽区，对区司法局专门负责这方面工作的同志作了深入访谈，并走访了在该区最早开展试点的新村街，访问了基层的负责同志，并下发了一些问卷，下面就调查的情况作一简介。

塘沽区是天津市社区矫正工作试点区之一。2004年2月社区矫正试点工作在塘沽两个街——新村街和杭州道街正式启动。其后，塘沽区组成了社区矫正工作领导小组，并以该小组办公室的名义于2004年9月1日下发了《塘沽区开展社区矫正工作的实施意见》（以下简称《实施意见》），该项工作在全区全面铺开。该《实施意见》指出把握"两个坚持"，即依靠公安机关，坚持公安机关的执法主体不变，主力军作用不变；坚持综合的思想、综合的手段、综合的力量达到综合的效果。同时，对社区矫正的适用范围、任务、职责分工做出了明确规定。《实施意见》规定各街镇成立社区矫正工作站及其办公室，召开工作站会议，确定各项制度。居（村）成立社区矫正工作小组，对社区矫正专职人员进行培训，建立社区矫正工作档案和矫正对象个人档案及相关台账，并为矫正对象制订矫正方案。居（村）社区矫正工作小组开展与矫正对象的谈话活动，确认矫正对象，签订社区矫正保证书。结合实际，开始社区矫正"帮、改、教"等活动。要求各有关单位制订实施方案，将社区矫正工作纳入社会治安综合治理目标管理，并在人、财、物等方面给予保障。

从 2004 年 2 月至 2006 年 11 月底，塘沽区社区矫正对象累计 306 人，其中男性 282 人，女性 24 人；被判处管制 28 人，被宣告缓刑 262 人，被裁定假释 1 人，被剥夺政治权利 2 人，被暂予监外执行 13 人。现有矫正对象 156 人，男性 146 人，女性 10 人；其中，被判处管制 10 人，被宣告缓刑 140 人，被剥夺政治权利 2 人，被暂予监外执行 4 人。现有的 156 名矫正对象中，农业人口 26 人，非农业人口 130 人，务农及就业人数达 96 人，未就业及其他情况不确定者 60 人。

塘沽的社区矫正，最大的特色就是"两个坚持"的指导思想，具体做法有：

1. 法律文书中载明社区矫正内容

塘沽区社区矫正领导小组协调各相关机构职能，要求对社区矫正对象作出判决的法院，在制作判决、裁定、决定时，将社区矫正内容一并写入，起到通知与督促矫正对象参加社区矫正的作用，使社区矫正从一开始就表现出其法律特征。

2. 联合检查制度

要想保证社区矫正工作的效果，就要进行经常性有权威的监督和检查。为此，塘沽区社区矫正领导小组成立由区检察院、公安分局、司法局等成员单位组成的检查组，每季度检查或抽查一次社区矫正工作中的执法情况。联合检查，比单独一个系统的考察更有力度，增强了社区矫正的严肃性和权威性，也是各方沟通和协调的一次好机会。

3. 司法所增加编制，提高人员素质

一方面，为了配合社区矫正工作的顺利展开，塘沽区司法局下属的司法所在短时间内由 20 余人扩编到 40 余人，在人数上保证了这项工作的开展。另一方面，为了适应基层司法所工作琐碎繁杂、社区矫正工作涉及专业知识较多的特点，在招录扩编人员时，优先选择学历较高的大学本科生、研究生，以及训练有素的复员转业军人，使司法所队伍人数扩大的同时，人员素质也大大提高。

4. 固定经费支持

每年区财政拿出一定的专项拨款专门支持社区矫正工作的开展。

5. 综合治理的特点

塘沽区社区矫正工作从一开始就坚持走综合工作的路线，从思想上把这项工作定位为一项区里的整体工作，而不单单是司法局或司法所的工作。从成立区社区矫正工作领导小组伊始，就是由区委副书记、政法委书记任领导小组组长，各位政法委副书记任副组长，成员由区法院院长、区检察院检察长、区司法局局长、区民政局局长、区劳动和社会保障局局长、公安分局副局长组成。办公室设在司法局，由区司法局局长任办公室主任，由公安分局副局长和区司法局副局长任副主任。所以，总揽其各项工作措施，都离不开

"协调"二字。如在接判决的时间上存在不一致，司法所就与派出所协调沟通；在社区矫正的告知途径上，司法局与法院协调沟通，采取文书载明的方式；在监督检查上，有检察院与司法局的协调沟通、公安局与司法局的协调沟通……在不同的环节，虽然协调沟通的主体有所差异，但协调沟通的工作主旨始终没变。2005年4月在区政法委召开社区矫正工作协调会议，就工作中出现的一些衔接上的问题各家达成共识，并形成了《会议纪要》，以指导此后的工作。

6. 和公安工作不分家的做法

塘沽区大力推广的社区矫正工作，始终坚持依靠公安力量，在支持配合公安做好原有工作的基础上，加强社区矫正对象的教育、帮助和改造。他们认为，社区矫正是一项刑罚执行活动，没有足够的国家强制力作后盾，很难让矫正对象自觉服从。公安片警作为矫正小组的一员，可以保证矫正工作的安全性和威慑力，使矫正对象更好地服从矫正。

7. "八个一"公益事业认领项目

所谓"八个一"是指认养维护一片绿地、救助一户困难家庭、义务整理一处卫生、扶助一名困难学生、帮助一位残疾人生活、为一户孤老户服务、维护一处治安秩序、为一个社区活动献力。当矫正对象进入社区首次与矫正小组成员见面的时候，要签保证书，同时可以在这"八个一"项目中自愿选择1—2个。这项活动的开展收到了很好的社会效果。

作为全国首批社区矫正试点城市，天津的试点步伐略显缓慢。基层司法所作为社区矫正工作的日常管理机构，有的机构还没有单列，专项编制还没有完全落实。没有专门从事社区矫正服务的社会力量，缺乏相关社会团体和志愿者的支持。专业社会工作介入社区矫正不足，社区矫正项目辅导和人员培训欠缺。

二、试点工作中存在的问题

通过上面三个试点城市实施社区矫正的不同情况的介绍，可以看到开展这项工作的巨大的地区差异性。另外，还有一些地区和城市在进行社区矫正实践方面的探索，各地根据本地区的资源特点进行尝试，形成了各自的特色。但有一些共性问题，是各地区开展社区矫正过程中所普遍遇到的，这些问题对试点工作的开展可能会造成影响。

（一）观念问题

由于长期受报应主义和重刑思想的影响，人们对社区矫正理念的认识和接受还需要一定的时日。自古以来，人们习惯于对罪犯的仇视和严惩，难以将对罪犯的刑罚执行与人文主义精神联系在一起。司法实践中，公众特别是司法人员崇尚重刑，迷恋监禁刑的行刑方式，这种观念仍然在我国有相当的市场，不少人怀疑社区矫正的行刑效果。思想是行为的指导。正是基于这种思想，有的人在社区矫正的探索方面不热心，对管制、缓刑、假释等社区矫正刑种和相关刑罚制度的适用，仍然停留在过去的认识水平上。

尽管经过前一个时期的试点，社会各界对社区矫正工作在经历了一个从不知道、不了解到予以理解、赞同的过程后，有了新的认识，但这种理解、赞同，与社区矫正制度的本土化构建和长远发展所需要的支持而言，还远远不够。据统计，全国假释人数 2003 年为 21 991 人，假释率为 1.41%，2004 年则为 19 458 人，假释率为 1.24%，呈明显下降趋势。缓刑的比例虽有所增长，但只占受刑事处罚人数的 10% 左右。管制几乎形同虚设，保外就医和监外执行的人数非常有限，绝大多数罪犯在监狱服刑。这说明，相对于监禁刑而言，社区矫正要被社会各界广泛认可并接受，还需要在思想观念上有一个新的突破。

（二）法律规定问题

社区矫正作为我国正在试点的一项制度，各项工作都在探索阶段，而相应完善的法律制度必须在试点经验成熟的基础上才能出台。这样，必然就会出现现有法律规定不能完全支撑当前试点工作的情况。具体说来，主要包括以下几个方面的内容：

1. 在我国现行法律中还没有关于"社区矫正"的明确表述和程序规定

我国《监狱法》对监禁刑罚的执行作了系统而明确的规定，但对管制、缓刑、假释、监外执行等非监禁刑罚的执行，还没有一部完备的专门法律。现行社区矫正的做法只能参照散见于《刑法》《刑事诉讼法》《监狱法》的相关规定。

由于社区矫正试点缺乏法律依据，部分学者提出，社区矫正若干管教项目具有侵权性。如，对剥夺政治权利罪犯限制行动范围，并强制其参加公益劳动显然于法无据。对社区矫正对象尤其是未成年矫正对象，强制性判决或要求在指定的社区进行一定时间的无偿劳动，显然侵犯了公民的劳动自由选择权和获得劳动报酬权。强迫罪犯汇报思想，严重地侵犯公民思想隐私权和意思自治权。缓刑、假释的社区矫正的性质等同于"在社会上服刑"，严重地混淆了刑罚与刑罚执行制度、刑罚变更执行制度的性质。[①]正在探索实践的社区公益劳动等矫正措施，因为缺乏有关法律的支持，引起了包括部分矫正对象在内的一些人的异议。有学者认为，"将无偿性的劳动，特别是强制性的无偿劳动作为当下我国社区矫正内容的一部分恐怕不妥，因为将无偿性强制劳动作为社区矫正内容一部分，缺乏充分的法律根据。社区矫正执行的刑罚内容是限制罪犯自由。在具体执行中，执行机构可以根据刑罚目的充实执行方式，但是，增加刑罚执行内容肯定违法。"[②]社区矫正工作者的职权和社

---

①　转引自王顺安："论社区矫正的利与弊"，载《法学杂志》，2005（4）。

②　参见翟中东、孙霞："关于社区矫正的推进"，载《中国司法》，2005（4）。

区矫正的强制效力，也因为缺乏法律依据而在实际操作过程中得不到加强。

2. 执行机关的问题

根据刑法的规定，剥夺政治权利刑、管制刑、缓刑、假释和暂予监外执行的执行机关都是公安机关，而我国当前的社区矫正试点工作是由司法行政机关牵头来开展的。

一方面，造成了实践运作与现有法律规定的冲突问题。在社区矫正实践过程中，试点地区成立了党委、政府统一领导的社区矫正工作领导小组，由多家机构共同承担社区矫正任务，以此来回避矛盾。另一方面，在社区矫正过程中，怎样分配公安机关和司法行政机关的职权成了突出的问题。按照学者们的观点，社区矫正的执行不应由公安机关来担当，由司法行政机关执行更符合诉讼科学。但在当前情况下，司法行政机关的执行的权威性和强制性没有法律依据，脱离公安机关的社区矫正利弊参半。我们在介绍天津塘沽区经验时讲到，他们的实际做法就是紧紧依靠公安机关，以保证社区矫正的权威性和安全性。按照他们的说法，"如果没有穿警服的民警跟着，一怕矫正对象不服管，二怕基层司法所和街道的工作人员人身不安全"。而北京地区，则配备了一定数量的狱警来配合社区矫正工作的开展。执行机关问题，不单单是法律规定的问题，还涉及各社区矫正参与方对该项工作本质的认识理解。

（三）部门间衔接问题

社区矫正涉及法院、公安、司法行政机关、民政部门、街道等多个部门间的配合和衔接，只有理顺各家关系，畅通沟通渠道，才能及时掌握矫正对象的情况，使社区矫正成为整个司法环节中的重要一环。在试点工作中，出现了因部门间衔接不够好而造成的社区矫正不顺畅问题，在法律文书送达、人员接收、监管等执法环节中，各部门的衔接还需要进一步加强。如有的罪犯已经放出来很久了，司法行政机关才知晓，而刚刚进行社区矫正，期限又到了。对本地判处的管制、缓刑人员和外省市裁定或批准的假释、监外执行人员的信息不能及时送达到监管地区，以致监督帮教工作滞后。一般情况下，监管地区1个月左右才能收到法院的通知，有的接到通知时管制对象已经期满。在外省市批准的，监管地区接到通知的时间周期更长。对人户分离对象，户籍地与居住地之间的工作缺乏衔接，有的对象居住在外，监督管理仍然在户籍地，难以掌握其情况。

（四）专业矫正工作者问题

社区矫正工作者肩负着矫正罪犯的重任，其素质的高低对社区矫正工作质量具有重要的影响。目前，试点地区的社区矫正工作者主要是从监狱、劳教所、基层司法行政部门抽调而来，还有一部分社会志愿者参与社区矫正的日常管理、教育活动。由于法律专业知识和社会工作能力相对缺乏，他们运用社会工作的理念开展教育、管理、帮助、服务的能力和技巧仍然需要在较长时间的实践中加以锻炼和提高。由于缺乏专门的执行机构与执行队伍，它反过来又大大制约了社区矫正的适用，从而形成社区矫正适用上的恶性循环。

社区矫正是需要有理念和价值支撑才能够真正做好的一项工作，因此专业矫正工作者队伍的组建和参与，是社区矫正健康发展并取得实效的保证。当前的做法只是权宜之策。一个专业社会工作者的培养，需要经过系统的专业学习和对社工价值理念的内心真正认同，仅凭几十个小时的培训是很难达到这种职业要求的。

（五）社区建设问题

社区矫正的有效开展离不开社区发展，由于我国社区建设主要是政府推动型，这就使得社区居民的社区意识不够强，从而在接受、关心、推动社区矫正方面与社区矫正工作机构的互动性不够。而且，目前社区的配套设施还不能完全适应社区矫正的需要，如社区矫正过程中公益性劳动、职业技能培训所必需的场所、设备等还比较欠缺。[①]

社区是社区矫正的载体，具有强调人性、注重感情的特点。社区建设是城市社会、经济发展到一定阶段的必然要求，也是一个系统工程。社区矫正工作是将罪犯放到社区中执行刑罚，这种行刑方式对社区有着较高的要求。要求它不但有完备的自身建设，系统的管理机制，还要有健康的人文氛围，孕育良好的执法环境。但目前我国的社区建设进度并不统一，也未取得圆满成果。有的地方社区建设起步较晚，社区意识淡薄，还有的地方社区建设不完善，没有分工有序的工作机制，这些都不利于社区矫正在全国的统一开展。

随着社会的发展，犯罪的社会因素或说是人和环境的互动而导致的犯罪越来越突出。因此，成熟的社区对社区矫正至关重要。罪犯的回归或重新与社会结合，需要得到社会的支持、家庭的支持，最大限度地减少社会的歧视。这一方面需要社区矫正工作者转变观念，提高服务意识；另一方面需要社区的居民对他们给以应有的理解、沟通、尊重、开导、鼓励和扶助，把加强管理与注重个人发展并重。社区的成熟有待于经济、政治、文化以及公民素质的全面发展，但我们不能以相对的不成熟而延缓社区矫正的进展。

（六）矫正方法问题

社区矫正的核心任务是提高教育改造质量，为此要探索多样化的矫正办法，确保矫正工作的针对性和有效性。目前，从不少单位试点的实际情况看，由于受场地、经费、人力资源的影响，集中学习培训、心理咨询，参加公益劳动等活动基本没有开展，实际的矫正工作主要表现为报到、谈话及走访，再就是帮助就业，解决生活困难，社区矫正作为一种刑事执法方式的惩

---

① 参见曹扬文："社区矫正制度本土化构建研究"，吉林大学硕士学位论文。

罚和心理矫治的根本属性被忽视。

（七）其他相关问题

1. 社区矫正适用对象的不平等问题

表现在对外籍犯、流动人口中的犯罪人员，不能适用社区矫正；同样性质的犯罪人可能因主客观条件的限制，而不能同样享受社区矫正的机会与待遇。

2. 被害人权益疏忽问题

国外社区矫正的一个重要目的就是对被害人和社区利益的恢复，包括社区服务、财产赔偿、经济补偿和精神安抚，使犯罪人、被害人和社区三者之间的关系得以修复，从而体现公正与和谐，然而在我国的社区矫正试点工作中，对被害人的权益维护和在社区矫正工作中的参与性，普遍存在被疏忽的现象。[①]

3. 社区矫正与劳动教养的不协调问题

随着我国五种罪犯的社区矫正试点工作的深入开展，劳动教养制度的瑕疵就更为明显。对罪犯都可以放回社会，令其回家服刑或接受社区矫正，而未被认定为罪犯的劳动教养人员还必须仍然留在劳动教养监禁机构里，接受强制教育矫正，这显然与二者的法律性质及其犯罪人和劳动教养人员的法律地位极不相符。[②]

以上是当前我国社区矫正试点工作面临的较为突出的一些问题，这些问题有的直指社区矫正的根本价值追求和基础社会条件，如不能很好解决，对社区矫正的健康发展将会造成颠覆性的影响。

三、我国社区矫正制度构建

社区矫正的萌芽和局部实践由来已久，它很大程度上体现的是人性中善对恶的一种态度。对罪犯的人道主义待遇及非监禁刑的扩大使用，是社会进步、文明程度提高的体现。

一国的制度建设，必须牢牢扎根于本土，考虑到国家现状和传统文化观念的影响，选择适宜的时机，以适应本国发展的方式促成制度的顺利出台和健康发展。任何一项改革的发起和成功，都不是件简单的事，尤其是制度的构建。设计者在最初必然会倾注其全部心智，使所勾画的制度承载美好的愿望和改革重任，但在实践中推行，往往还会遇到各式各样想到或想不到的困难。尽管如此，学者的使命使我们即使面对困难，也要尽力做好前瞻性的理论研究，为今后的实践提供参考。笔者就是在这样一种心态下，尽自己思维之所能，在学习各国经验并考察我国试点地区实践的基础上，构建我国的社区矫正制度。

---

① 参见王顺安："论社区矫正的利与弊"，载《法学杂志》，2005（4）。

② 参见屈耀伦："关于我国社区矫正制度的若干思考"，载《法学》，2006（10）。

（一）社区矫正对象的科学界定

社区矫正对象，是指可以适用社区矫正处遇方式的人。有学者认为，社区矫正的对象应当是那些犯罪性质轻微、人身危险性较小的罪犯。我国"两高""两部"联合颁发的《通知》中规定，我国社区矫正试点中的社区矫正对象是被判处管制、缓刑、假释、监外执行和剥夺政治权利的犯罪人。笔者认为，在符合社区矫正基本精神的前提下，所有适合在社区进行矫正的个人，都可以成为社区矫正对象。每个社区矫正对象都有其本来的身份，只是因为在社区里接受矫正而被统称为社区矫正对象。

1. 社区矫正对象的界定

对社区矫正对象的界定，要以社区矫正的基本精神为其出发点。什么是社区矫正的基本精神？笔者认为，至少应包含以下三个内容：

一是保证社会安全。保证社会安全，是实行社区矫正的首要条件，也是公众最基本的要求。任何一项法律制度，要首先满足社会大众的基本需要。社会安全是公众对整个法律体系的最基本最原始的要求。社区矫正的最终目标就是预防和减少犯罪，如果因为该项制度的实施而没能避免本可以避免的犯罪，违背了减少犯罪的目标追求，则与社区矫正的基本精神是背道而驰的。社区矫正制度之所以在美国等地遭遇挫折和反复，很大的原因就是在保证社会安全方面，没有给民众一个满意的答案。过多不适宜在社区中矫正的罪犯被放入社区，必然会带来隐患。而当前美国所谓的中间制裁，在笔者看来，是一步步将监狱的功能引入社会，是扩大了对罪犯的控制网络，造成了整个社会的不安全感。我们研究美国的社区矫正实践历程，一定要反思它各项措施的利弊，吸取其中的经验教训。

二是行为人已受到或将受到与其罪错行为相当的惩罚。这一点是法律公平正义价值的必然要求。对犯有罪错的人，只有帮助而没有任何惩罚是不公正的。这种惩罚可以体现在社区矫正之前，也可以体现在社区矫正之中。但体现在社区矫正之中的惩罚，其力度显然要弱于在监狱和其他机构内进行的惩罚。所以，与这种社区内惩罚相对应的必然是那些可以为公众所接受的性质轻微的罪错行为，是普通公众认其无须受到更加严厉制裁的行为。

三是有利于行为人回归社会。有利于罪犯的再社会化，帮助这些背离社会主流的人摆脱过去的阴影，改掉犯罪心理和行为恶习从而顺利回归社会，是社区矫正的主要价值追求。社区矫正的理论就是基于人是可以改变的，环境对人是有影响的，通过有意识引导和矫正能够帮助犯罪人顺利再社会化这一系列的观念，所以是否有利于罪犯回归社会，是衡量是否应对罪犯实行社区矫正的一个重要尺度。如果不具备社区矫正条件，或社区环境不利于罪犯改造，容易使其受不良人群的不良影响，诱发其再次犯罪；或不能够对犯罪人提供必要的帮助，以导致其可能走投无路重蹈覆辙，则不宜适用社区矫正。这个原则，既是针对个案的单个人的，也是针对整体的社区矫正制度而言的。

在符合上述精神的前提下，哪些人适合在社区进行矫正呢？笔者根据我国国情，将社区矫正对象分为两类：应当适用社区矫正的人员和可以适用社区矫正的人员。应当适用社区矫正的包括：（1）依法被判处管制的罪犯；（2）依法被判处缓刑的罪犯；（3）依法被决定假释的罪犯；（4）有严重不良行为或恶习的违法青少年。可以适用社区矫正的包括：（1）适合在社区改造的劳动教养分子，经个人申请和有关部门批准；（2）刑满释放后仍有矫正帮教要求的罪犯，经个人或关系人申请；（3）被判处剥夺政治权利在社会服刑或被决定暂予监外执行的罪犯，有关机关认为其有社区矫正必要而明确作出决定的；（4）因轻微违法被处以行政处罚或因情节显著轻微未按犯罪处理，经有关部门决定的。

笔者如此划定，有两方面的考虑：一是要顾及现有的法律框架体系和现行的各项法律法规，在此基础上选择合适的人群；二是要尽量避免不同类别矫正对象间的交叉和重复，争取做到各类人员之间的平行关系，使人员的划分标准单一，每一类对象间不冲突。当然，由于不同法律规定之间划定标准不同，也难免会有个别的重复交叉现象。

2. 社区矫正对象界定的理由

（1）关于管制犯。

管制是我国独创的一种刑罚方法，是指由人民法院判决，对犯罪人不予关押，但限制一定自由，由公安机关执行，依靠群众监督改造的一种非监禁刑罚方法。管制在解放战争时期，用于对反革命分子的监督改造。但是，随着社会历史条件的变化，随着犯罪的性质、犯罪人员的构成、同犯罪行为作斗争的客观形势的变化，管制刑存在的价值遭到了质疑。尽管存废之争始终在延续，但 1997 年修订刑法还是保留了管制刑并将其列为我国主刑之一，管制刑的适用对象已扩大到所有的犯罪分子。

管制制度（包括立法和执行）中存在某些弊端，影响了管制刑的实际使用。现在从管制刑的执行总的情况看，不是太好，出现了很多问题，主要表现在：①管制执行没有专门人员或组织负责；②定期报告无法真正落实；③受管制罪犯不准外出经商和外出应当报经执行机关批准的制度得不到很好落实；④群众评议和公开宣告等制度也难以实施。①因此，审判实践中，对于管制刑的使用一般都是非常谨慎的，使用这一刑罚方法的数量相对较少，其在整个刑罚体系中所占的分量较轻。

虽然管制刑存在着诸多的问题，但它具有在社区对犯罪人执行刑罚的特点，符合社区矫正制度的理念和要求，而且管制刑经过多年来不断的改进，其内容已经发生了实质性的变化，被管制犯的范围不再局限于最初制度设计时的界定。管制作为刑法体系中一个独立的主要刑种，具有被改造为社区矫

---

① 参见吴宗宪等著：《非监禁刑研究》，474—475 页，北京，中国人民公安大学出版社，2002。

正刑的基础和可能，管制犯理应作为社区矫正的对象。

（2）关于缓刑犯、假释犯。

缓刑和假释是绝大多数国家社区矫正制度的主要组成部分。社区矫正制度，可以说是在缓刑和假释执行制度不断发展的基础上形成并发展起来的，所以缓刑、假释犯是当然的社区矫正对象。例如，在德国并没有明确的社区矫正称谓，但它有完备的缓刑制度，假释和缓刑密切相连（在德国假释被称为余刑的缓刑），构成该国社区矫正的最大特色。可以说，缓刑和假释就是对已经被判处监禁刑的罪犯适用社区矫正的最好法律途径。

（3）关于有严重不良行为或恶习的违法未成年人。

依照我国《预防未成年人犯罪法》的规定，严重不良行为，是指严重危害社会，尚不够刑事处罚的违法行为，包括纠集他人结伙滋事，扰乱治安；携带管制刀具，屡教不改；多次拦截殴打他人或者强行索要他人财物；传播淫秽的读物或者音像制品等；进行淫乱或者色情、卖淫活动；多次偷窃；参与赌博，屡教不改；吸食、注射毒品等严重危害社会的行为。有以上行为的未成年人虽不够刑事处罚，但行为性质已经很严重，如不加以及时教育矫正，很可能会成为未来的犯罪分子。这部分未成年人在现实中的出路一般为工读学校或依靠学校家长的教育，极少部分还可能被劳动教养。工读学校教育的理念与社区矫正有很多相同的地方，但侧重点不同。社区矫正的理念就是要本着助人的精神帮助已走上迷途的人重新回归正常的生活，而未成年人身心未定型、可塑性强的特点，决定了他们是最适合被矫正的群体。

综观各国的矫正制度，对未成年人的矫正大都被单列而引起格外重视，大都有专门针对未成年人的矫正措施，未成年人社区矫正被视为是社区矫正中占有重要地位的一部分。而且各国的未成年人社区矫正大多不局限于犯罪后被判刑的未成年人，而是延伸至其有违法行为之初。因为矫正就是要在更严重的罪错发生之前去介入行为人的生活，帮助他改变原有的不良心理和行为，而不是在其后，等他符合了犯罪的构成要件，被判了刑，再去帮助和矫正。对于未成年人，在其有严重不良行为时及时干预矫正，防微杜渐，更加显得重要。

此部分未成年人没有被列为社区矫正对象的原因，在于社区矫正在我国现阶段被严格定义为刑罚执行活动，而以上情况不属于刑罚执行。笔者对社区矫正的性质作过深入的探讨，认为其具有刑事执法的性质，对有严重不良行为和恶习的违法未成年人的处置，含有刑事执法的性质，所以上述人员应该列为社区矫正的对象。

（4）关于劳动教养人员。

我国劳动教养制度的弊端凸显多年，至今没有得到彻底解决。劳动教养对象与刑罚处罚对象在社区矫正适用上的不平衡，严重阻碍了社区矫正制度的健康发展。正如有学者所指出的："劳动教养人员与接受社区矫正的服刑人的生活处遇的比较，必然引起劳教人员的困惑和反感。如果监狱管理机关用'接受社区矫正的罪犯罪行较轻'作解释，劳动教养人员则可能说：无论罪犯的罪行轻微到何种程度，既然在法律上已经认定其有罪，其过错的严重程度一定甚于无罪的劳动教养人员。罪轻者的生活处遇高于无罪者，这对一个国家的罪犯矫正制度与劳动教养制度的设计而言，矛盾是明显的。如果监狱管理机关用'接受社区矫正的罪犯改造表现较好'作解释，劳动教养人员则可能问：表现较好的劳动教养人员可不可以获得社区矫正待遇呢？如果服刑人员在狱内表现较好就可以获得转入社区矫正的待遇，劳动教养人员无论表现优劣都必须在劳教场所接受监管，这种矛盾也是无法解释的。"①

笔者认为，在劳动教养制度没有根本性变革之前，因为社区矫正制度的推进而全盘否定劳动教养制度，主张将劳动教养对象全部列为社区矫正对象的观点是不妥的。因为那样会触及其他相关制度的根基，使得问题的解决更加复杂化，使得制度的实施成为一个难以突破的怪圈。对劳动教养制度的改造，涉及的问题很多，如包括刑法在内的一系列基本法的修订，整体刑罚结构的重构，等等。笔者主张采取折中的方法，对劳动教养分子进行审查划定，对于其中符合社区矫正的基本精神的，经过一定的程序，给予其同样适用社区矫正的机会和权利，这样就可以巧妙避开阻碍社区矫正制度顺利推进的礁石，体现社区矫正制度的科学与公正。同时，对这部分劳动教养人员适用社区矫正，也会促进劳动教养制度的完善和变革。

（5）关于刑满释放人员。

为充分体现社区矫正的福利和社会工作性质，发扬其帮助人的特点，对于刑满释放后有需求的人员，可以对其适用社区矫正。在这里，不免要提到与社区矫正制度并行的、实施于基层司法所内部的安置帮教工作。笔者认为，今后社区矫正工作可以和安置帮教工作合二为一，这样既保持了工作的连贯性、节约了本来就很紧张的人力、物力资源，而且从性质上讲，这样的结合更加突出了社区帮助的功能，更加符合当前以司法行政机关作为矫正机关的特点。

笔者把刑满释放人员列入社区矫正对象，很大程度上受了香港善导会的启发。香港善导会成立于1957年，宗旨是为违法人士提供社会福利服务，协助他们处理、面对及解决生活上、情绪上、心理上、行为上以及人际关系上的困难，让他们能够自力更生，成为守法的市民。每年服务的违法人士超过6000人，其中超过90%是刑满出狱的人士。与惩教署或社会福利署的强制性善后辅导有别，所有香港善导会的服务使用者可以自愿参加或退出服务。②

---

① 参见汤啸天："社区矫正试点与矫正质量的提高"，载《当代法学》，2004（4）。
② 参见陈孚西："社区为本的自愿性违法人士康复服务——香港善导会的经验"，载《社区矫正研究——2006年北京国际论坛 论文 摘要 致辞汇编》。

经历过刑事司法程序的人，或多或少会留有一些创伤和烙印，如对权力的不信任，对公平正义缺乏信心、个人自尊自信的丧失等；当他接受一定的刑罚处罚被释放后，犯罪时的个人和社会因素是否改变，是否变得更糟更恶劣，刑满释放后直接面临的最迫切需要解决的生活问题，等等，都对刑满释放人员正常融入社会构成影响。当他们需要帮助时，社区矫正人员应该提供必要的帮助和矫治。

（6）关于被判处剥夺政治权利或被决定暂时监外执行的罪犯。

在"两高""两部"的《通知》中，以上两类人员被列为社区矫正对象，由此引来了众多非议。笔者认为，用"在社区服刑"来描述，更加符合此两类人员的性质，他们的特点与社区矫正的本质精神并不完全相符，所以没有把他们列入"应当适用"社区矫正的行列，而是规定在有关机关认为其有社区矫正必要而明确作出决定的情况下，"可以"适用社区矫正。这样就使得社区矫正对于这两类人员而言，不再是必经的程序，而成为可根据具体案情选择适用的方法，增加了制度实施的灵活性。

（7）关于因轻微违法被处以行政处罚或因情节显著轻微未按犯罪处理的人员。

此两类人员，一样是与刑事执法相关，在判定其行为性质和严重程度时，因为情节较轻，而被排除在了刑罚处罚体系之外。对这两类人员，允许相关部门对其选择适用社区矫正，对他们施以必要的惩戒，让其通过在社区接受矫正的方式认识到自己行为的错误，对避免他们将来犯更加严重的罪有积极的预防作用。另外，对于可能被处以行政拘留等处罚的人员来说，选择社区矫正，使他们可以不失去人身自由而接受惩罚，是一种更加理想的处罚措施。

（二）社区矫正的机构设置和人员组成

1. 社区矫正的机构设置

如何科学设置社区矫正机构，关系着社区矫正制度在我国的发展命运。而在旧体制里加入新制度，必然会触及一些久未解决的老问题。既有法律规定的问题，也有原有制度本身的问题。为了更好更快地在我国顺利开展社区矫正工作，在机构设置上，笔者认为应本着尊重旧体制、力争让新元素自然融入、尽量减少结构变动、尽量贴近制度目标的宗旨，如涉及过多方面的变革，就会造成制度进一步推进的困难。这一宗旨，在笔者看来，也是我国历来司法改革所反映出来的指导思想。

根据《通知》规定的要求，社区矫正的日常管理工作是由街道乡镇司法所具体承担，公安机关配合司法行政机关依法加强对社区服刑人员的监督考察，依法履行有关法律程序。社区矫正的执行统一由司法行政部门来负责，在学术界已基本达成了共识。但在司法行政部门内如何设置执行机构，目前学术界尚有不同的主张。有代表性的主要有以下几种：第一种观点认为，在最高司法行政机关——司法部内设刑事执行一局（原监狱管理局）和刑事执行二局，地方司法行政机关内设相应的执行机构。刑事执行一局负责死缓、无期徒刑、有期徒刑、拘役的执行；刑事执行二局负责管制、缓刑、剥夺政治权利的执行并负责假释和监外执行的监督。[①]第二种观点认为，在司法部设立国家刑事执行总局，统一主管和领导全国的刑事执行工作（非监禁刑的执行也包括在其中）。为了使刑事执行能够与前三道司法程序形成有力的配合和制约关系，刑事执行总局应升格为副部级建制。在总局之下可以按照刑事处分的性质及其不同类别，设立若干职能局。省级以下各级司法行政部门，可根据需要设立执行局、处（科）。[②] 第三种观点认为，在司法部监狱管理局设立社区刑罚执行处，负责全国的社区执行工作；在省（市、区）监狱管理局设立社区执行处，主管省（市、区）的社区刑罚执行工作；在县（区）司法局设立社区执行科；在乡（街道）让司法助理员负责当地的社区刑罚执行工作；在村（居）委会也有人专门负责此项工作。[③]第四种观点认为，扩大司法部基层工作指导司的职能，使其承担社区矫正的管理工作，在基层由街道和乡镇司法所承担对社区矫正的管理。这也是我们现行试点的做法。第五种观点认为，在司法部内设置非监禁刑执行局或称社区矫正局，负责全国的非监禁刑罚方法的执行管理工作。非监禁刑执行局下设管制执行处、社区服务执行处、罚金及没收财产执行处、剥夺一定权利执行处、缓刑考察处、假释考察处和暂予监外执行处。具体负责全国的管制、社区服务、罚金、没收财产、剥夺一定权利、缓刑、假释和暂予监外执行等非监禁刑罚执行的管理和指导工作。[④]

笔者认为，比较各国的矫正机构设置，日本模式最值得我们借鉴，即对犯罪者实行全国统一的社区处遇管理，对犯罪者的假释、缓刑等既分工负责，又集中统一领导。我们是统一的中央集权的单一制国家，讲求法律的一致性，在管理执行机构上更是如此，如美国式的多机构、多模式的做法不适合我国。在我国，社区矫正的机构设置，首先要设中央一级的统一领导机构。而统一的领导可以由一个部门独担，也可以由几个部门分担。有学者主张，在司法部内部单独设立社区矫正局，按照全新的社区矫正理念招聘有专业知识和技能的人员作为社区矫正官，履行在社区执行刑罚矫正罪犯的职能，负责对社区矫正工作的全面管理。这无疑是最有利于社区矫正制度自身发展的方案，但我国司法制度包括很多方面的内容，不仅仅是社区矫正一种，所以不能不顾及与其他制度、机构的协调。全国性的机构设置牵扯的问题过多，而我国的社区矫正实践和理论尚不成熟，笔者个人认为，这种方案

---

① 参见储槐植、汪永乐："论刑事执行主体的合理配置"，载《犯罪与改造研究》，2000（10）。
② 参见邵名正、于同治："论刑事执行法的创制"，载《犯罪与改造研究》，2000（10）。
③ 转引自吴宗宪等著：《非监禁刑研究》，666 页，北京，中国人民公安大学出版社，2002。
④ 同上书，667 页。

在短期内可行性不大。如何充分利用当前现有机构配置和人力物力资源，科学组合，以实现社区矫正的功能，达到最好的社会效果，是笔者考虑我国社区矫正机构设置的出发点。所以，笔者主张，在试点过程中，司法部监狱局和司法部下属的基层工作指导司可共同全面负责社区矫正事务。

监狱局在社区矫正中的主要职能：一是调查联络。对符合社区矫正条件的人，进行调查核实，及时与法院、劳教场所、基层矫正机构等相关部门联络，沟通矫正对象情况，顺利完成矫正对象的交接，及时制订有针对性的矫正计划。二是考察奖惩。对社区矫正的执行情况进行考察，可以借鉴监狱管理办法，区别对待在社区矫正中不同表现的罪犯，分别给予奖励或处罚。对于表现较好，矫正效果明显的，有权提议缩短矫正期限；对违反社区矫正规定的罪犯，有权提议收监。三是刑事执法，如对社区服务刑的执行。

基层工作指导司在社区矫正中的主要职能：一是安置帮教。这里所讲的安置帮教，是指对社区矫正对象提供的生活扶助、困难救助、矫正教育和生活、工作的安排布置。因为对象的不同，所以工作内容与现在仅针对刑释解教人员的帮教安置有所不同。这部分工作，是社区矫正中必不可少的一部分，因为矫正对象的实际困难得不到解决，就无法很好地开展矫正工作。二是社会团体的协调管理。社区矫正工作要依靠社会力量的支持，而各种社会力量如何介入社区矫正，需要有相应的联络和管理机关。基层工作因其贴近社区生活，便于与各社会团体的沟通和接触，所以可以作为连接社区矫正政府行为与社会团体工作的纽带。三是志愿者的组织管理。志愿者的自发性、队伍的不稳定性和专业技能的缺乏性，需要有专门的机构进行组织、培训和工作安排，而基层工作部门承担此任务较为妥当。

监狱局和基层工作指导均属司法部所管，部门间的协调和沟通，人员的调配都要相对简单。虽然各自还有其他职能分工，在社区矫正中的职能也各自有所侧重，但由他们共同构成社区矫正工作的领导主体，可以取长补短，既有利于与现有制度的衔接，又有利于为今后工作积累经验。这种设计的突出特点，就是把原法律规定应由公安机关执行的缓刑、管制、假释等刑罚措施的执行权划归监狱局，并与监狱某些职能结合，以强化社区矫正的强制力，同时便于监狱和社区的联系。随着社区矫正试点的不断推进，二者的合作会日益密切，则根据实践的具体情况，来决定最终的机构取舍。如果由两个机构分工负责的方式可行（日本就是由法务省保护局和中央更生保护审查会共同全面负责更生保护事务），则可以保留两个机构；如职能分工渐渐模糊，两个机构呈现一家的趋势，则可以将两家并为一家，成立独立的社区矫正机构。具体合并方式有两种：一是以监狱局为主体，扩大其职能，并将监狱局更名为刑事执行局或矫正局。将基层工作指导司所从事的社区矫正工作，列入刑事执行局工作内容。二是以基层工作指导司为主体，鉴于其在试点前期承担了大量的社区矫正实践工作，积累了丰富的工作经验，可分出该部分职能，成立单独的社区矫正司。该司可吸纳部分监狱局干警，发挥监狱执行的优势，加大社区矫正的执行力度。

具体到地方的基层社区矫正机构，可由地方监狱管理部门大力支持协助，依托基层司法所设置，建立社区矫正办公室，由监狱局和基层工作指导司下辖的两部分人员共同组成社区矫正办公室工作人员，领导和管理该辖区内的社区矫正工作。

2. 社区矫正人员的组成

自从实施社区矫正试点工作以来，对于参与社区矫正工作的不同人员，使用了很多的名称，呈现出名称繁多、含义混乱、人员重叠的现象。其中使用较多的一些名称如：社区矫正工作者、志愿者、社会工作者、社区矫正工作联络员、社区矫正工作人员等。[①]

有学者提出，根据社区矫正工作的特点和国际社会的情况，可以将社区矫正工作人员划分为两大类，社区矫正执法人员和社区矫正辅助人员。社区矫正执法人员是指在社区矫正中负责刑罚执行事务的国家工作人员。社区矫正辅助人员是指协助社区矫正执法人员开展有关社区矫正工作的人员。社区矫正辅助人员的任务主要是协助履行其中的帮助职能，即协助社区矫正执法人员解决社区矫正服刑人员存在的生活困难和就业问题、心理与行为问题、家庭与人际关系问题等。同时，社区矫正辅助人员也可以根据需要，担负部分履行改造职能的工作，对服刑人员开展某些方面的改造活动。[②]

也有学者提出，社区矫正工作者包括政府公职矫正工作者与社会兼职自愿者，以及介于两者之间的从事矫正事务的民间团体的常设工作人员。[③]

还有学者指出，社区矫正的工作人员一般由两部分人员组成，一部分是社区矫正官员，主要是从事缓刑、假释及其他非监禁措施与矫正的工作人员，大多数为缓刑官和假释官。另一部分是社会志愿者，由一些品行端正并具有一定学识与身份的社会学、心理学、教育学和犯罪学者或专家经选拔构成。[④]

经过比较，笔者认为，采用"社区矫正人员"的称谓更为简练明了。所谓社区矫正人员，是指与社区矫正对象相对的、在社区矫正中从事各类工作的人员。根据其工作性质和职能的不同，可分为三类：

（1）社区矫正行政事务人员。是指在社区矫正中从事部门间沟通、矫正对象管理、经费收支、设施配备、矫正人员聘任等一系列行政管理事务的人员。社区矫正是一项严肃的工作，各步骤都应当严格履行相关的程序，有必要的经费、设施、人员保障。社区矫正行政事务人员，其职责就是履行与社

---

① 参见吴宗宪："论社区矫正工作人员的种类与名称"，载《中国司法》，2005（12）。

② 同上。

③ 参见刘永强、何显兵："关于社区矫正工作者的定位及其队伍建设"，载《河北法学》，2005（9）。

④ 参见王顺安："社区矫正的法律问题"，载《政法论坛》，2004（5）。

区矫正相关的行政管理职能，做好社区矫正工作中人、财、物的管理和保障。

（2）社区矫正专业人员。是指具有社区矫正所需社会工作、刑法学、心理学等相关专业知识，受过专门的社区矫正技能培训的专业人士。社区矫正是一项专业性很强的工作，社区矫正专业人员是社区矫正人员的骨干部分。根据这些专业人员与矫正机关的关系，又可以将他们分为两类：一种为公务员序列下的机构内社区矫正专业人员，一种为有专业资格认证的受聘参与社区矫正的专业人员。社区矫正专业人员的职位门槛要相对较高，宁缺毋滥，因为他们掌握社区矫正中的一系列权力，如矫正方案决定权、奖惩建议权等，他们的素质和矫正技能决定着该制度的最终实施效果。社区矫正专业人员又可分为：社区矫正官、社区矫正官助理、社区矫正员，根据专业化程度的高低和实践经验的多少区分，其中，社区矫正官为拥有社区矫正决定权和建议权的人员。

（3）志愿者。志愿者是指热心社区矫正事业，愿意贡献自己的业余时间来帮助社区矫正对象的公民。社区矫正需要大量的人力参与其中，而对专业要求不是很高的辅助性工作，比较适合由志愿者来担当。志愿者是开展社区矫正的重要支持力量，他们大多从事一些配合专业人员工作的辅助性工作。

（三）社区矫正相关制度的完善

1. 缓刑制度的完善

我国的缓刑制度经过几十年的实践，已经较为成熟，但还存在一些问题，需要进一步完善。尤其配合当前社区矫正实践的开展，笔者认为应在以下几个方面予以完善。

（1）适当扩大缓刑适用对象范围。

我国《刑法》第72条规定，对于被判处拘役、3年以下有期徒刑的犯罪分子，根据犯罪分子的犯罪情节和悔罪表现，适用缓刑确实不致再危害社会的，可以宣告缓刑。这样就排除了被判处拘役、3年以下有期徒刑以外的所有罪犯适用缓刑的可能，即使这些被排除的罪犯符合缓刑要求的实质条件。

笔者认为，缓刑是针对罪行较轻、社会危害性较小的罪犯而设的一种制度，目的是为了避免短期自由性的弊端，防止这些恶性不深的罪犯在监狱中被"深度"感染，促使其顺利再社会化。由于适用缓刑的犯罪分子在缓刑考验期间是在社会上接受考验，因此，必须首先保证社会的公共安全，缓刑对象只能是那些对社会和公众不构成威胁的罪犯。分析我国当前的缓刑规定和实施情况，笔者认为，在坚持缓刑基本精神的前提下，缓刑适用对象的范围可酌情扩大，这里包括两层含义：

一是从立法层面讲，要扩大对缓刑适用对象的规定。可将适用缓刑对象由3年以下有期徒刑罪犯扩大到5年以下有期徒刑罪犯，然后结合罪行种类的划分，排除恶性的严重犯罪，只针对相对较轻的犯罪适用，这样就会自然扩大缓刑适用对象的范围，为更多符合缓刑实质条件的罪犯提供机会。从我国司法实践来看，5年以下有期徒刑都应属轻刑范围，2000年和2001年全国被判处不满5年有期徒刑的罪犯分别为307 849人和369 154人，占生效判决人数的比例分别为47.62%和49.15%。这接近半数的比例，是可扩大适用缓刑的空间。①因为这其中，被判处3—5年的犯罪分子占相当的比例，在这些犯罪分子中，根据其犯罪情节和悔罪表现，有相当一部分人适用缓刑是不会再危害社会的，或说有相当一部分人是符合缓刑的实质性条件的，只是由于现行法律的规定需3年以下有期徒刑才可适用，所以不得不将其关押在监狱。国外有类似的规定，如《法国刑法典》第132—31条规定："对自然人判处5年以下监禁、罚金或日罚金，限制或剥夺第131—6条所指之权利……均适用缓刑。"

二是从司法层面讲，要增大对符合缓刑条件罪犯适用缓刑的力度，提高缓刑判决率。尽管我国司法实践中使用缓刑的数量在逐年增加，近几年内，缓刑使用率在逐渐增大，但总的来说，我国的缓刑使用率是很低的。从全国统计的情况看，1999年，我国的缓刑使用率仅为14.86%，加上各地人民法院适用缓刑的差异很大，有些法院使用缓刑的数量很少，有的几乎不使用缓刑这一刑罚方法。②当然，缓刑判决率较低有着多方面的原因，如法官怕承担责任不愿判缓刑，又如现实中确实存在缓刑犯无人监管放任自流、外籍罪犯判缓后无法考察等实际困难。在司法层面扩大缓刑适用对象，一方面是从法院系统提倡多判缓刑，另一方面是要有相应的机构和措施保证缓刑犯在社会上的考验能落到实处。

（2）改革缓刑执行机关及其职责。

我国《刑法》第76条规定："被宣告缓刑的犯罪分子，在缓刑考验期限内，由公安机关考察，所在单位或基层组织予以配合"。但是，公安机关作为缓刑执行机关，既缺乏理论上的支持，也难有实践保障。公安机关执行缓刑，与其打击犯罪活动、维护社会治安的职能不符合，也背离了我国刑事司法制度中"分工负责、互相配合、互相制约"的基本精神，可能影响司法活动的客观、公正。③现实生活中，公安机关承担着管理和维护日常社会治安及刑事侦查的重任，日常工作已相当繁重，难以再承担起对缓刑犯的监督考察。从以往的司法实践看，由于种种原因，缓刑犯大多处于脱管状态，法院对缓刑的宣告只能一缓了之。

国家行刑权由司法行政部门掌管，既可充分发挥现有司法行政资源的作用，也有助于将有限的行刑资源统一调配使用，减少执行过程中的争议和错

---

① 转引自郭建安、郑泽霞著：《社区矫正通论》，378页，北京，法律出版社，2004。

② 参见吴宗宪等著：《非监禁刑研究》，539页，北京，中国人民公安大学出版社，2002。

③ 参见郭建安、郑泽霞著：《社区矫正通论》，375页，北京，法律出版社，2004。

误，降低执行成本。虽然缓刑的执行有别于监禁刑执行，但是二者本质上都属刑罚执行范畴，由司法行政系统的工作人员执行对缓刑犯的监督考察，将有助于提高缓刑执行工作的专业性和有效性。因此，笔者认为，缓刑执行机关应变更为司法行政机关，具体可以由我们前面讲到的社区矫正办公室来承担，这样将更加有利于对缓刑犯的监督考察。同时，我国的缓刑执行机关可以借鉴国外的经验，把保护观察的内容引入我国缓刑考验之中。如在执行机关中设立缓刑考验官，全面负责缓刑期间罪犯的各项工作，组织相关社会工作者组成缓刑帮助者队伍，对罪犯进行矫正，针对罪犯的不同表现予以奖惩等。

（3）完善适用缓刑的条件。

根据我国《刑法》第 72 条，适用缓刑的实质条件是：犯罪人确有悔罪表现，适用缓刑确实不致再危害社会。确定适用缓刑不致再危害社会，主要就是依靠法官对具体的犯罪情节和犯罪人的悔罪表现来综合认定。犯罪情节轻微，表明犯罪的社会危害性小；犯罪人悔罪表现较好，表明犯罪人的再犯可能性小。不致再危害社会是犯罪人主观恶性与犯罪行为客观危害的统一表述，适用缓刑时必须综合考虑这两点因素。有学者认为这一规定过于原则，缺乏具体、科学的评价标准，导致实践中操作起来弹性过大，不利于缓刑功效的充分发挥，甚至容易造成缓刑的滥用。①笔者亦认为，以"不致再危害社会"这一非常主观的标准作为适用缓刑的条件，只会加大执法的难度或造成权力的滥用，所以有必要对之进行改善。"不致再危害社会"是缓刑乃至是社区矫正的一种原则要求，是一种盖然的主观考虑，本着这样的精神去综合考虑所有相关情况，判断犯罪人的再犯可能性，做出是否对其适用缓刑的决定。它是法官基于一定的生活常识、对人的判断认识以及对缓刑犯本人的信任而做出的盖然的推断，而不是客观的定论。因为犯罪是综合原因造成的社会现象，任何人都难以保证包括自己在内的任何人将来绝对不犯罪。所以，这只能是法官评判的内心确认标准，不是法律规定的客观标准。

笔者认为，缓刑条件可分为两种类型：基于情节考虑的缓刑条件和基于主体考虑的缓刑条件。犯罪情节是实施犯罪行为时的具体事实状况，包括定罪情节和部分量刑情节，是犯罪行为的社会危害性和犯罪人的人身危险性的综合体现。从情节可以反映出犯罪人的主观恶性。刑罚个别化的精神要求对不同主体采取与之相适宜的惩罚措施。此外，犯罪人的悔罪表现，也是适用缓刑与否的一个重要考虑因素。

（4）完善缓刑考验措施。

长期以来，缓刑考验工作一直由公安机关担任，而法律对缓刑考验只做了泛泛的原则性规定，没有实质的考验措施，使得缓刑成为一种变相释放的

---

① 参见冯卫国著：《行刑社会化研究》，186 页，北京，北京大学出版社，2003。

刑罚方式。根据缓刑的功能，笔者认为具体的缓刑考验措施可包括：①将每一个缓刑犯置于缓刑帮助者的帮助、监督之下，建立起缓刑犯与缓刑帮助者间的互相信任的关系，在缓刑考验官的领导与监督之下，进行具体的有针对性的帮助矫正。②缓刑犯除遵守法律、行政法规外，还应遵守法院对其判定的特殊指示。如遵守关于居住、培训、工作，或调整其经济关系的规定；不得与可能提供再犯机会或诱惑其再犯的特定人或团体交往、受其雇用、教导和留宿等。缓刑考验官对缓刑犯在缓刑考验期的表现进行监督，并做出考察报告。③缓刑犯要定期向缓刑考验官汇报自己的工作、生活、矫正情况。缓刑犯应服从缓刑考验官的监督，重大事项及时向缓刑考验官汇报，离开所居住的市、县或者迁居，应当报告缓刑考验官，并经缓刑考验机关批准。④缓刑犯应承担各类相关义务。如赔偿被害人，弥补其行为造成的损失；参加公益劳动；参加缓刑考验机关组织的小组活动；向国库缴纳一定的款项等。

总之，缓刑在各国社区矫正实践中都有着举足轻重的地位，是我国推行社区矫正制度的一个突破口和衔接点。作为我国刑法体系中固有的制度，缓刑制度在观念接受上不存在障碍，只是由于在司法和执行环节始终没能够引起足够重视，使得该制度的实行有流于形式之嫌，这种现状反过来又制约了缓刑的大量适用。当务之急，是明确缓刑执行机构，确定专门的缓刑考验官，把已有的法律规定落到实处，把社区矫正的先进理念贯穿到缓刑考验工作中去，以实际的良好社会效果，来向人们显示社区矫正制度的优越性。

2. 假释制度的完善

（1）适度放宽假释条件。

虽然我国《刑法》第 81 条对假释适用的条件做了明确规定，最高人民法院还颁布了《关于办理减刑、假释案件具体应用法律若干问题的规定》以作补充，但是许多省（自治区、直辖市）制定了适用于辖区范围内的《实施细则》，其中罗列了更为"具体"的要求，成为当地对服刑罪犯适用假释的直接依据，将适用假释的比例限定为在押犯总数的 2%—3% 以内，还有一些附加条件，限制了假释的适用。例如，规定罪犯的剩余刑期须在两年以内；罪犯的家庭有特殊变故，需要罪犯假释后回家照顾，等等。这些具有地方"法"效力的《实施细则》，以限定比例和附加条件的方式，使许多符合国家法律、法规中假释法定条件的罪犯，不能依法获得假释。尽管我国假释制度实行了多年，立法上也不断修改和完善，实践中对促进罪犯的悔改自新、教育改造起到了一定的作用，但总的来说，假释制度使用不足，1996—2000 年五年期间，共假释罪犯 161 711 人，五年平均假释率为 2.25%，最低假释率仅为 1.63%。[①] 从北京的情况看，罪犯假释率略高于全国水平，但是2000—

---

① 参见吴宗宪等著：《非监禁刑研究》，561 页，北京，中国人民公安大学出版社，2002。

2002 年三年的罪犯假释率分别为 2.2％、2.48％和 2.3％。①

　　假释是对罪犯附条件地提前释放，只是改变了刑罚执行的方式和场所，而不是刑罚执行终结的释放。有些犯罪分子根本不需要服这么长的刑期，就能达到认罪伏法的改造效果。被收监执行的潜在可能性在假释执行的全过程都对罪犯起着警示和震慑作用，立法设置假释监督考察期限的目的正在于此。既然如此，作为适用假释的前提条件——已执行刑期的要求不必过严。②笔者认为，我国假释适用条件过严，可适度放宽。如规定执行原判刑期 1/3 以上，符合假释条件的，可以适用假释，但在监服刑期限不得少于 3 年；对于原判无期徒刑减为有期徒刑的，执行原确定刑期的 1/2 以上；因杀人、爆炸、抢劫、强奸、绑架等暴力性犯罪，被判处 10 年以上有期徒刑的，执行原确定刑期的 2/3 以上，如果符合假释条件的，也可以假释。

　　（2）假释裁决权的归属。

　　近年来，关于假释决定权的归属问题在学界引起不少争议。根据我国现行法律的规定，假释的裁决权由中级以上人民法院行使，监狱只有提出假释建议书的权利。对犯罪分子的假释，由执行机关向中级以上人民法院提出假释建议书。人民法院应当组成合议庭进行审理，对确有悔改或者立功事实的，裁定予以假释。有人对现行的假释决定体制提出了质疑，如有学者指出，根据刑法的规定，中级以上人民法院行使假释案件的审理和裁定权，这样的规定有失科学和合理。人民法院的主要职能是行使审判权，而假释的裁定权不属于审判权的范畴，它不涉及对犯罪人罪行宣告及判刑的问题，也不是对刑罚本身的改变，只是对刑罚执行方式和场所变更的裁定。③也有学者指出，假释的依据主要是罪犯在服刑期间的悔罪和改造表现，而这些情况只有监狱才真正了解和掌握。中级以上人民法院对这些情况可以说是一无所知，他们在审理假释案件时，仅仅通过对执行机关报送的材料进行书面审查而作出主观的判断，这既无法真正做出准确的推断，又增加了人民法院的工作量，流于形式，更不利于及时、有效地应用这一法律手段。④

　　笔者认为，假释裁决权性质的争议不应是问题的焦点，真正需要解决的是，这项权利由谁来行使更科学、更有利于对罪犯的矫正。首先，由监禁刑执行机关来充当裁决机关的做法是不可取的。虽说监狱作为刑罚执行机关，更加了解罪犯的改造情况，就罪犯是否具备了适用假释的实质要件最有发言权，但是由监狱自己决定假释与否，极易造成新的腐败，使得法外有法，使得法院判决既判力的维护大打折扣。其次，造成目前状况的一大原因是法院把假释的审理裁定不单列，与普通刑事案件的审理混在一处，而中级法院所

---

　　①　参见许冷、王祖明："北京实行罪犯'社区矫正'的设想"，载《犯罪与改造研究》，2003(9)。

　　②　参见郭建安、郑泽霞主编：《社区矫正通论》，399 页，北京，法律出版社，2004。

　　③　同上书，400 页。

　　④　参见吴宗宪等著：《非监禁刑研究》，556 页，北京，中国人民公安大学出版社，2002。

受理的刑事案件一般都较为严重和复杂，所以相比之下假释案件必然不被重视。最后，裁决一个犯了罪、正服刑的人被假释，应该是件非常严肃和谨慎的事，应该由具有专业法律知识和经验的人担当，长期从事刑事审判的法官具备审理此类案件的资质，由他们来承担还是比较适宜的。

综上，笔者认为，改变现状的关键是要让假释裁决工作在法院工作中单列出来，设专门的假释办公室，或至少要有专门的假释法官，专门办理此类案件。在此我们可以借鉴法国的经验，他们的法院就设有专门的刑罚执行法官，其职责专门就是对刑罚执行过程中的各种变更作出裁决。与之相对应，也有专门监督刑罚执行的检察官（类似于我国检察院的监所检察官）。在办理案件时，他们一同到监禁机构，当面听取监狱监管人员的陈述，考察罪犯的表现，和相关人员一同讨论罪犯是否具备放到社会上一段时间的条件和可能，最后作出裁决。笔者认为，这种方式我们可以学习，最大限度地利用现有的人力资源，由专门的假释法官审理裁决假释案件。工作的专门化，会使其把更多的精力投入到对监狱罪犯服刑情况的关注上，合理地安排工作内容，也会让其对罪犯监改情况更加了解，从而科学合理地作出裁决。

3. 管制刑的完善

管制是我国独创的最能体现专门机关与群众相结合的一种刑罚制度，是我国刑罚体系中唯一的限制而非剥夺人身自由的主刑，也是极具中国特色的社区处遇制度，符合刑罚开放性、社会性、人道性的发展方向。从减少监禁、避免交叉感染、扩大开放性处遇措施的角度来讲，管制同缓刑具有同样的刑事政策意义。管制刑适用率极低的现状使这一立意极好、符合行刑社会化潮流的刑种，几乎陷入名存实亡的境地。有的法院甚至自刑法颁布以来，从未适用过管制这一刑种。[①]以天津市某区法院的情况来看，2000 年适用管制刑的仅为 8 人，占全部判刑人的 1.86%；2002 年适用管制刑的为 14 人，占全部判刑人的 2.9%，而这在全国来看还是适用管制刑比例较高的。

虽然管制刑存在着诸多问题，但作为我国现行刑法规定的主刑之一，它具有在社区对犯罪人执行刑罚的特点，具有被改造为社区矫正刑的基础和可能。管制刑的完善，笔者认为，保留这一我国独创的非监禁主刑的框架，但不要拘泥于该刑种初创时的本意，扩大其适用对象范围，增加其矫正内容，把具有丰富社区矫正内涵的多种社区执行方法融会到该刑种之中，把它改造成为具有中国特色的社区矫正刑。

（1）增加强制性管束内容。

由于管制执行中缺乏必要的强制性监管措施，造成当前管制适用量少，判了管制后"不管不制"局面的形成。正如有学者指出的，管制刑存在的最大问题在于刑罚强度不够，执行内容较为空泛，缺乏刑罚的可感性，难以对

---

① 参见袁登明著：《行刑社会化研究》，235 页，北京，中国人民公安大学出版社，2005。

罪犯造成应有的心理压力，导致该刑种的惩戒作用十分有限。①增加强制性管束内容，笔者认为，可以借鉴国外中间制裁（Intermediate sanctions）的一些做法。在 20 世纪后半期美国矫正领域兴起的中间制裁，其严厉程度轻于监狱的监禁，重于传统的缓刑，是"在传统的缓刑和传统的监禁之间确立的一种惩罚的选择形式。"②同属在社会上服刑，美国的中间制裁在很多方面与我国的管制有类似之处，所以有些做法可以借鉴。如建立日报告中心，要求罪犯每天或经常说明他们的活动情况，通过面谈或电话形式与中心联系，中心对罪犯进行不定期的测试检查，并提供教育、咨询、求职前的准备等矫正项目的服务。我国《刑法》第 39 条规定了被判处管制的犯罪分子在管制期间应当遵守的规定，这些规定在现实中执行效果并不好，原因就是没有专门的监督报告制度。如能借鉴日报告中心的措施和做法，在实际操作中细化监督考察的内容，增强管制刑的执行力度，就可以体现出管制刑的惩戒性。另外，家中监禁、电子监控、中途住所、军训式矫正中心等做法，也可以借鉴。有学者主张，在管制刑的义务配置中引入对受害人的赔偿、参加公益劳动和缴纳一定数量的保证金等内容。这样，不仅使刑罚的力度加大，同时可以强化社会的正义感，赢得公众对管制刑的认同和支持。③笔者认为，赔偿和保证金等的运用，不是管制刑的刑罚本意，只有涉及侵害和有损害赔偿必要的案件才适用。参加公益劳动的举措可以考虑加入管制刑的刑罚执行内容之中。采取何种具体形式并不重要，关键问题是要把监督和强制管理细化并落到实处。要针对不同性质的犯罪和不同的犯罪主体，设计多种可采取的管制方式。管制刑的执行必须加入一些新的强制性内容，否则流于形式、起不到任何惩戒作用的话，该刑种就会慢慢被淡忘直至废弃。

（2）增加违反后的处罚条款。

作为一项刑罚处罚措施，管制刑对于违反该刑罚执行期间法定义务所应受到的处罚必须明确规定，才能保证其执行的有效性。现行法律虽然规定了管制犯必须遵守的若干法定义务，但并没有规定相应的罚则。有学者主张，管制刑的改造完善可以引进社区劳动制度。对于没有附加社区劳动的管制犯人，如果违反法定义务而又不构成犯罪的，可以给予警告并决定附加社区劳动的义务要求。对于已经附加社区劳动的管制犯如果有违反法定义务的，或者虽然没有附加社区劳动的管制犯如果有违反法定义务而又不宜附加社区劳动的，可以考虑适用刑罚易科制度，将管制刑易科为短期自由刑。④笔者认为，将社区公益劳动作为违反管制刑法定义务的一种罚则，具有可操作性，可以根据违规情节轻重给予当事人相应的处罚。将刑罚易科制度引入违反管制

① 参见冯卫国著：《行刑社会化研究》，184 页，北京，北京大学出版社，2003。
② 刘强：《美国社区矫正的理论与实务》，126 页，北京，中国人民公安大学出版社，2003。
③ 参见冯卫国著：《行刑社会化研究》，184 页，北京，北京大学出版社，2003。
④ 参见袁登明著：《行刑社会化研究》，274—276 页，北京，中国人民公安大学出版社，2005。

刑法定义务的处罚,具有一定的科学性,但因为我国刑法体系中没有刑罚易科制度,所以现阶段只能依靠具体规定来体现该精神。比如对违反管制规定的人,可以具体规定在何种情况下可采取罚款、社区劳动等相应的惩罚措施。

4. 增设社区服务刑

社区服务,在国外也被称为社会服务令、社区劳役和劳动赔偿等,是指法院判令被告人在社区从事一定时间的公益劳动,作为对社会赔偿的一种方式。社区服务刑自 1972 年在英国立法中首创以来,发展十分迅速,至 20 世纪 80 年代,大部分西欧国家、美国 1/3 以上的州以及加拿大、澳大利亚等国,都引进了这个刑种。它试图通过义务劳动使罪犯自我教育、自我改善。1994 年法国刑法典系统规定了社区服务刑,使之成为一种重要的监禁刑替代刑。俄罗斯 1996 年刑法典,也借鉴西方的社区服务刑,增加了强制性工作的新刑种。我国香港地区在 1984 年就正式通过了法例第 378 章社会服务令条例;在新加坡除了现有的缓刑监视、罚款等外,修正法案还提出四项新的处罚选择,使法庭在处理轻罪案件时,有更大的伸缩弹性,这些新的处罚方式就包括"社区服务令"。瑞典政府曾成立专门机构研究非监禁的教育矫正方法,社区服务即是其肯定的方法之一。[1]

社区服务刑不用将罪犯关押起来,不需要监禁设施和关押费用,也不需要专门的监管和改造费用,可以为国家节省开支,同时也是社会力量参与教育改造罪犯的有效途径。随着我国社会经济的飞速发展和城市化进程的加快,社区的公益性事业必将迅速发展起来,这需要大量的人力投入其中。将那些罪行较轻、主观恶性不很深,且有悔罪表现的人判处社区服务刑,不但可以解决监狱犯人坐吃闲饭、无所事事的问题,还可以为社区建设作出贡献。社区服务刑还可以使罪犯避免监狱的烙印,增强罪犯的社会责任感和自尊心,有利于促进罪犯的悔罪和改造。对于有些罪犯尤其是那些因一时冲动而失足的初犯、未成年犯,经过侦查、起诉和审判阶段,他们的多数人能够意识到自己的错误行为以及给社会造成的危害性,能够认罪伏法、悔过自新。不将他们送进监狱而是使用社区服务刑,既可以保住他们的"面子"和"自尊心",更可以让他们感受到法律的博大胸怀和人情味,这必然激起罪犯的社会责任感,从而加速罪犯的自我改造。[2]社区服务刑既对犯了罪的人施以刑罚,又不使其脱离社区,对其正常的社会生活不造成太大影响,避免了坐监带来的负面影响,有利于罪犯的再社会化。

(1) 我国增设社区服务刑的模式。

在西方刑法中,社区服务刑主要有两种立法模式,一种是作为独立的刑种予以规定;另一种是作为缓刑的执行内容,列为被缓刑者应履行的义务之

---

① 转引自冯卫国著:《行刑社会化研究》,196 页,北京,北京大学出版社,2003。

② 参见吴宗宪等著:《非监禁刑研究》,590 页,北京,中国人民公安大学出版社,2002。

一。有学者主张，我国宜将社区服务设为一个刑种，以突出其在刑罚体系的地位，使人们重视这一刑种的适用；同时，最好将其定位于附加刑，这样，既可单独适用，又可附加适用，以提高其适用的灵活性。在附加适用时，只能附加于管制刑和拟判缓刑的自由刑。将社区服务同管制和缓刑结合适用，有利于改变目前管制刑和缓刑存在的惩处力度过弱、公众难以认同的状况。①也有学者提出，我国刑事法有必要增设社区服务这一刑罚制度，但没有必要作为独立的一个刑种，而是作为管制、缓刑的有选择性的义务内容，即要求被判处管制者、缓刑者同时应履行一定时间或数量的社区服务，属于复合制裁。这样有利于改变目前管制刑和缓刑存在的惩处力度过弱、监督考察形式单一、公众难以认同等问题，以增强管制、缓刑制度的灵活性与层次性，提高管制、缓刑的适用率。此外，社区劳动还可以作为刑罚易科制度中的一项选择，如作为罚金刑的易科对象等，以优化配置刑罚资源和提高行刑效应。②

笔者认为，第一种观点较为可取，将社区服务刑作为一个独立的附加刑刑种在我国刑法体系中予以确立。作为一种独立的刑罚方法，社区服务刑既可以单独适用于罪行较轻、社会危害性不大、主观恶性较小的罪犯，又可以附加适用于一些需要惩罚内容的管制犯、缓刑犯、罚金刑犯等罪犯，在不同的适用中分别发挥其不同的作用。而作为复合制裁内容规定于管制、缓刑义务内容之中的做法，会限制社区服务的广泛应用，也使管制刑和缓刑丧失了一定的灵活性。社区服务和管制、缓刑在立法本意上并不存在必然的联系，所以只有在有必要的情况下，才需添加适用社区服务内容。

（2）我国增设社区服务刑的主要内容。

首先，适用对象。一些国家的通行做法是将社区服务刑适用于罪行较轻、社会危害性较小、主观恶性不大的罪犯。有学者提出，社区服务刑的适用对象应是罪行轻微、恶性不大的成年罪犯。法官判定的时候必须考虑两点，一是把罪犯放到社会上不至于再危害别人、威胁社会，要考虑到公众的安全感和公平感；二是该罪犯有能力完成法律规定的公益劳动，要考虑行刑的人道性和可行性。对于累犯、未成年人、老弱病残者、孕妇等，不能适用这一刑种。③笔者认为，社区服务刑可以适用于有一定劳动能力的未成年人，但所从事的社区服务内容应和该未成年人的年龄、体力相当。对于罪行较轻的未成年犯或未成年初犯、偶犯，以教育和矫正为主，以保证其正常的生活学习为必要，富有惩罚性质的社区服务，要根据案件实际情况来决定是否适用。过失犯，由于其犯罪行为不是故意实施的，主观恶性一般不会太大，在社区服刑一般不会再危害社会，所以可以作为社区服务刑的适用对象。另

---

① 参见冯卫国著：《行刑社会化研究》，197 页，北京，北京大学出版社，2003。
② 参见袁登明著：《行刑社会化研究》，288 页，北京，中国人民公安大学出版社，2005。
③ 冯卫国著：《行刑社会化研究》，197 页，北京，北京大学出版社，2003。

外，对于罪行较轻的一些犯罪，也可以适用社区服务刑。具体范围可以考虑将刑法原规定判处 5 年以下有期徒刑的一些轻罪，增加使用社区服务刑的刑罚方式。

其次，罪犯参加社区服务的期限。社区服务刑的期限，各国对此规定不尽相同，英国规定为 40—240 小时，俄罗斯规定为 60—240 小时，法国规定为 40—240 小时，芬兰规定为 20—200 小时，而美国对社区服务刑的时间没有硬性规定，少的 60—100 小时，多的达到 1800 小时。应充分考虑罪犯的各种因素，规定罪犯从事社区服务时间。参照多数国家的立法，无偿劳动的期限应控制在 40—240 小时之间，由法官视罪行轻重和其他具体情况而定，一般应在 1 年内完成，每天劳动时间不得超过 4 小时，每周劳动的时间不超过 3 天。因为社区服务的劳动主要应该在业余时间完成，所以以不影响罪犯在社会上的正常生活为原则。

再次，社区服务的内容。对于社会服务刑的具体工作内容，由于各地情况不同，不同时期也有所不同，根据社区具体情况而定，没有统一的模式和种类。法律规定不宜过细，除临时性的特殊事项外，可原则性地规定为社区矫正管理部门指定的各种公益性质的劳动服务项目。

此外，西方国家在适用社区服务刑时，一般要求征得罪犯本人的同意，我国也可借鉴这一做法，这样可以强化罪犯的责任感，促使其积极履行自己的义务。在执行中应尽量避免透露服刑者的罪犯身份，尽可能使社会大众将其作为自愿服务者来看待，以防止公众产生好奇心和鄙视态度使服刑人觉得自卑和丢面子，从而影响执行的效果。同时，应在立法中对各方面的责任和义务予以规范。对于拒不服从行刑机构指令、消极逃避社区服务活动情节严重的罪犯，应规定相应的惩戒措施，如规定延长无偿劳动的期限、转处监禁等。①

综上所述，笔者在考察我国社区矫正试点情况的基础上，围绕我国社区矫正的主题，粗略搭建了我国社区矫正制度的大体框架。需要说明的是，其中还有很多环节需要再进一步深入探讨研究。

我国的社区矫正制度，是建立在我国原有刑法和刑罚执行体系基础之上的，因此不可能是一片空地之上突然出现的全新事物，制度的构建必然要考虑和原有体系的自然衔接和科学改造。我国当前正在开展的社区矫正实践，很大程度上包含了对原有刑罚执行制度的完善和改造成分，用社区（社会）服刑制度的完善来概括很多地方的做法仿佛更为贴切。社区矫正作为一个蕴涵着先进现代刑罚理念的新鲜事物，真正作为一项名副其实的制度扎根于中国大地，还有很漫长的路要走。空中楼阁似的设计没有现实意义，认真考虑当前可能推行的举措才更加有利于这项制度的健康发展。

---

① 参见冯卫国著：《行刑社会化研究》，198 页，北京，北京大学出版社，2003。

政策与实践

彭凤莲*

反恐立法的刑事政策选择

　　近年来国际上重大恐怖事件不断发生，我国也面临着恐怖活动的现实威胁。目前，我国正在加紧研究反恐立法问题。笔者认为，在国际恐怖主义猖獗、国内恐怖活动威胁增加的情况下制定出的反恐法应具有应世性、针对性，应有相关方针政策的指导。本文拟对反恐立法的刑事政策问题进行研究，以期对我国反恐立法有所裨益。

一、反恐立法的时代背景

（一）国际背景

　　2001 年 9 月 11 日，4 架在美国上空飞翔的民航客机，被劫机犯悄无声息地劫持。当美国人正准备开始一天的工作之时，纽约世贸中心与五角大楼连续发生撞机事件，造成了 3000 多人丧生。这就是震惊世界的"9·11"事件。此后，恐怖袭击更是频繁发生：例如，2002 年 10 月 13 日，印尼旅游胜地巴厘岛发生连环恐怖爆炸，造成 200 余人丧生。2002 年 10 月 23 日晚，40 多名蒙面武装歹徒闯入位于莫斯科东南部的轴承厂文化宫，劫持了正在听音乐会的观众和大楼工作人员 700 人左右，造成至少 129 人死亡。2004 年 3 月 11 日，西班牙首都马德里中部的一个火车站发生爆炸，造成 191 人死亡，1824 人受伤。2004 年 9 月 1 日，俄罗斯北奥塞梯共和国别斯兰第一中学 1000 余名学生、家长和教师被数十名恐怖分子劫为人质，最终造成 335 人死亡。2006 年 7 月 11 日，印度第一大商业城市孟买发生 7 起火车连环爆炸事件，造成至少 200 人死亡，600 多人受伤。

　　"9·11"事件及其后发生的一系列恐怖袭击无不让世人惊愕于恐怖主义

---

　　* 北京师范大学刑事法律科学研究院博士后，安徽师范大学政法学院教授，法学博士，硕士生导师。

对世界和平与安全的严重挑战与威胁。此前，国际恐怖主义即已引起国际社会的关注，尽管到目前为止，国际上对恐怖主义没有一个公认的界定，但这似乎并没有妨碍国际社会与各国倾泻于反恐立法的热情与反恐的斗志。国际社会不断通过国际公约、宣言和一系列措施加强对国际恐怖主义犯罪的预防与惩治。1985 年联大第 40 届会议首次正式讨论了恐怖主义犯罪问题，通过决议明确谴责"任何地方、由任何人犯的一切恐怖主义罪行"。1987 年又正式通过反恐决议，明确把任何人在任何地点从事恐怖主义活动均作为犯罪，要求所有国家采取果断有效措施加快并最终彻底消除国际恐怖主义犯罪。1990 年联合国预防犯罪和罪犯待遇大会通过《打击国际恐怖主义的措施》，在打击国际恐怖主义犯罪的刑事管辖、引渡、危险品管理、传播媒介指导方针等方面作了明确规定。1996 年在埃及召开了名为"世界和平国际首脑会议"的世界反恐大会。1998 年，联合国开始将《制止恐怖爆炸公约》提交各成员国签字。联合国、国际航空组织、国际海事组织、国际原子能机构、万国邮政联盟在其他的一些公约中都规定有反恐怖主义行为的条款，国际刑警组织于 1998 年 10 月 22 日在开罗通过了《反恐怖开罗宣言》。"9·11"之后，联合国通过了一系列的反恐决议，制订了一些措施，包括成立了联合国安理会的反恐委员会，另外每个国家都需要遵照联合国的 1373 号的一系列决议，每年要向联合国提交反恐报告。2001 年 11 月 12 日，原联合国秘书长安南在打击恐怖主义部长级会议上指出，打击国际恐怖主义斗争必须以各国签署、批准和执行联合国现有的 12 个反恐怖主义公约为开端。有关区域性国际组织也纷纷制定反恐公约，这些区域性的反恐公约或者协议在促进地区合作维护地区安全上发挥了重要的作用。另外，有关反恐合作的双边合作机制在世界范围内也卓有成效地展开，一些国家缔结了形式各异的双边协议、协定和条约。①这些决议和文件对统一国际反恐怖主义行动准则、促进国际反恐怖主义犯罪合作方面起到了积极的作用。

面对日益严重的恐怖活动犯罪，各国亦纷纷制定反恐法或者修订刑法以适应打击恐怖主义犯罪的要求。世界上有许多国家制定了反恐法以积极应对，如美国、法国、德国、英国、西班牙、俄罗斯、越南、印度、新加坡、智利等等。

（二）国内背景

首先，20 世纪 90 年代以来，在中国境内外的某些恐怖组织在国际恐怖势力的支持下，策划、组织了发生在中国新疆和有关国家的一系列爆炸、暗杀、纵火、投毒、袭击等恐怖暴力事件，严重危害了中国各族人民群众的生命财产安全和社会稳定，并对有关国家和地区的安全与稳定构成了威胁。在

---

① 参见陈工：["反恐国际法的立法及相关研究情况综述"，载《湖北大学成人教育学院学报》，2006（3）。

当前和今后一段时期中，这些恐怖主义势力仍是中国面临的主要恐怖主义威胁。我国的反恐形势也很严峻，千万不可忽视。目前，中巴、中俄、中吉、中哈、中美等已经形成了打击该恐怖势力的合作关系，并取得了不少战绩。但从当前国际、国内形势分析，我国的反恐任务会越来越重，恐怖分子在内地特别是在某些大城市制造血腥恐怖事件的可能性不能排除。因此，我国有关部门要未雨绸缪，及早做好各项应对的准备。①

其次，最近几年，中国公民在国外遭受恐怖主义袭击事件增多。2004 年 5 月 3 日，中国人在巴基斯坦瓜达尔港遭到恐怖袭击，这是中国人首次在海外遭受恐怖袭击；2004 年 6 月 10 日中国工人在阿富汗遭遇恐怖袭击；2004 年 10 月 9 日中国支援巴基斯坦高玛赞水电站建设项目工程人员遭绑架。2005 年 1 月，8 名中国人在伊拉克被绑架。2006 年 2 月 15 日，3 名中国工程技术人员在巴基斯坦俾路支省遭枪击身亡等。我国在海外的目标和利益接连多次受到恐怖袭击。②

在面临国际与国内恐怖活动猖獗的背景下，目前中国政府正在酝酿制定一部专门的反恐法，增强防范和打击恐怖活动的力度，以维护中国的安宁与世界的和平，这是十分必要和及时的。

二、综合治理：反恐立法的指导方针

恐怖主义的根源十分复杂，在经济全球化大潮中，不公正的国际经济秩序，抑制着发展中国家的全面发展；南北差距在拉大，分配更加不公，不少发展中国家正被边缘化；局部地区民族矛盾、宗教矛盾十分激烈。中国政府在多种场合明确指出，恐怖主义不仅仅是宗教冲突的产物，贫富冲突、地区冲突、不合理的国际政治经济秩序、社会及经济因素都是恐怖主义产生的重要根源。2003 年 10 月，胡锦涛主席在出席亚太经合组织曼谷会议时指出，冲突和动荡是恐怖主义滋生的温床，贫穷和落后是恐怖主义产生的土壤，铲除恐怖主义，应该在缓和地区及国际紧张局势、消除贫困和加强反恐合作三个方面同时展开。③这从一个侧面（产生根源）表明，对恐怖主义应综合治理。国际、国内反恐实践已然表明，单纯的军事手段、单纯的政治手段或单纯的刑事法律手段都难以奏效。综合治理应是反恐立法的指导方针。鉴于恐怖活动的特殊性，私见以为，其综合治理要处理好以下几个关系：

（一）国内与国际相结合

恐怖主义犯罪往往具有国际性，且全球化趋势日趋明显，单靠某一个国家的力量已经不能对付，因此防范和惩治这一犯罪必须使国内与国际相结

---

① 参见"国家安全与地区反恐——专访中国政策科学研究会副会长、国家安全政策委员会会长巴忠倓研究员"，载《今日中国论坛》，2005（1）。

② 参见李竹："反恐与反恐立法"，载《领导文萃》，2006（4）。

③ 参见张洁："中国的反恐政策：原则、内容与措施"，载《当代亚太》，2005（11）。

合，缺少任何一方都可能事倍功半。这种结合包括许多范围，包括情报的交流、引渡的实现、侦查的配合等等。①

密切国家间的合作，是中国政府反恐的一贯主张。中国政府强调，在政治、经济和社会全球化进程日益深化的背景下，面对现代恐怖主义、毒品威胁及其他跨国犯罪的挑战，世界上没有一个国家能够独善其身。因此，世界各国应在本地区和全世界范围内就解决上述全球性问题开展最广泛的合作，并作出自己的实际贡献，而不是崇尚单边主义。中国愿意与世界各国一道共同防治和打击恐怖主义，特别是在反恐情报信息交流、截断恐怖活动的资金来源、引渡和遣送恐怖犯罪嫌疑人等方面加强合作，以维护世界和平与安全。② 2001 年 6 月 15 日，上海合作组织成员国在上海签署了《打击恐怖主义、分裂主义和极端主义的上海公约》，这是我国与国际社会在反恐方面的一次成功合作。中国反恐情报机构也加强了与境外、国外反恐情报部门的沟通和合作。中国政府的国内反恐行动与推行国际联合反恐的合作安全战略相互促进、相互补充，对建立全球合作安全机制产生了重要的影响。③ 今后，我国应当进一步完善与国际社会的交流与合作，积极与周边国家签订反恐合作的双边或多边条约，促进世界性的反恐合作机制的形成。

（二）治标与治本相结合

反恐的目的是在维护世界和平和国内安宁，使人民能够拥有安全、安定的生活。为了实现这一目的，需要调动反恐的各种力量，发挥各种积极性，实行综合治理；要科学地设计反恐各个环节，使它们既相对独立又相互配合，形成一种合力。所以，反恐应在预防和打击两个方面着手，要坚持标本兼治，这一点大家是认同的，但是"预防"与"打击"孰轻孰重、谁主谁次？对此是有不同意见的。

有学者提出在反恐上要"预防与打击并重"，即不可只重打击轻预防或只重预防轻打击。④ 有学者主张"以防为主"，认为恐怖主义犯罪形成原因的复杂性决定了治理对策的整体性，必须采取标本兼治、预防为主的策略。⑤ 有学者主张，将事前全面预防、事中严密控制、事后有效处置三方面有机结合起来，正确处理好人民内部矛盾（特别是民族矛盾和宗教矛盾），以削弱滋生恐怖主义的基础。⑥ 笔者认为，应改变自"9·11"以来国际社会对恐怖主义犯罪侧重于事后的惩罚和谴责的做法；赞同侧重从恐怖主义产生的根源

① 参见王立民："反恐立法述评"，载《犯罪研究》，2003（1）。
② 参见张洁："中国的反恐政策：原则、内容与措施"，载《当代亚太》，2005（11）。
③ 参见张东升："全球化与反恐斗争"，载《世界经济与政治》，2002（10）。
④ 参见王立民："反恐立法述评"，载《犯罪研究》，2003（1）。
⑤ 参见刘守芬、李瑞生："纷争与平衡——推动中国反恐立法的几点思考"，载《山东警察学院学报》，2006（2）。
⑥ 参见董士昙、李忠："中国恐怖活动发展趋势分析"，载《山东公安专科学校学报》，2004(5)。

或原因入手，标本兼治，以防为主，致力于消解产生恐怖主义原因的做法。当然，为了最大限度地减少恐怖主义犯罪的社会危害，必须充分发挥刑罚的一般预防功能与特殊预防功能，从立法到司法对恐怖主义犯罪整体上保持高压态势。

反恐斗争不仅要避免造成平民伤亡，而且要减少恐怖分子对社会财产的破坏以及对国家利益的损害。因此，就一个国家而言，必须在政治、经济、外交、法律和社会等领域制定相关政策时考虑反恐斗争的实际需要；对国际社会而言，在政治、经济、外交、法律和社会等领域加强多边合作，真正做到标本兼治，彻底铲除导致恐怖主义的根源。这是国际社会在 21 世纪对付恐怖主义的现实态度①，也是中国在 21 世纪对付恐怖主义的现实态度。

（三）法律手段与其他手段相结合

面对恐怖主义的威胁，超级大国倾向于实施自卫。但在威胁成形之前，各国更愿意在国家主权范围内动用警察进行防范。然而，这些传统做法已不足以应对现代恐怖主义——一种超越疆界限制的全球性威胁。有学者提出，正确的方式是同时动用警察和军队，通过对国际恐怖主义的预防、防御和镇压，与之展开各种形式的合法斗争。国际反恐斗争要服务于所有国家的利益，既包括超级大国，也包括弱小国家。② 国际社会也越来越重视反恐的综合治理，同时采取军事、政治、法律、经济和文化等多种手段开展打击恐怖主义的斗争；加大发展经济的力度，努力消除贫困现象，根除滋生恐怖主义的根源。与此同时许多国家还为可能发生的涉及生化、核等大规模杀伤性恐怖活动预作准备，包括储备天花疫苗，启动生物袭击监测系统，加强对核设施和各种放射性材料的保护，严防核恐怖活动的发生。③

中国反恐战略的发端、发展和强化与恐怖主义对中国威胁的产生、程度密切相连。现阶段，中国的反恐战略从最初主要对付传统安全威胁的应急战略逐步发展为应对传统与非传统两种威胁交织的全面、系统、长远的战略。④虽然这一战略并不是全球性的，但其作用和影响却越来越具有全球意义。中国的反恐战略也逐渐重视多种手段的运用，例如，把反恐斗争纳入军队职责范围，协助地方严厉打击各种形式的恐怖活动。2002 年 2 月在上海还建立了中国首支反恐怖分队。与此同时，反恐怖机动部队的建设在中国各级地方政府均得到相当程度的强化，加强了反恐怖行动的训练和情报协调机构的建设。"9·11"事件发生以来，中国的香港、太原、杭州、天津等地先后开展

---

① 参见顾震球："以现实的态度看待反恐斗争——军事行动只是整个反恐战略中的一个很小的组成部分"，载《瞭望新闻周刊》，2001（51）。

② 参见萨利姆·埃·萨耶格："正当防卫、恐怖主义与防御机制"，载《外交学院学报》，2004（3）。

③ 参见吴藕珍："和平弥足珍贵 反恐任重道远"，载《世纪桥》，2005（8）。

④ 参见潘光："新安全观与中国反恐战略"，载《毛泽东邓小平理论研究》，2004（4）。

了反恐怖行动的训练和演习。①然而，军队、警察和法庭都应只是反恐战略中很小的组成部分，要充分注意法律手段和其他手段的综合运用。

（四）立法与组织机构建设相结合

　　面对恐怖主义的阴霾，全球都在不断健全和完善有关反恐法律，我国也正在这一征途上前行。从 20 世纪 80 年代起，中国开始在立法领域重视恐怖主义问题。1994 年《国家安全法实施细则》第一次对恐怖犯罪问题做出了规定，其第 8 条指出："组织、策划或实施危害国家安全的恐怖活动的行为是国家安全法规定的其他危害国家安全的行为。"1997 年《刑法》规定了组织、领导、参加恐怖组织罪等恐怖活动犯罪。2001 年，最高人民法院、最高人民检察院和公安部联合下发了《关于严厉打击恐怖犯罪活动的通知》。同年 12 月，根据恐怖主义活动发展的新特点和适应国际社会反恐的需要，全国人大常委会通过了《刑法修正案（三）》，集中对恐怖犯罪行为进行了修改补充，增加了资助恐怖活动罪、投放虚假危险物品罪和编造、故意传播虚假恐怖信息罪，并通过提高法定刑加大了对恐怖主义活动的组织者、领导者的打击力度，从而为严厉打击恐怖主义犯罪，提供了更加完备的法律依据。2003 年 12 月，公安部依据上述法律、中国加入的一系列反恐国际公约以及联合国就反恐问题通过的一系列决议，公布了首批认定的 4 个恐怖组织和 11 名恐怖分子名单。这是中国将反恐斗争纳入法制化轨道的重要标志。但在今后的反恐工作中，加强反恐的立法工作，将是中国做好反恐斗争的重要内容。②我国现有的反恐法律主要局限于刑事实体法，今后反恐立法应完善打击恐怖犯罪的诉讼程序方面的内容，如扩大管辖的范围，赋予侦查机关特殊的侦查权，允许司法机关采取特殊的刑事强制措施，拓宽反恐斗争合作领域等等。③而且，更要拓展立法内容，因为反恐涉及政治与行政、军事与部队、人权与外交、主权与国家安全等等，这些因素在反恐法中如何体现，以形成反恐之合力，都值得认真考虑。

　　要使良法发挥作用，就必须在立法的同时建立健全反恐组织机构与机制。"9·11"事件后，中国在中央一级建立了反恐怖协调机制，公安部于 2004 年成立了反恐怖局，负责研究、指导、协调、推动反恐怖工作，并在各省、市、自治区及一些重要城市建立了相应的协调机制。目前中国国内的反恐任务，主要是由武装警察部队承担。2002 年的《中国国防白皮书》明确指出，打击恐怖主义是中国国防的主要目标和任务之一，和平时期武警部队主要担负固定目标执勤、处置突发事件和反恐怖任务，其中反恐怖主要包括反袭击、反劫持和反爆炸。在建立与完善反恐怖工作协调机制的同时，中国政

---

① 参见张东升："全球化与反恐斗争"，载《世界经济与政治》，2002 (10)。

② 参见张洁："中国的反恐政策：原则、内容与措施"，载《当代亚太》，2005 (11)。

③ 参见杨涛："反恐：亟待立法完善——反恐立法问题学术研讨会综述"，载《人民检察》，2006 (2)，上册。

府还采取了一系列防范恐怖活动的措施：在近几年的国防预算中，为配合国际社会打击恐怖主义增加预算支出；强化对爆炸物品等危险品的管理，加强出入境管理、边防管理，严防恐怖分子非法出入境；加强机场、码头和国家基础设施的保卫，严厉打击各种暴力恐怖活动；通过优化反恐装备、进行反恐防暴演练等提高反恐能力，制定防暴和处置突发事件的预案等。①

三、严格刑事政策：反恐立法的主导刑事政策

恐怖主义是人类的公敌和顽疾，各国都主张对其进行严厉打击。"9·11"之后，国际社会对恐怖主义犯罪明显是采取了严格刑事政策，在我国目前反恐立法中也应主要采取严格刑事政策。

(一) 严密法网

目前，我国反恐立法集中在刑事实体法方面。我国自 1997 年《刑法》以来对恐怖主义犯罪的规定是一个法网逐渐严密的过程。如前所述，在 1997 年《刑法》规定组织、领导、参加恐怖组织罪之后，2001 年 12 月 29 日，《刑法修正案（三）》又增设了 3 个新罪；并就相关罪的罪状进行了修改扩充：如投放危险物质罪，非法制造、买卖、运输、储存危险物质罪，抢劫危险物质罪，盗窃、抢夺危险物质罪；并将恐怖活动犯罪补充为洗钱罪的上游犯罪之一。虽然不是法网越严密越有效，笔者甚至反对密不透风的法律而主张立法宽疏，让人们在法治的环境中能自由地呼吸，但是针对发展迅猛、威胁加剧的恐怖犯罪来说，我国的现行立法还是过于粗疏。有人主张，要全面规定实体法方面的内容，把已有的和根据发展趋势可能出现的恐怖主义犯罪行为都一一列出，分别予以量刑，在罪刑法定主义原则下，不让这类犯罪行为逍遥法外。②还有学者从恐怖主义犯罪具体罪名入手分析，提出我国刑法应当增加单位成为组织、领导、参加恐怖组织罪的主体；增加组织、参加恐怖组织罪刑事处罚种类，并相应提高法定刑幅度；在加重组织、领导、参加恐怖组织罪处罚的同时，也应注意运用严厉打击与分化瓦解相结合的措施；增加以政治目的而绑架他人的犯罪；增加盗窃核材料罪；增加邮寄生化物质、炭疽等细菌、病毒危害他人生命、健康，足以引起民众恐怖的犯罪；增设非法持有危险物质罪，非法持有恐怖活动文件、资料、物品罪。③有人主张目前应考虑在我国刑法中增设国家机关工作人员包庇、纵容恐怖活动组织罪和非法获取、使用核材料罪等。④这些都是从严密法网出发而提出的立法建议。法

---

① 参见张洁："中国的反恐政策：原则、内容与措施"，载《当代亚太》，2005 (11)。

② 参见王立民："反恐立法述评"，载《犯罪研究》，2003 (1)。

③ 参见杨涛："反恐：亟待立法完善——反恐立法问题学术研讨会综述"，载《人民检察》，2006 (2)，上册。

④ 参见莫洪宪："论《俄罗斯联邦反恐怖活动法》与我国反恐立法之构想"，载《武汉大学学报（哲学社会科学版）》，2006 (3)。

国关于恐怖活动罪的立法模式，是以其他犯罪为基础，当这些犯罪与特定的目的（扰乱公共秩序）、特定的手段（恐吓手段或恐怖手段）相联系时，便构成恐怖活动罪。这一立法方式在严密恐怖活动犯罪的法网上优于——单独规定恐怖活动罪的立法模式，符合恐怖活动犯罪的构成特点，值得借鉴。

（二）加重刑罚

《刑法修正案（三）》对《刑法》第120条第1款中组织、领导恐怖活动组织的，"处三年以上十年以下有期徒刑"，修改为"处十年以上有期徒刑或者无期徒刑"；对一般参加恐怖活动组织者的法定刑，增列了剥夺政治权利的附加刑。此外，在洗钱罪中，单位犯洗钱罪的，对其直接负责的主管人员和其他直接责任人员的处罚增加了"情节严重的，处五年以上十年以下有期徒刑"。可见，我国当前反恐立法在严密恐怖主义犯罪法网的同时，配置了更严厉的刑罚以加大对其打击力度。这既与国际社会严厉打击恐怖活动犯罪的要求相一致，也与我国面临的越来越重的反恐任务相吻合。法国刑法规定的恐怖活动罪包含甚广，行为人实施的相关普通犯罪在其同以严重扰乱公共秩序为目的，采取恐吓手段或恐怖手段进行的单独个人或集体性攻击行为相联系时，就构成恐怖活动罪；恐怖活动罪与那些普通犯罪相比，其刑罚配置的基本原则是加重处罚。例如，根据法国刑法典第421-3条规定，行为人实施的故意杀人、故意伤害、绑架、非法拘禁、劫持航空器等交通工具，盗窃、勒索、破坏、毁坏、损坏财产以及计算机信息方面的犯罪，在其构成恐怖活动罪时，当处之自由刑依下列规定加重处罚之：当处30年徒刑之犯罪，加重为无期徒刑；当处20年徒刑之犯罪，加重为30年徒刑；当处15年徒刑之犯罪，加重为20年徒刑；当处10年徒刑之犯罪，加重为15年徒刑；当处7年徒刑之犯罪，加重为10年徒刑；当处5年徒刑之犯罪，加重为7年徒刑；最高当处3年监禁之犯罪，加倍罚之。在俄罗斯、越南和西班牙刑法中均对"恐怖活动罪"配刑较重。

尚有一问题值得研究，即恐怖犯与政治犯的关系问题。因为恐怖主义活动不排除其具有政治目的，如果出于政治目的实施恐怖犯罪，那么是属于政治犯还是普通刑事犯？有人主张，在反恐法中对恐怖活动罪处罚要实行非政治化原则。即要确认恐怖主义犯罪不是政治犯罪，而是一种严重的刑事犯罪，尽管这种犯罪会有强烈的目的包括政治目的，但它毕竟与政治犯罪有本质的差异，它会造成许多无辜的人民在恐怖犯罪中死伤和合法的财产被损毁。所以，这种犯罪决不可像政治犯那样被赦免，也不可以像政治犯那样不被引渡，而需要受到严厉的惩治。① 从国际反恐实践来看，这一点似乎不存在障碍。这也是严格刑事政策的要求。

然而，恐怖活动犯罪往往有严密的组织性、高超的技术性和巨大的破坏

① 参见王立民："反恐立法述评"，载《犯罪研究》，2003（1）。

性，侦破难度大，有时即使侦破，但通常已经造成了难以挽回的损失。所以，一些国家从刑事反应对策的立场对恐怖活动犯罪的处罚在强调"严厉"的同时，又作了某些特别规定，以期有效打击恐怖活动，并尽可能减少恐怖活动带来的损失。例如，法国刑法典第422—1条规定，图谋进行恐怖活动的任何人，如其告知行政当局或司法当局，从而得以避免犯罪既遂，且在相应场合，得以侦破其他罪犯的，免于刑罚。第422—2条规定，恐怖活动罪之正犯或共犯，如其告知行政当局或司法当局，从而得以制止犯罪行为，或者得以避免犯罪造成人员死亡或永久性残疾，且在相应场合，得以侦破其他罪犯的，其所受之自由刑减半；在当处之刑罚为无期徒刑时，所受之刑罚减为20年徒刑。我国正在全面贯彻宽严相济的刑事政策，严格刑事政策应是反恐立法的主导刑事政策，鉴于恐怖主义的威胁与危害，我国刑法已经作了相应的修改，规定了特别的加重事由，加大了对恐怖主义的打击力度。但是在严的同时，在立法时还要注意宽以济严，规定特别的减轻或免除刑事责任事由，以最大限度地发挥刑法的功能。即对于已经参加恐怖活动组织的人员，为了避免更严重的危害结果的发生，对于自动退出恐怖组织的人员或具有立功、重大立功的恐怖组织成员应有予以宽大处理的政策。这样，一方面可以感化已经加入恐怖活动组织或已经准备实施恐怖主义活动的人员，使其退出恐怖主义活动，从而达到进一步分化、瓦解恐怖主义的目的；另一方面也有助于提前防止恐怖主义所造成的严重危害后果的产生，而不是在发生了严重危害结果后予以打击也难以挽回损失。具体而言，在我国刑法中的自首、犯罪中止、立功等方面均可以考虑对恐怖分子予以更为宽松的政策。①

　　恐怖与反恐的对决仍在继续，而反恐是中国政府义无反顾的选择；制定反恐法是时代赋予的使命。综合治理是反恐立法的基本指针，严密法网、加大惩处力度是反恐立法的主导刑事政策。侧重运用严格刑事政策，依法惩治恐怖主义犯罪，有效地发挥刑罚的一般预防和特殊预防的作用，是构建和谐世界、和谐中国的客观要求。

---

　　① 参见李希慧、徐立："恐怖主义的概念、特征及反恐立法完善"，载《人民检察》，2006(2)，上册。

张 磊 *

跨国有组织犯罪：
现状、问题与应对

世界经济全球化、政治多极化的发展使各国之间的交往越来越方便和频繁。同时，全球范围内的跨国有组织犯罪也日益猖獗，严重地威胁着世界的安全和发展。本文中，笔者将从刑事政策的视角，对跨国有组织犯罪的现状进行阐述，分析存在的问题，进而对跨国有组织犯罪的对策提出完善建议。

一、现状

（一）犯罪现状

1. 跨国的范围越来越大

最初出现的跨国有组织犯罪多数发生在相邻的两个国家之间，至多涉及相邻的几个国家，跨境作案是其本质特征。但是，随着时代的发展，经济全球化不仅改变了人们传统的空间、区域概念，同时也扩展了跨国有组织犯罪的空间范围。跨国有组织犯罪的范围不再局限于相邻的两个或者几个国家，而是大面积放射性地向整个世界辐射发展。

2. 组织化程度越来越高，出现了严密的国际分工

一方面，犯罪组织的管理更加规范。几乎所有的跨国有组织犯罪集团内部都等级森严，拥有严格的规章制度和管理体系。另一方面，犯罪分工日益严密。信息技术的高速发展和全球经济的密切联系，使跨国有组织犯罪从犯罪策划、人员分配、犯罪工具制造到实施犯罪，都表现出极为明显的国际性分工趋势。[1] 和以往相比，现在跨国有组织犯罪的组织化程度更高，内部结构更加复杂严密，犯罪分工也更加专业。

＊ 北京师范大学刑事法律科学研究院讲师，法学博士。

[1] 参见张宗亮："全球化与跨国有组织犯罪及法律对策"，载《法学论坛》，2004（5）。

3. 利用现代科学技术实施犯罪

以往的跨国有组织犯罪多是利用暴力、恐吓等手段抢劫或者窃取他人财物，现在则更多的是凭借自身雄厚犯罪资金的支持，购买各种先进的武器与设备武装自己，为实施犯罪服务。例如，有些大型的跨国犯罪集团不仅拥有武装直升机、潜艇，还拥有加密传真机、高性能解码器、截听电话电子传真和监听当地航空通信等业务的多功能讯号扫描装置以及大型电脑主机[①]，使犯罪集团具有前所未有的反侦破能力。

4. 由经济领域逐步向政治领域渗透，努力披上“合法”外衣

随着跨国有组织犯罪走向成熟，其越来越注意利用各种手段伪装自己，为自己的犯罪活动披上“合法”的外衣。为此，跨国犯罪集团超越其经常活动的经济领域，向政治领域逐步渗透。他们一方面通过金钱、美色拉拢、腐蚀各国海关、缉私、外交等政府涉外部门的工作人员；另一方面，还直接插手各国政治，寻求强有力的政治“保护伞”。

5. 社会危害性越来越大

有组织犯罪像癌症一样吞噬着整个社会，对国际社会的政治、经济和社会安全造成极大的影响。它们实施谋杀、抢劫、爆炸等暴力犯罪危害社会安全；它们贩卖毒品、走私军火并用赃款渗透合法企业扰乱国际社会经济；它们腐蚀国家要员及司法官员并渗透政权，导致国家威信降低。此外，有组织犯罪还藐视法律，规避法律，挑战现行的刑事司法体系。[②] 以往，只需几个国家进行合作即可应对跨国有组织犯罪。现在，只有整个世界进行联合才能有效遏制跨国有组织犯罪的继续扩大。

（二）立法现状

1. 国际性立法

联合国反有组织犯罪国际合作的战略原则形成于 1985 年第七届联合国预防犯罪和罪犯待遇大会上一致通过的《米兰行动》，该行动要求各国在国内更加有效地打击有组织犯罪，并在国际范围内加强合作对付有组织犯罪。1990 年在哈瓦那召开的第八届联合国预防犯罪和罪犯待遇大会上通过的《预防和控制有组织犯罪准则》和《打击国际恐怖主义的措施》重申了这一要求。此后，联合国又陆续通过《那不勒斯宣言和打击跨国有组织犯罪全球行动计划》《维也纳宣言》等国际公约与文件，将对抗跨国有组织犯罪的合作推向纵深。2000 年联合国大会第 55 届会议通过了《联合国打击跨国有组织犯罪公约》（以下简称《公约》），该公约是联合国制定的专门用于打击跨国有组织犯罪的第一部国际公约，构建了全球性控制跨国有组织犯罪的法律机制。

---

① 参见李伟：“国际有组织犯罪发展趋势”，载《现代国际关系》，2001（3）。

② 参见彭东：《有组织犯罪刑事政策研究》，吉林大学博士论文，4 页。

2. 地区性立法

从 20 世纪 50 年代起，欧洲就开始了打击跨国有组织犯罪的刑事司法合作，并且这种合作逐步从程序法上扩展到实体法上。如 20 世纪 90 年代以来欧盟各国通过的《欧盟域外管辖权公约》《打击恐怖主义犯罪的决定》《惩治非法拐卖人口的决定》等，都是这种地区性合作的反映。这种小规模、地区性对抗跨国有组织犯罪的合作既有效地打击了跨国有组织犯罪的嚣张气焰，又为将来进行大规模、国际性打击跨国有组织犯罪的合作奠定了基础，提供了经验。

3. 国内立法

各国打击跨国有组织犯罪的立法模式主要包括三种：第一种是制定专门针对有组织犯罪的法律。如美国的《制裁有组织犯罪条例》《有组织犯罪法》，日本的《反暴力集团法》，德国的《反有组织犯罪法》等。第二种是针对有组织犯罪所涉及的某些领域制定专门的法律。一些国家通过对有组织犯罪经常涉及的领域进行立法控制，间接遏制有组织犯罪。如瑞士的《反洗钱诈骗法》，日本的《毒品资金洗净防止法》，美国的《受犯罪组织影响和腐蚀组织法》等。第三种是在刑法典中利用专门条文对有组织犯罪作出规定。我国就采取这种模式，我国《刑法》第 26 条对犯罪集团进行了规定，第 120、第 191、第 294 条则分别对组织、领导、参加恐怖组织罪，洗钱罪，组织、领导、参加黑社会性质组织罪和入境发展黑社会组织罪进行了规定。

（三）司法现状

由于跨国有组织犯罪严密的组织机构和较强的反侦破能力，各国都将对跨国有组织犯罪的打击作为本国刑事司法的重点。

1. 国家之间的司法合作

跨国有组织犯罪的特点决定了仅靠一国家不能够有效完成打击任务，而通过国家之间司法合作就具有较高的灵活性和有效性。例如，英国联邦调查局与意大利黑手党侦查总局共同建立了密码联络系统，用来交换与实施跨国毒品犯罪有关的各种信息，并由此而成功摧毁了美国黑手党与意大利西西里黑手党联盟的贩毒网络。此外，针对惩治跨国有组织犯罪中涉及域外关系时经常出现的"罪名不对称"的问题，在一些地区范围内，双重犯罪原则已经进行了变革。例如，1996 年通过的《欧盟域外管辖权公约》就规定对一些有组织犯罪不适用双重犯罪原则。

2. 国家内部的司法实践

各国政府都十分重视本国司法体系中反跨国有组织犯罪机构的建立和完善。例如，自 20 世纪 90 年代末起，针对有组织犯罪日益猖獗并向跨国犯罪发展的状况，美国就在各州警察局和联邦调查局内部设立了应对来自不同国家和地区的专门的反黑小组。洛杉矶警察局内部设立有专门对付来自东欧及俄罗斯的反黑组，专门针对来自香港、澳门及台湾地区的反黑组等，还有针对来自南美洲如墨西哥、哥伦比亚等地的贩毒集团的反黑组。这些组中的警察人员也多来自相应地区，如反亚太地区黑帮的警察主要来自广东或香港等地的亚裔人员。①为了解决有组织犯罪的周密计划及很强的反侦查能力往往使追诉机关取证困难的问题，有的国家允许对其使用特殊的侦查手段，包括窃听、使用内线（卧底人）等。②

二、问题

虽然各国在打击跨国有组织犯罪方面取得了不少成绩，但是，不论是国内还是国际社会在惩治跨国有组织犯罪方面都存在一些问题：

（一）缺乏对跨国有组织犯罪概念的统一认识

关于跨国有组织犯罪的概念国际社会并没有统一认识。从名称上看，其既具有跨国犯罪的特征，又是有组织犯罪的重要组成部分。关于跨国犯罪以及有组织犯罪的概念，理论界都存在诸多争论：首先，关于跨国犯罪：（1）跨国犯罪是指犯罪人非法进出两国或者两国以上实施危害社会的行为。③（2）跨国性犯罪是指犯罪过程跨越了两个或者两个以上国度的犯罪。④（3）所谓跨国犯罪，主要指行为实施涉及两个或两个以上国家的领域，而且该行为被多个国家公认为是犯罪的行为，如贩卖毒品、洗钱、国际经济欺诈等等。⑤其次，关于有组织犯罪：（1）有组织犯罪泛指在稳定的基础上组织起来的任何集团或者某些人，为了获取利益而使用非法手段进行的犯罪活动。⑥（2）有组织犯罪是以追求经济利益为基本目标，以暴力和贿赂等手段，具有组织机构的层次性，组织功能的分解协调性，组织指令的规范性和组织成员的稳定性，组织形态由低到高的有序性，实施犯罪行为的犯罪组织整体系统。⑦（3）有组织犯罪有两种含义：一指经周密策划、活动量大，有组织实施的某些业余犯罪和多数职业犯罪；一指某一特定的犯罪组织实施的犯罪。这类犯罪活动的范围或在国内，或是跨国，其内部结构紧密，等级森严，犯罪能量大，方式自成一体。⑧学者们在跨国犯罪和有组织犯罪概念上的纠缠不清严重影响到国际社会对于跨国有组织犯罪行为的准确定性。

（二）各国法律理念存在差异，法律制度与规范出入较大

各国文化背景、历史传统的不同决定各国刑事司法理念的较大差异。如

---

①　参见李玫瑾："对美国有组织犯罪情况的考察"，载《政法学刊》，2000（2）。

②　参见赵秉志、赫兴旺："跨国跨地区有组织犯罪及其惩治与防范"，载《政法论坛》，1997（4）。

③　参见赵永琛主编：《跨国犯罪对策》，2页，长春，吉林人民出版社，2000。

④　参见张智辉著：《国际刑法通论》，109页，北京，中国政法大学出版社，1999。

⑤　参见张旭著：《国际刑法论要》，119页，长春，吉林大学出版社，2000。

⑥　参见康树华等主编：《犯罪学大辞书》，1094页，兰州，甘肃人民出版社，1995。

⑦　参见莫洪宪："有组织犯罪概念研究"，载《法学评论》，1998（3）。

⑧　参见杨春洗等主编：《刑事法学大辞书》，703页，南京，南京大学出版社，1991。

英美法系国家由于历史上崇尚对自由的追求,保护公民个人的人权被认为具有最高的价值,因而刑事司法现代化过程中也就把权利保障作为首要的价值目标,不允许为了控制犯罪过多地妨害公民个人的自由和权利。① 而在大陆法系国家,由于法国、德国的职权主义诉讼模式对该法系内部各国刑事诉讼的发展有较大影响,这些国家的法律理念就更为重视对犯罪的控制。这些不同国家刑事司法理念的差异必然影响到国际社会惩治跨国有组织犯罪的司法合作。

和法律理念一样,各国的法律制度也有很大不同:首先,各国刑法对同一行为是否规定为犯罪不同。对同一行为,有的国家将其规定为犯罪,有的国家只将其定性为民事侵权或者违法行为,而另外的国家又可能将其视为合法行为。例如,"洗钱"行为在西方国家很早就被法定为犯罪,但是我国却到1997年新刑法才规定了洗钱罪,而至今不少国家的刑法仍没有规定类似的犯罪。其次,各国刑法对同一行为设置的罪名和法定刑轻重存在差异。例如,在废除死刑的国家,犯罪分子即使犯下极为严重的罪行也不可能被处死,而同样的行为在没有废除死刑的国家则很可能被判处死刑。最后,各国构成有组织犯罪的人数不同。有的国家刑法有组织犯罪的人数是确定的,如奥地利刑法规定2人以上;意大利刑法规定3人以上;泰国刑法规定5人以上。有的则是不确定的,如德国、法国、韩国等。②

(三) 强烈的主权观念和狭隘的民族利益观的影响

一方面,虽然经济、法律全球化的趋势越来越明显,但是国家仍然是国际社会的主体,刑事管辖权是国家主权的重要组成部分。在跨国有组织犯罪必然涉及两个或以上国家的前提下,不同国家很可能会对同一案件主张管辖权,这就发生了刑事管辖权的冲突。另一方面,惩治跨国有组织犯罪的国际刑事司法合作受国家之间的政治关系和民族利益影响过大。在国际刑事司法合作中,各国是否与他国顺利合作很大程度上取决于彼此的政治关系和外交势态。当两国之间存在较为明显的政治分歧时,刑事司法合作就理所当然地被看做是"小"问题,成为该国外交政策、政治立场的牺牲品。

(四) 超国家机构的作用有待完善

国际社会越来越重视借助超国家机构在反跨国有组织犯罪中的作用。但是,现在超国家机构特别是国际刑事法院在打击跨国有组织犯罪方面的作用却并不明显,有待改善。毫无疑问,国际刑事法院的设立必将大大增加国际刑法的刚性,克服国际刑法现有执行模式的权威性差、差异性大、稳定性小等诸多弱点,增大对国际性犯罪和跨国性犯罪的打击力度,更好地保护国际共同利益。③ 但是现阶段,国际刑事法院只对侵略罪等四种最为严重的国际

---

① 参见李建明著:《刑事司法改革研究》,56页,北京,中国检察出版社,2003。

② 参见莫洪宪:"国际社会反有组织犯罪立法概况",载《中国刑事法杂志》,1998 (3)。

③ 参见张旭:"恐怖主义犯罪的惩治与防范:现状、问题与应对",载《国家检察官学院学报》,2004 (4)。

犯罪享有管辖权，绝大多数跨国有组织犯罪并没有被纳入到国际刑事法院的管辖范围，这严重影响国际刑事法院在打击跨国有组织犯罪方面作用的发挥。

（五）国内立法相对滞后，相关司法存在缺陷

刑事立法是打击跨国有组织犯罪的坚实基础。但是，当今社会，跨国有组织犯罪的发展已经远远超过了各国刑事立法的发展速度。以我国为例，一方面，从量上来说，我国刑法关于跨国有组织犯罪的规定仅仅局限于第120、第191、第294条等几个条款，明显处于落后状态。而我国经济体制的转轨、改革开放的扩大、国际交往的增加和人口流动的频繁都为跨国有组织犯罪的发生提供了契机。因此，大量增加惩治跨国有组织犯罪立法是我国必然选择。另一方面，从质上来说，我国打击跨国有组织犯罪的立法存在缺陷。例如，《刑法》第191条将洗钱罪的对象仅仅限于毒品犯罪等四类犯罪的非法收入是不足以满足打击跨国有组织犯罪的需要的。再如，关于跨国有组织犯罪的概念，虽然《公约》进行了明确规定，但是很多缔约国的立法要么没有明确定义，要么本国定义与公约有很大差距，使如何界定跨国有组织犯罪具有不确定性。

司法方面，国际社会打击跨国有组织犯罪也存在不少问题。例如，前面已经提到的各国刑事司法管辖权冲突问题就比较严重。虽然国际社会曾为解决管辖权冲突作出过种种努力，也曾经达成"优先顺序"原则，但至今并没有在多数国家间达成公认的标准。此外，当一个国家行使"域外管辖权"的时候，很可能面临着"本国公民不引渡""死刑不引渡"以及"双重犯罪问题"，这都严重影响到对于跨国有组织犯罪分子的惩罚。

三、应对

总的来说，笔者认为，应从以下几个方面完善关于跨国有组织犯罪的对策：

（一）准确界定跨国有组织犯罪的概念，加强预防和控制跨国有组织犯罪问题研究

1. 跨国有组织犯罪概念的准确界定

对于跨国有组织犯罪概念的准确界定是建立在对跨国犯罪与有组织犯罪概念统一认识的基础上的。在前文介绍的三种关于跨国犯罪概念的观点中，第一种观点要求犯罪人必须非法进出两国或者两个以上国家，明显缩小了跨国犯罪的范围，因为有些跨国犯罪的实施并不需要行为人实际进出两个或者两个以上国家，只要通过网络即可。第二种观点认为所有涉及两个或者两个以上国家领域的犯罪都是跨国犯罪，又扩大了跨国犯罪的范围。第三种观点较为恰当地界定了跨国犯罪的概念，为我们所赞同，即跨国犯罪，主要指行为实施涉及两个或两个以上国家的领域，而且被多个国家公认为是犯罪的行为，如贩卖毒品、洗钱、国际经济欺诈等等。关于有组织犯罪的概念，可以从静态和动态两个方面分析：静态特征表现为犯罪主体数量上的众多性及状态上的系统性，犯罪心理的群体反社会性，犯罪目的的牟利性和犯罪手段的多样性；动态特征表现为组织化程度的提高，经济实力的增长，自我保护能力的增强和非法控制社会的能力从无到有、由弱到强。由此，有组织犯罪可以定义为：三人以上组成的，组织化程度有序递性、犯罪形式由初级向高级发展的犯罪组织，为了获取经济利益或者其他利益，采取暴力、贿赂等种种手段实施的犯罪活动的总和。[①]

《公约》中将跨国有组织犯罪定义为：下列任何一种形式的犯罪都属于跨国犯罪：（a）在一个以上国家实施的犯罪；（b）虽在一国实施，但其准备、策划、指挥或控制的实质性部分发生在另一国的犯罪；（c）犯罪在一国实施，但涉及一个以上国家从事犯罪活动的有组织犯罪集团；或（d）犯罪在一国实施，但对于另一国有重大影响（《公约》第3条第2款）。

基于对跨国犯罪、有组织犯罪含义以及《公约》中对跨国有组织犯罪定义的正确理解，笔者认为跨国有组织犯罪应当具有以下特征：

（1）犯罪行为跨越两个或者两个以上国家。犯罪行为的"跨国"主要包括以下三种情况：犯罪行为跨越两个或者两个以上国家，而犯罪人只在一个国家；犯罪人和犯罪行为都跨越两个或者两个以上国家；犯罪人在一个国家实施犯罪行为，犯罪结果发生在另外的国家。

（2）组织结构严密。一般来说，跨国有组织犯罪比一般有组织犯罪的组成人数要多，实施规模也较大，所以为了达到特定的犯罪目的，其一般都要经过长时间、大规模的组织工作，有计划地实施各项犯罪活动。

（3）犯罪的目的在于获取最大的经济利益。关于跨国有组织犯罪的目的，存在不同观点。有学者认为只能以获取经济利益为目的，有学者认为除此之外，还可能存在其他目的（比如政治利益）。笔者认为，在特定跨国有组织犯罪中，犯罪人可能存在经济利益以外的目的。但是，不论具体目的是什么，其最终目的都是为了获取最大的经济利益。

（4）具有较大的社会危害性。首先，跨国有组织犯罪集团一步步向各国政权渗透和腐蚀，造成各国政治上的腐败和政权的混乱；其次，跨国有组织犯罪又与各种经济犯罪相伴而生，通过跨国洗钱和非法转移资金等经济犯罪对世界经济系统造成巨大威胁；最后，跨国贩卖人口、国际卖淫、跨国贩卖毒品等有组织犯罪本身就构成了对各国人民的生存权、发展权的严重威胁。

由此，笔者认为跨国有组织犯罪是指由三人或者三人以上组成的、有较高组织结构的犯罪组织，以获取经济利益为最终目的，涉及两个或者两个以上国家，被多个国家公认为是犯罪的行为。

---

① 参见张旭著：《犯罪学要论》，527—534页，北京，法律出版社，2003。

2. 加强预防和控制跨国有组织犯罪问题研究

在准确界定跨国有组织犯罪概念的基础上，国际社会还应当加强预防和控制跨国有组织犯罪问题的研究。一方面，国际社会应当将预防和控制该种犯罪视为关系到国际和平与安全的重大问题，组织专业人士进行研究，将研究成果用来指导预防和控制跨国有组织犯罪的活动。另一方面，汲取他国法律制度与规范之所长为我所用，促进彼此法律制度、理念的协调与融合，逐渐减少甚至消除各国在惩治跨国有组织犯罪中制度与规范方面的障碍。

（二）将预防和控制跨国有组织犯罪置于重要的战略地位

一方面，各国应当根据本国跨国有组织犯罪的现状制定对策，维护自身的和平与安全。另一方面，各国际组织应确立反跨国有组织犯罪的行动纲领，明确提出行动目标并制订出切实可行的方案，拨专款支持反跨国有组织犯罪的国际活动，督促各成员国的行动，采取多种形式支持本组织进行预防和控制有组织犯罪活动[①]，确保在各成员国内跨国有组织犯罪无立足之地。这样，就可以从国家和地区两个层面打击跨国有组织犯罪，采取各个击破的战略，使跨国有组织犯罪无藏身之地，直至在世界范围内消灭该类犯罪。

（三）淡化主权意识、树立大局观念，加强双边和多边国际刑事司法合作

各国在联合打击跨国有组织犯罪的过程中，应当看到国际共同利益和本国利益之间的一致性，逐步淡化主权意识，树立大局观念，切实有效地开展打击跨国有组织犯罪的国际合作。具体来说，各国之间应当首先缔结双边或者多边合作条约与协定，使合作建立在牢固的法律基础上。在各个国家和地区之间建立信息交换机制，在控制本国跨国有组织犯罪的同时，对他国反跨国有组织犯罪活动予以尽可能的支持。

（四）加强超国家机构在打击跨国有组织犯罪方面的作用

一方面，应当扩大国际刑事法院的管辖范围。国际刑事法院管辖权的有限性很不利于发挥在打击跨国有组织犯罪方面的作用，应当尽快扩大国际刑事法院的管辖范围，分时间、分步骤将各种类型的跨国有组织犯罪纳入到国际刑事法院的管辖范围之内。另一方面，增强国际刑事法院的强制力和刚性。国际刑事法院没有自己的警察机构、军事力量和监狱机构，这在很大程度上使其缺乏强制性权力的保障。因此，国际社会应当为国际刑事法院设立专门的警察机构、监狱机构，增强其强制力，充分发挥其打击跨国有组织犯罪的效能。

（五）以《公约》为依据，完善各国立法和司法

1. 完善各国立法

（1）针对跨国有组织犯罪制定专门的法规。但是，现在很多国家的立法没有明确"跨国有组织犯罪"的含义，也没有专门的单行法规。而跨国有组

---

① 参见赵永琛："关于跨国有组织犯罪的若干理论问题"，载《政法论坛》，2000（6）。

织犯罪在组织规模、人员分工以及反侦查能力上都是个体犯罪无法比拟的。一些发达国家都制定了针对有组织犯罪的单行立法，如美国的《制裁有组织犯罪条例》，德国的《反有组织犯罪法》等，在打击有组织犯罪的实践中发挥了巨大作用。所以，其他国家应尽快制定《打击跨国有组织犯罪法》，从实体和程序两个方面对打击跨国有组织犯罪进行全方位规定，依此为依据建立起打击跨国有组织犯罪完整的刑事法律控制体系。

（2）以《公约》为依据，《公约》缔约国应当履行公约规定的义务，修改本国法律，实现公约的国内化。以我国为例，为了与《公约》接轨，应当对我国刑法中有关贿赂犯罪和洗钱罪的规定进行修改以实现国际刑法的国内化。就贿赂犯罪来说，应当将财产性利益和非财产性利益都包括到"贿赂"的含义中来，将受贿罪的主体扩大到包括"外国公职人员和国际公务员"在内；就洗钱罪来说，应当扩大上游犯罪的范围，增强对跨国有组织犯罪的打击力度。

（3）扩大罚金刑和没收财产刑的适用范围。跨国有组织犯罪由一种规模大、组织机构严密、人数众多、纪律严明的犯罪组织来实施的，所以，仅仅惩治该组织内部具体的犯罪人只能造成该组织领导人或者具体人员的变更，而不可能从根本上断绝其继续实施犯罪的可能性。但是，如果对犯罪组织适用罚金刑，或者将该组织的非法财产予以没收，那么就从根本上断绝了该组织重生的基础，具有很强的针对性。①

2. 完善各国司法

首先，对于跨国有组织犯罪管辖权冲突问题，各国应以《公约》为基础加强管辖合作。《公约》在尊重国家主权的基础上对管辖权选择进行了规定，力图避免出现犯罪人逃脱惩罚和遭受多重审判的情况。例如，《公约》规定各缔约国应确立"或引渡或起诉原则"，在多个缔约国对同一行为进行侦查、起诉或者审判的时候，应当互相协商。其次，面对跨国有组织犯罪较强的反侦查能力，各国应采取非常规的侦查手段。实践证明，对付跨国有组织犯罪，仅靠一般的侦查措施是不够，应采取诸如"控制下交付""警察圈套""受控制的假释"以及取得组织内部犯罪分子与司法机关合作等特殊侦查手段，提高对跨国犯罪的侦破效率。当然，为了保护人权，这类措施的采取应当规定严格程序和受到严格限制。最后，加强对证人的保护。由于跨国有组织犯罪具有较强的活动能力，所以其对公众的压力也比一般犯罪大得多。证人们往往由于畏惧报复而不敢出庭作证，最终使犯罪人得以逃脱法网。②这样，就很有必要通过立法加强对证人的保护。

（六）政治、经济措施的配合和其他相关措施的采取

一方面，打击跨国有组织犯罪必须发动整个社会的力量，采取政治、经

---

① 参见赵秉志、赫兴旺："跨国跨地区有组织犯罪及其惩治与防范"，载《政法论坛》，1997(4)。

② 同上。

济等各方面的措施。政治方面，各国应该把预防和控制跨国有组织犯罪当作关系到国家安全的战略任务来抓，从国家财政开支中开列专项财政预算，确保反跨国有组织犯罪斗争的胜利。经济方面，各国应当采取经济手段控制跨国有组织犯罪的经济来源，严格控制金融机构以防止洗钱的发生，截断非法资金的流转等都应当成为预防和控制跨国有组织犯罪的有效手段。[1]

　　另一方面，做好其他相关配套工作。第一，成立专门的研究机构，对跨国有组织犯罪的性质、特点、原因、预防和控制措施、现有措施存在的问题、跨国有组织犯罪的发展趋势和应对等问题进行研究，为反跨国有组织犯罪的斗争提供智力支持和理论指导。第二，完善边防和海关管理体制。跨国有组织犯罪以跨国性为重要特征，所以加强各国边防和海关的管理体制，就可以有效防止跨国走私、跨国贩卖人口、跨国恐怖活动、跨国贩卖毒品等犯罪的发生。第三，由于跨国有组织犯罪手段的科技含量越来越高，所以各国也应当提高反跨国有组织犯罪斗争中科技手段的应用，这是取得这场战争胜利的武器保证。

---

　　[1]　参见赵永琛："关于跨国有组织犯罪的若干理论问题"，载《政法论坛》，2000（6）。

李卫东*　维　英**

宽严相济刑事司法政策与检察工作

　　刑事政策是国家和社会据以与犯罪作斗争的原则的总和。①刑事司法政策，即在刑事司法活动过程中所奉行的刑事政策，主要涉及侦查、起诉和审判三个环节。宽严相济作为我国在维护社会治安的实践中形成的基本刑事司法政策，集中反映了党和国家对当前历史背景下司法工作的根本政治主张。宽严相济刑事司法政策要求在刑事司法过程中，刑罚的适用要结合国家在不同时期的状况，有选择地对关系国家稳定和发展的社会关系体现重点保护，并且根据案件本身的具体情况区别对待。这一政策体现了以人为本、公平正义的理念和罪刑法定原则及罪刑相适应原则的精神，对于构建社会主义和谐社会发挥着重要作用。检察机关作为国家的法律监督机关，其工作重点主要围绕刑事犯罪案件的侦查、起诉、审判和刑罚执行来开展，检察机关的机关属性决定了必须将宽严相济刑事司法政策融入检察工作实践中去。检察机关不仅是权力的行使主体，也是被关注和被审视的对象，是宽严相济刑事司法政策的运用主体，也是宽严相济刑事司法政策的作用对象。检察机关在构建社会主义和谐社会中只有准确把握好宽严相济的刑事司法政策，才能发挥好检察职能，进一步促进社会的公平正义。

一、检察工作贯彻宽严相济刑事司法政策的原则

　　刑事政策的基本矛盾是国家或公共安全与个人自由之间的矛盾。过度追求公共安全，以求实现彻底消灭犯罪，就必然会牺牲个人的自由、权利和尊严，陷入国家专制、集权或者极权主义的灾难之中；而过于推崇个人的自由

　　*　内蒙古大学法学院副教授。
　　**　内蒙古呼和浩特市人民检察院法律政策研究室主任。
　　①　转引自杨春洗主编：《刑事政策论》，4—5页，北京，北京大学出版社，1993。

权利，强调个性的张扬，又很可能诱发极端的个人主义和无政府主义，导致社会动荡不安。① 宽严相济作为在构建和谐社会这一大背景下形成的刑事司法政策，就是试图在公共安全和个人自由之间保持适度的平衡，以奉行法治、保护人权、追求效率为基本原则，合理地在犯罪化与非犯罪化、刑罚化与非刑罚化、重刑化与轻刑化之间进行取舍，以达到良好治理的目标。

宽严相济中的"宽"，确切含义应为轻缓。刑罚的轻缓，可以分为两种情形：一是该轻而轻，二是该重而轻。该轻而轻，是罪刑均衡的应有之义。该重而轻，是指所犯罪行较重，但行为人具有坦白、自首或者立功等法定或者酌定情节的，法律上予以宽宥，在本应判处较重之刑的情况下判处较轻之刑。

宽严相济之"严"，是指严格或者严厉。这里的严格是指，该作为犯罪处理的一定要作为犯罪处理，该受到刑罚处罚的一定要受到刑罚处罚，也就是司法上的犯罪化与刑罚化。这里的严厉是指判处较重刑罚，当然是该重而重，而不是不该重而重，当然也不是指刑罚过重。

在宽严相济刑事司法政策中，宽与严的有机统一是非常重要的，该严则严，当宽则宽，宽严互补，宽严有度，这样，宽严相济中的"济"，就成为关键。"济"是指救济、协调与结合之意。就是说在宽与严之间应当具有一定的平衡，互相衔接，形成良性互动。"在宽严相济刑事司法政策的语境中，既不能宽大无边，也不能时宽时严，宽严失当。"② 不仅对严重犯罪依法从严打击，对轻微犯罪依法从宽处理，而且对严重犯罪中的从宽情节和轻微犯罪中的从严情节也要依法分别予以宽严体现。

基于以上对宽严相济刑事司法政策的解读，那么，在检察工作中，如何贯彻和体现宽严相济刑事司法政策呢？原则是全局性的具有指导意义的基准，根据宽严相济刑事司法政策的精神内涵，检察工作贯彻宽严相济刑事司法政策需要坚持下面几项原则：

（一）严格依法的原则

在检察工作中贯彻落实宽严相济的刑事司法政策，必须严格执行法律，坚持罪刑法定、罪刑相适应的原则。宽不是法外施恩，严不是无限加重，无论从宽还是从严，都要于法有据。必须防止随意执法的倾向，不能为了片面地追求宽或严，忽视案件事实与法律规定，不考虑执法成本和执法效果，随意行使自由裁量权，突破法律规定加重处罚或减轻、免除处罚。

（二）区别对待的原则

一是区别不同的时期。对犯罪的处理，必须考虑到一定时期的社会情

---

① ［法］米海依尔·戴尔玛斯—马蒂著：《刑事政策的主要体系》，卢建平译，译序 4 页，北京，法律出版社，2006。

② 参见陈兴良："宽严相济刑事政策研究"，载《法学杂志》，2006（2）。

况，在法定范围内调整宽严的幅度。例如，近一段时期以来，商业贿赂犯罪情况严重，对于这一时期顶风作案的商业贿赂犯罪，应依法从严惩治，以体现打击的锋芒和力度。二是区别不同的地区。各地经济发展和社会治安状况不一，刑事犯罪活动在各地的发展态势也存在一定区别。必须结合本地区刑事犯罪活动的具体情况，予以相应处理，做到因地制宜。如广东省为遏制近年来"双抢"犯罪高发的态势，省高法、省检和公安厅联合下发了《关于依法严厉打击抢劫、抢夺犯罪适用法律的指导意见》，特别针对"飞车抢夺"作出专门规定。三是区别不同的案情和不同的犯罪嫌疑人。同一性质的犯罪，表现在不同的案件中情况不一，在手段、动机、后果等多种要素上存在区别；不同的犯罪人，社会经历不同，主观恶性不同，悔改程度不同。因此，要根据案件的具体情况，全面分析案件的社会影响、犯罪的社会危害性及犯罪嫌疑人、被告人的主观恶性等，明确不同的宽严界限，依法予以从宽或从严处理。

（三）注重效果的原则

一般认为，刑事司法是刚性的，不讲柔性，但是，以构建社会主义和谐社会为目的来贯彻宽严相济刑事司法政策，则需要刑事司法工作最大限度地减少不和谐因素，这就要求刑事司法要刚柔相济。因此，在检察工作中贯彻好宽严相济刑事司法政策，必须处理好法律效果与社会效果之间的关系，即既要保证执法办案的法律效果，维护法律的严肃性，又要讲究执法办案的社会效果。检察机关在办理案件时，要从法律效果和社会效果统一的角度出发，考虑是否有利于案件的公正处理，是否有利于对人民群众合法权益的保障，是否有利于矛盾纠纷的化解和平息，是否有利于社会的稳定与和谐。

二、检察工作目前适用宽严相济刑事司法政策存在的主要问题

目前，在检察工作中，对于宽严相济刑事司法政策的适用，还存在诸多障碍，这些障碍影响了宽严相济刑事司法政策在检察工作中的实现，笔者联系内蒙古呼和浩特市检察工作情况，试图对其中的主要问题进行分析。

（一）"无逮捕必要"案件的不捕率偏低

"可能判处徒刑以上刑罚"是逮捕的必要条件之一，但在实践中在"够罪即捕"观念的影响下，许多没有逮捕必要的犯罪嫌疑人或被告人被采取了逮捕的强制措施。2004—2006 年三年间，呼和浩特市共有 3661 人被法院宣告缓刑、判处拘役、管制、单处罚金或免予刑事处分，其中被逮捕 2513 人；有 110 人被相对不起诉，其中被逮捕 34 人，二者相加可计算出适用逮捕的轻罪嫌疑人和被告人的比例为 67.5%。另外，轻、重罪案件的捕后羁押期限没有明显区别。笔者随机抽取 2004 年呼和浩特市新城区检察院起诉的张某盗窃案和吕某抢劫案进行比对：张某被判拘役 6 个月，审判未决羁押日期为123 天；吕某被判 12 年有期徒刑，审判未决羁押日期为 150 天，二者没有很

大区别。

另外，未成年人轻罪案件的羁押率过高。2004年—2006年三年中，呼和浩特全市被判缓刑、不满三年有期徒刑、拘役、管制、单处罚金、免予刑事处分等轻刑的未成年人368人，其中逮捕254人；被相对不起诉的未成年人13人，其中逮捕7人。二者相加可得出未成年人轻罪案件的逮捕率为68.5%，与轻罪案件总的逮捕率基本持平。

当然逮捕不是案件的最终处理结果，要求检察机关在逮捕时的分析判断与法院最后判决完全一致是不可能的。但是，轻罪案件总的羁押率过高不仅浪费了司法资源，也不利于刑事诉讼深层目的的实现以及对犯罪失足者的挽救，而且，这也对宽严相济刑事司法政策中"宽"的一面的实现造成障碍。

（二）抗诉只抗轻不抗重

呼和浩特全市2004年—2006年共提起抗诉案件44件，其中没有一件是因量刑畸重（包括因定性错误而畸重）而提起抗诉的案件。造成这种结果的一个重要原因就是办案人员头脑中根深蒂固的"重打击轻保护"思想，保护犯罪嫌疑人合法权益的理念还没有确立，导致不能依法全面掌握抗诉条件，忽略了对无罪判有罪、量刑畸重案件的抗诉工作。这自然对宽严相济刑事司法政策中"宽"的一面的实现造成障碍。

（三）立案监督只重数量而轻质量

呼和浩特全市检察机关2006年受理公安机关应当立而未立的案件线索90件，其中监督立案75件89人，立案后批捕45人，起诉的38件45人，占47.4%，起诉到法院后还有相当部分是判处缓刑的。造成这种结果的主要原因，一是对立案监督条件的理解存在偏差，认为凡是符合刑事诉讼法规定的立案条件而公安机关不立案的，就应该进行立案监督，而忽视了其合理性方面。二是各级立案监督工作量化考核方法只重立案监督数量而轻案件处理结果，有时导致了为追求立案数而滥用监督权，降低了立案监督的权威性和有效性。三是只重监督立案，而轻引导侦查，使一些案件立了之后，因侦查不到确实充分的证据而无法追究犯罪嫌疑人的刑事责任，达不到立案监督的目的。这种只重表面而不顾实质的做法必然会不利于宽严相济刑事司法政策的贯彻。

（四）查办职务犯罪案件存在较多障碍

当前我国刑事立法和司法层面对惩办职务犯罪刑事政策的贯彻存在不平衡、不协调等问题。在立法上，对受贿罪等职务犯罪的构成要件与我国已签字批准的《联合国反腐败公约》不相衔接，对附加刑的规定缺乏操作性，与"从严治吏"的精神不符。在司法层面上，实践中明显呈现"三多"。即未采取逮捕措施的多，撤案和不起诉的多，判缓刑的多。呼和浩特市2004年—2006年立案查办职务犯罪案件333件368人中，被捕的只有123人，占33.4%；作撤案和不起诉处理的127人，占34.5%；被判缓刑的67人，占

18.2%。有些基层院查处的职务犯罪案件年度起诉率不到50%，并且大部分被判缓刑。造成以上结果的主要原因，一是案件本身案值不大，犯罪嫌疑人的认罪态度也较好，从案件的查处策略上从轻处理；二是由于职务犯罪案件的犯罪嫌疑人或被告人的社会关系较为复杂，案件查处过程中受外界干扰较多，较难进行从严处理；三是一些办案单位和办案人员从自身利益考虑而故意该严不严。在职务犯罪的查办上，检察工作的"趋轻"做法，对于当前职务犯罪高发恶性的控制和预防是无益的，这对宽严相济刑事司法政策中"严"的一面的实现造成障碍。

三、检察工作中宽严相济刑事司法政策的贯彻与实现

在检察工作中正确贯彻落实宽严相济刑事司法政策，是一个系统工程，涉及法治理念、法律制度、执法环境等诸多方面的因素，需要各个层面的共同努力和配合。同时，它也是一个刑事法理论与司法实践的长期磨合、相互促进进而不断完善与发展的过程。其中，树立与这一政策相适应的执法理念是基础和关键。在现实中，一些检察官对贯彻这一政策存在思想障碍，特别是对依法从宽心存顾虑，担心失之过宽会放纵犯罪。把宽严相济落实到办案中并非很容易，怎样做得文明、合理又合法，的确是一门艺术。贯彻这一政策不仅仅是把一个案件单纯地依照法律规定去认定事实与证据，而是要在领会这一刑事政策核心的前提下，反复斟酌与衡量，以求达到法律效果与社会效果的有机统一。这就意味着可能付出成倍的精力。近年来一些地方的检察机关在法律未予明确的地方，推行暂缓起诉、辩诉交易等改革，应当说对宽严相济刑事司法政策的发展起到了积极作用。就笔者的角度而言，宽严相济刑事司法政策在检察工作中的实现需要从以下方面来进行。

（一）在查办职务犯罪案件过程中贯彻宽严相济刑事司法政策

《联合国反腐败公约》已于2005年12月14日开始对包括我国在内的30多个国家生效。《公约》是迄今为止第一个关于治理腐败犯罪的完整、全面的国际公约，通篇体现了严惩腐败犯罪的精神，可以说，《公约》在本质上与宽严相济刑事司法政策是一致的。为了同《公约》相衔接，我国将在实体法和程序法两个方面进行全面的修改。当前检察机关要密切关注贪污贿赂犯罪的新动向和新变化，及时调整打击方向，始终把斗争锋芒指向严重危害经济和改革发展稳定大局，指向人民群众反映强烈的犯罪案件，集中力量查办大案要案。渎职侵权检察工作的重点要放在借宽严相济刑事司法政策名义所进行的徇私枉法、滥用职权等犯罪活动，保证政策的正确贯彻落实。

同时，不仅对职务犯罪的实体处理要体现宽严相济的精神，而且在适用诉讼程序方面也要体现宽严相济的精神，这主要表现在侦查措施和强制措施的适用上。如果采取逮捕以外的强制措施不影响诉讼活动的顺利进行，可以不移送审查逮捕；除确有必要，一般不查封、扣押、冻结涉案单位的账户或

重要业务资料；对基本事实已经查清，涉嫌犯罪情节轻微，可以移送纪检监察机关处理。而对进行串供、毁证、潜逃等妨碍诉讼的活动的，要果断采取拘留、逮捕措施及其他侦查手段。

对国家工作人员的职务犯罪依法重点打击是检察机关的重要职责，是贯彻宽严相济刑事司法政策的一个需要加强的方面，但同时在查办职务犯罪案件中也要体现"宽"的一面。对那些社会危害性和主观恶性不大、社会影响不很恶劣，以及具有坦白、自首或立功、积极退赃、尽力减少和赔偿损失等法定或者酌定情节的职务犯罪嫌疑人，应当适当地予以宽宥。

（二）审查逮捕环节对宽严相济刑事司法政策的落实

1. 正确认识和把握"有无逮捕必要"

对轻微犯罪慎用逮捕强制措施，可捕可不捕的坚持不捕，以尽量化解社会矛盾，减少社会对立面。在逮捕条件上，应全面把握，整体衡量，行为已构成犯罪、可能判处徒刑以上刑罚、确有逮捕必要，三者缺一不可，实践中"够罪即捕"的做法应予纠正。针对刑事诉讼法对逮捕的"必要性"条件规定得较为原则的立法现状，建议最高人民检察院出台司法解释，就此提出贯彻宽严相济精神的操作性意见，防止对政策的运用出现误区。

2. 建立检察机关介入侦查、引导侦查取证工作机制

为促使公检双方尽可能在收集、使用证据上达成共识，避免因认识不一致丧失最佳取证时机，检察机关应充分提前介入侦查，引导侦查取证。同时，为避免案件交叉办理造成的延误，应当成立专门的轻刑案件办案组。

3. 建立免责制度

对案件承办人严格依照法律规定作出的取保候审决定或无逮捕必要的不捕决定，一旦嫌疑人逃保，承办人不承担错案责任，除非有证据证明承办人有受贿、吃请等亵渎公务的行为。

（三）积极发挥起诉便宜功能，贯彻宽严相济刑事司法政策

1. 正确认识不起诉率

我国检察机关的不起诉裁量权是受到严格制约的，尤其是在追求起诉率的"严打"态势下，裁量不起诉制度未能发挥应有的作用。在宽严相济刑事司法政策下，裁量不起诉正是体现对轻微犯罪宽大处理的有效途径，应当实行"可诉可不诉的，不诉"的原则。因此，检察机关不应再踏入片面追求起诉率的误区，而是应当对裁量不起诉的质量加以监控，避免其滥用。近年来，检察机关已在此方面作出了许多积极的努力。如"从严"方面，最高人民检察院2005年颁布了办理职务犯罪案件撤案和不起诉内部审批制度，有效降低了自侦案件的撤案率和不起诉率。在"从宽"方面，最高人民检察院《关于在检察工作中贯彻宽严相济刑事司法政策的若干意见》第8项规定："对于初犯、从犯、预备犯、中止犯、防卫过当、避险过当、未成年人犯罪、老年人犯罪以及亲友、邻里、同学、同事等纠纷引发的案件，符合不起诉条

件的，可以依法适用不起诉，并可以根据案件的不同情况，对被不起诉人予以训诫或者责令具结悔过、赔礼道歉、赔偿损失。"

2. 引入刑事和解制度

对存在被害人的轻微刑事案件不起诉，尽量不动用刑罚手段，可以积极尝试刑事和解手段。刑事和解一般是指在刑事诉讼程序运行过程中，经由调停人帮助，加害人和被害人直接协商，加害人以认罪、赔偿经济损失、赔礼道歉等条件与被害人达成和解后，国家司法机关不再追究被害人的刑事责任或对其从轻处罚的一种案件处理方式，由此可以形成一种刑事诉讼制度。这一制度充分体现了关注被害人，修复被损害的社会关系，维护社会和谐稳定的司法理念。

适用刑事和解的案件主要是轻微刑事案件。在这类案件中，犯罪行为主要侵犯了被害人的个人利益，对公共利益的损害较小，适用刑事和解不至于造成对被害人、犯罪人利益保护和公共利益保护的失衡。作为一项操作性强的准司法活动，刑事和解有三方面要求：一是在轻微刑事案件中，加害人作有罪答辩和双方当事人自愿的情况下，可由当事人自行和解；二是当事人和解不得违反国家法律强制性规定、社会公德；三是当事人和解后，无论在何阶段，相应的国家机关都应以此作为撤销案件的依据。适用刑事和解可以较好地恢复加害方与受害方的社会关系，较好地教育、感化犯罪人，防止社会矛盾激化。

3. 走出有罪必诉的误区，灵活运用检察权，对犯罪的未成年人和在校大学生引入暂缓起诉制度

我国刑诉法只规定了起诉和不起诉，中间缺少必要的过渡和选择余地，难以满足司法实践中应对复杂情况的需要，也不符合在审查起诉环节充分体现宽严相济刑事司法政策的要求。如果法律能够规定暂缓起诉制度，在起诉和不起诉，甚至相对不起诉和绝对不起诉之间设置一个缓冲地带，附加考察期限和考察条件，再决定如何处理，既体现检察机关对于具体案件处理的慎重行事，又可使刑事追诉更加符合刑事诉讼的目的。近几年来，上海、南京等地检察机关对"暂缓起诉"进行了有益的探索，从试行效果看，这一制度有利于及时化解社会消极因素，降低再次犯罪率，促进社会和谐。因此，在刑事诉讼法再修改时，建议增设相关规定。

（四）以社区矫正制度的开展来贯彻宽严相济刑事司法政策

宽严相济刑事司法政策要求对那些罪行较轻、主观恶性不大的犯罪人尽可能地采用非监禁化措施。社区矫正作为一种非监禁措施，是指将符合条件的罪犯置于社区内，在专门的国家机关的指导和监督下，依靠社会的力量，在判决、裁定或决定确定的期限内，矫正其犯罪心理和行为恶习，并促进其顺利回归社会。2003 年 7 月，"两高"、公安部、司法部联合下发《关于开展社区矫正试点工作的通知》，提出了对轻罪案件适用社区矫正的意见，其中

明确规定:"人民检察院要加强法律监督,完善刑罚执行监督程序,保证社区矫正工作依法、公正地进行。"北京、天津、上海、江苏、浙江和山东6个社区矫正试点省(市)积极探索,当地检察机关已经进行了有益的尝试,取得了积极的成效。2005年1月,包括内蒙古在内的12个省(自治区、市)被列为第二批社区矫正试点地区。

检察机关应适应监外执行、社区矫正人员可能增多的趋势,配合有关部门完善相关工作机制,加强对监外执行、社区矫正的法律监督,防止对被监外执行犯罪分子的脱管、漏管和违法管理。对不符合起诉条件的未成年犯罪嫌疑人,由检察机关推荐到社会公益机构,在规定时间内从事无薪工作,对社会进行补偿,同时强化其社会责任感,又可避免监禁刑的副作用。

当然,上述几项制度在我国的确立,涉及对《刑法》和《刑事诉讼法》的修改,需要在当前的司法改革中予以全盘考虑。

(五)在贯彻宽严相济刑事政策中,检察工作相关机制和办案方式的建立健全

1. 进一步健全检察环节贯彻"严打"方针的经常性工作机制

作为包含在宽严相济刑事司法政策框架中的一部分,必须坚持"严打"方针在严重危害社会治安犯罪中的适用。要进一步强化捕诉衔接机制,规范和完善对重大刑事案件适时介入侦查的机制,对严重刑事犯罪坚持依法快捕、快诉,增强打击的时效性。积极配合公安机关开展阶段性、地域性专项打击整治活动,探索与公安机关开展专项打击整治相适应的工作途径与方法,形成专项打击整治联动的工作机制,从而有效地整合司法资源,增强打击严重刑事犯罪的合力。采取督办、交办等有效方法,加强对重特大案件的管理,确保法律效果与社会效果的有机统一,切实发挥检察机关惩治犯罪、维护稳定的职能作用。

2. 建立与宽严相济刑事司法政策相适应的检察业务工作考评体系

检察实践中普遍存在着重不捕轻逮捕、重不诉轻起诉的内部工作制约制度,对从宽处理的情形都设置了严密烦琐的把关程序和事后督察制度,使办案人员对"两可"案件都不太愿作从轻处理。所以,上级检察机关要从有利于贯彻宽严相济刑事司法政策出发,按照司法规律和检察工作规律管理检察业务工作,科学确定考核各项检察业务工作的指标体系,改进考评办法,保证依法正确适用不批捕、不起诉,改变不适当地控制不捕率、不诉率的做法。重点是要设计一套流程性、动态性的管理和考核标准,从制度上改革对办案工作过多地定静态指标的做法,不让办案人员被一些不切实际的指标和任务牵着鼻子走,从而做出一些违反实事求是原则的处理结果。

对从宽处理的案件,在实际操作中要有明确的规范。首先,对能在检察机关作终结处理的案件,一定要控制案件的范围,一般只能适用于未成年人(包括在校生)犯罪案件、轻伤害案件、过失犯罪案件(以交通肇事为主),

对不在此范围内的案件，需要作从宽处理的，要报上级院批准。其次，要完善相关的办案程序，在从宽处理之前，批准的权力应由分管检察长行使，同时报上级院备案。最后，从宽处理的案件必须纳入到检察机关内部监督程序中，要进行事后的督查，在外部监督方面，要充分保证人民监督员的知情权，对职务犯罪案件在检察环节的非犯罪化和非刑罚化处理开展监督。

（六）加强对公安机关和审判机关贯彻宽严相济刑事司法政策的监督

笔者认为，检察官并不是片面攻击被告的狂热分子，检察官还承担着客观公正的义务，人民检察院受国家权力机关的授权，肩负着对刑事诉讼活动和刑事法律实施监督的任务。在当前宽严相济被国家定位于为一项刑事司法政策的条件下，刑法条文简单粗疏，法定刑幅度过大，宽严界限在很大程度上依赖于司法人员的自由裁量。在同一时空条件下，对于性质相同、情节相当的犯罪，在适用相同法律时，由于司法人员对宽严相济刑事司法政策的不同理解，进而导致同一个案件由不同的司法人员来裁判存在不同的处理结果，有时甚至相差悬殊。在当前人民群众对司法不公的反映强烈，对司法裁判还有相当程度的不信任，司法公信力明显不足的情况下，检察机关应充分发挥法律监督机关的职能作用，加强对公安机关和审判机关贯彻宽严相济刑事司法政策把握执法尺度和政策界限情况的监督，防止假借贯彻政策之名进行权力寻租。要针对当前普遍存在的将宽严相济刑事司法政策理解为宽缓政策的情况，加强对公安机关有案不立和审判机关量刑偏轻的监督。该立案的毫不犹豫地通知立案，该抗诉的坚决抗诉，确保从宽处理符合法律规定，符合情理，符合公共利益。

在构建和谐社会的过程中，检察机关有必要通过自上而下的努力将检察改革实践一般化。检察权运行的特点决定了其更多的是程序上的权力，但是一项刑事政策的实现不仅依赖于对案件实体的判断，而且离不开程序的运行，如果检察机关仅满足于定罪和求刑，不从刑事政策上考虑，那么检察权就只是处理罪犯的工具，无助于人们形成对法律的信仰。检察工作贯彻宽严相济刑事司法政策的实践正在而且将继续为中国刑事政策的发展提供有益的经验，为中国和谐社会的构建作出重要贡献。

戴 飞 *

和谐社会语境下宽严相济 在反贪工作中的贯彻

2006 年党的十六届六中全会提出构建社会主义和谐社会，明确提出构建民主法治、公平正义、诚信友爱、充满活力、安定有序、人与自然和谐相处的社会主义和谐社会，要"最大限度地增加和谐因素，最大限度地减少不和谐因素"。宽严相济刑事政策是构建社会主义和谐社会的内在回应，它是发展社会主义民主、减少社会主义政治文明的必然选择，是我国长期以来预防犯罪、控制犯罪的重要结论，也是最终体现立法宗旨、实现司法价值的客观要求和维护社会稳定、促进社会和谐的应有之义。

检察机关作为国家专门法律监督机关，肩负着保障法律统一正确实施、维护公平正义的职责，在构建社会主义和谐社会发挥着独特的作用。反贪工作作为检察工作的重要内容，通过对职务犯罪进行查处，保障国家工作人员勤政廉政，维护国家权力的廉洁与公信，与构建和谐社会密切相关。因此，反贪工作必须在构建和谐社会的高度下，转变工作理念，革新评价标准，体现善治追求，创新运行方式，充分贯彻宽严相济的刑事政策，宽严有度、良性互动、化解矛盾、顺应民心、消除民怨，全力维护公平正义。

一、反贪工作理念的更新

检察工作是一项专门的目的性工作，蕴涵着法律理性和社会正义的价值追求，这种价值追求就是检察理念。检察理念阐释基于检察规律的认识而形成的指导检察活动的价值体系。检察理念是检察功能认识的深化，是对检察规律的总结，是自觉实践检察功能的指引。检察理念决定检察活动的方向，

---

* 江苏省宿迁市人民检察院党组副书记、副检察长。

决定了检察职责的品格。①

而当今我国，正处于社会转型的关键阶段，各种社会利益不断再调整与再分配，社会矛盾突出，犯罪问题特别是贪污腐败犯罪现象突出成为影响社会稳定、破坏社会和谐的重要因素。因此，反贪工作必须结合和谐社会的建设规律以及社会发展的现实需要，结合检察机关的法律职能，不断更新检察工作理念，主动融入发展大局，自觉维护公平正义，稳定社会秩序。

（一）把和谐社会作为检察工作的终极目标

犯罪是和平时期最为严重的社会矛盾之一，直接影响社会安定和社会和谐。妥善地处理犯罪问题，是化解社会矛盾、解决社会纠纷的重要方面，直接关系到和谐社会的建设，体现国家的社会管理、控制能力和司法机关执法水平的高低。② 构建和谐社会的理论，使刑事司法的理念产生根本性的变革，刑事政策发生对应的改革，在对非对抗性的犯罪依法惩治的同时更加注重社会矛盾的化解，更注重于和谐社会构建和社会秩序的稳定上来，更加注重案件的法律效果和社会效果、政治效果的统一。

刑事政策是国家针对犯罪而采取的防治方略，是人类理性在刑事领域的产物，是社会法制文明程度的体现。和谐社会作为刑事政策制定的指导思想，它要求在执行刑事政策的过程中，必须着眼于构建和谐社会这个终极目标，反贪工作也不例外。贪污贿赂等职务犯罪是国家工作人员行使权力过程中发生的腐败，严重亵渎职守，破坏国家法律的正常实施，是构建社会主义和谐社会的不稳定因素。对此，虽然我们反贪工作要高举依法追究刑事责任的大旗，但是也要注重查处的社会效果和法律效果，要摒弃原来的"严打"的思维习惯，一味地从严、从重查处职务犯罪案件，通过严格的侦查活动、严厉的查处、打击来控制职务犯罪的发生，而要在思维理念上进行改革，通过对贪污贿赂等职务犯罪的立案侦查和追诉，是为了保障国家工作人员正确行使权力，促使其严格执法、廉政勤政，消除构建和谐社会中国家权力运行与管理过程中的不和谐因素，增加和谐因素。

另外，在构建和谐社会中惩治犯罪一定要树立着眼于社会和谐，将促进社会和谐作为衡量司法工作的重要标准。当前尤其要注意防止和反对重刑主义、报应刑主义和刑罚万能主义的影响。要坚持罪刑法定、罪刑相适应的原则，明确刑事手段处理案件的范围，凡是属于民事、行政手段调整的事项不得随意使用刑事手段，动用职务犯罪侦查权力，要分析地方经济发展、改革开放举措和贪污腐败犯罪的区别。要充分运用好职务犯罪侦查手段，最大限度地增加和谐因素，最大限度地减少不和谐因素，消除职务犯罪发案的各种隐患，不断扩大和维护和谐稳定的社会基础。

---

① 参见姜伟："和谐语境中的检察功能与检察理念"，载《人民检察》，2006（15）。
② 参见陈国庆："和谐视野下的刑事政策"，载《检察日报》，2007-01-18。

（二）国家本位向社会本位转变

刑事政策是国家针对犯罪而采取的防治方略，是人类理性在刑事领域的产物，是社会法制文明程度的体现。一个国家的刑事政策是否适时适度，是否科学合理，直接影响着惩罚和预防犯罪的整体效果，直接关系到社会和谐稳定和国家长治久安。而我国现行刑事政策模式中对违法犯罪的反应仍然是以国家权力的运行为核心的，在国家本位观念的支配下，犯罪被视为对国家利益的侵害，对统治秩序的危害，因此，犯罪者没有任何权力得到国家的尊重，只是国家惩罚的对象，刑事司法就是国家惩罚犯罪的工具。① 犯罪嫌疑人一旦进入刑事追诉领域，仍然无可避免地立即被划出人民的范畴之外，而成为专政的对象，这是报应性正义的体现，国家本位刑事政策已经不适应现代社会控制、预防犯罪的需要，也与恢复性正义目标不相契合。

如德国法学家李斯特的那句名言，"最好的社会政策就是最好的刑事政策。"现在研究表明，犯罪问题不只是一个刑罚问题，而是一个社会问题，刑罚作为一种代价高昂的社会治理方式，它只是众多社会治理方式的一种，对犯罪的严厉打击并不能缓解犯罪的高潮，而通过社会控制来达到预防犯罪目的，将犯罪控制在社会的可容忍范围之内，是刑事政策的发展趋势和必然要求。贪污腐败犯罪也是如此，作为一种社会现象，其是一定条件下的历史产物，有其必然存在的政治、经济、社会、文化因素，因此，简单通过职务犯罪的查处来控制和预防贪污腐败现象的发生，既不科学，也不可能，必须采取多种的社会治理手段，如加强权力监督、完善权力运行、普及法律教育等，方可从源头上防治贪污腐败案件的发生。

同时，刑事司法制度应当顺应一个社会预防和控制犯罪的现实需要，发生符合刑事政策目的的变化，这样才能使刑事司法既能够实现"法律之内的正义"，又具有刑事政策的功能；既符合法治的要求，又体现刑事政策的需要。因此，反贪工作必须站在社会控制的角度，站在社会发展的大局上，考虑执法活动的社会评价和导向作用，通过对贪污腐败案件的查处来去除社会发展的不利因素。

（三）更加注重人文关怀

黑格尔指出，"认为刑罚即被包含犯人自己的法，所以处罚他，正是尊敬他是理性的存在。如果不从犯人行为中去寻求刑罚的概念和尺度，他就得不到这种尊重。如果单单把犯人看做应使变成无害的有害动物，或者以警戒和矫正为刑罚的目的，他就更得不到这种尊重。"②

和谐精神要求对个人的价值与尊严、生存与生活、命运与前途给予高度关注，要求实行刑事诉讼过程的人性化和结果的刑罚个别化，通过积极的行

---

① 参见孙文红、王振峰："刑事政策视野中的司法理念"，载《政法论坛》，2005（4）。
② ［德］黑格尔著：《法哲学原理》，103页，北京，商务印书馆，1961。

为，教育和改造犯罪人使之回归社会，修复犯罪嫌疑人和社会的关系，减少社会对抗。这对于社会系统和罪犯本身来说，这是个双赢的结果，也是反贪工作追求的新的更高境界。

和谐社会应当是一个充分人文关怀和人道主义的社会，宽严相济刑事政策的落脚点也在以人为本，要客观、公正、理性、谦抑，用比常人更高的平和心态去对待已经发生的犯罪行为。因此，检察机关的执法活动，既要显示力度，严格、严厉；又要有温度，热情、文明；还要保持适度，公正，谦抑。只有尊重人，关心人，了解人，帮助人，才能化解矛盾，修复创伤，安定秩序，重塑和谐。

因此，反贪部门要放弃那种重打击犯罪、轻保护人权的观念，转变重视搜集有罪、罪重证据而轻视无罪、罪轻证据的意识，增强以人为本、文明执法的理念，切实尊重和保护人权，严格消除在职务犯罪侦查过程中侵犯人权的问题。要做到在职务犯罪侦查环节，尽量促使犯罪嫌疑人在法律面前不致被迫或者自觉地进行自我道德的放逐，减少其自我放逐的可能性，因为这将进一步摧毁其融入社会或被社会接纳的可能性。[1] 应当积极教育、挽救、感化犯罪嫌疑人，使他们反思、悔改、自新，这是救济人心、恢复人性、关心他人个人发展的工作，体现了理性的司法人道主义精神。

二、反贪评价标准的改变

胡锦涛总书记在中纪委五次全会上的重要讲话中强调，惩治腐败"不仅不能放松，而且要继续抓得紧而又紧"。检察机关作为反腐败斗争的一支重要力量，要坚决贯彻中央关于反腐败的总体部署，始终把查办职务犯罪工作摆在突出位置，必须紧抓办案不放松。检察机关在履行职务犯罪查处过程中，必须正确处理讲政治与讲法治、执行政策与适用法律、抓办案与搞服务之间的关系，把有利于促进社会和谐作为衡量办案工作的重要标准，把坚持公正执法、维护公平正义作为服务社会大局的生命线，避免和减少社会对抗，努力实现办案法律效果与社会效果的最佳结合，促进社会和谐稳定。

宽严相济的刑事政策包括两个方面的内容，既包括对严重犯罪的从严从重打击，也包括对轻微犯罪的宽大处理。保持办案力度，从严查处案件是宽严相济刑事政策的应有之义。当前，贪污贿赂犯罪依然是国家和人民群众高度关注的焦点与热点，从严不能放弃。

一方面要不断侦破大案、要案、窝案、串案。对于检察机关来说，必须加大对职务犯罪的查处力度，提高侦破率，降低漏网率，有效震慑、遏制职务犯罪。只有经常性地突破、起诉案件，尤其是大要案，宽才有前提和基础。提高大要案比例，保持较高的破案率和成案率，始终保持对腐败分子的

---

[1] 参见谢海生、彭三军："我国刑事司法功能之检讨及其重构"，载《中国刑事法杂志》，2001(4)。

震慑态势，是深入推进反腐败斗争的客观要求。当然，办案工作不存在"抓大放小"，也不允许"抓小放大"，保持一定的办案规模，提高大案、要案的比例，是增强人们对反腐败信心的保障。

另一方面要规范反贪办案行为，提高办案质量。要不断提高反贪效能，不能满足于一案一破，只注重破案的数量，同时也要确保反贪案件的质量和效率，要注重破案的法律效果和社会效果，案件的内在质量和外在的社会评价。

三、反贪工作参与主体的多元化体现善治追求

善治即成功有效的治理，它是一种治理的理想状态，是使公共利益最大化的社会管理过程。善治的本质特征就在于它是政府与公民对公共生活的合作管理，是政治国家与公民社会的一种新颖关系，是两者的最佳状态。任何和谐社会都不可能自动到来，它凭借的只能是对社会治理，特别是善治的不断尝试和努力，而由国家力量和社会力量，公共部门与私人部门，政府、社会组织与公民共同治理一个社会同样是对现阶段构建和谐社会所作出的最佳尝试性选择。刑事政策的善治要求达到刑事领域的最佳治理状态，使刑事领域公共利益最大化的过程，彰显国家、社会与公民的最佳关系。

检察机关作为国家权力机构之一，其具有社会管理的属性，因此，在社会管理过程中，把自己履行职能的行为真正融入发展大局中去，检察机关不能仅仅用自己的眼光和角度去看待检察职能的行使，而必须要求社会各方面的参与，均衡社会各方面利益，吸收更多社会主体参与，避免检察权这种国家强制权力的滥用，这是检察机关善治的必然要求。毕竟，检察权如职务犯罪侦查权，作为一种以国家强制力为实施后盾的管理权力，其实施者是单方的，是检察机关根据法律的规定进行的行为而不需要他人的干涉，对于实施的效果，检察机关作为实施者，了解并不清楚，或者只是单向的了解，具有片面性，不能直接体会到职务犯罪侦查权的效力到底发挥得如何，是否真正维护了秩序和谐。出于这种担心，职务犯罪侦查权的实施者会不自觉地追求制裁，往往会出现矫枉过正的局面。犯罪嫌疑人和社会利益方的利益并未因此达到均衡，此时职务犯罪侦查权的行使是能够达到预期效果的，需要打个问号。反贪工作，大而言之，涉及政府权力运行过程；小而言之，影响一个家庭的生活安定，所以在宽严相济刑事政策下侦查的过程和处理的结果，应当接受各个社会主体的参与，满足他们的知情权和监督权，均衡犯罪嫌疑人和社会各种主体的利益要求。

贯彻宽严相济刑事政策的过程，也就是检察机关和各种利益主体包括当事人、政府和社会相互协调、沟通、交流的过程，因为检察机关在履行职务犯罪案件侦查职能过程中，实施宽严相济的效果必须对外公开，既对犯罪嫌疑人、亲属和辩护人公开，也要对社会公开，而这些公开的效果必须要接受

监督和检验。宽，要让当事人看到，严，同样也让社会看到，而公开的结果，必然是各种利益主体的参与与监督，均衡各种社会利益，达到法律效果和社会效果的统一。只有接受参与与监督，宽严相济的效果才能显现，查办职务犯罪的才能显示出应有的监督作用。

另外，善治也要求民主程序的实施。构建社会主义和谐社会必然要求更广泛的民主，更多的社会主体参与国家权力的运行与制约，寻求更多的社会主体利益之间的平衡。在刑事诉讼中的表现就是诉讼民主，反对司法专制。诉讼本来就是个有争议的地方，存在着具有不同立场、不同利益体现的各方。民主意识要求检察机关在履行职务犯罪侦查职责的过程中，认真听取各方的意见，包括犯罪嫌疑人的辩解、辩护人和法定代理人的意见。同时，民主意识要求检察机关应当自觉接受社会各界对检察工作的监督，接受人大监督、社会监督、舆论监督、群众监督，保障检察职权的正确行使，这是权力制衡的需要，也是检察工作健康发展的需要。特别是检察机关职务犯罪侦查权的监督引入人民监督员制度，是诉讼民主的必要载体，显现了检察机关对人民负责与对法律负责的一致性。相对于检察机关而言，人民监督员制度具有外部监督、社会监督和民主监督"三位一体"的性质。人民监督员的监督范围是"检察机关办理直接受理侦查案件"的行为，包括三类案件、五种情形和其他执法机关和人民群众对检察人员的投诉。虽然人民监督员并不能直接对检察机关在办理职务犯罪案件是否执行宽严相济刑事政策进行直接监督，但是，其对于执行宽严相济刑事政策的结果进行监督，从制度上保障职务犯罪侦查权的正确行使。

四、反贪工作运行的方式改变

宽严相济的关键是"济"，强调的是宽和严的一种有机统一和良性互动。宽和严都是一种手段，最终的目标在于追求控制犯罪和保障人权效果的最优化。宽严相济，就是通过宽与严的有机结合，灵活运用，相互补充，创造最佳的执法效果。[①] 因此，宽严相济刑事政策要求检察机关灵活运用自由裁量权，宽有节，严有度，依法进行，区别对待，注重效果。贯彻宽严相济刑事政策，要求在追究刑事犯罪的同时，更多要求进行深层次的重构秩序和谐点的判断。因此，检察机关在履行职务犯罪查处职能时，检察权运行方式需要进行明显的变革，它不仅要实现查处的过程，更重要的是依法且灵活运用自由裁量权，不单是积极主动启动了刑事诉讼程序，而且可以在诉讼过程中依照法律赋予的职权，根据案件的实际情况，灵活运用法律赋予的各种权限，启动、继续甚至可以主动终结刑事诉讼。

---

① 参见王守安、吴孟栓、石献智："《关于在检察工作中贯彻宽严相济刑事司法政策的若干意见》的理解与适用"，载《人民检察》，2007（4）。

（一）立案前初查的把握

把重点、热点、焦点作为初查的对象，在地方经济发展规律中寻找容易出现职务犯罪的岗位、环节，在"大初查"下进行初查。每个地方会有不同的地方经济发展规律。一个地方在经济发展和社会建设过程中，在不同的时期、不同的部门、不同的领域，根据不同的发展需求，会有不同的发展主题与模式，这些发展主题具有一定的集体性、规律性。如小城镇建设、新农村建设等。这些经济建设直接关系到国计民生和经济社会发展，国家资金投入巨大，行政审批权力运行环节多，物资采购竞争激烈，如果在建设发展过程中，缺乏有效的监督制约，容易导致贪污贿赂犯罪案件的出现。并且，这些案件往往规模化、整体化和类型化。因此，把握地方经济建设规律脉络，寻求重点环节的职务犯罪规律，一举突破窝案、串案，在整体上加大对职务犯罪的查处力度。

同时，要做到初查环节的宽严相济，把小案、个案当成是大案、要案的前提和基础，通过对情节轻微的小案的宽缓来获得对严重危害群众利益的窝案、串案的严厉查处。加强对有价值的小案、个案、孤案的侦查，并以此作为大案、要案、窝案、串案的初查。

（二）立案标准的灵活把握

认真把握立案环节的宽严相济，十分重要，它关系到依法查处犯罪，不枉不纵。稍有不慎，则可能走向极端。失之过严，容易祸及无辜；失之过宽，则可能放纵犯罪，给公正执法带来不良后果。

一方面，从严。按照最高人民检察院的要求，对党政领导干部的职务犯罪，国家工作人员利用人事权、司法权、行政审批权、行政执法权进行权钱交易的职务犯罪线索，充当黑恶势力保护伞的职务犯罪线索，重大安全责任事故所涉及的职务犯罪线索，企业改制、城镇建设、征地拆迁、资源审批和社会保障工作中侵害国家利益和人民群众切身利益的职务犯罪线索，发生在基层或者社会关注的行业以及人民群众反映强烈的职务犯罪线索，以严为主，坚决立案，严肃查处，及时、准确、有力地予以打击。

另一方面，从宽。对于个人贪污受贿不满万元，且认罪态度好，退赃积极，其贪污受贿行为没有给国家、人民利益带来损失的，依法可以免除刑事处罚的，可以不立案。对于行贿犯罪线索，在初查环节，如实交代其行贿犯罪事实，行贿所谋取的并非非法利益，行贿没有给国家和人民利益带来损失，也可以不立案。

（三）侦查措施的灵活运用

侦查过程中，犯罪嫌疑人如实供述其犯罪事实和检举揭发他人，并交出相关的书证、物证，积极退赃，就可以采取相对宽缓的侦查措施，较少采取或不采取搜查或者扣押物证书证以及冻结存款、汇款等严厉的侦查措施。反之，必须通过搜查、扣押、冻结方式取得证据和赃款赃物。通过侦查措施的宽严相济，敦促和鼓励犯罪嫌疑人如实供述，并主动向侦查人员提交书证物证和及时退出赃款赃物。

对犯罪嫌疑人采取强制措施也要根据案件的具体情况，在宽严相济刑事司法政策指导下进行。五种强制措施对于犯罪嫌疑人来说，对他们的身心都会造成或多或少的影响，如何审时度势，正确应用这五种强制措施，特别是"拘传、拘留和逮捕"三种羁押性的强制措施，将会对犯罪嫌疑人产生巨大的影响。

对犯罪嫌疑人能传唤到案的，就不必要进行拘传。对于没有企图自杀逃跑的和毁灭伪造证据或者串供的犯罪嫌疑人，在如实供述其犯罪事实后，且主动交出物证书证和退赃的，可以不拘留逮捕而适用取保候审或者监视居住的强制措施，给犯罪嫌疑人以相对的自由，让其在社会上、家庭中，催生其良知，促使其改过，萌生感恩之心，自觉回报社会，同时也给其他的犯罪嫌疑人一个导向，只有如实供述自己的犯罪事实，确有悔罪表现，才可以得到宽大处理。对于已经拘留逮捕的犯罪嫌疑人，只要证据收集全面，释放出来不会妨碍诉讼的进行，可以变更强制措施，让其回归社会。对于变更强制措施后，有串供翻供、销毁证据、威胁证人等非法行为的，可以从严，依法重新逮捕。

（四）辩诉交易的借鉴

辩诉交易制度又称认罪协调制度，更多出现在美国的刑事诉讼制度中，它是指在刑事被告人就较轻的罪名或者数项指控中的一项或几项作出有罪答辩以换取检察官的某种让步，通常是获得较轻的判决或者撤销其他指控情况下，检察官和被告人之间经过协商达成的协议。可见，此交易达成，控方将作出酌定不起诉，或减轻指控罪，或减少指控罪名数或提出从轻处罚的量刑建议等，被告人自然就能够获得不被指控，或被减少犯罪指控，或得到较轻处罚的判决。这不仅能鼓励被告人认罪，而且有利于被告人真诚悔罪，痛改前非，重新做人；被害人也可以得到心理上和物质上的满足。辩诉交易制度的实质是在"绝对公正"无法正常实现的情况下，退而求其次，追求更加现实的"相对公正"。

在侦查过程中，同样可以借鉴"辩诉交易"的方式来突破案件，特别是办理行贿受贿案件这种"一对一"的单一模式。贪污贿赂案件一般存在诸如人证缺乏，行为极具隐蔽性，犯罪嫌疑人易串供的因素，从而使反贪侦查工作很难掌握确切的证据，侦查陷入僵局，其后果往往证据否清，同时也有可能放纵犯罪，但是若我们避重就轻，对行贿人作出承诺，"如果其证明对方受贿罪行，则可免除对其本人行贿罪行的追诉；如果其提供可证明对方犯罪的证据，则该证据及以此为线索而得到的其他证据将不作为对其本人不利的证据；如果其不予配合，一旦查明事实，证据确凿，则必然追究其本人的行贿罪行"，如此，在"囚徒困境"的博弈下，通过对不同后果的对比，为了确保自身利益，绝大多数行贿人都将选择配合，协助司法机关搜集证据，查明事实真相。可见在职务犯罪侦查中实施辩诉交易制度，将是宽严相济刑事政策的一个很好的举措。

（五）审查终结时自由裁量

侦查终结后，要本着对事实负责的态度，客观真实在移送起诉意见书予以表述，对法定减轻、从轻情节的，特别是有立功、自首情节的，在移送起诉意见书中加以认定，使法庭在定罪量刑时作为从轻减轻的事实依据。对于有酌定从轻情节的，确有悔罪表现，认罪态度好等，亦在移送起诉的时候一并反映出来，使法庭充分考虑。反之，对认罪态度不好，串供翻供，妨碍诉讼进行的，也应当如实反映，让法庭有一个全面了解，依法从重判处。

同时，对于犯罪情节轻微，如确有悔罪表现，认罪态度好，而且有积极退赃等情节的，可以向公诉部门移送相对不起诉，让犯罪嫌疑人能够早日回归社会。

（六）侦查过程的人文关怀

人性化司法意指在具体的司法实践中体现出来的，以保障人权为核心，在尊重法律精神和法定权利、遵守法定程序的基础上，最大限度地尊重人、关心人，处处以人为本，体现人道主义精神，充分维护和保障人民群众的权益。

结合实际工作，我们可以在尊重事实和不违背原则的情况下，改变原来强制的做法，代之以处处尊重人、关心人，以人为本，使法律不仅要有力度，更要有温暖，以人性慰藉人心，如保护发案单位的稳定与发展，教育感化犯罪嫌疑人，使各方面主动配合检察机关办案；侦查活动中到犯罪嫌疑人和证人单位进行传唤、询问时，尽量采取低调的做法，减少和避免传唤和取证给当事人带来的负面影响；执行抓捕、搜查任务时，尽量避免犯罪嫌疑人家中的老人、未成年人或病人在场；搜查中不扣押与案件无关的物品，一般不扣押工资卡、工资存折，需要扣押、冻结的也为犯罪嫌疑人赡养、扶养的家属保留必需的生活费用；注意维护企业声誉和正常的生产经营秩序，不轻易查封冻结企业账目、账户，不随意查封企业厂房、设备；对于情节较轻、态度较好、确有悔过表现的犯罪嫌疑人，在不影响办案、不危害社会的前提下尽量不采取强制措施等。

（七）释法说理制度的实施

陈光中教授认为，检察机关释法说理有利于提高办案质量，促进司法公正；保护当事人合法权益，强化人权保障；促进诉讼和谐。[①] 释法说理的法律依据，是检察人员对办理案件有客观性义务，即站在客观公正理性的立场办理案件，而对此延伸，即办案人员有对当事人、当事人家属和社会有客观

---

① 参见陈光中：“法律监督说理：提高办案质量，促进诉讼和谐”，载《人民检察》，2006(20)。

公正的解释义务。贯彻宽严相济刑事政策，要求办案人员对某一案件提出从宽或者从严的处理意见，必须有翔实的理由、充分的论证，注重辨法析理，以法服人。要做到事实说清，法律抓准，用语准确，结论服人。

对案件进行释法说理，让被当事人心悦诚服，有利于检察机关法律监督工作的开展，提高当事人对检察工作的接受度，增加建立检察机关的公信力，更好地树立法律监督机关的权威。

具体到反贪部门，针对涉及不立案、撤销案件、强制措施的适用、侦查终结的处理决定等方面的利益相关人，如线索举报人、当事人及其亲属就应该建立起承办人释法说理制度，给他们讲清楚每个环节及最后处理结果的法律依据，保障了当事人的知情权、表达意见权和程序参与权，同时也保障了社会的监督权，赢得当事人和社会对检察机关的尊重。

杨志国[*]

宽严相济刑事司法政策视野下的法律监督权

宽严相济是党和国家重要的刑事司法政策。检察机关作为国家的法律监督机关，在贯彻宽严相济刑事司法政策过程中，必须正确处理刑事司法政策与法律监督权的关系，将宽严相济的政策要求落实到法律监督权运作的各个环节，以确保宽严相济在刑事司法领域的实现。

一、刑事司法政策与法律监督权关系解析

（一）刑事司法政策与法律监督权在价值目的上具有同一性

"价值问题虽然是一个困难的问题，（但）它是法律科学所不能回避的。"① 有学者认为，刑事政策的价值目的包括自由、秩序、正义、效益。在自由与秩序的关系上，以自由为长期追求的目标，以社会秩序为当前努力实现的目标。② 也有学者认为，刑事政策的价值体系包括直接价值和终极价值，刑事政策的直接价值是秩序，刑事政策的终极价值是自由、正义和人权。③ 在我国，法律监督权是检察机关根据宪法和法律的授权而行使的一项专门权力，包括职务犯罪侦查权、批准逮捕权、公诉权以及诉讼监督权等。法律监督权的价值是法律监督制度和法律监督活动以其作用、功效形式表现出来的对国家、社会及公民个体需求的满足。由于法律监督权的目的在于保证国家法律的正确统一实施，那么，法律监督权与法律在价值目的上显然是一致的。我国学者认为，法律的基本价值包括秩序、正义、自由和效益。④ 因此，

　＊　上海市人民检察院第二分院研究室助理检察员，法学硕士。

　①　[美] 罗斯科·庞德：《通过法律的社会控制》，55 页，北京，商务印书馆，1984。

　②　参见严励："论刑事政策的价值目标——刑事政策的理性思辨之一"，载《法学评论》,2004(3)。

　③　参见吕文江、刘军："论刑事政策的价值"，载《山东警察学院学报》, 2005 (1)。

　④　参见张文显著：《法哲学范畴研究》（修订版），195 页，北京，中国政法大学出版社，2001。

法律监督权的价值目的也不外是秩序、自由、正义与效益。通过刑事政策与法律监督权价值目的的对比，可见二者基本是一致的。刑事司法政策作为刑事政策的重要组成部分，在价值目的上既有一般共性，又有自己的特点。从刑事司法活动的特性与制定刑事司法政策的目的出发，在上述各种价值目的中，秩序无疑是其最直接的、最基础的价值目的。无论是长期以来所奉行的"严打"刑事政策还是现在的宽严相济刑事司法政策，基本目的都在于打击犯罪、预防犯罪以维护稳定的社会秩序。社会秩序离不开社会规范，社会规范体系中"法为秩序提供预想模式、调节机制和强制保证"①。在法治国家，刑事司法政策所追求的秩序就其实质而言不外是国家的法律秩序。在我国，法律监督既是法律制度的重要环节，也是法律秩序形成的重要机制，还是法律制度内部重要的纠偏功能，它的基本目的就在于通过权力行使来保证国家法律的统一正确实施，从而构建社会主义的法律秩序。因而，在法律秩序的追求与促进上，刑事司法政策与法律监督权具有一致性。同时，由于法律本身就承载着自由、正义、效益等价值，因此，在终极价值方面，刑事司法政策与法律监督权也具有同一性。

（二）刑事司法政策为法律监督权的正确行使提供了合理性标准

有学者认为，在我国刑事司法体制下，检察机关的角色具有多重性。它行使侦查权，因而具有警察机关的某些特征和色彩；行使批捕权，因而具有"准司法权"的地位；行使起诉权，派员作为公诉人出庭支持公诉，因而具有"准当事人"的特点；行使监督权，对从刑事立案、侦查、审判以至刑事判决执行的整个"流水作业"过程实施全程监督，是唯一一个与整个刑事政策执行过程发生联系的国家机关。② 从本质而言，上述检察机关角色的多重性与职能的多样性是由其法律监督机关的宪法定位所决定的。宪法赋予检察机关的监督职权，无论是职务犯罪侦查权、审查逮捕权、公诉权，抑或对刑事诉讼活动的广泛监督权，都存在自由裁量的空间。检察机关行使自由裁量权，需要考虑多方面因素。而刑事司法政策决定着刑事司法的基本价值取向，通过某种原则、精神的方式指导着法律在司法中的理解、解释和适用，并且在一定程度上对法律起着具体化和补缺的作用，实际上为检察机关正确行使自由裁量权提供了一个合理性标准。如在能否立案问题上，刑事诉讼法规定的条件是认为有犯罪事实需要追究刑事责任，而我国刑法规定"情节显著轻微，危害不大的，不认为是犯罪"。这样，因不同时期的刑事政策所确定的打击倾向和重点不同，对案件"是否是犯罪"和"是否需要追究刑事责任"的判断结果就可能不同。③ 另外，检察机关在批准或者决定是否对犯罪

---

① 参见卓泽渊著：《法律价值论》，4 页，北京，法律出版社，1999。
② 参见曲新久著：《刑事政策的权力分析》，164 页，北京，中国政法大学出版社，2002。
③ 参见陈卫东、石献智："刑事政策在刑事司法中的地位和作用"，载《江海学刊》，2002(5)。

嫌疑人采取逮捕措施时，必须考虑是否具有逮捕必要；在对某一犯罪案件进行审查起诉时，必须考虑是否属于"犯罪情节轻微，依照刑法规定不需要判处刑罚或者免除刑罚的"情况；在对法院的刑事判决裁定决定是否提起抗诉时，必须考虑是否符合量刑"畸轻""畸重"等抗诉条件。而上述问题的正确认定，都需要考虑一定时期内的刑事司法政策。特别是对于那些可杀可不杀、可诉可不诉、可捕可不捕等介于"两可"之间的案件，具体处理时更要充分考虑一定时期内党和国家的刑事司法政策。

（三）刑事司法政策既定目标的实现依赖于法律监督权的充分行使

刑事政策的执行，是一个复杂的、组织化的、持续不断的、动态的行动过程，目的在于具体地实现刑事政策的既定目标，将刑事政策决策阶段确定的目标具体化为可观察的、可比较的实际结果。[①] 实践表明，刑事司法政策决策阶段确定的目标与执行阶段的实际效果，往往会出现一定差异。刑事司法政策执行实践偏离预定目标的情况屡见不鲜。以"严打"刑事政策的执行实践为例。中央在布置"严打"之初明确指出要"依法从重从快"，但司法实践中违背既定要求，严重冲击法治的情况屡见不鲜。有学者从以下三个方面作了总结：一是"从重"就是用"重刑"；二是"从快"就是不顾程序法的规定，片面强调打击效率，忽视对人权的保障；三是从重从快"一刀切"，不分轻重，忽视区别对待。[②] 政策执行实践与预定目标之间的偏差如何纠正，是一个值得探讨的问题。在我国法制初创时期，曾经以党内文件的方式来纠正政策执行的偏差。如党中央在 1942 年就曾针对各抗日根据地执行宽大政策中出现的偏差，作出了《中共中央关于宽大政策的解释》，明确提出："这里是提出了镇压与宽大两个政策，并非片面的只有一个政策。"[③] 这种以党内文件纠正政策执行偏差的做法，在特定历史时期具有合理性和可行性。但在我国社会主义法制已经基本完备，"依法治国"成为党领导人民治理国家的基本方略的情况下，纠正政策执行实践偏差，保证政策执行效果的工作显然应当纳入我国的法制架构，通过法律制度内部的纠偏纠错功能来完成。笔者认为，纠正政策执行实践偏差的重要任务显然应由检察机关承担。首先，检察机关是宪法规定的国家法律监督机关，承载着纠正司法偏差的功能；其次，宪法和法律赋予了检察机关广泛的监督职权，可以充分实现纠偏目的。最后，检察机关参与刑事司法活动全过程，可以全面发现实践偏差。因此，检察机关的法律监督职能作用是否充分发挥作用，直接影响着刑事司法政策决策阶段确定的目标能否实现。检察机关应当通过刑事立案监督、侦查监督、审判监督、刑罚执行监督等职能作用的发挥，及时纠正刑事司法实践中

---

①　参见曲新久著：《刑事政策的权力分析》，111 页，北京，中国政法大学出版社，2002。

②　参见孙文红著：《刑事政策视野中的司法理念》，190 页，北京，中国检察出版社，2006。

③　《中国新民主主义革命根据地时期根据地法制文献选编》，第 3 卷，54—55 页。

政策执行实践偏离预定目标的现象，以促进刑事司法政策预定目标的实现。

二、宽严相济刑事司法政策视野下的法律监督权运作

2005 年 12 月，中共中央政治局常委、中央政法委员会书记罗干同志在全国政法工作会议上明确指出："宽严相济是我们在维护社会治安的长期实践中形成的基本刑事政策，在和谐社会建设中，这一政策更具有现实意义。我们要立足于当前社会治安实际，审时度势，用好这一刑事政策。"同时指出，宽严相济"指对刑事犯罪区别对待，做到既要有力打击和震慑犯罪，维护法制的严肃性，又要尽可能减少社会对抗，化消极因素为积极因素，实现法律效果与社会效果的统一。"最高人民检察院《关于在检察工作中贯彻宽严相济刑事司法政策的若干意见》进一步界定了宽严相济刑事司法政策的内涵，指出："检察机关贯彻宽严相济的刑事司法政策，就是要根据社会治安形势和犯罪分子的不同情况，在依法履行法律监督职能中实行区别对待，注重宽与严的有机统一，该严则严，当宽则宽，宽严互补，宽严有度，对严重犯罪依法从严打击，对轻微犯罪依法从宽处理，对严重犯罪中的从宽情节和轻微犯罪中的从严情节也要依法分别予以宽严体现，对犯罪的实体处理和适用诉讼程序都要体现宽严相济的精神。"宽严相济的刑事司法政策的实施，对检察机关有效行使法律监督权提出了新的要求。

（一）批捕权、公诉权的运作

审查批捕权与公诉权，是法律监督权的重要组成部分，也是检察机关参与刑事诉讼以行使法律监督职能的重要表现。审查批捕权涉及能否对犯罪嫌疑人予以审前羁押，公诉权则涉及是否将犯罪嫌疑人交付法庭刑事审判。这两项权能，都直接影响到公民的人身权利。在审查批捕权与公诉权的运作中，必须全面把握宽严相济的刑事司法政策的科学内涵和本质要求。宽严相济强调用宽与严两种手段来控制犯罪，既不是片面强调"严"，走"严打"的老路；也不是片面强调"宽"，以偏赅全，宽而无度。要全面把握宽严相济的内涵，抓住"宽"与"严"的两端，在"相济"上做文章。所谓"相济"，就是通过"宽"与"严"的运用，达到相互补充，相互促进的效果，实现社会和谐的目标。社会和谐，是检验检察工作成效的标准，也是把握宽严相济的标尺。检察工作中，无论宽严，都要服从服务于增进社会和谐这个目标。要坚持"重重轻轻"的原则，将严重危害社会治安的犯罪和严重破坏市场经济秩序的犯罪作为打击的重点，从重从快予以打击；对于未成年人犯罪，人民内部矛盾引发的轻微刑事犯罪以及轻微犯罪中的初犯、偶犯等要依法从宽处理。宽严相济，既体现在定罪量刑上，也体现在诉讼程序的适用上。既要通过依法适用不起诉、量刑建议等形式，实现实体上的宽严相济；也要通过采取强制措施，适用简易程序、简化审程序等，实现程序上的宽严相济。通过实体上、程序上的区别对待，发挥刑罚的最佳效能，促进社会的

稳定与和谐。在审查批捕、审查起诉环节实现宽严相济，关键在于对不捕不诉权的正确把握。宽严相济刑事司法政策统一了司法实践中对不捕不诉权的认识分歧，为检察机关裁量权的依法行使拓展了空间。最高人民检察院明确指出，在审查批捕、审查起诉时，要考虑逮捕、起诉的必要性。对于可捕可不捕的坚决不捕，可诉可不诉的坚决不诉。如果说"司法是实现正义的一门艺术"，那么，依法准确运用不捕权、不诉权，则是对这门艺术的最佳诠释。要从逮捕、起诉的本质、目的出发，严格依法掌握批捕、起诉条件，全面考察犯罪的社会危害性、犯罪人的主观恶性以及案件的社会影响，准确把握"有逮捕必要"和起诉的必要性，通过不捕、不诉权的正确运用，达到化解矛盾，维护稳定，促进和谐的目的。

（二）职务犯罪侦查权的运作

职务犯罪侦查权是检察机关对国家公职人员职务犯罪主动查究的一项重要监督权能。贪污贿赂等职务犯罪作为腐败现象最典型的表现形式，在侵蚀党和国家健康肌体的同时，诱发了大量的社会不安定因素，成为影响社会和谐的最重要因素之一。近年来，党和国家虽然不断加大反腐败的力度，但贪污贿赂等职务犯罪并没有得到根本的遏制。在宽严相济的刑事司法政策下，贪污贿赂等职务犯罪依然是"严"的重要内容。运用刑罚手段制裁贪污贿赂等职务犯罪，依赖的是刑罚的一般威慑效应。但正如列宁所言："惩罚的警戒作用决不是惩罚的严厉与否，而是看有没有人漏网。重要的不是严惩罪行，而是使所有的一切罪案都真相大白。"[①] 贪污贿赂等职务犯罪，由其自身的特点所决定，不像普通刑事犯罪那样容易被查获，职务犯罪"黑数"的存在成为不争的事实。在宽严相济刑事司法政策指导下，对职务犯罪的"严"，不仅表现在定罪量刑上，更重要的是通过提高侦查水平和办案质量，提高职务犯罪案件的侦破率，降低漏网率。通过有罪必究、刑罚必至，来增强刑罚的一般威慑效能，达到有效惩治职务犯罪的目的。对贪污贿赂等职务犯罪要整体"从严"，这是一个基本的方向，但"从严"重点是有罪必罚，而不是重刑主义。对于职务犯罪的定罪量刑，同样要坚持区别对待的原则，做到宽严有别。要把社会影响大、群众反映强烈的职务犯罪案件作为打击的重点，从重从快打击。在定罪量刑和诉讼程序、强制措施的适用上，体现"从严"的原则。对于一些轻微职务犯罪，特别是过失犯罪，要适度"从宽"。当前，职务犯罪案件适用缓刑、免刑过多成为一个普遍性问题，要通过对原因的深入分析，在证据的收集固定、法律的具体适用深入探索，以提高办案质量与效果。

（三）诉讼监督权的运作

作为国家的法律监督机关，检察机关既要在具体的诉讼活动中落实宽严

---

① 《列宁全集》，第 4 卷，356 页。

相济，也要通过行使诉讼监督职能，保证宽严相济在整个刑事诉讼活动中的实现。从司法实践看，一个刑事政策出台后，往往会出现政策实践与政策目的相偏离的现象。检察机关在贯彻宽严相济刑事司法政策的实践中，要进一步强化监督职能，及时纠正实践中可能出现的不良倾向，确保宽严相济的实现。在宽严相济的政策背景下，法律监督工作应当着眼于秩序的修复、矛盾的化解、社会的和谐，尽最大努力，追求法律效果与社会效果的有机统一。对于应当依法从轻处理的案件，即使人民法院处罚偏轻，也不宜提起抗诉；对于判决、裁定生效后经过一定时期，社会秩序已经得到修复的案件，如没有新的事实或证据，也不宜为加重被告人的刑罚而提起抗诉。非刑罚化与非监禁化是宽严相济刑事司法政策在从宽方面的重要表现。法院系统提出，对轻微犯罪要重视适用非监禁刑和非刑罚处罚方式。检察机关法律监督的一个重要方面就是对刑罚执行情况的监督。长期以来，刑罚执行监督局限于对监禁刑执行情况的监督，对于非监禁刑执行情况，则缺少必要的监督手段与成熟的监督经验。根据我国刑法的规定，非监禁化措施既包括管制、罚金、剥夺政治权利、没收财产、驱逐出境等非监禁刑，也包括缓刑、假释等监禁刑的变更措施。宽严相济政策背景下，非刑罚处罚方式与非监禁刑的大量适用，拓宽了检察机关法律监督的领域，同时，也给我们带来了新的挑战。在新形势下，如何开展并加强对非监禁刑适用情况的监督，是一个亟待探索的课题。

三、宽严相济刑事司法政策与法律监督权运作机制改革

长期以来，检察机关适应"严打"的需要，建立健全了一系列富有成效的办案机制。当前，在宽严相济的刑事司法政策背景下，有必要在办案机制方面进行新的变革，以保证法律监督权的正确行使。

（一）批捕权、公诉权运作机制

审查批捕、审查起诉是检察机关参与治理刑事犯罪的重要环节，也是检察机关贯彻宽严相济刑事司法政策的重点领域。对于批捕权、公诉权的行使而言，宽严相济刑事司法政策的贯彻，更多体现在刑事程序方面。"目前，我国刑事程序方面存在的一个问题就是不区分案件的性质，对所有的案件都分配同样多的司法资源，结果造成刑事司法效率的不高，被告人的诉讼权利保障不力。"[①] 因此，在审查批捕、审查起诉工作中贯彻宽严相济，要突出宽严两端，实现案件分流，提高办案效率与打击效果。要进一步健全贯彻"严打"方针的经常性工作机制，加强对治安形势的动态分析，及时调整打击重点，增强打击的针对性和实效性；改进办案分工，实行简繁分流，积极探索轻微刑事案件审查逮捕、审查起诉的快速办理机制，合理配置司法资源，提

---

① 参见刘东根："两极化——我国刑事政策的选择"，载《中国刑事法杂志》，2002（6）。

高办案效率，保证办案质量，促进司法公正；将刑事和解的理念引入检察环节，将矛盾化解情况和达成协议及履行情况作为从宽处理或者决定不起诉时应当考虑的重要内容，完善不起诉案件的审查机制及监督机制；充分发挥简易程序、简化审程序的制度机能，规范量刑建议权的行使，在节约司法资源、简化诉讼程序的同时，实现司法的实体正义。同时，要拓展工作思路，通过建立缓诉制度、尝试令状制度、开展人格调查等，进一步完善批捕公诉权的运作机制。

（二）职务犯罪侦查权运作机制

从严惩治职务犯罪，是宽严相济刑事司法政策的内在要求。与普通刑事犯罪相比，职务犯罪隐蔽性较强，犯罪分子逃避刑事制裁的几率更高。近年来，检察机关大力加强职务犯罪侦查机制建设，不断提高发现和查办职务犯罪的能力，促进了检察机关查办职务犯罪案件工作的不断深入。但与反腐败工作的形势相比，检察机关的职务犯罪侦查能力还需要进一步的提高。在贯彻宽严相济刑事司法政策的大背景下，检察机关要突出职务犯罪侦查能力建设的信息化、专业化、现代化、规范化、高科技化，加强职务犯罪侦查的"一体化"机制建设，建立健全纵向指挥有力、横向协作紧密、信息畅通灵敏、运转高效有序的职务犯罪侦查指挥协作机制；加强职务犯罪侦查队伍的专业化建设，提高侦查队伍的侦查技能和侦查水平，提高突破犯罪的能力和搜集、固定以及有效运用证据的能力；加强侦查装备现代化建设，提高运用现代科技手段侦查破案的能力。通过加强职务犯罪侦查能力建设，在进一步严密刑事法网的基础上，实现职务犯罪惩治的宽严相济。

（三）诉讼监督权运作机制

宽严相济刑事司法政策的落实，为检察机关诉讼监督机制的创新提出了新的要求。诉讼监督机制创新，包括两个方面：一方面是针对现有的监督薄弱环节加以完善。如对监外执行、社区矫正的法律监督是检察机关的一个新课题，同时也是法律监督的薄弱环节。随着宽严相济刑事司法政策的落实，对轻微犯罪人采取监外执行、社区矫正等非监禁化处遇的情况会越来越多。在对监外执行、社区矫正的监督方面，检察机关缺少成功经验可资借鉴，必须与相关职能部门配合，完善相关工作机制，加强法律监督，防止对被监外执行犯罪分子的托管、漏管和违法管理。另一方面是根据宽严相济的要求，着眼于社会和谐的目的，创新现有的监督机制。在宽严相济的政策背景下，检察机关行使诉讼监督权，不仅要考虑法律的规定，同时还要考虑监督的必要性、合理性与社会效果。无论是刑事立案监督、侦查监督还是审判监督，都要根据宽严相济的要求，着眼于促进社会关系的稳定与和谐，以实现法律效果与社会效果的统一。

（四）业务考核管理机制

在执法办案中促进社会和谐，是宽严相济刑事司法政策的重要内容。教育是基础，制度是保障，监督是关键。要实现执法办案与社会和谐的统一，必须进一步健全制度，完善考核，明确责任追究。要根据宽严相济的要求，进一步完善办案的考核评价体系，科学确定考核各项检察业务工作的指标体系，改进考评办法。如长期以来，检察工作中将不捕率、不诉率作为业务考核的重要内容，人为地控制不捕率、不诉率。从防止权力滥用的角度看，对不捕、不诉权的行使进行一定的监督控制是必要的。但是，不捕率、不诉率等统计数据的高低，首先为诉讼规律所决定，并且"从某种意义上说，严格把关，不捕或者不诉，及时发现和纠正错案，对于维护司法公正和检察机关的形象意义更大，更应予以高度评价。"① 因此，不考虑具体情况，人为控制不捕率、不诉率，显然有悖司法规律，既不利于充分发挥不捕、不诉的制度机能，也容易导致"重刑主义"倾向，甚至诱发错案。在宽严相济的政策背景下，要做到"可诉可不诉的不诉""可捕可不捕的不捕"，就要彻底纠正以往业务考核中不科学的做法，坚持不捕权、不诉权的充分行使与有效监控相结合，创新业务考核体系。

（五）检察官管理培养机制

检察工作价值目标的多元化和业务职能的多样性，对检察干警的综合素质提出了新的要求，也对现行的检察队伍管理模式提出了挑战。宽严相济的刑事司法政策，承载着秩序、公正、自由、效益等多种价值目标，它的贯彻实施促使检察队伍的职能分工更加细化。如为贯彻宽严相济的刑事司法政策，最高人民检察院制定（修订）了《关于在检察工作中贯彻宽严相济刑事司法政策的若干意见》等三个规范性文件，在明确贯彻宽严相济刑事司法政策的指导思想、原则的同时，规定人民检察院应当设立专门工作机构或者专门工作小组办理未成年人案件，对轻微刑事案件要指定专人办理，集中力量办理重大、疑难复杂案件。这些都要求检察机关以专业化分工为目标，进一步创新队伍管理模式。需要强调的是，分工本身不是目的，专业化分工的目的在于对检察队伍进行专业化培养，造就能够适应不同要求的检察专业人才，满足人民群众对检察工作提出的日益增多的需求。因此，要在分工的基础上，进一步完善对不同类型人员的教育、监督、管理体系，培养出一支高素质专业化的检察官队伍。

---

① 参见李建明："刑事错案的深层次原因——以检察环节为中心的分析"，载《中国法学》，2007（3）。

稿　约

　　《京师刑事政策评论》坚持刑事科学一体化的立场，以研究刑事政策的理论与实践为主，同时关注犯罪学、刑法学、刑事诉讼法学、刑事执行法学、法律社会学等对刑事政策的积极作用。本书主要设有刑事政策"基本理论""热点关注""专题研讨""实务论坛""政策与实践""比较研究""动态信息"等栏目。优先收载针对刑事政策理论与实践中的热点、难点、疑点问题所撰写的理论研究文章、调查报告、政策建议等。来稿一般控制在 1.5 万字以内，要求言之有物，言之有理，符合规范。尤其欢迎短小精悍而有真知灼见，说理充分、逻辑严密的稿件。

　　来稿请遵照下列格式要求：

　　第一，论文以 Word 文本保存，论文中的注释一律采用页下脚注，每页单独注码，注释序号用带圆圈的阿拉伯数字表示。

　　第二，注释须注明：著者（如著者系外国人，应注明国别）、书名、出版社、出版时间、页码；或者著者、论文名、刊物名称、卷（期）号、页码。如引用外文书刊，请按国际标准注释。

　　第三，请作者在稿件第一页下方注明自己的学位、单位、职称、职务、通讯地址、联系电话。

　　请勿一稿多投。如在三个月内没有收到采用稿件通知，则可将稿件另投他处。由于本书编辑人手有限，来稿恕不退还。

　　来稿请用电脑打印，欢迎使用电子邮件。

　　邮件请寄：100875　北京市新街口外大街 19 号
　　　　　　　北京师范大学刑事法律科学研究院
　　　　　　　郭理蓉　博士　收

　　电子邮件：crimpolicy@sina.com